DIE ULTIMATIVE SPIDER-MAN

COMIC-KOLLEKTION

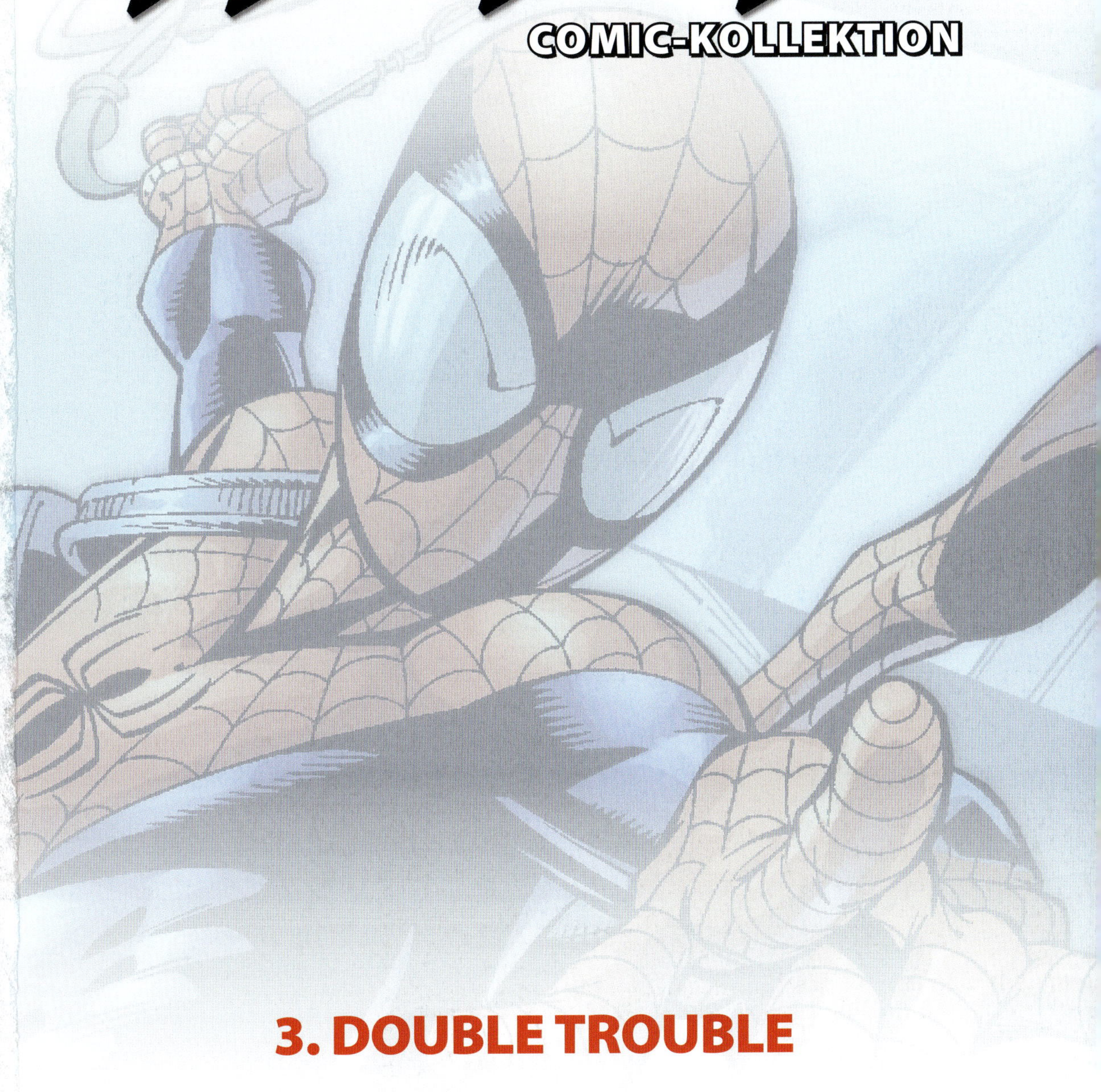

3. DOUBLE TROUBLE

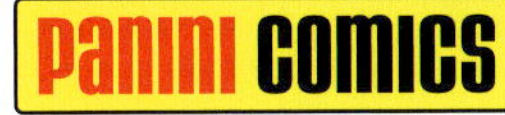

DIE ULTIMATIVE SPIDER-MAN-COMIC-KOLLEKTION 3: DOUBLE TROUBLE

BRIAN MICHAEL BENDIS
Geschichte

MARK BAGLEY
Zeichnungen

ART THIBERT
Tusche

TRANSPARENCY DIGITAL
Farben

BRIAN SMITH, RALPH MACCHIO
Redaktion USA

AXEL ALONSO, JOE QUESADA, DAN BUCKLEY, ALAN FINE
MARVEL USA

Impressum: Die ultimative Spider-Man-Comic-Kollektion 3 – Double Trouble wird von der Panini Verlags GmbH herausgegeben, Schloßstraße 76, 70176 Stuttgart. Geschäftsleitung: Hermann Paul; Head of Editorial: Jo Löffler (v.i.S.d.P.); Redaktion: Benjamin Feuer, Gunther Nickel; Übersetzung: Michael Strittmatter (Comic); Head of Marketing: Holger Wiest; Marketing: Jette Götz (E-Mail: marketing@panini.de); Lettering & Grafik: Brightstar Studio, Ludwigsburg; Produktion: Sanja Ancic; Druck: Mohn Media, Gütersloh.

Anzeigen: BLAUFEUER VERLAGSVERTRETUNGEN GmbH, info@blaufeuer.de
Es gilt die Anzeigenpreisliste Nr. 19 vom 1.10.2021.
Vertriebsservice: stella distribution, Hamburg, Fax: 040/808053050
Presse & PR: Steffen Volkmer
Panini-Nachbestell-Service: Bezugsmöglichkeiten für ältere Ausgaben unter www.spider-man-comic-kollektion.de

Die ultimative Spider-Man-Comic-Kollektion Abonnenten-Service: PrimaNeo GmbH & Co. KG, Postfach 10 40 40, D-20027 Hamburg, Tel.: 040/23670-3990, Fax: 040/23670-301, E-Mail: SMCK@primaneo.de

Hinweise zu unseren Datenschutzrichtlinien finden Sie im Internet unter: https://www.paninishop.de/datenschutz

HDESPC003
ISBN 978-3-7416-3118-4

Findet uns im Netz:
www.paninicomics.de

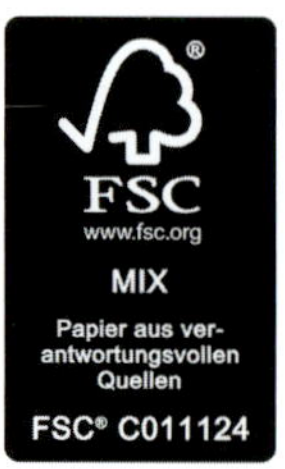

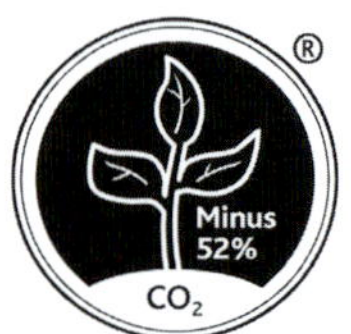

Beim Druck dieses Produkts wurde durch den innovativen Einsatz der Kraft-Wärme-Kopplung im Vergleich zum herkömmlichen Energieeinsatz bis zu 52% weniger CO_2 emittiert.

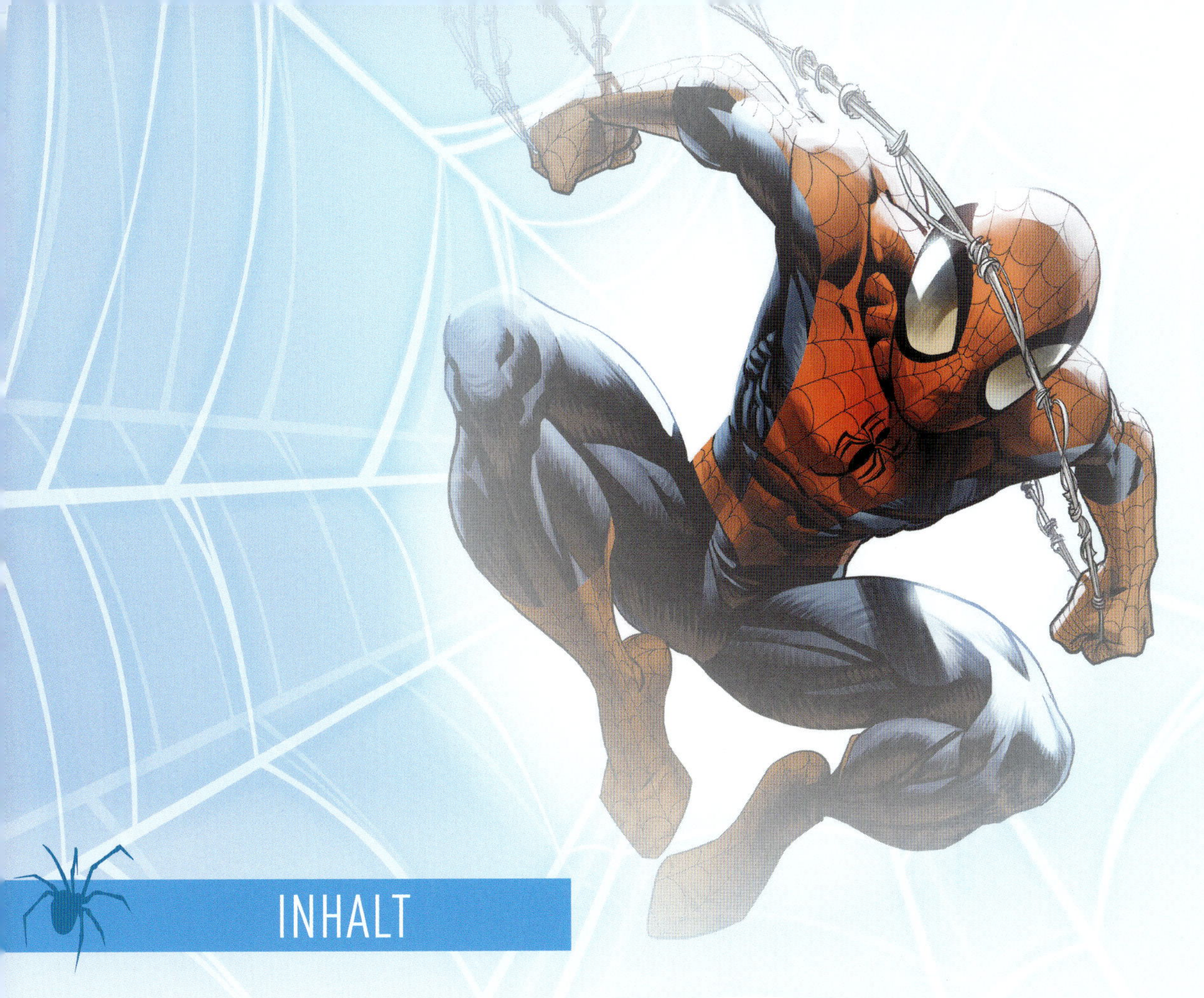

INHALT

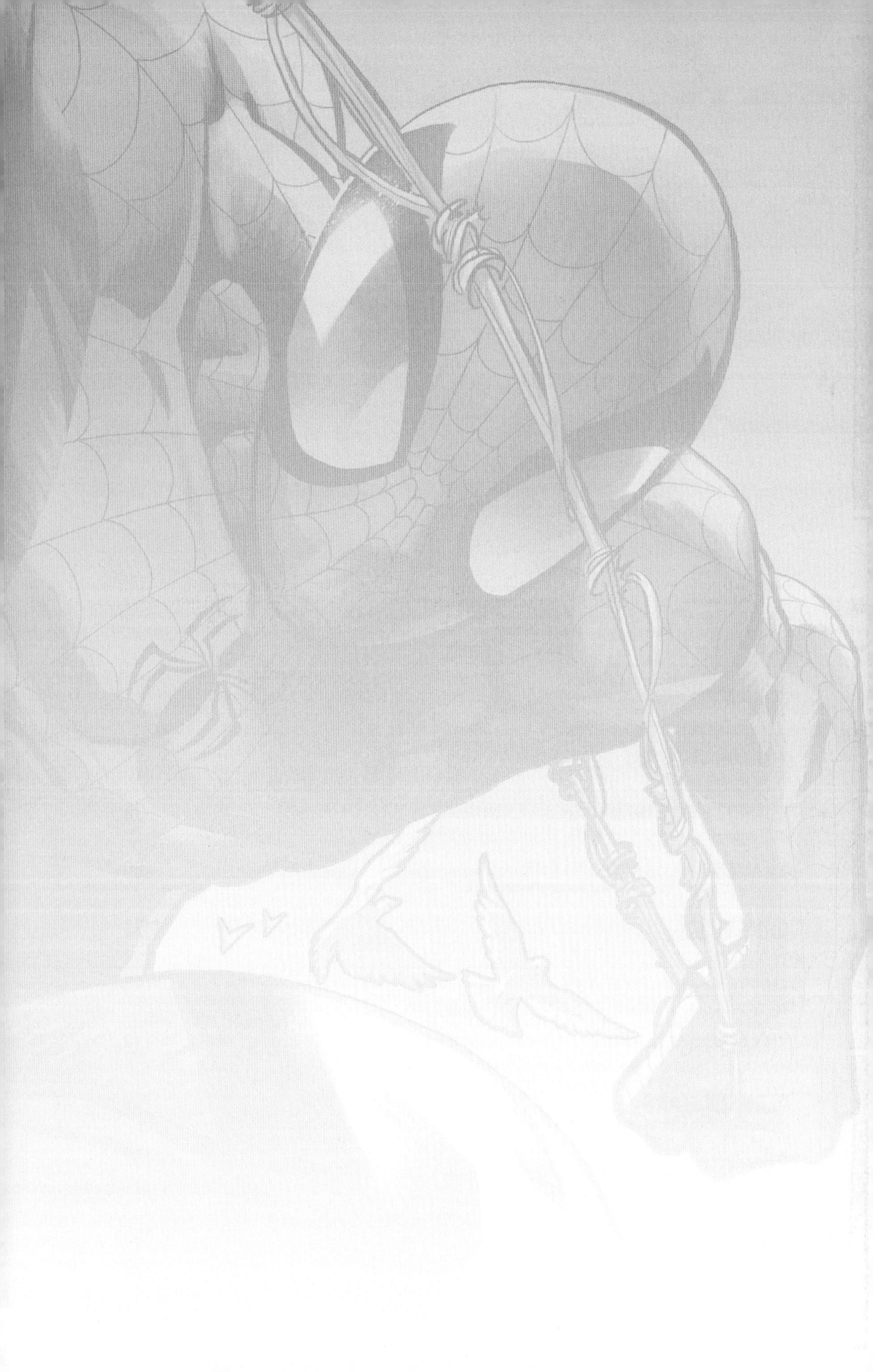

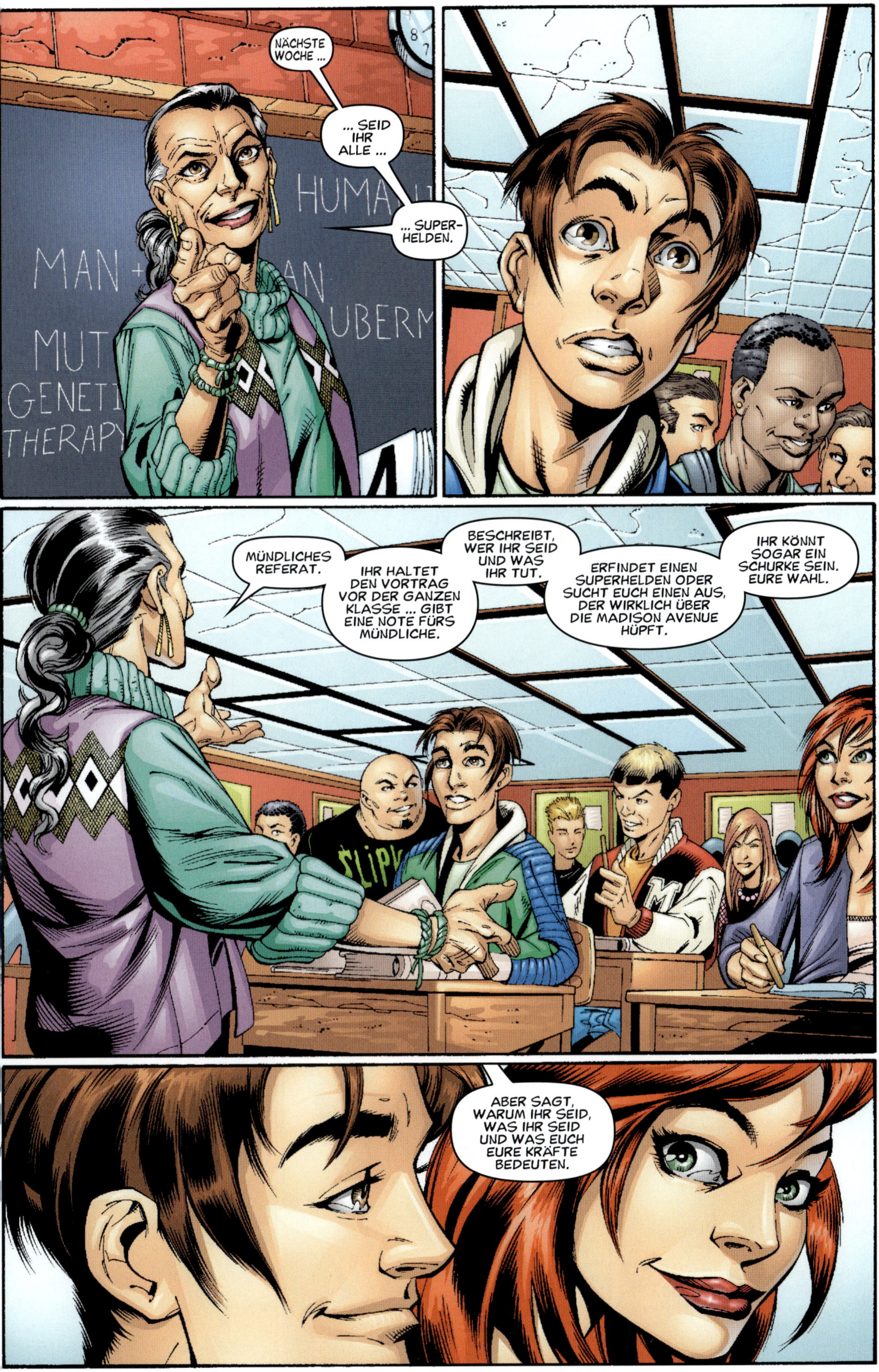

NÄCHSTE WOCHE ...
... SEID IHR ALLE ...
... SUPER-HELDEN.

MÜNDLICHES REFERAT.
IHR HALTET DEN VORTRAG VOR DER GANZEN KLASSE ... GIBT EINE NOTE FÜRS MÜNDLICHE.
BESCHREIBT, WER IHR SEID UND WAS IHR TUT.
ERFINDET EINEN SUPERHELDEN ODER SUCHT EUCH EINEN AUS, DER WIRKLICH ÜBER DIE MADISON AVENUE HÜPFT.
IHR KÖNNT SOGAR EIN SCHURKE SEIN. EURE WAHL.

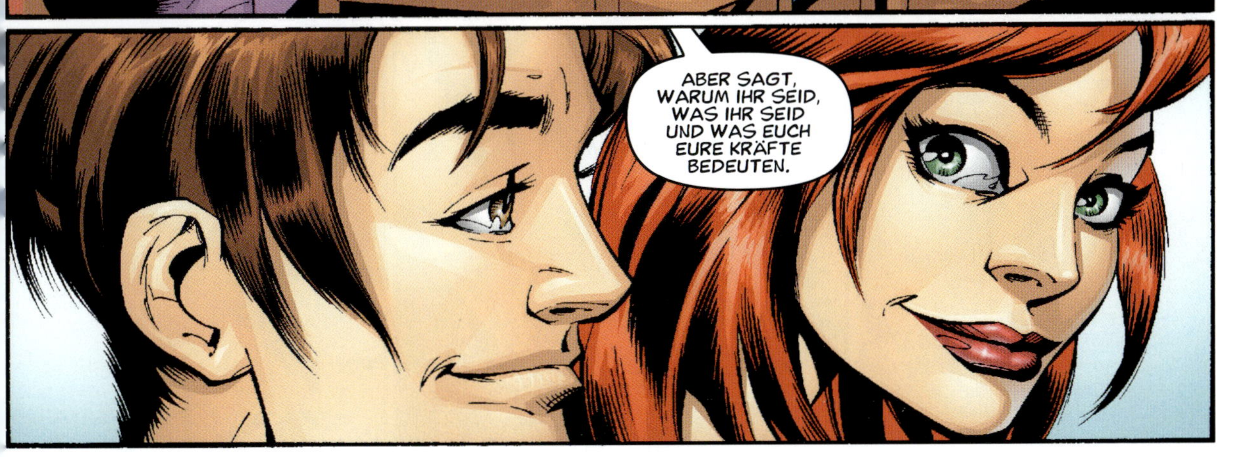

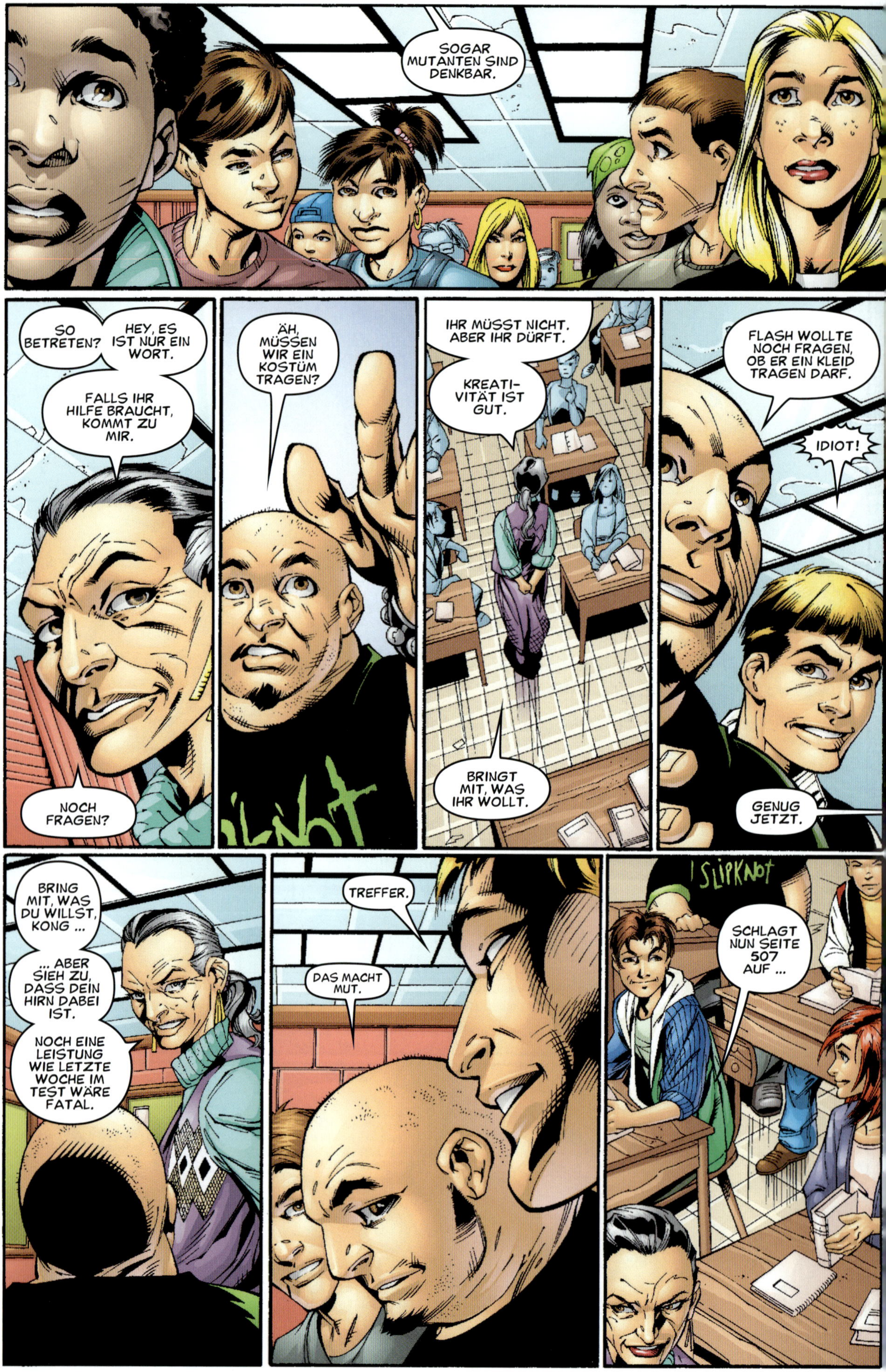

SOGAR MUTANTEN SIND DENKBAR.

SO BETRETEN?

HEY, ES IST NUR EIN WORT.

FALLS IHR HILFE BRAUCHT, KOMMT ZU MIR.

NOCH FRAGEN?

ÄH, MÜSSEN WIR EIN KOSTÜM TRAGEN?

IHR MÜSST NICHT. ABER IHR DÜRFT.

KREATIVITÄT IST GUT.

BRINGT MIT, WAS IHR WOLLT.

FLASH WOLLTE NOCH FRAGEN, OB ER EIN KLEID TRAGEN DARF.

IDIOT!

GENUG JETZT.

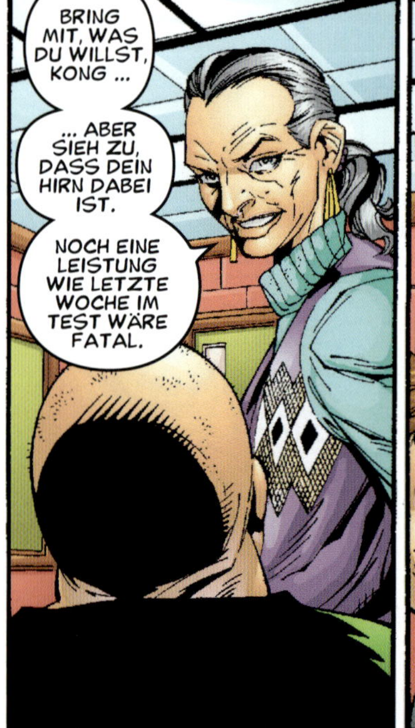

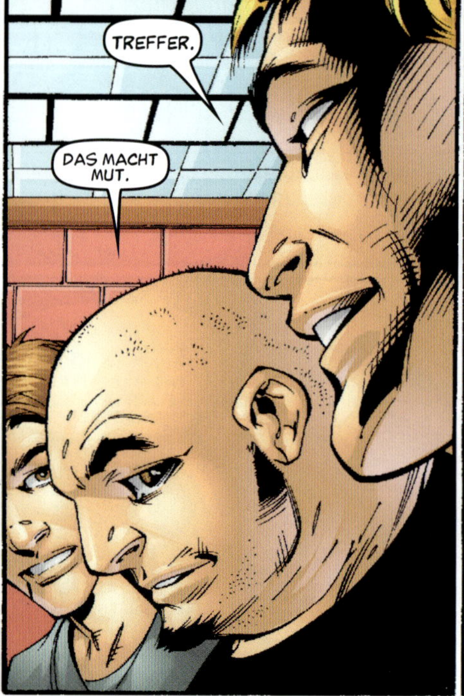

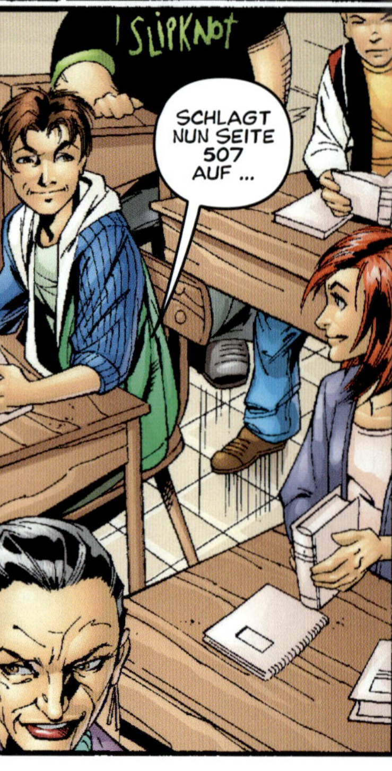

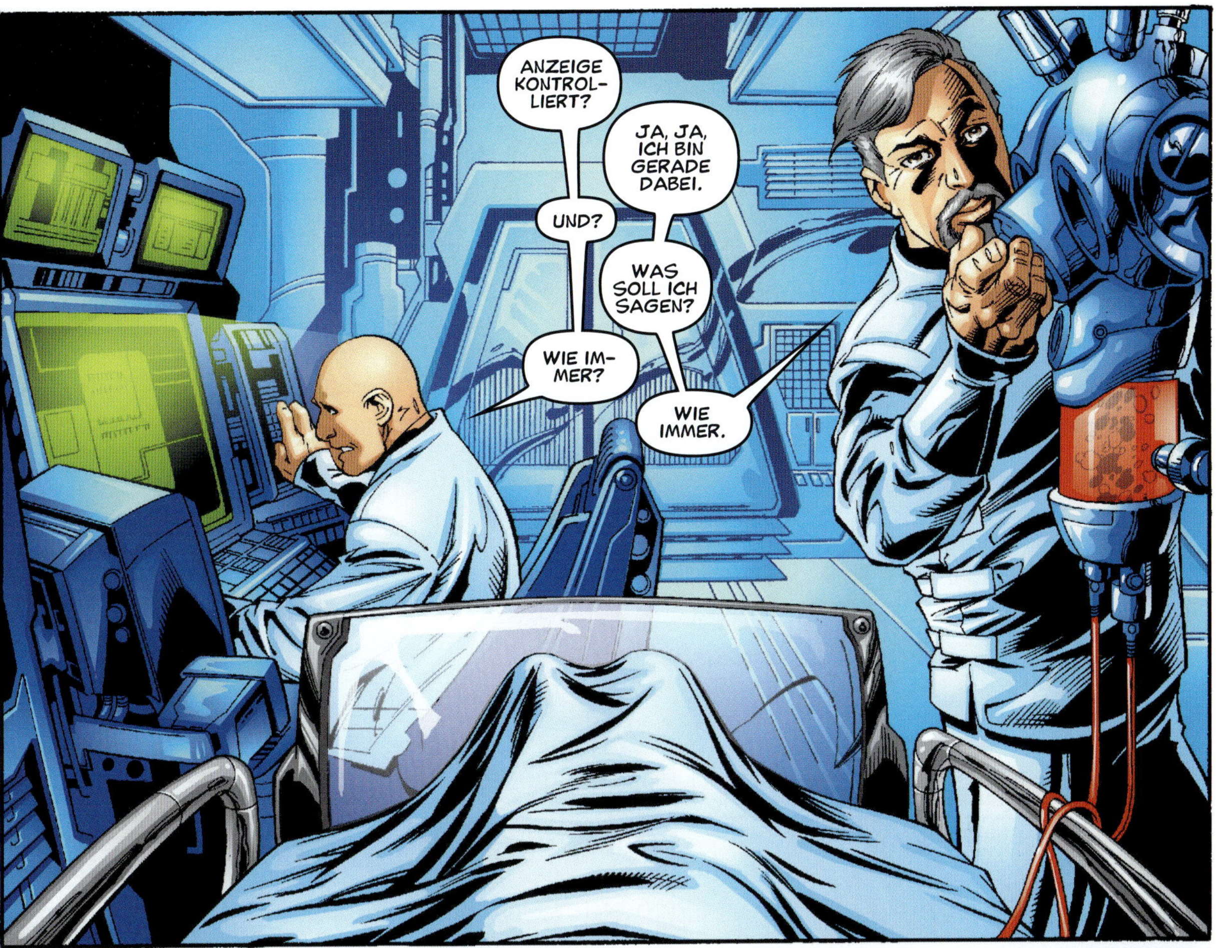

ANZEIGE KONTROLLIERT?
JA, JA, ICH BIN GERADE DABEI.
UND?
WAS SOLL ICH SAGEN?
WIE IMMER?
WIE IMMER.

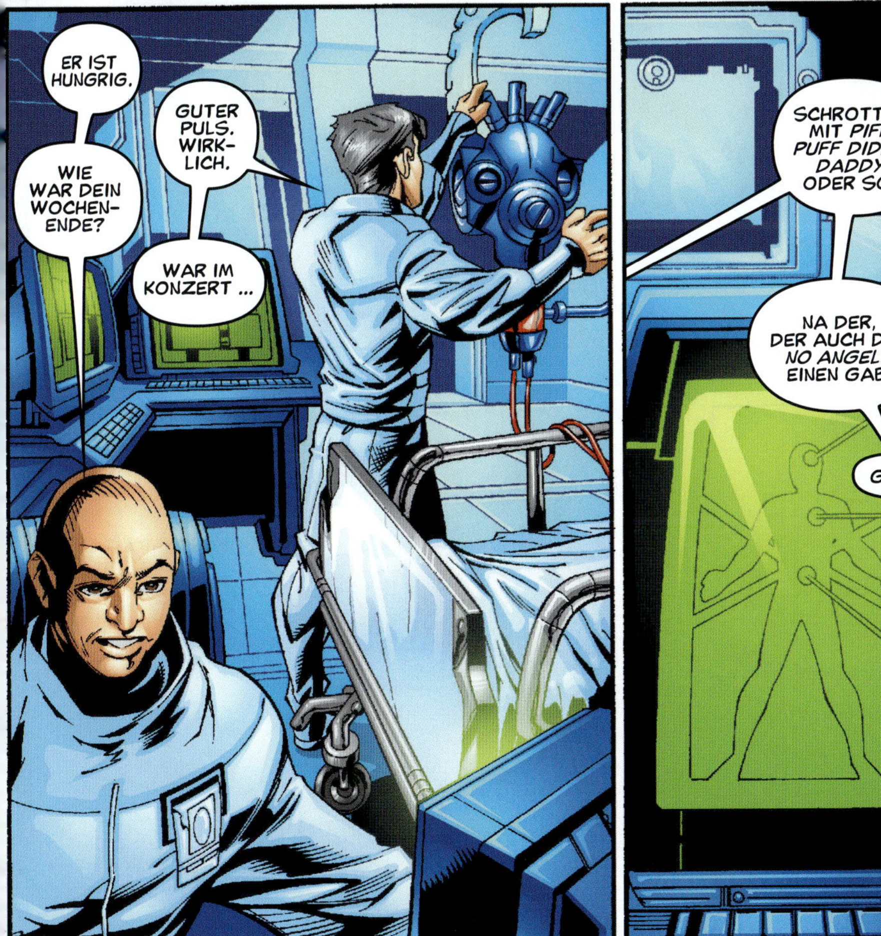
ER IST HUNGRIG.
GUTER PULS. WIRKLICH.
WIE WAR DEIN WOCHENENDE?
WAR IM KONZERT ...

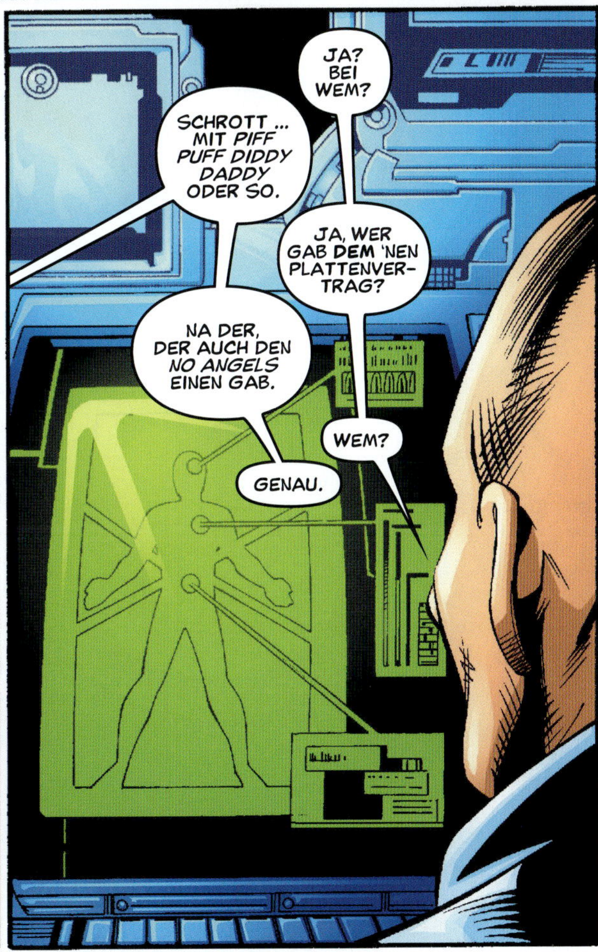
JA? BEI WEM?
SCHROTT ... MIT *PIFF PUFF DIDDY DADDY* ODER SO.
JA, WER GAB **DEM** 'NEN PLATTENVERTRAG?
NA DER, DER AUCH DEN *NO ANGELS* EINEN GAB.
WEM?
GENAU.

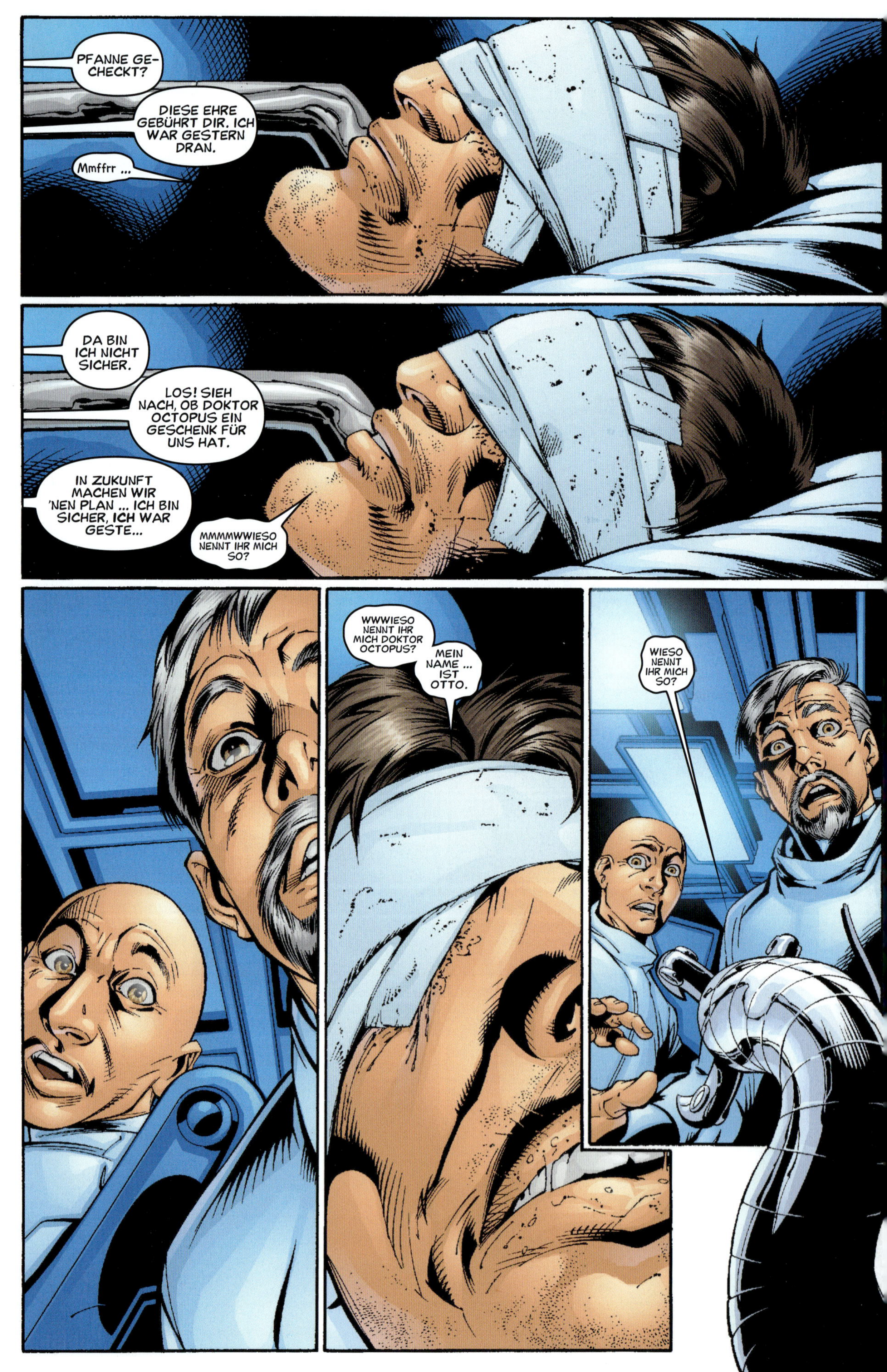

PFANNE GE-CHECKT?
DIESE EHRE GEBÜHRT DIR. ICH WAR GESTERN DRAN.
Mmffrr ...
DA BIN ICH NICHT SICHER.
LOS! SIEH NACH, OB DOKTOR OCTOPUS EIN GESCHENK FÜR UNS HAT.
IN ZUKUNFT MACHEN WIR 'NEN PLAN ... ICH BIN SICHER, ICH WAR GESTE...
MMMMWWIESO NENNT IHR MICH SO?
WWWIESO NENNT IHR MICH DOKTOR OCTOPUS?
MEIN NAME ... IST OTTO.
WIESO NENNT IHR MICH SO?

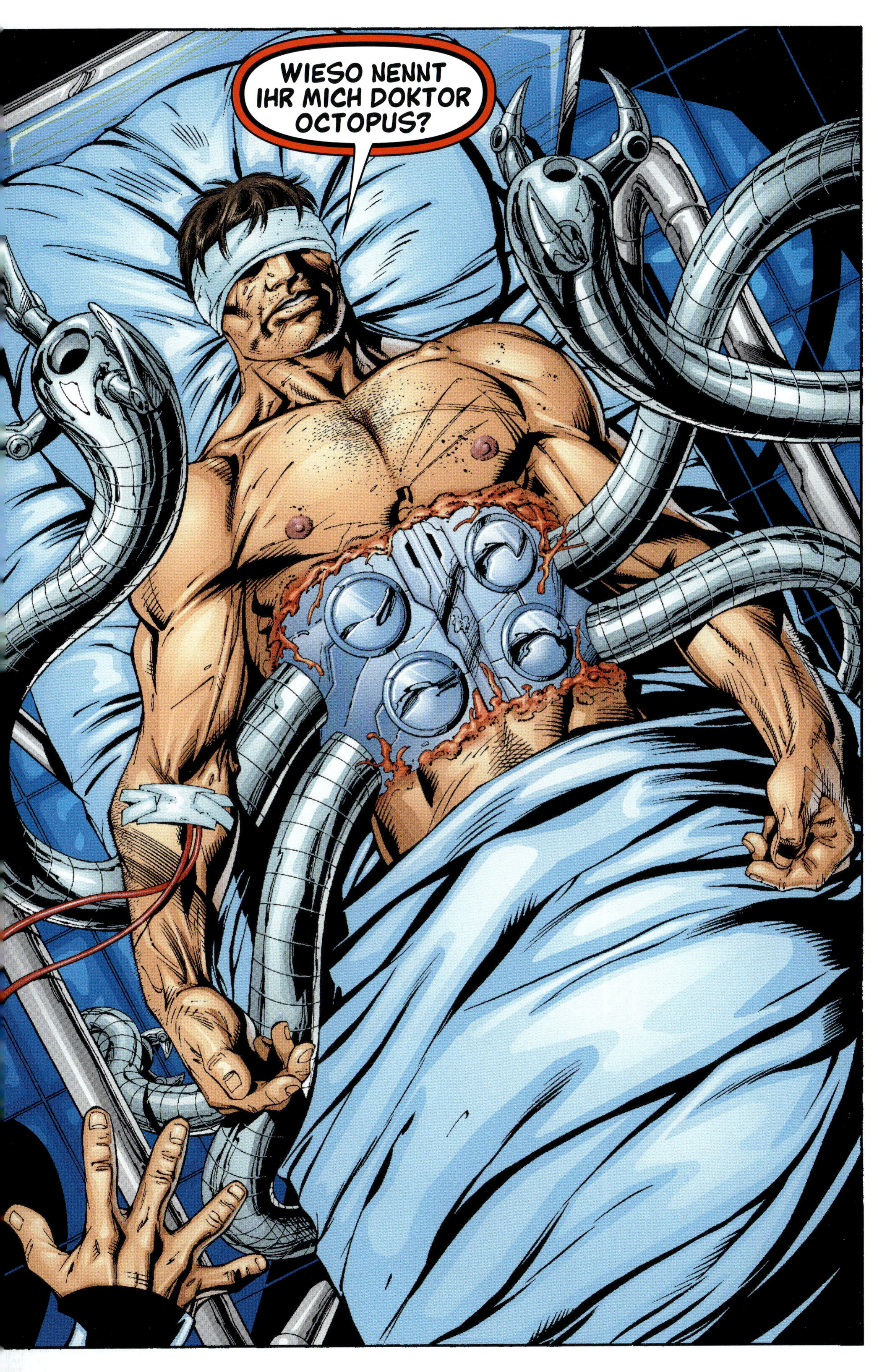
WIESO NENNT IHR MICH DOKTOR OCTOPUS?

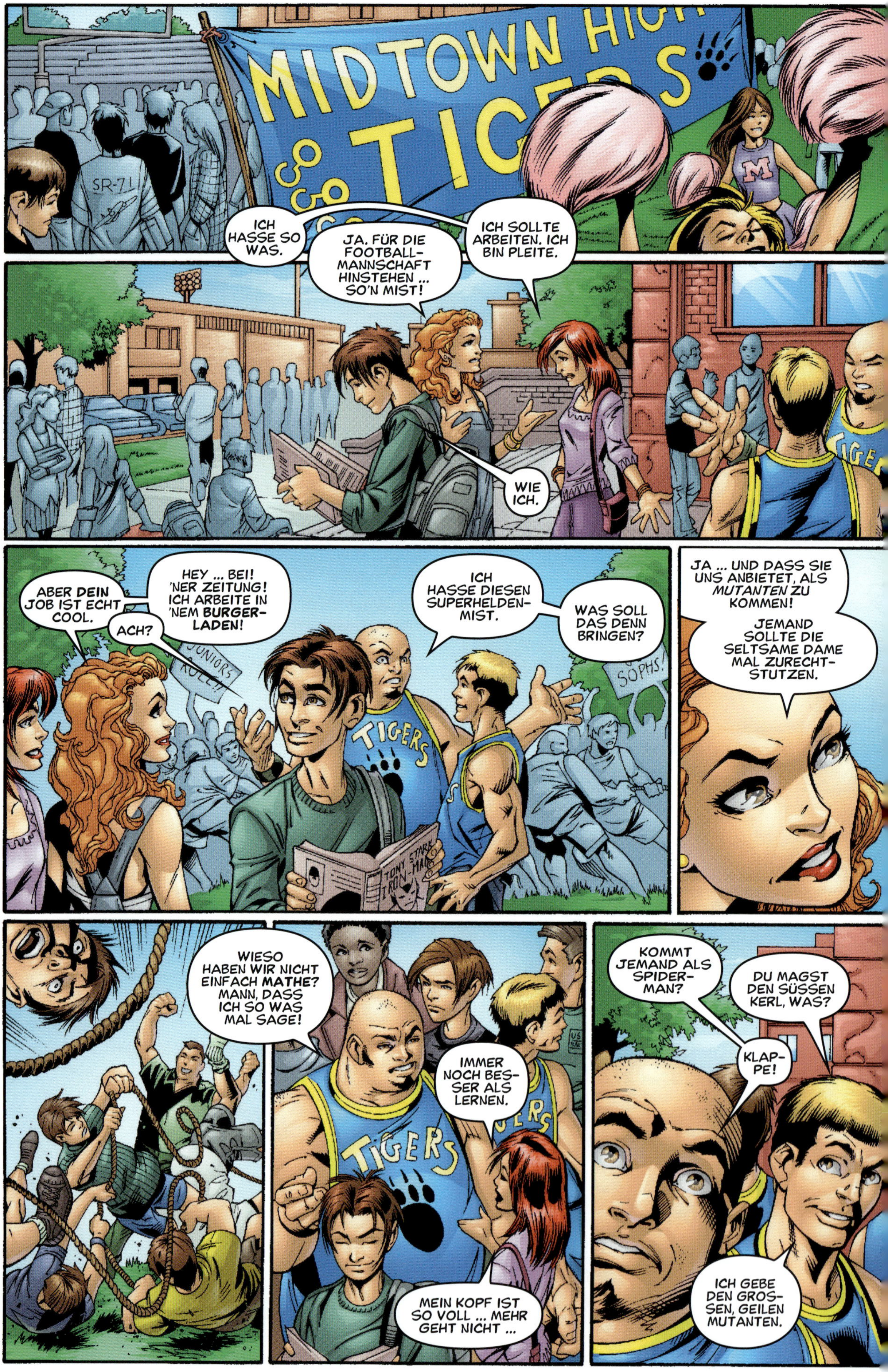

ICH HASSE SO WAS.
JA. FÜR DIE FOOTBALL-MANNSCHAFT HINSTEHEN ... SO'N MIST!
ICH SOLLTE ARBEITEN. ICH BIN PLEITE.
WIE ICH.

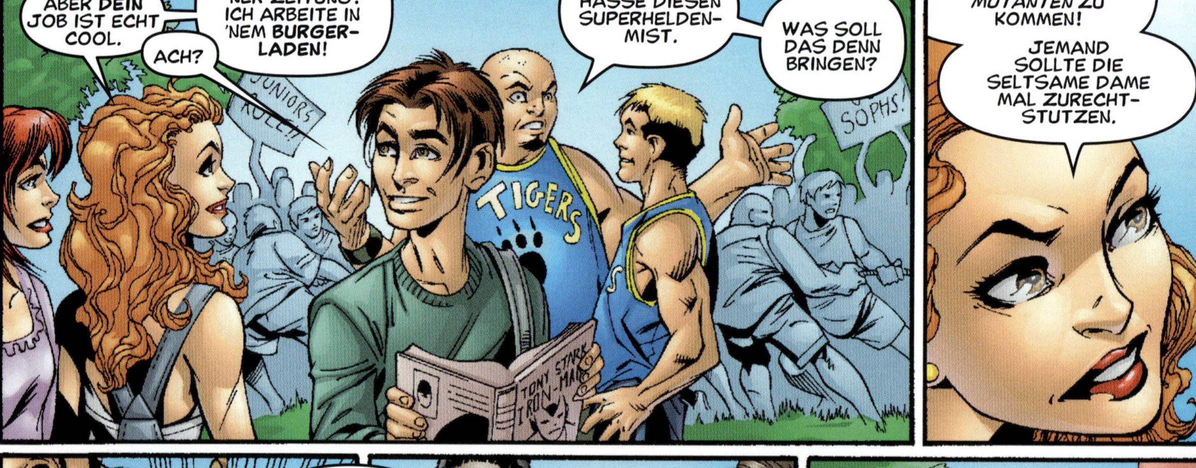

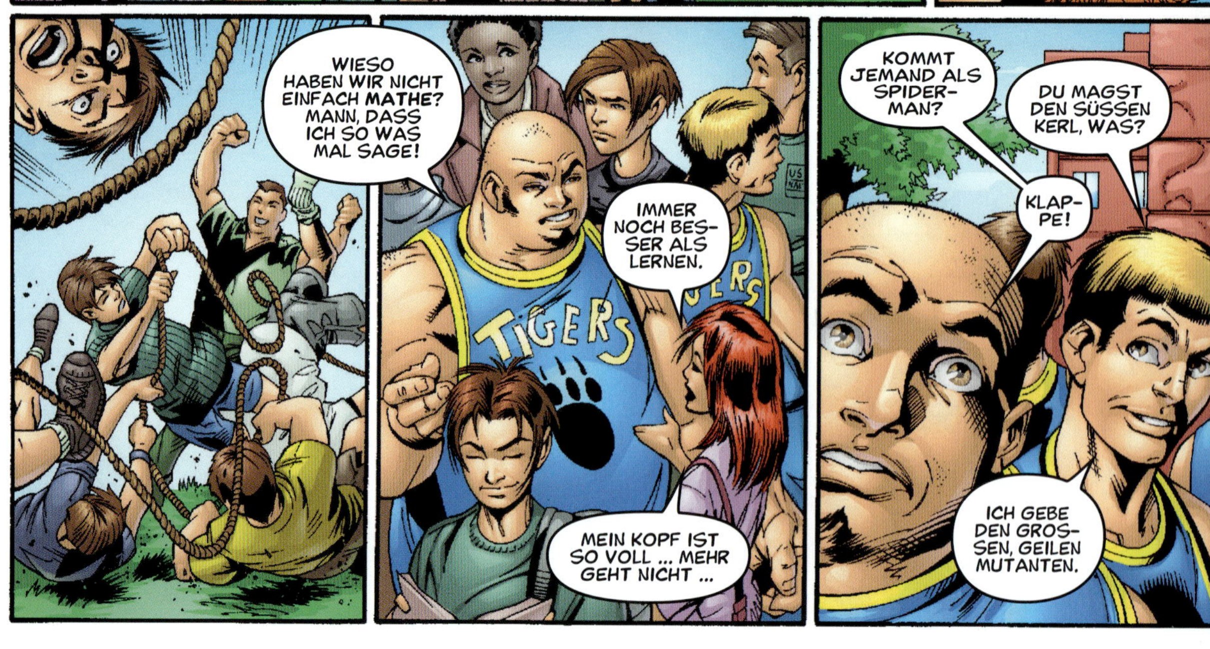

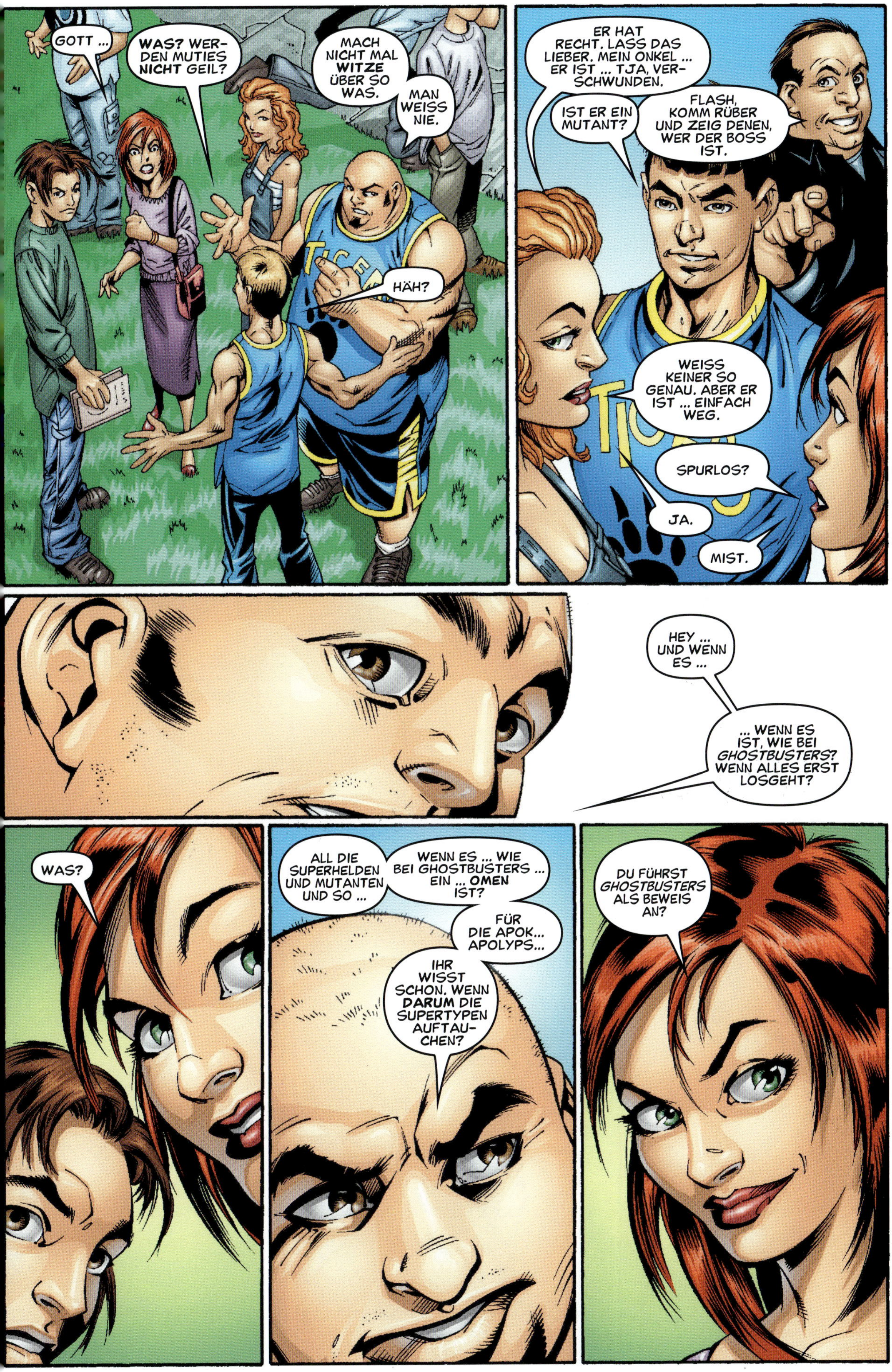

GOTT ...
WAS? WERDEN MUTIES NICHT GEIL?
MACH NICHT MAL WITZE ÜBER SO WAS.
MAN WEISS NIE.
HÄH?

ER HAT RECHT. LASS DAS LIEBER. MEIN ONKEL ... ER IST ... TJA, VERSCHWUNDEN.
IST ER EIN MUTANT?
FLASH, KOMM RÜBER UND ZEIG DENEN, WER DER BOSS IST.
WEISS KEINER SO GENAU. ABER ER IST ... EINFACH WEG.
SPURLOS?
JA.
MIST.

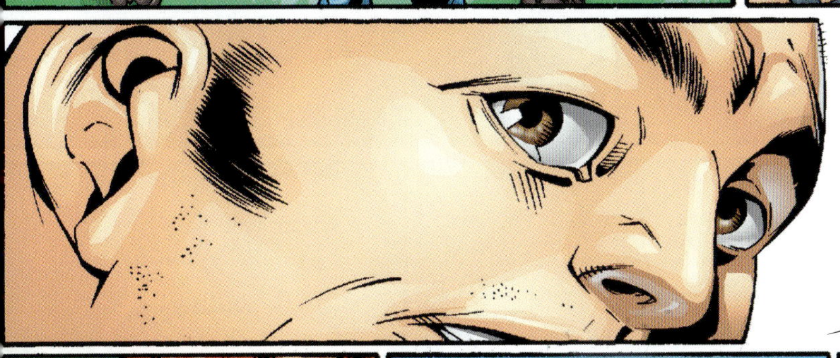

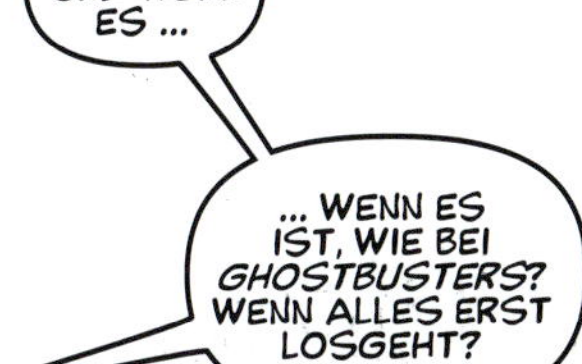

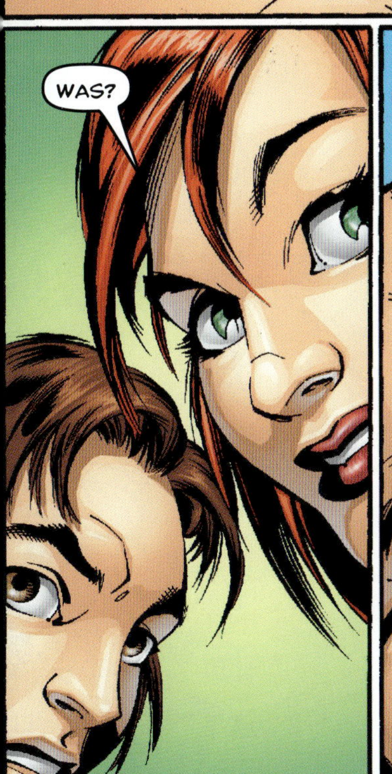

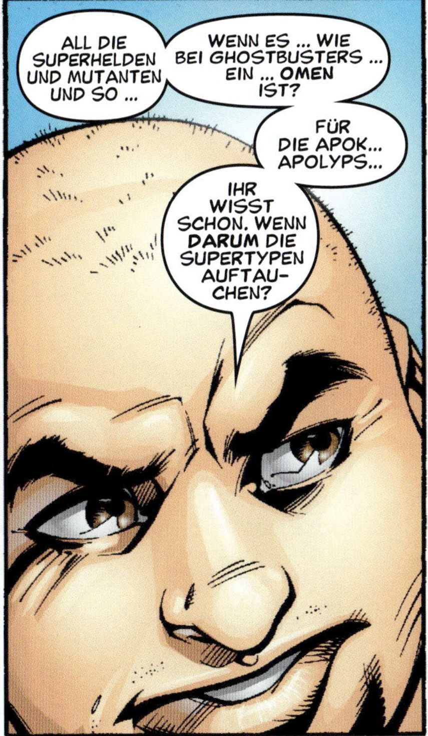

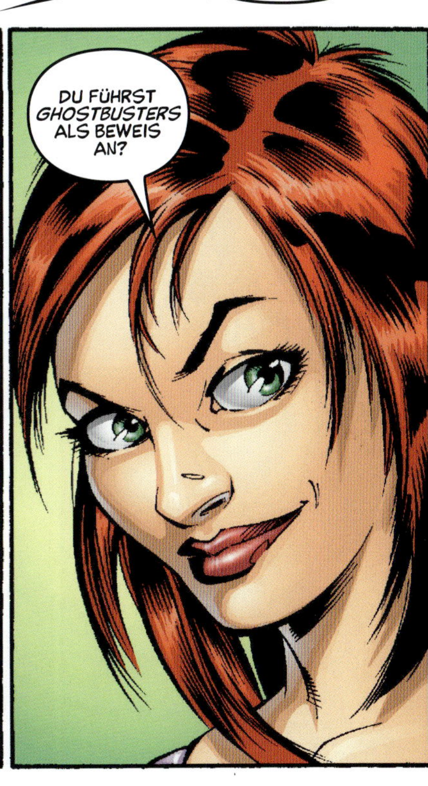

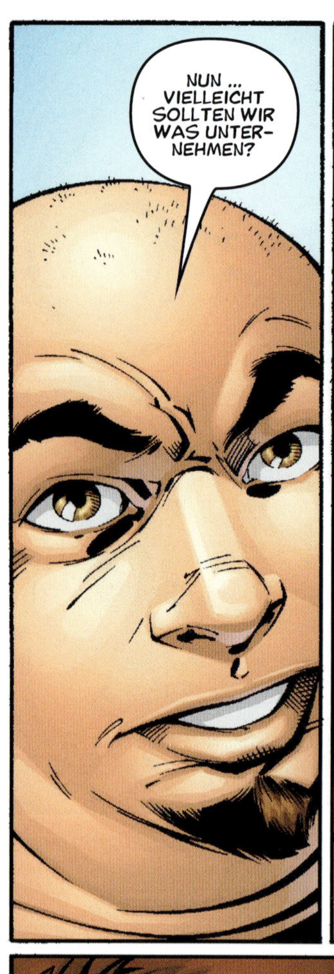
NUN ...
VIELLEICHT SOLLTEN WIR WAS UNTER-NEHMEN?

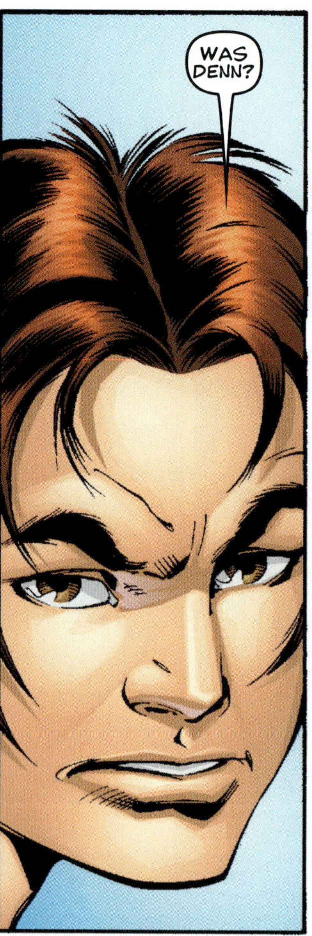
WAS DENN?

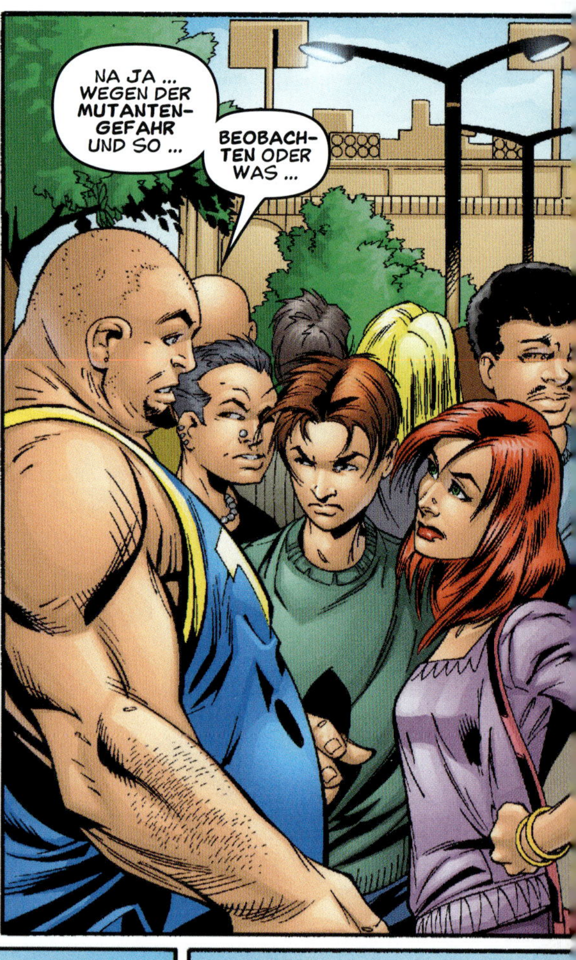
NA JA ... WEGEN DER MUTANTEN-GEFAHR UND SO ...
BEOBACH-TEN ODER WAS ...

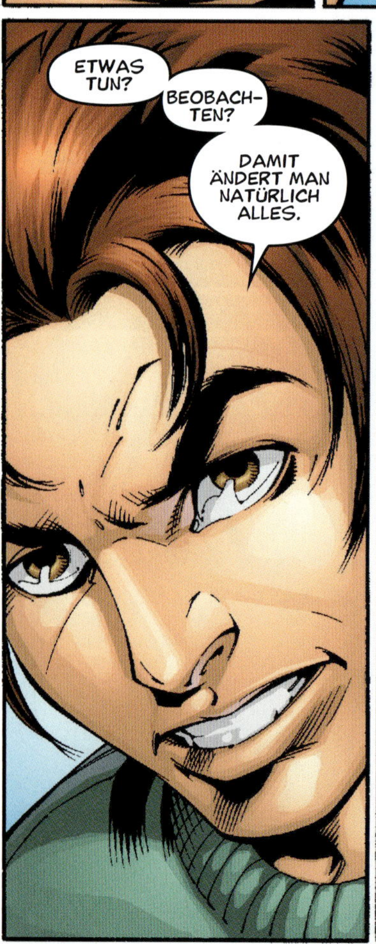
ETWAS TUN?
BEOBACH-TEN?
DAMIT ÄNDERT MAN NATÜRLICH ALLES.

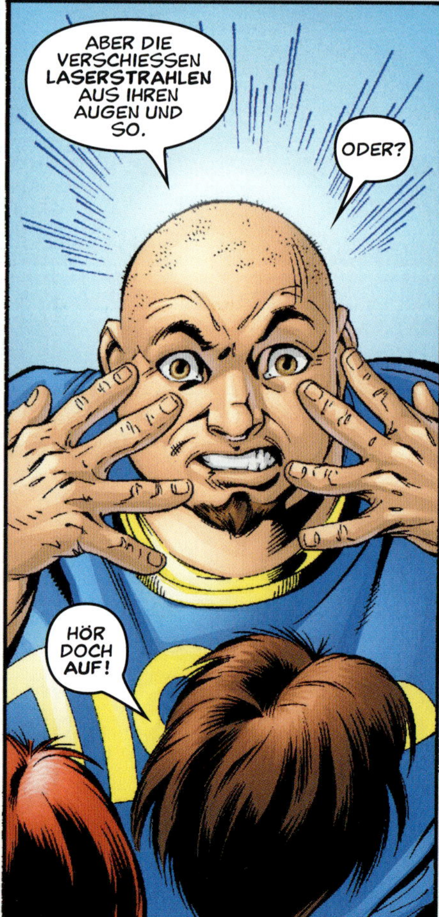
ABER DIE VERSCHIESSEN LASERSTRAHLEN AUS IHREN AUGEN UND SO.
ODER?
HÖR DOCH AUF!

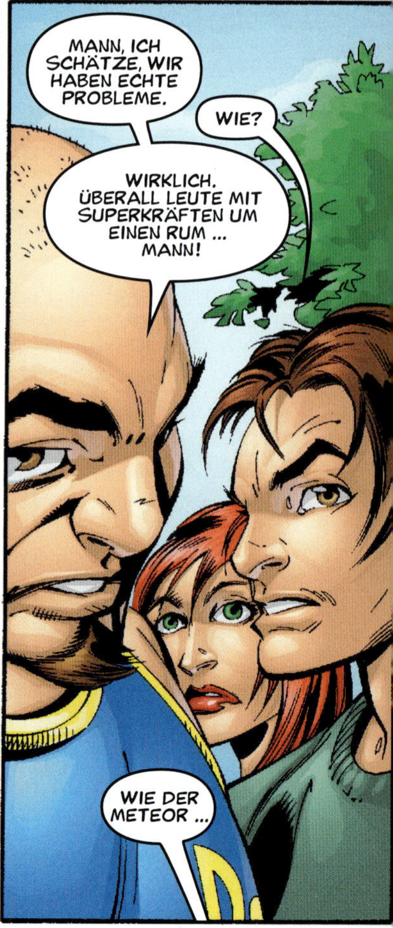
MANN, ICH SCHÄTZE, WIR HABEN ECHTE PROBLEME.
WIE?
WIRKLICH. ÜBERALL LEUTE MIT SUPERKRÄFTEN UM EINEN RUM ... MANN!
WIE DER METEOR ...

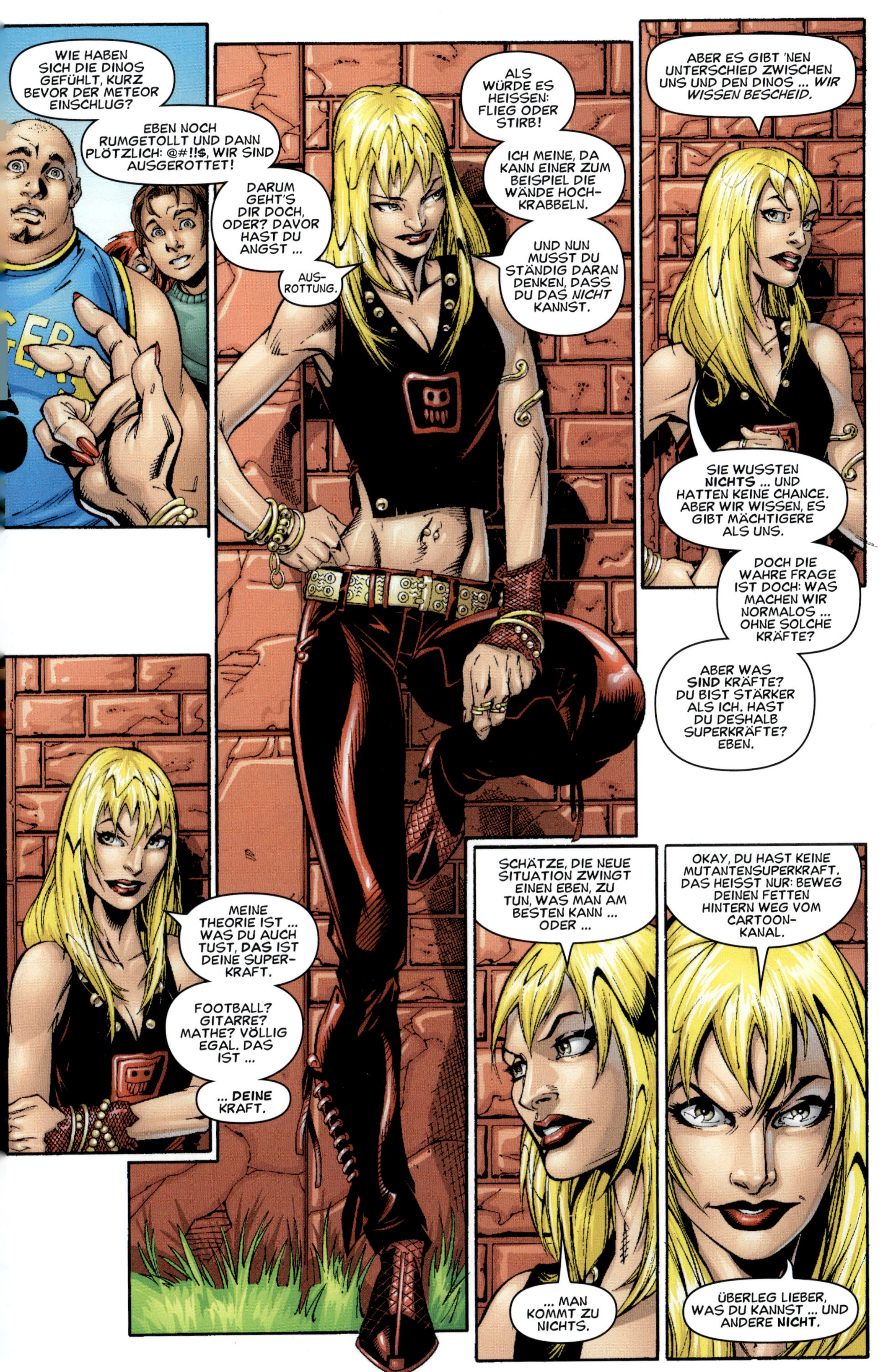
WIE HABEN SICH DIE DINOS GEFÜHLT, KURZ BEVOR DER METEOR EINSCHLUG?
EBEN NOCH RUMGETOLLT UND DANN PLÖTZLICH: @#!!$, WIR SIND AUSGEROTTET!
DARUM GEHT'S DIR DOCH, ODER? DAVOR HAST DU ANGST ...
AUS-ROTTUNG.
ALS WÜRDE ES HEISSEN: FLIEG ODER STIRB!
ICH MEINE, DA KANN EINER ZUM BEISPIEL DIE WÄNDE HOCH-KRABBELN.
UND NUN MUSST DU STÄNDIG DARAN DENKEN, DASS DU DAS *NICHT* KANNST.
ABER ES GIBT 'NEN UNTERSCHIED ZWISCHEN UNS UND DEN DINOS ... *WIR WISSEN BESCHEID.*
SIE WUSSTEN **NICHTS** ... UND HATTEN KEINE CHANCE. ABER WIR WISSEN, ES GIBT MÄCHTIGERE ALS UNS.
DOCH DIE WAHRE FRAGE IST DOCH: WAS MACHEN **WIR** NORMALOS ... OHNE SOLCHE KRÄFTE?
ABER WAS **SIND** KRÄFTE? DU BIST STÄRKER ALS ICH. HAST DU DESHALB SUPERKRÄFTE? EBEN.
MEINE THEORIE IST ... WAS DU AUCH TUST, **DAS** IST DEINE SUPER-KRAFT.
FOOTBALL? GITARRE? MATHE? VÖLLIG EGAL. DAS IST ...
... **DEINE KRAFT.**
SCHÄTZE, DIE NEUE SITUATION ZWINGT EINEN EBEN, ZU TUN, WAS MAN AM BESTEN KANN ... ODER ...
... MAN KOMMT ZU NICHTS.
OKAY, DU HAST KEINE MUTANTENSUPERKRAFT. DAS HEISST NUR: BEWEG DEINEN FETTEN HINTERN WEG VOM CARTOON-KANAL.
ÜBERLEG LIEBER, WAS DU KANNST ... UND ANDERE **NICHT.**

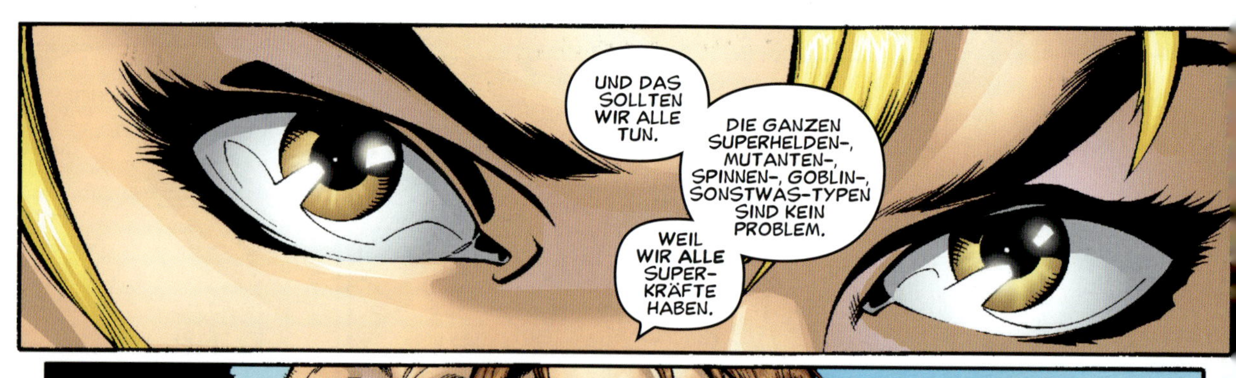
UND DAS SOLLTEN WIR ALLE TUN.
DIE GANZEN SUPERHELDEN-, MUTANTEN-, SPINNEN-, GOBLIN-, SONSTWAS-TYPEN SIND KEIN PROBLEM.
WEIL WIR ALLE SUPER-KRÄFTE HABEN.
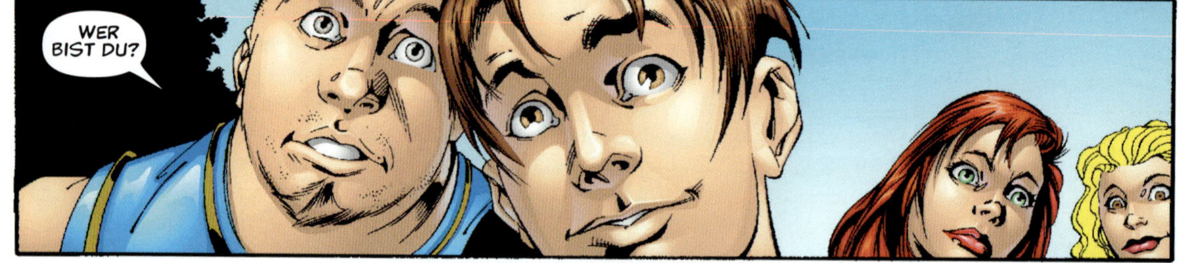
WER BIST DU?
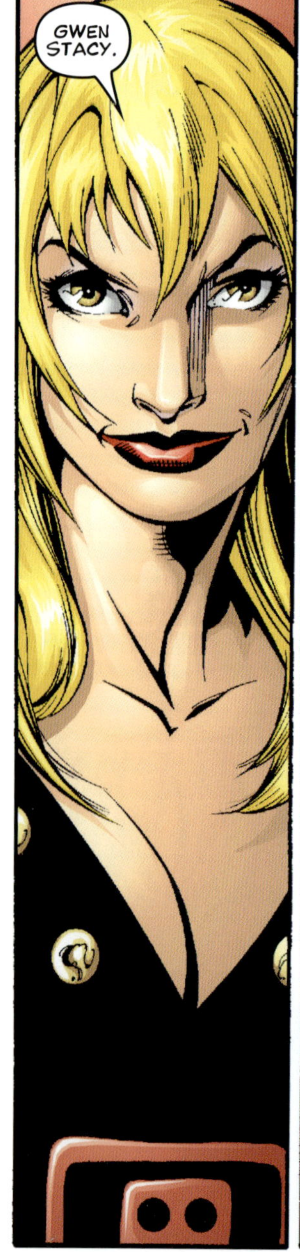
GWEN STACY.
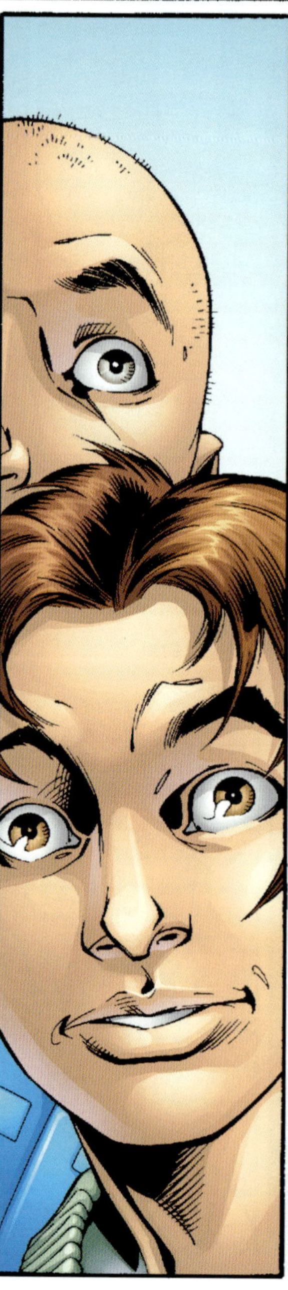
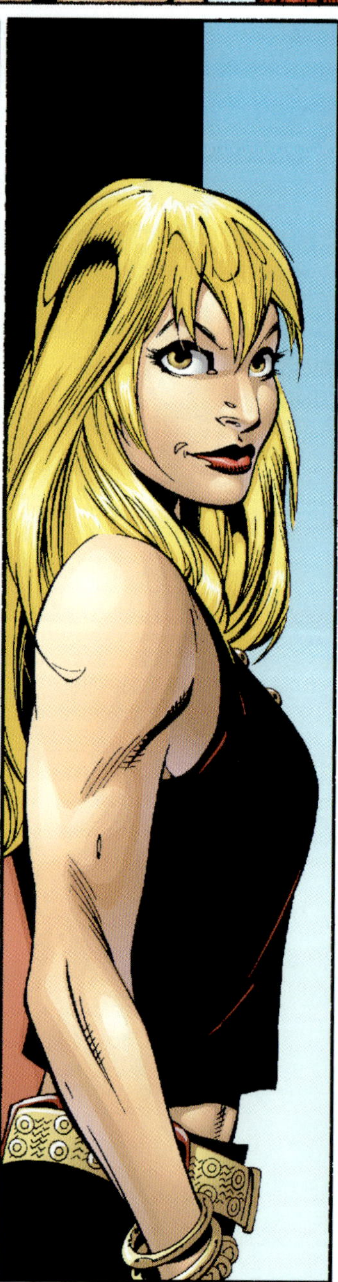
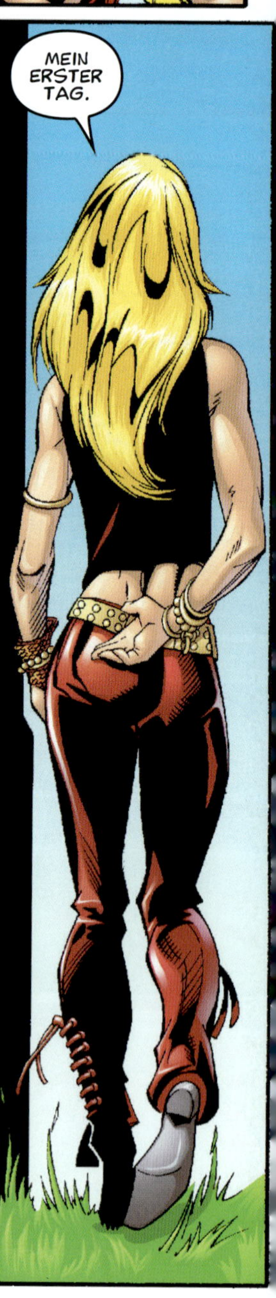
MEIN ERSTER TAG.

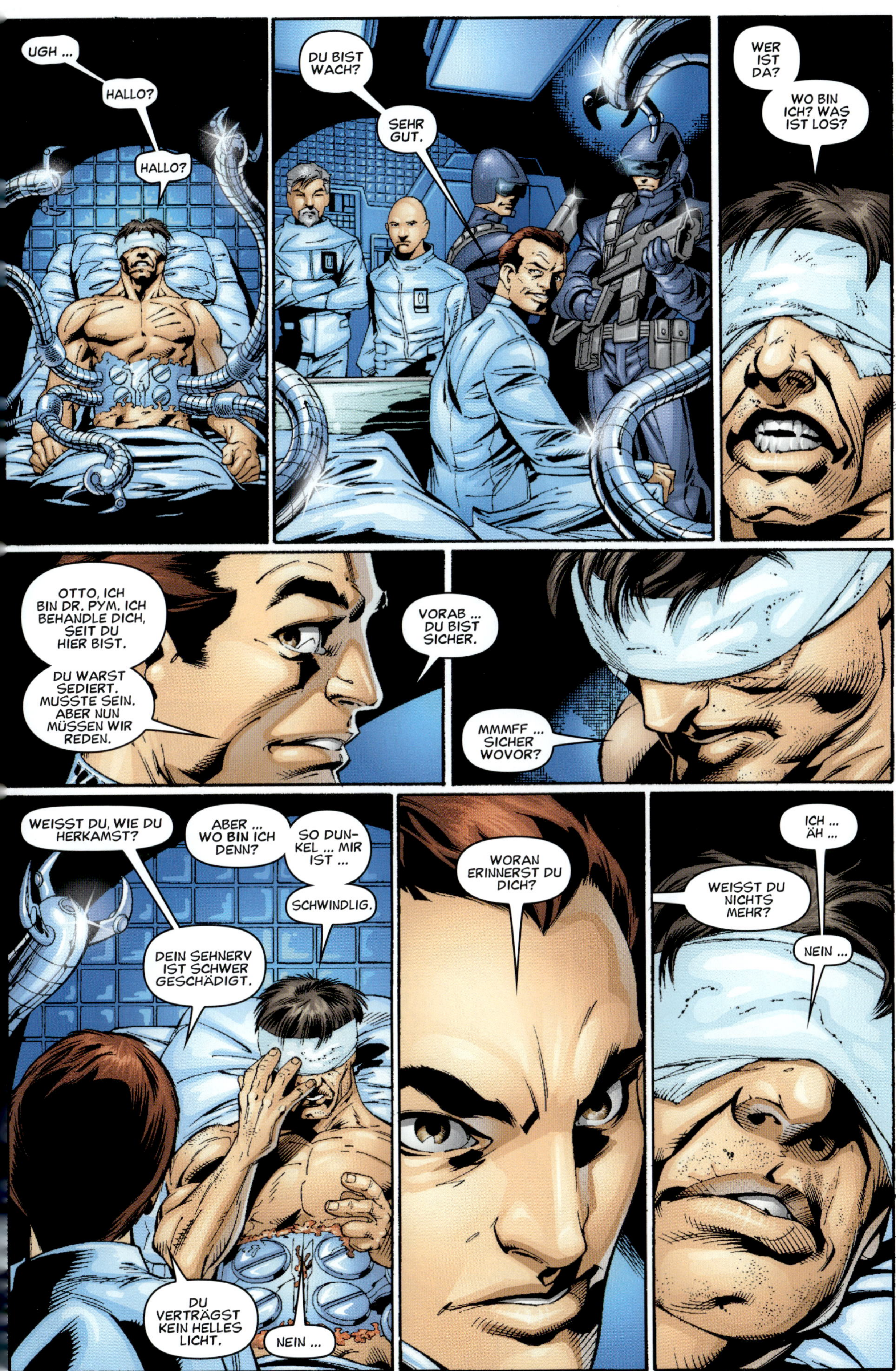
UGH ...
HALLO?
HALLO?
DU BIST WACH?
SEHR GUT.
WER IST DA?
WO BIN ICH? WAS IST LOS?
OTTO, ICH BIN DR. PYM. ICH BEHANDLE DICH, SEIT DU HIER BIST.
DU WARST SEDIERT. MUSSTE SEIN. ABER NUN MÜSSEN WIR REDEN.
VORAB ... DU BIST SICHER.
MMMFF ... SICHER WOVOR?
WEISST DU, WIE DU HERKAMST?
ABER ... WO BIN ICH DENN?
SO DUNKEL ... MIR IST ...
SCHWINDLIG.
DEIN SEHNERV IST SCHWER GESCHÄDIGT.
DU VERTRÄGST KEIN HELLES LICHT.
NEIN ...
WORAN ERINNERST DU DICH?
ICH ... ÄH ...
WEISST DU NICHTS MEHR?
NEIN ...

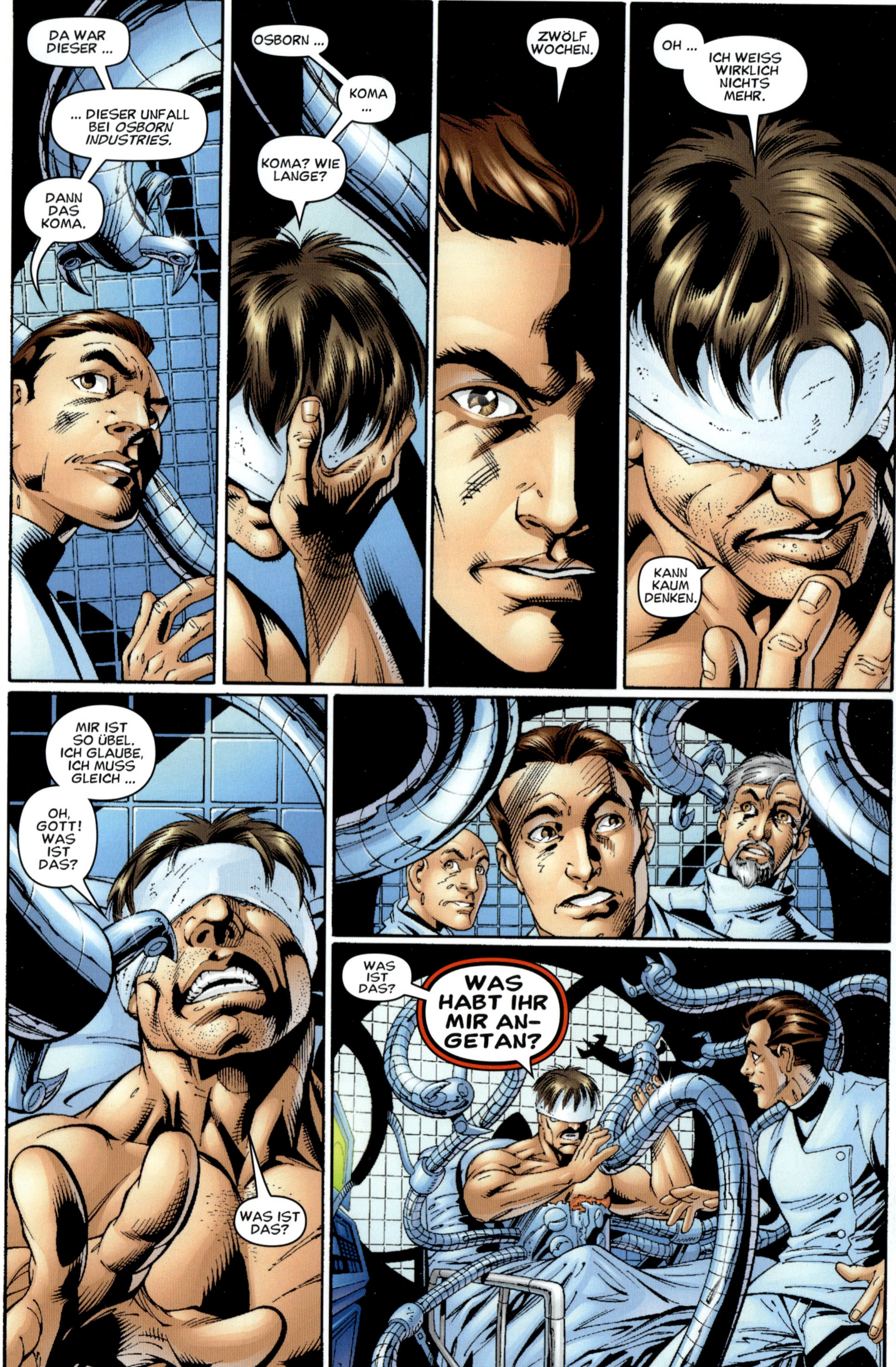
DA WAR DIESER ...
... DIESER UNFALL BEI OSBORN INDUSTRIES.
DANN DAS KOMA.
OSBORN ...
KOMA ...
KOMA? WIE LANGE?
ZWÖLF WOCHEN.
OH ...
ICH WEISS WIRKLICH NICHTS MEHR.
KANN KAUM DENKEN.
MIR IST SO ÜBEL. ICH GLAUBE, ICH MUSS GLEICH ...
OH, GOTT! WAS IST DAS?
WAS IST DAS?
WAS IST DAS?
WAS HABT IHR MIR ANGETAN?

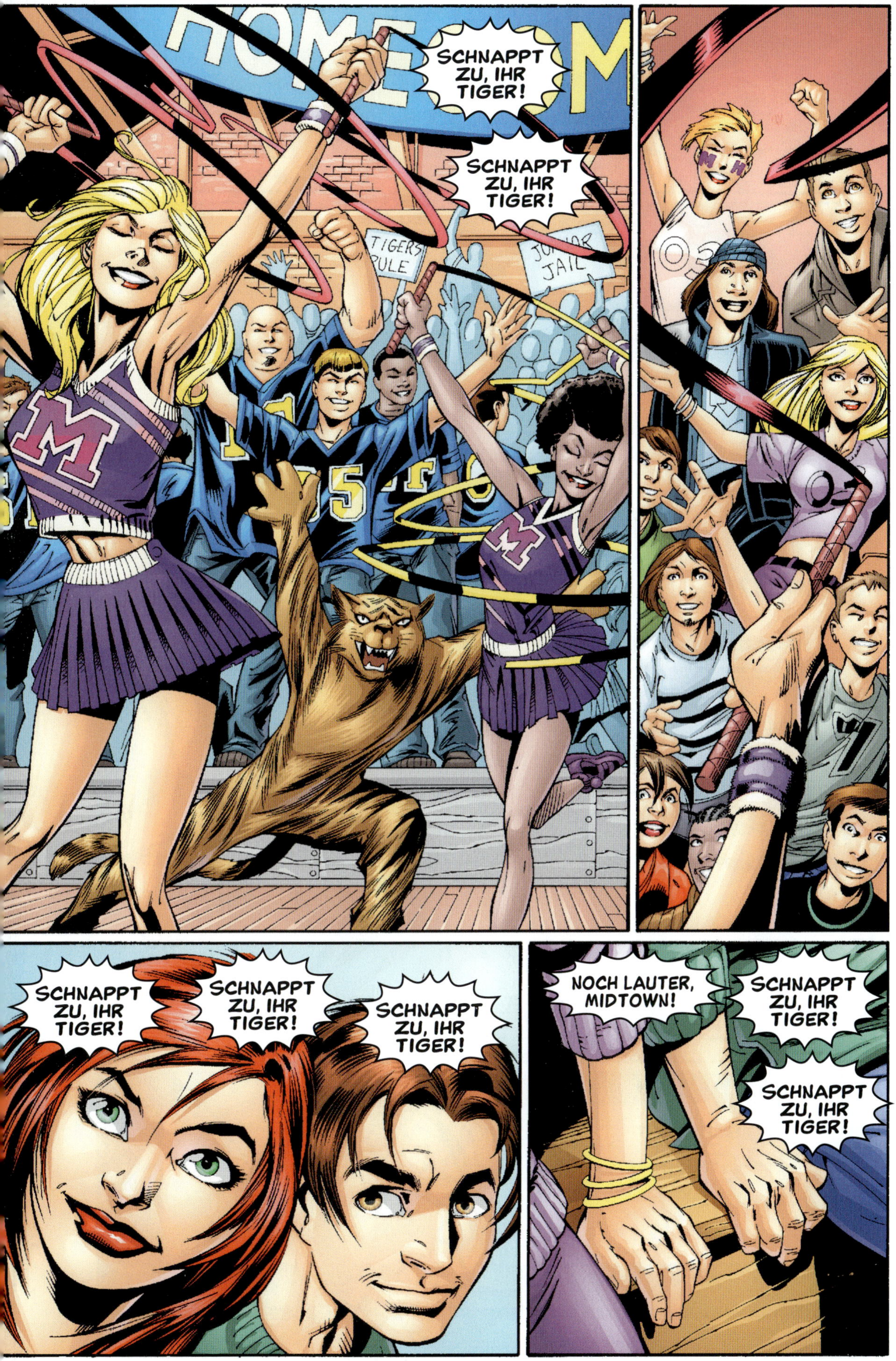

SCHNAPPT ZU, IHR TIGER!

SCHNAPPT ZU, IHR TIGER!

TIGERS RULE

JUNIOR JAIL

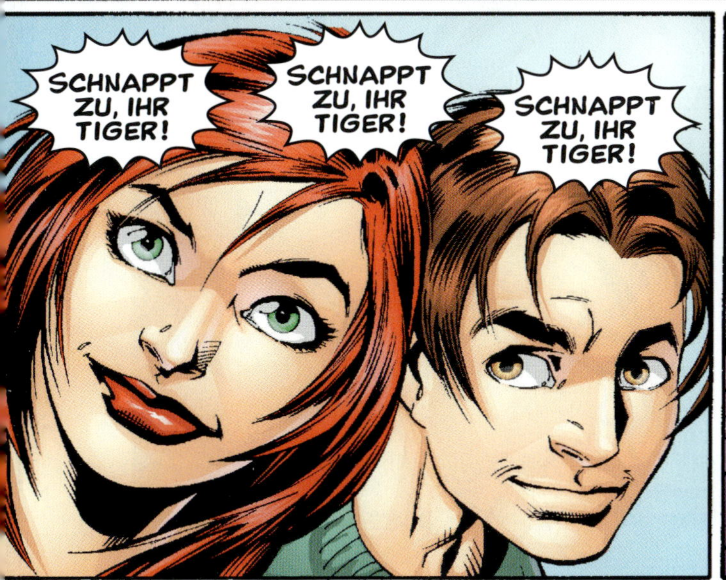

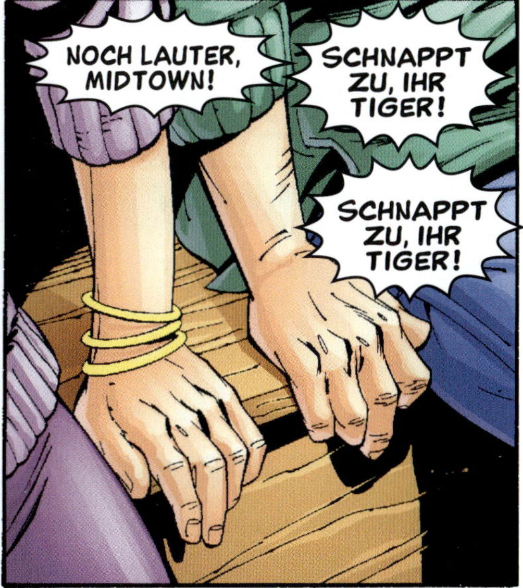

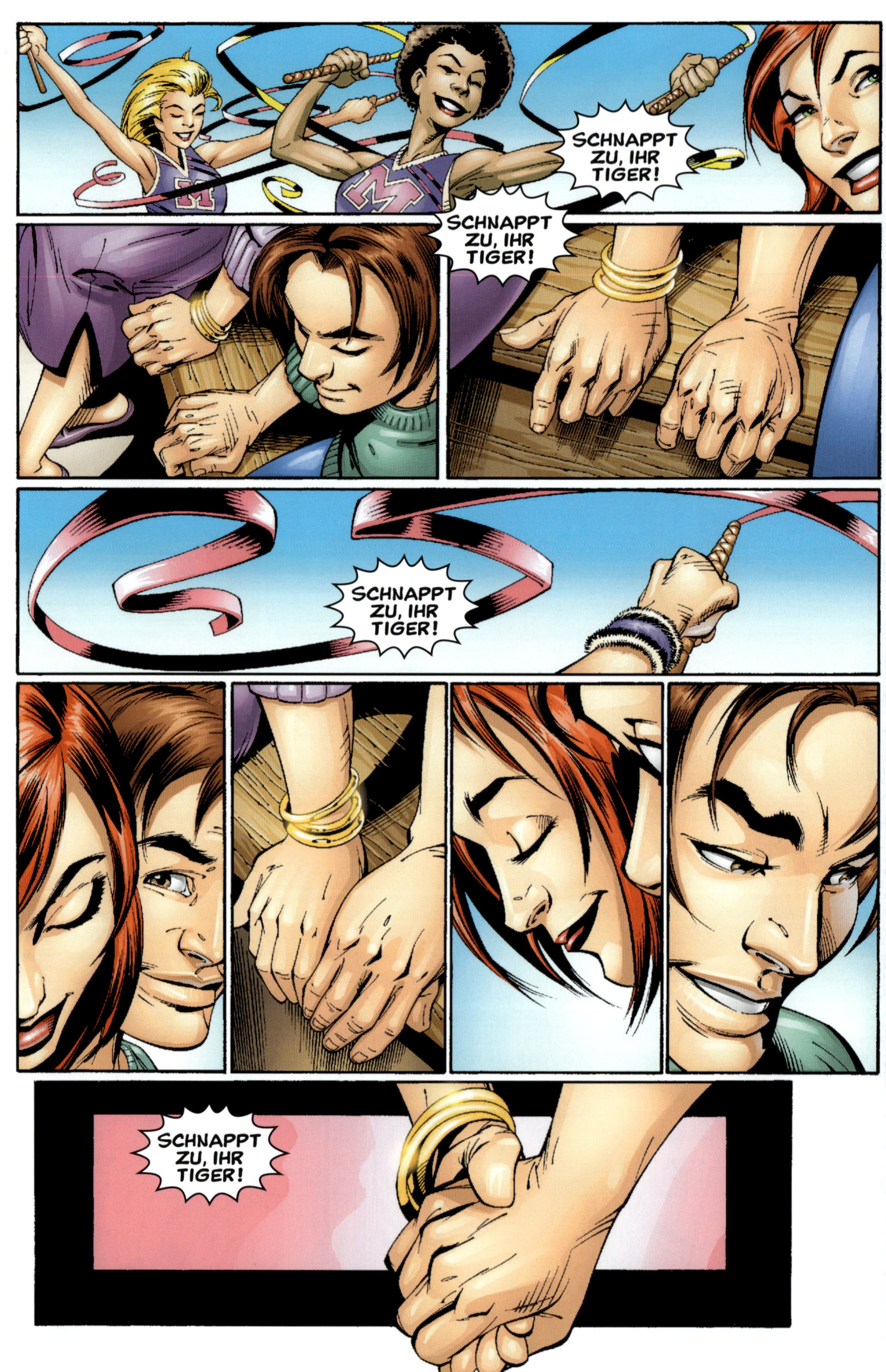
SCHNAPPT ZU, IHR TIGER!
SCHNAPPT ZU, IHR TIGER!
SCHNAPPT ZU, IHR TIGER!
SCHNAPPT ZU, IHR TIGER!

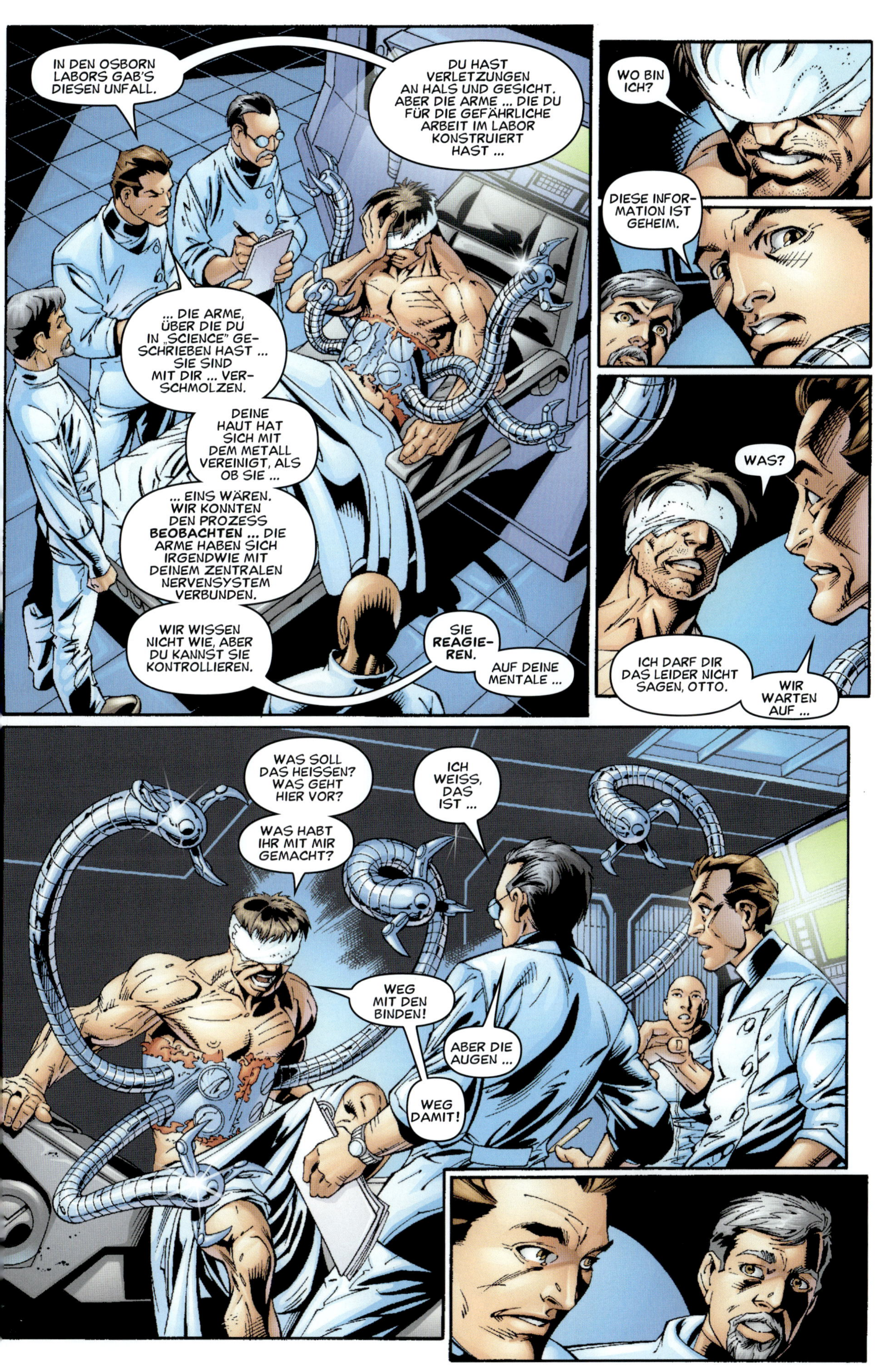

IN DEN OSBORN LABORS GAB'S DIESEN UNFALL.
DU HAST VERLETZUNGEN AN HALS UND GESICHT. ABER DIE ARME ... DIE DU FÜR DIE GEFÄHRLICHE ARBEIT IM LABOR KONSTRUIERT HAST ...
... DIE ARME, ÜBER DIE DU IN „SCIENCE" GESCHRIEBEN HAST ... SIE SIND MIT DIR ... VERSCHMOLZEN.
DEINE HAUT HAT SICH MIT DEM METALL VEREINIGT, ALS OB SIE ...
... EINS WÄREN. WIR KONNTEN DEN PROZESS **BEOBACHTEN** ... DIE ARME HABEN SICH IRGENDWIE MIT DEINEM ZENTRALEN NERVENSYSTEM VERBUNDEN.
WIR WISSEN NICHT WIE, ABER DU KANNST SIE KONTROLLIEREN.
SIE **REAGIEREN.**
AUF DEINE MENTALE ...
WO BIN ICH?
DIESE INFORMATION IST GEHEIM.
WAS?
ICH DARF DIR DAS LEIDER NICHT SAGEN, OTTO.
WIR WARTEN AUF ...
WAS SOLL DAS HEISSEN? WAS GEHT HIER VOR?
WAS HABT IHR MIT MIR GEMACHT?
ICH WEISS, DAS IST ...
WEG MIT DEN BINDEN!
ABER DIE AUGEN ...
WEG DAMIT!

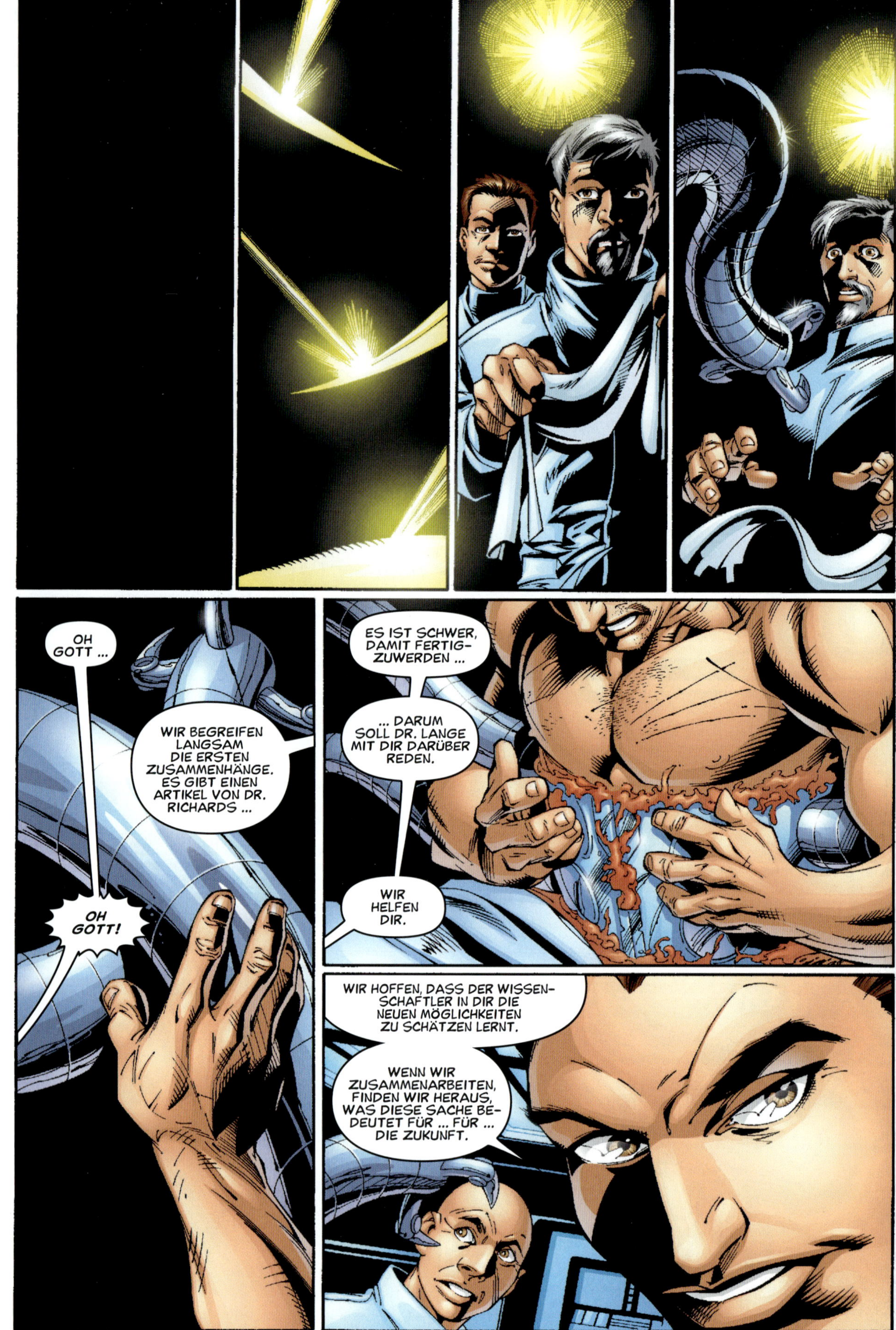
OH GOTT ...
WIR BEGREIFEN LANGSAM DIE ERSTEN ZUSAMMENHÄNGE. ES GIBT EINEN ARTIKEL VON DR. RICHARDS ...
OH GOTT!
ES IST SCHWER, DAMIT FERTIG-ZUWERDEN ...
... DARUM SOLL DR. LANGE MIT DIR DARÜBER REDEN.
WIR HELFEN DIR.
WIR HOFFEN, DASS DER WISSEN-SCHAFTLER IN DIR DIE NEUEN MÖGLICHKEITEN ZU SCHÄTZEN LERNT.
WENN WIR ZUSAMMENARBEITEN, FINDEN WIR HERAUS, WAS DIESE SACHE BE-DEUTET FÜR ... FÜR ... DIE ZUKUNFT.

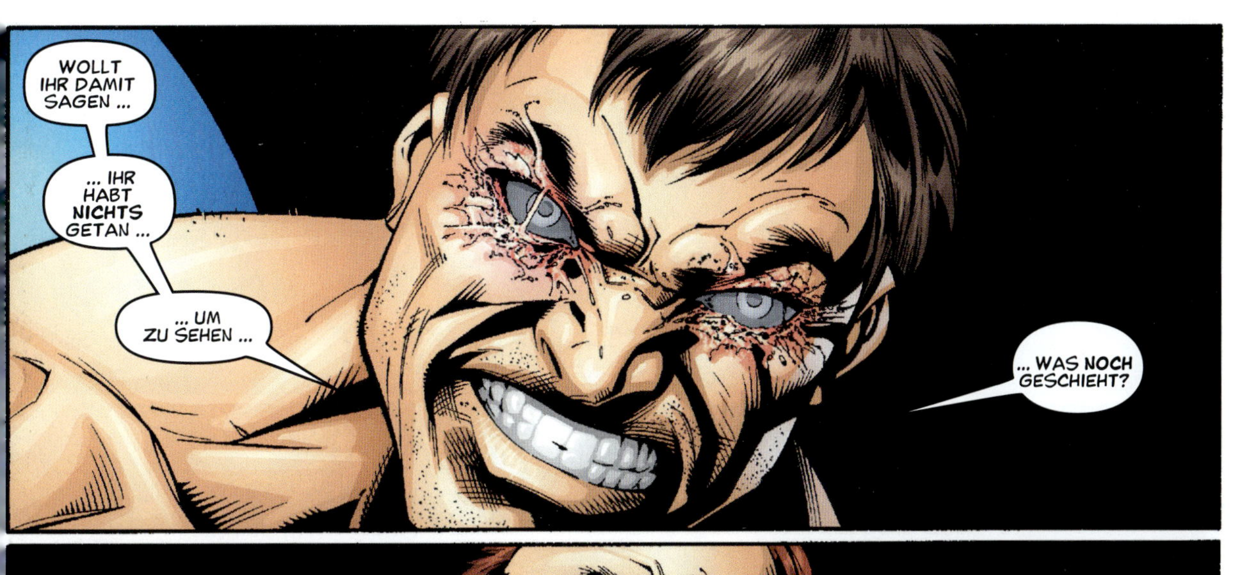
WOLLT IHR DAMIT SAGEN ...
... IHR HABT NICHTS GETAN ...
... UM ZU SEHEN ...
... WAS NOCH GESCHIEHT?

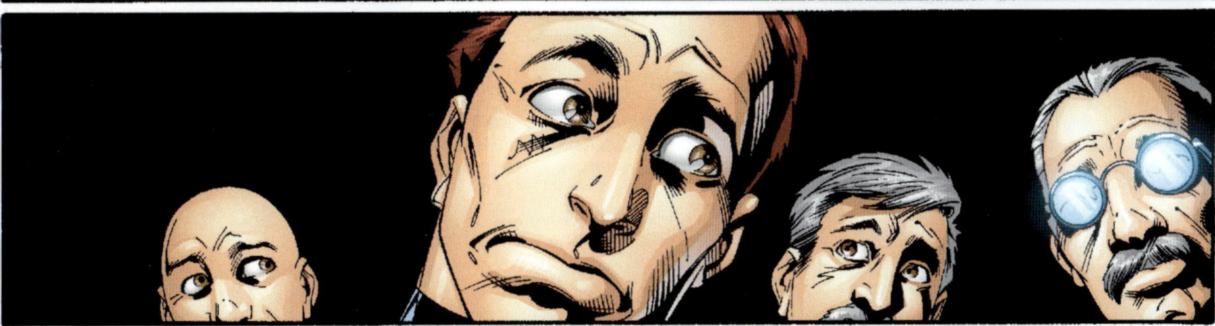

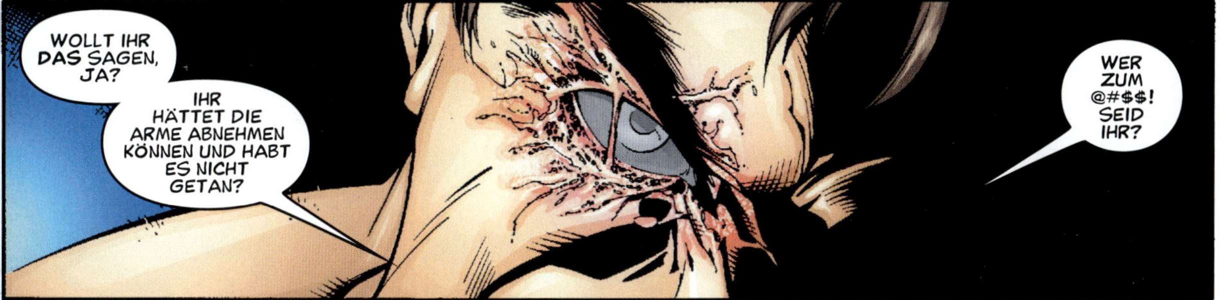
WOLLT IHR DAS SAGEN, JA?
IHR HÄTTET DIE ARME ABNEHMEN KÖNNEN UND HABT ES NICHT GETAN?
WER ZUM @#$$! SEID IHR?

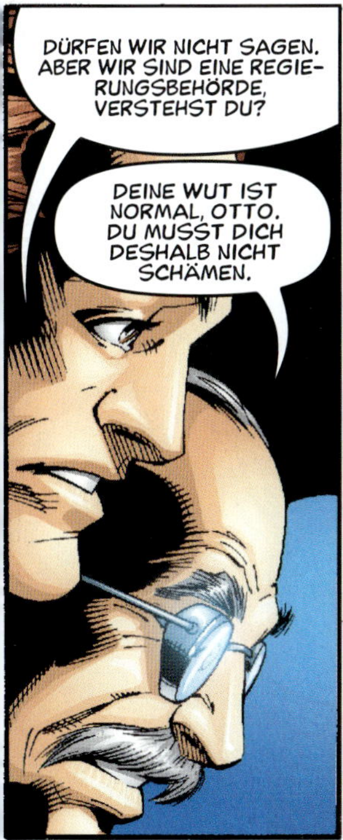
DÜRFEN WIR NICHT SAGEN. ABER WIR SIND EINE REGIERUNGSBEHÖRDE, VERSTEHST DU?
DEINE WUT IST NORMAL, OTTO. DU MUSST DICH DESHALB NICHT SCHÄMEN.

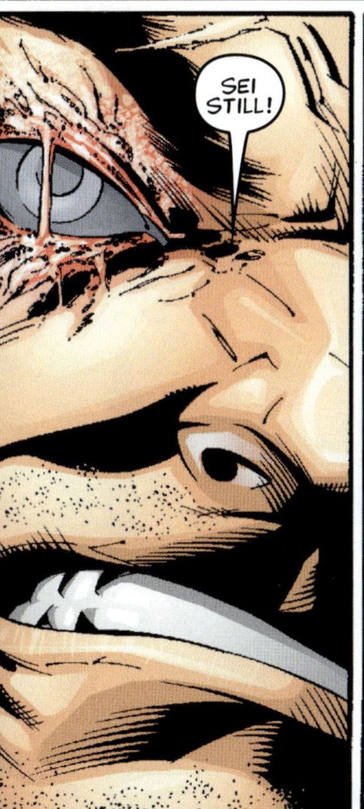
SEI STILL!

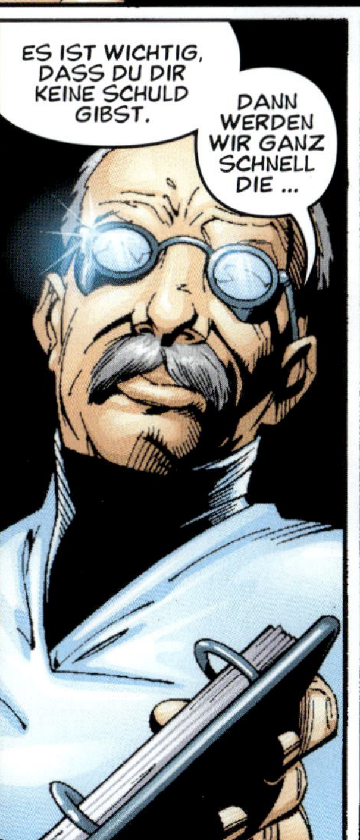
ES IST WICHTIG, DASS DU DIR KEINE SCHULD GIBST.
DANN WERDEN WIR GANZ SCHNELL DIE ...

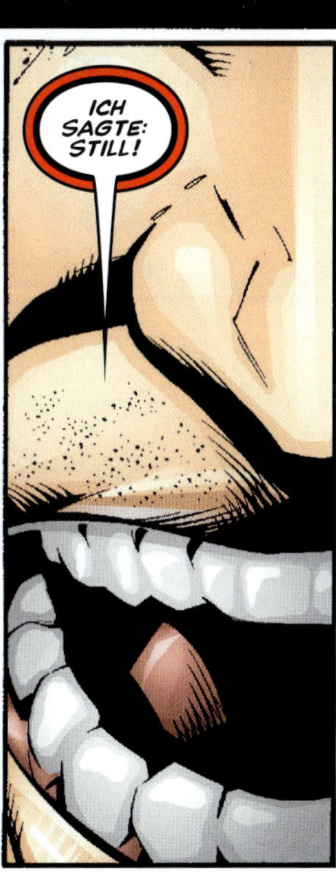
ICH SAGTE: STILL!

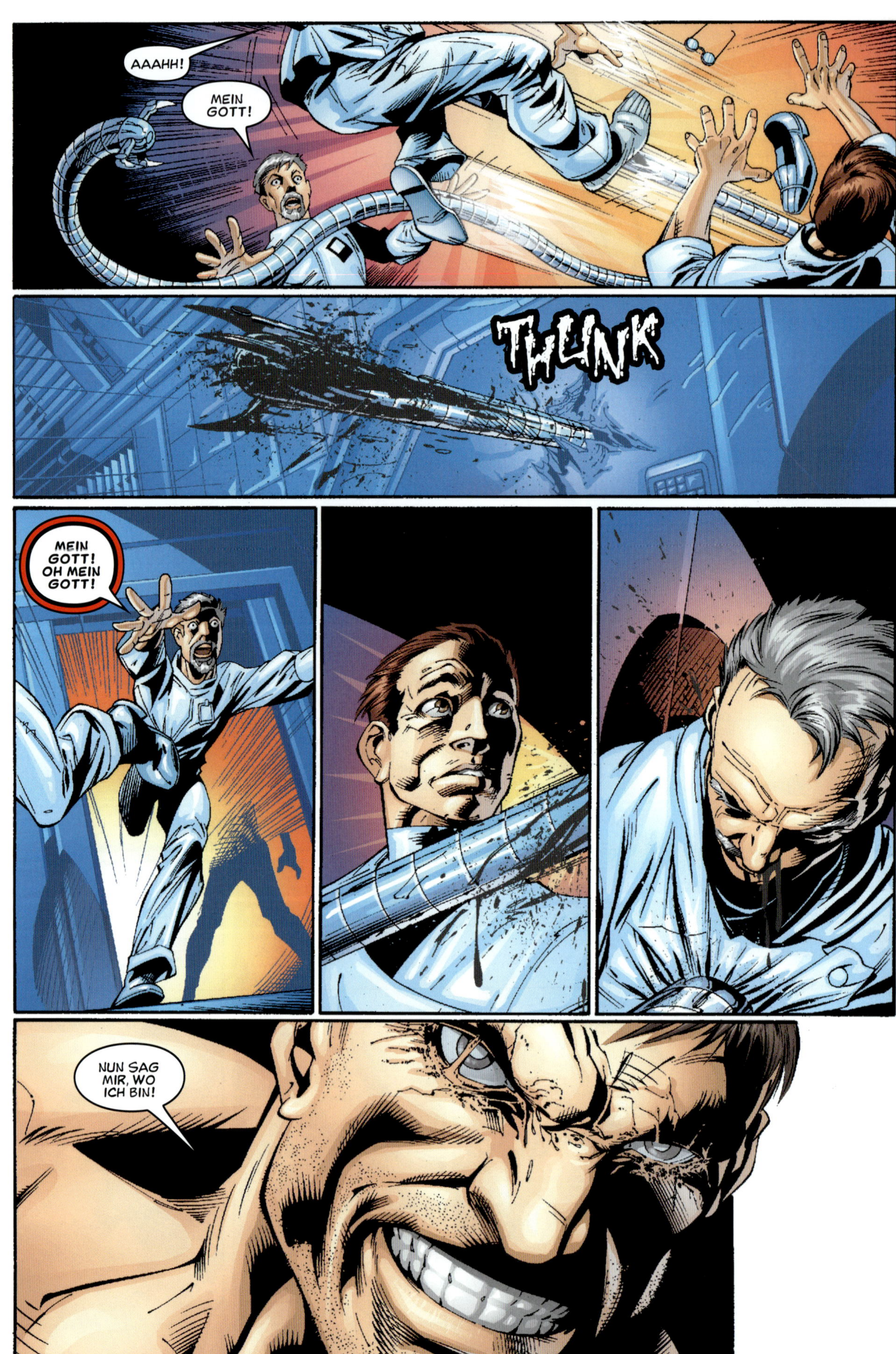
AAAHH!
MEIN GOTT!
THUNK
MEIN GOTT! OH MEIN GOTT!
NUN SAG MIR, WO ICH BIN!

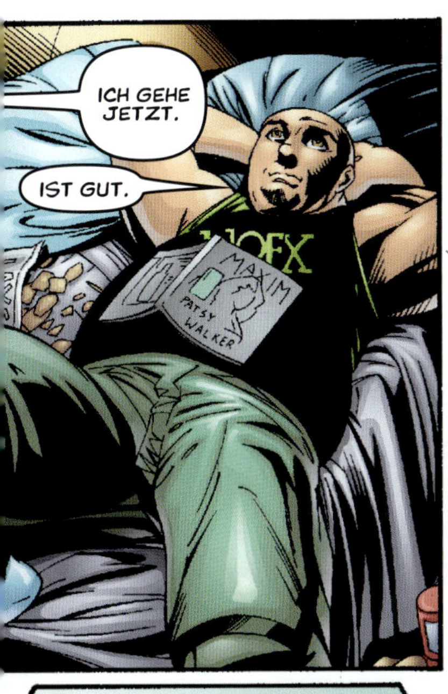
ICH GEHE JETZT.
IST GUT.
NOFX
MAXIM
PATSY WALKER

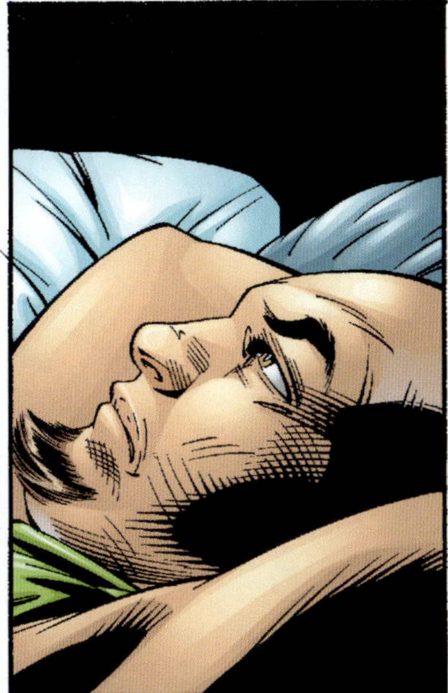

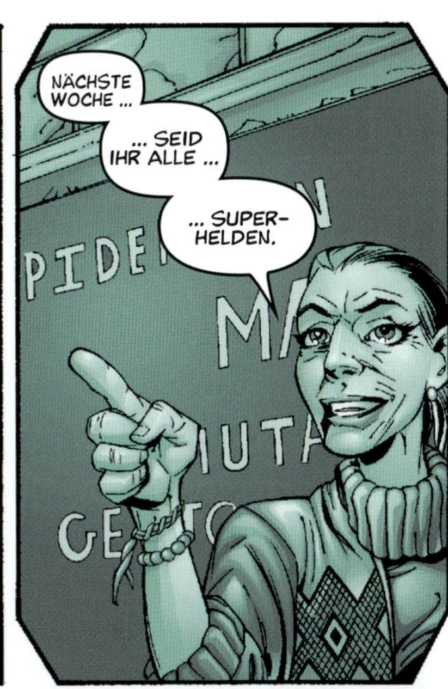
NÄCHSTE WOCHE ...
... SEID IHR ALLE ...
... SUPER-HELDEN.

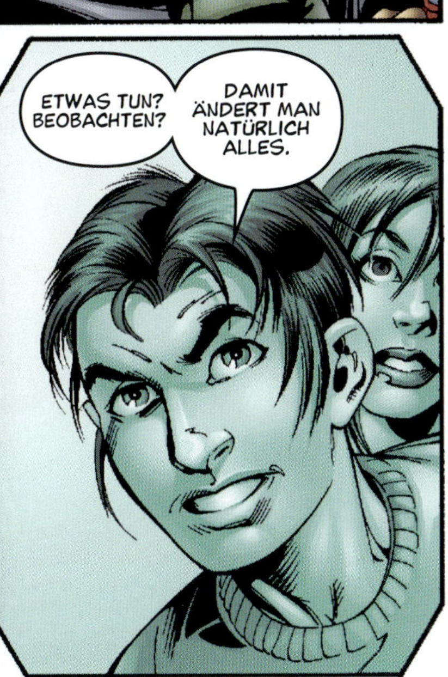
ETWAS TUN? BEOBACHTEN?
DAMIT ÄNDERT MAN NATÜRLICH ALLES.

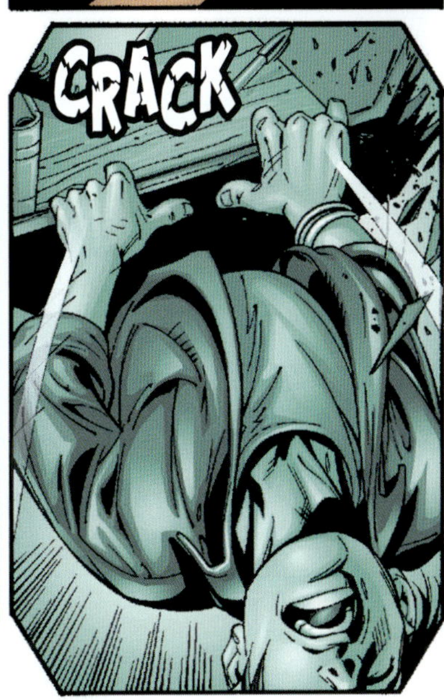
CRACK

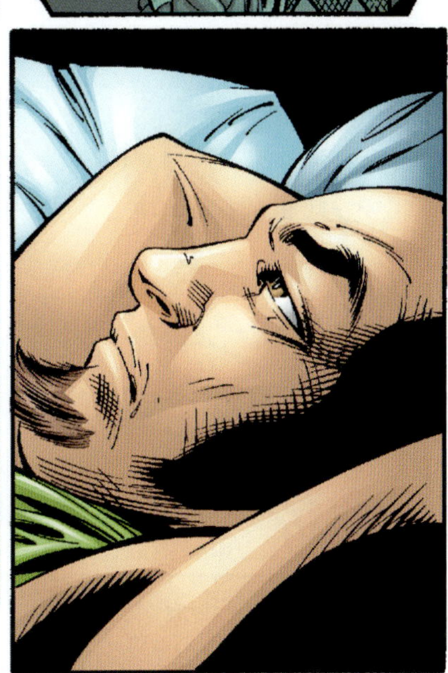

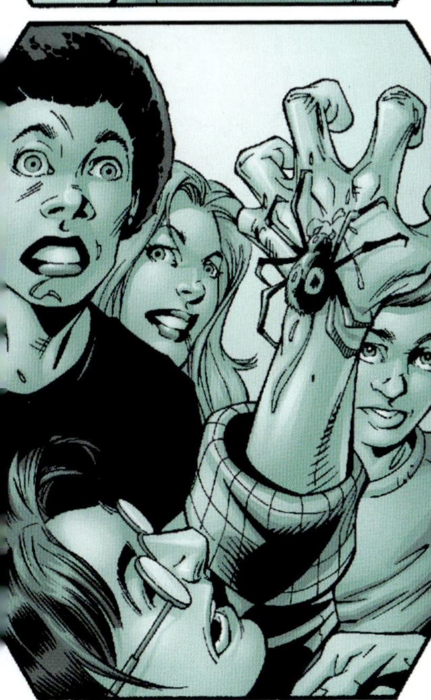

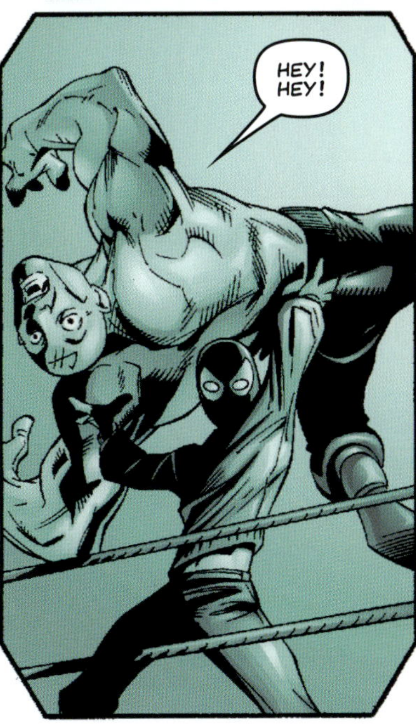
HEY! HEY!

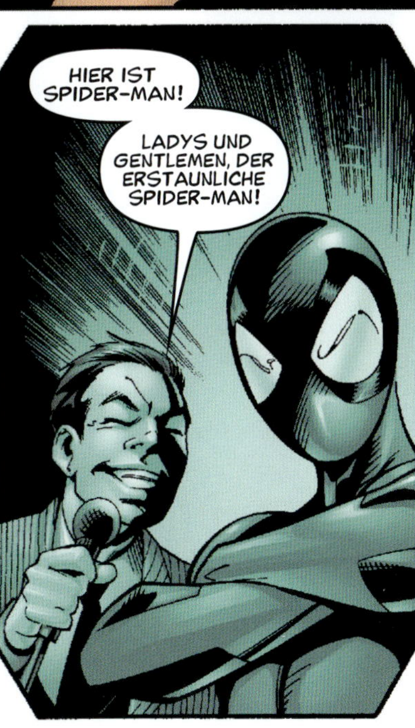
HIER IST SPIDER-MAN!
LADYS UND GENTLEMEN, DER ERSTAUNLICHE SPIDER-MAN!

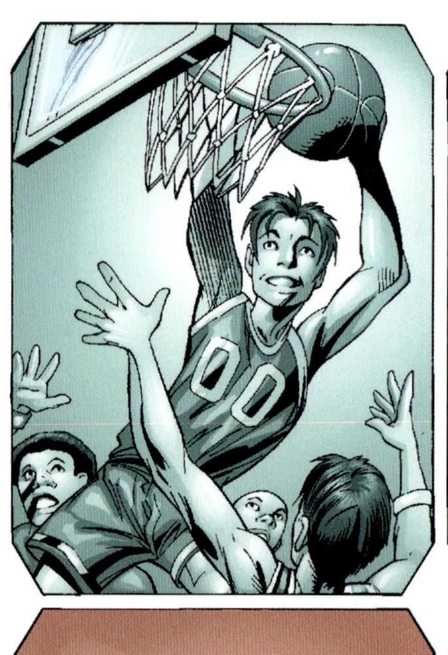

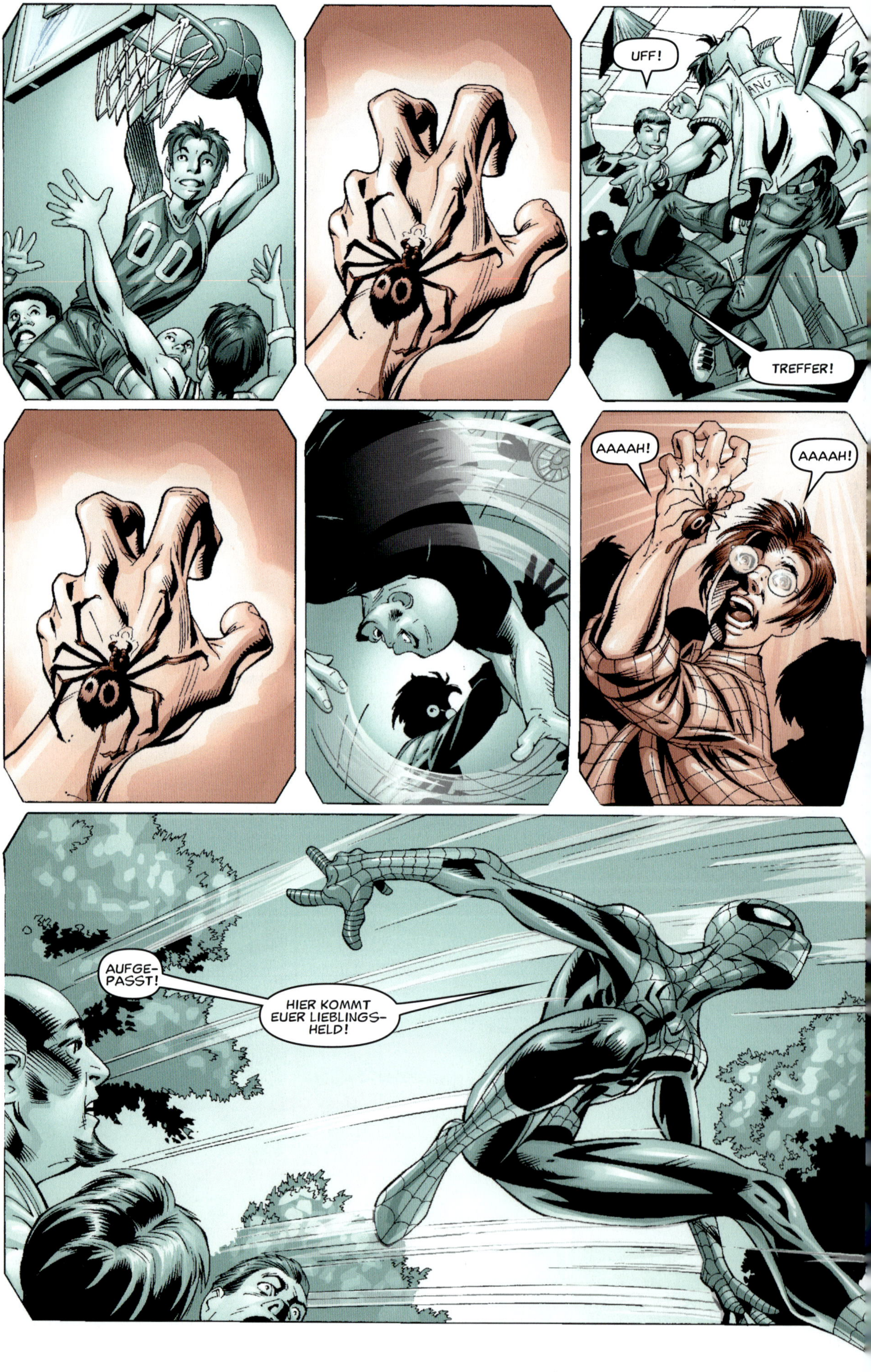

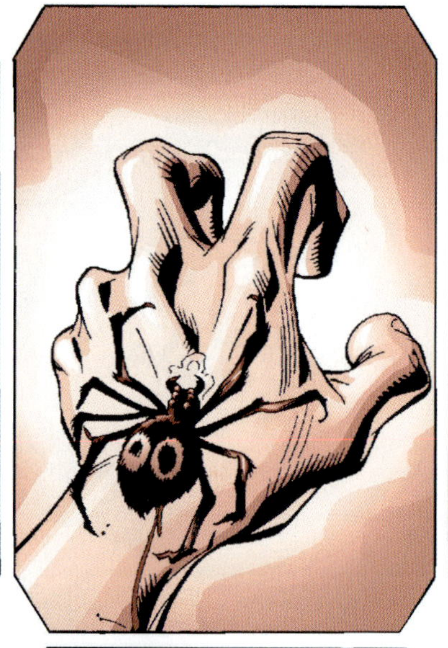

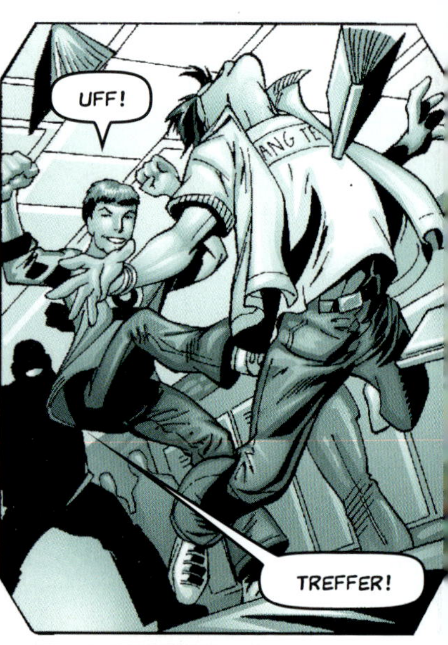
UFF!
TREFFER!

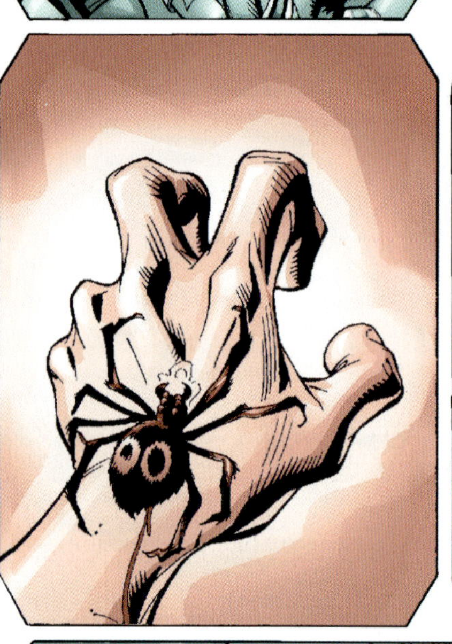

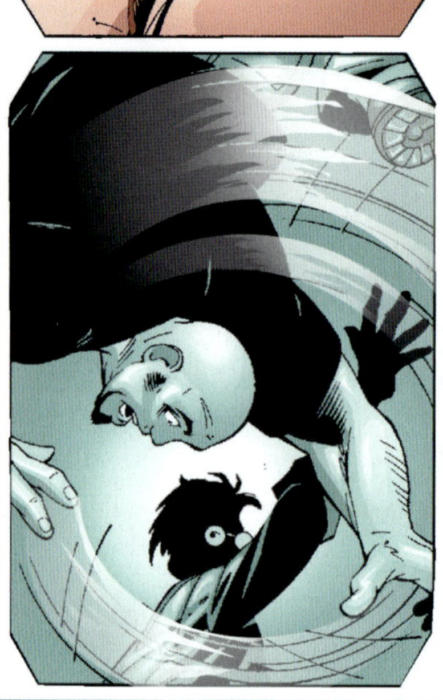

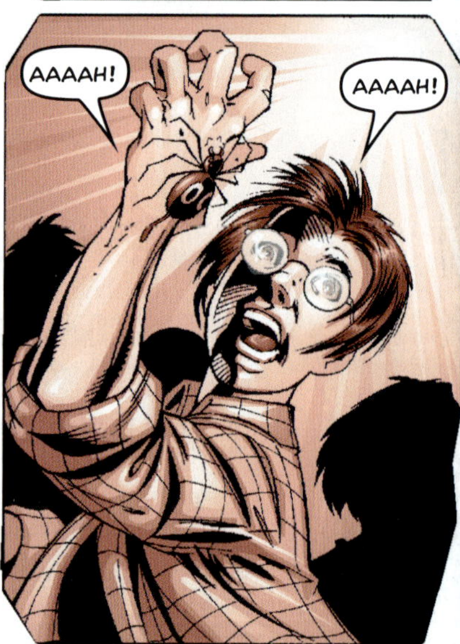
AAAAH!
AAAAH!

AUFGE-
PASST!
HIER KOMMT
EUER LIEBLINGS-
HELD!

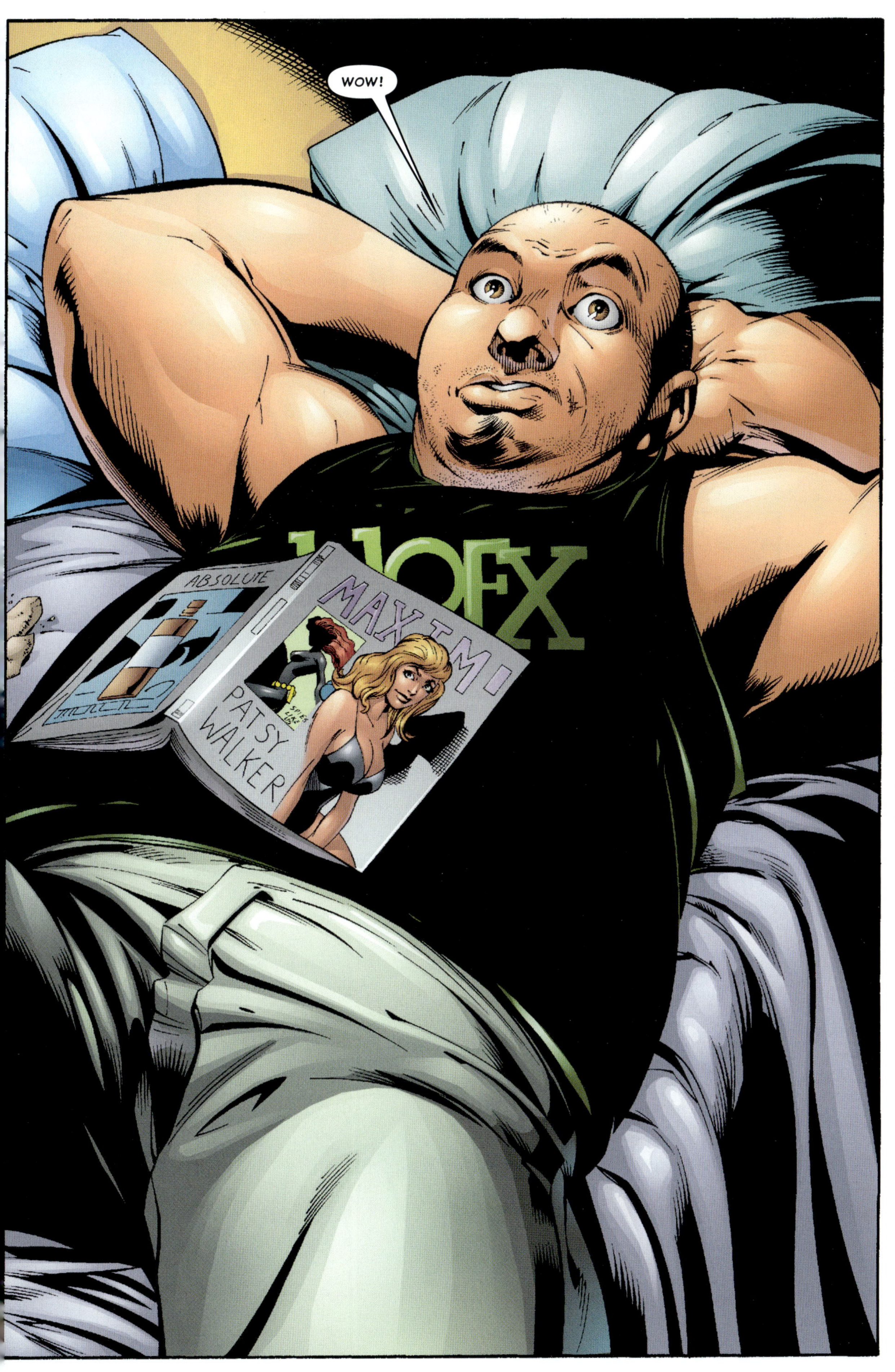
WOW!
ABSOLUTE
MAXIMI
PATSY WALKER

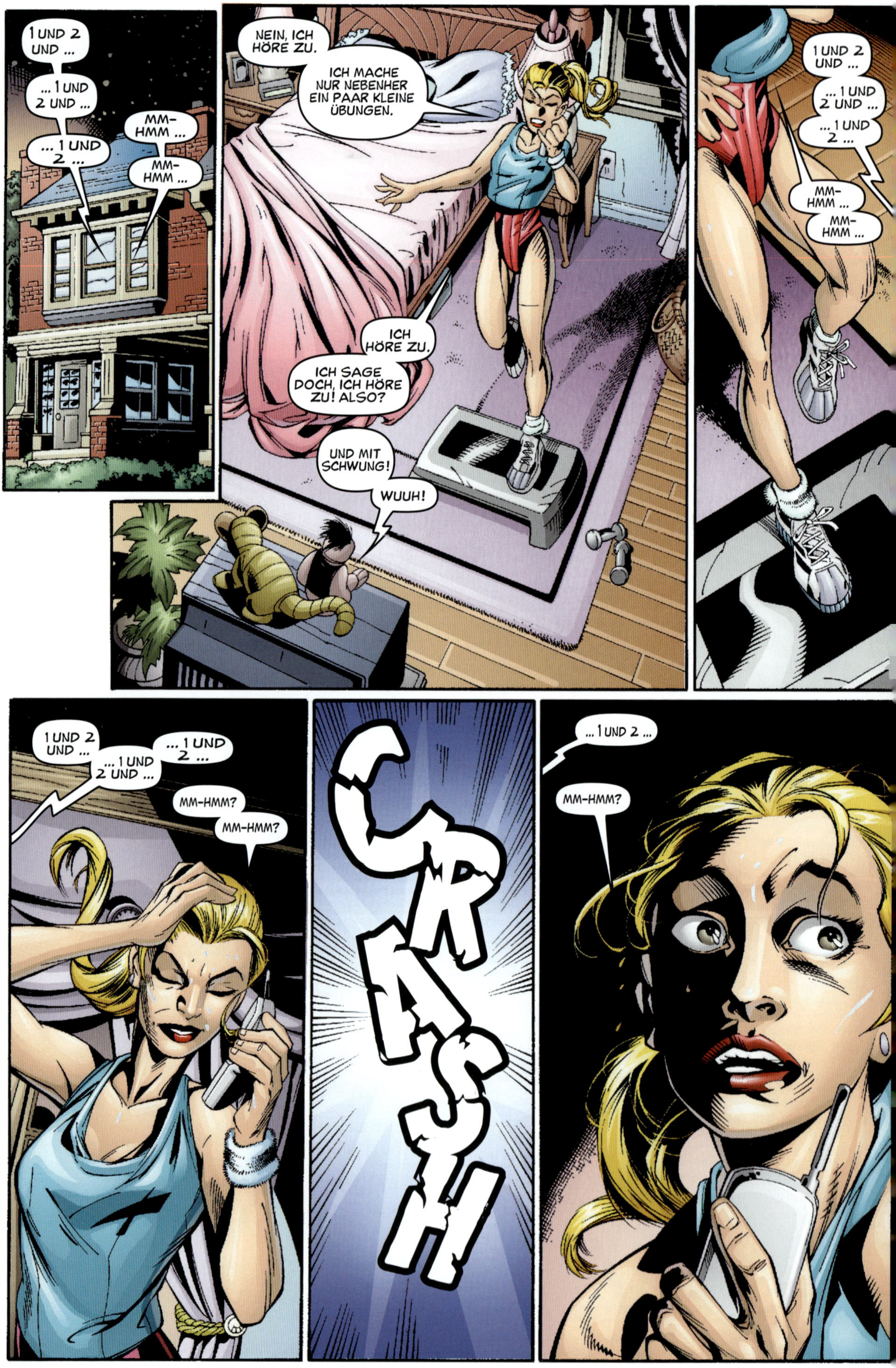

1 UND 2 UND ...
... 1 UND 2 UND ...
... 1 UND 2 ...
MM-HMM ...
MM-HMM ...

NEIN, ICH HÖRE ZU.
ICH MACHE NUR NEBENHER EIN PAAR KLEINE ÜBUNGEN.
ICH HÖRE ZU.
ICH SAGE DOCH, ICH HÖRE ZU! ALSO?
UND MIT SCHWUNG!
WUUH!

1 UND 2 UND ...
... 1 UND 2 UND ...
... 1 UND 2 ...
MM-HMM ...
MM-HMM ...

1 UND 2 UND ...
... 1 UND 2 UND ...
... 1 UND 2 ...
MM-HMM?
MM-HMM?

CRASH

... 1 UND 2 ...
MM-HMM?

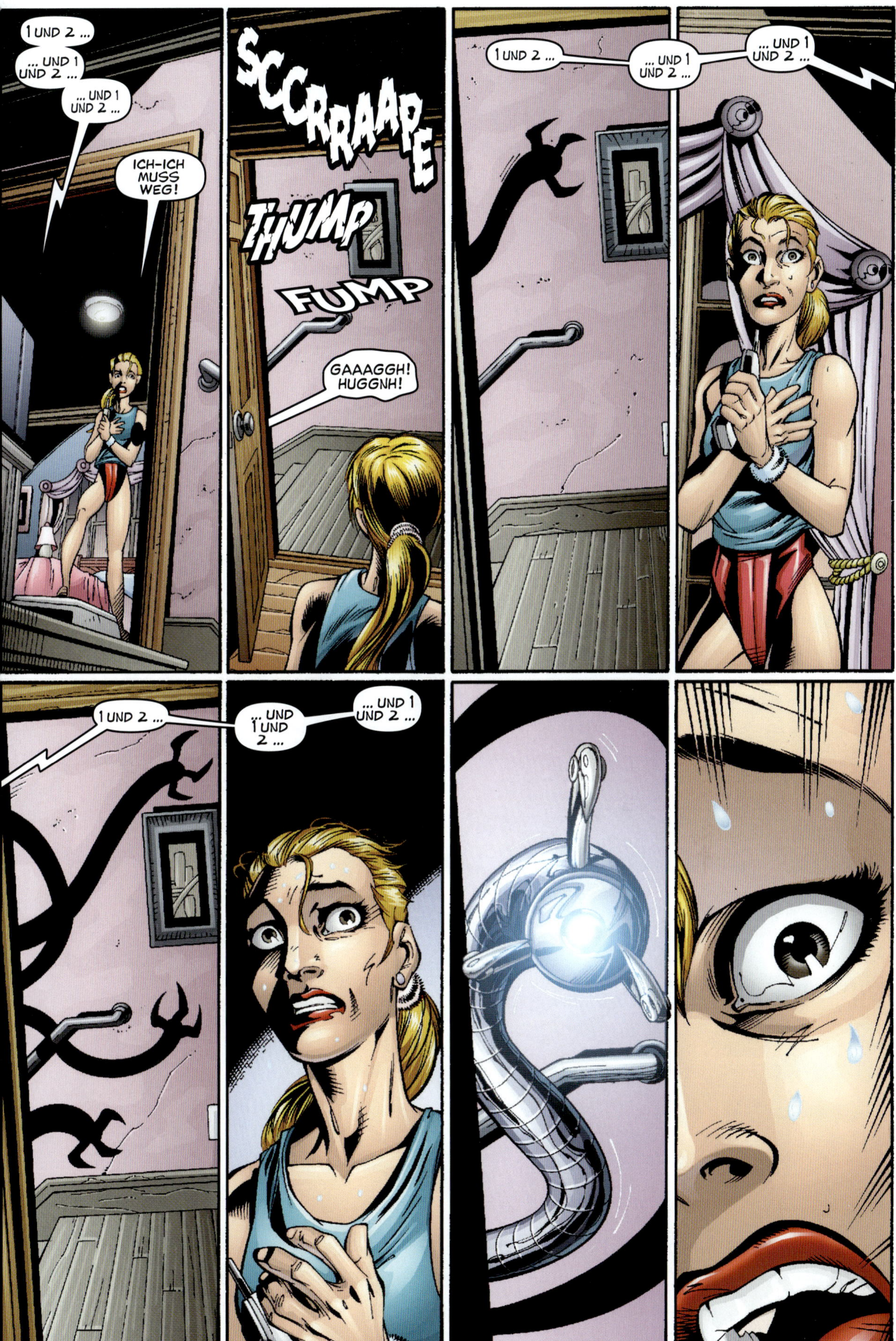

1 UND 2 ...
... UND 1 UND 2 ...
... UND 1 UND 2 ...
ICH-ICH MUSS WEG!
SCCRRAAPPE
THUMP
FUMP
GAAAGGH! HUGGNH!
1 UND 2 ...
... UND 1 UND 2 ...
... UND 1 UND 2 ...
1 UND 2 ...
... UND 1 UND 2 ...
... UND 1 UND 2 ...

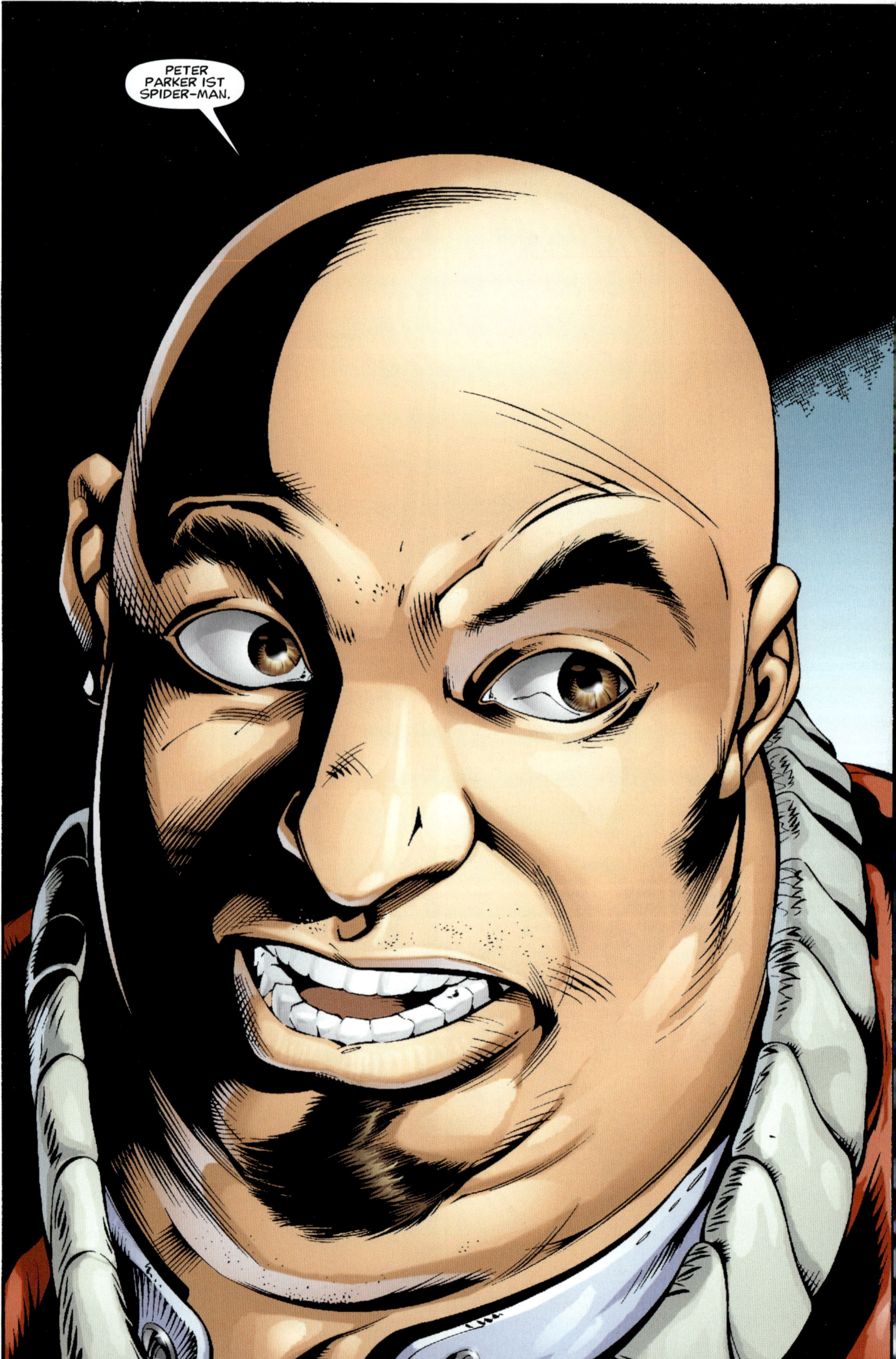
PETER PARKER IST SPIDER-MAN.

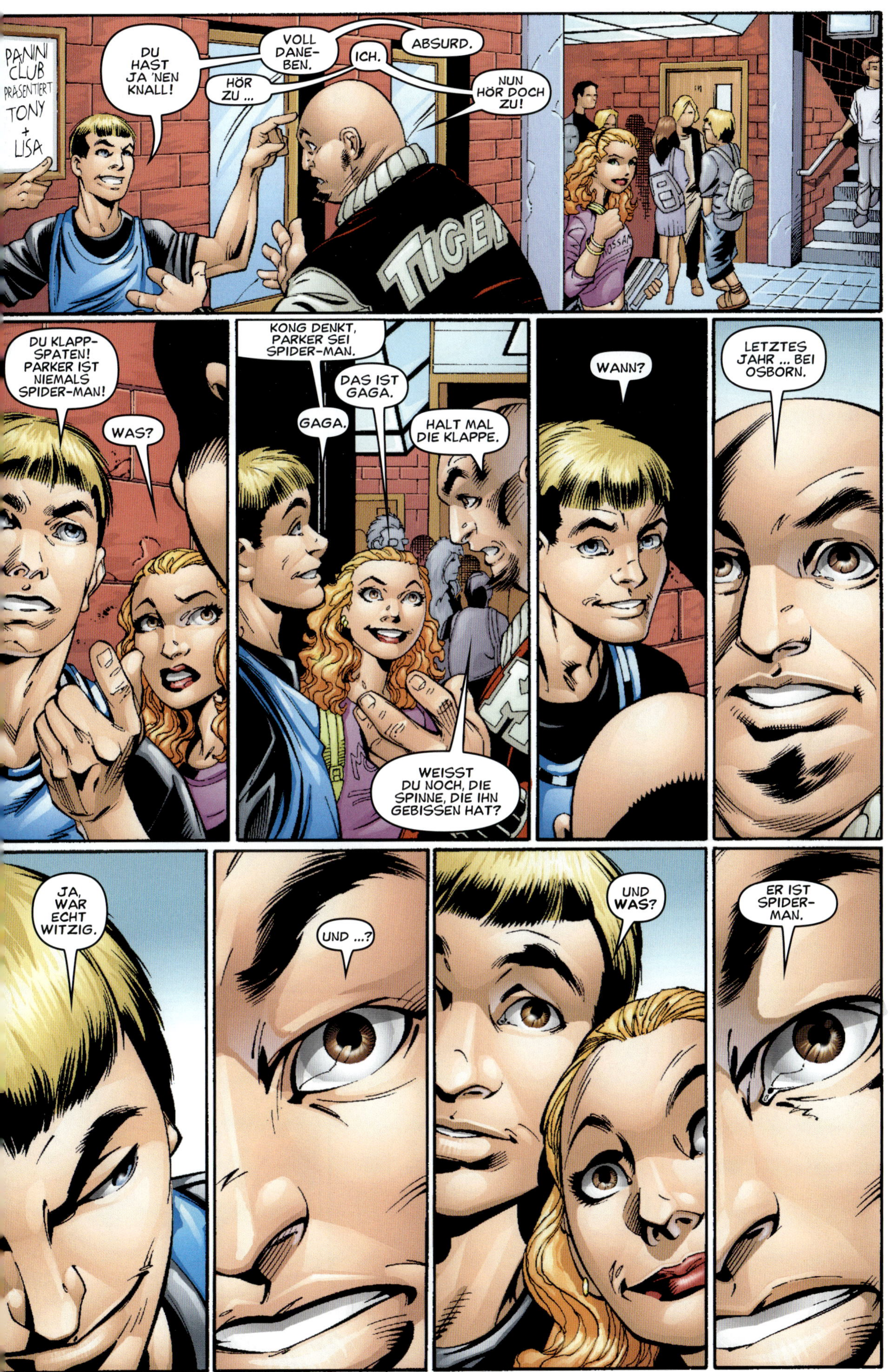
PANINI CLUB PRÄSENTIERT TONY + LISA
DU HAST JA 'NEN KNALL!
HÖR ZU ...
VOLL DANE-BEN.
ICH.
ABSURD.
NUN HÖR DOCH ZU!
DU KLAPP-SPATEN! PARKER IST NIEMALS SPIDER-MAN!
WAS?
KONG DENKT, PARKER SEI SPIDER-MAN.
GAGA.
DAS IST GAGA.
HALT MAL DIE KLAPPE.
WEISST DU NOCH, DIE SPINNE, DIE IHN GEBISSEN HAT?
WANN?
LETZTES JAHR ... BEI OSBORN.
JA, WAR ECHT WITZIG.
UND ...?
UND WAS?
ER IST SPIDER-MAN.

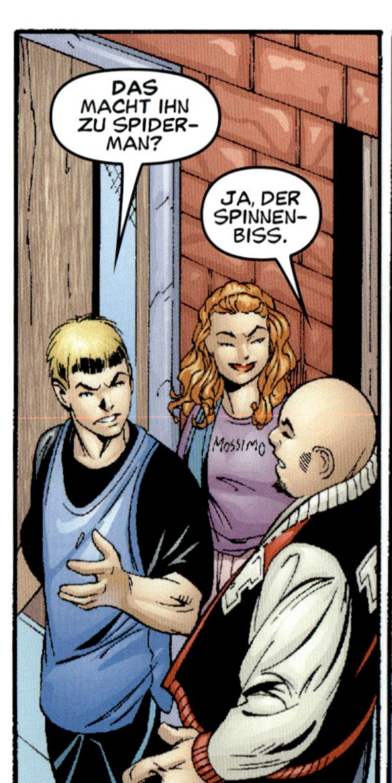
DAS MACHT IHN ZU SPIDER-MAN?
JA, DER SPINNEN-BISS.
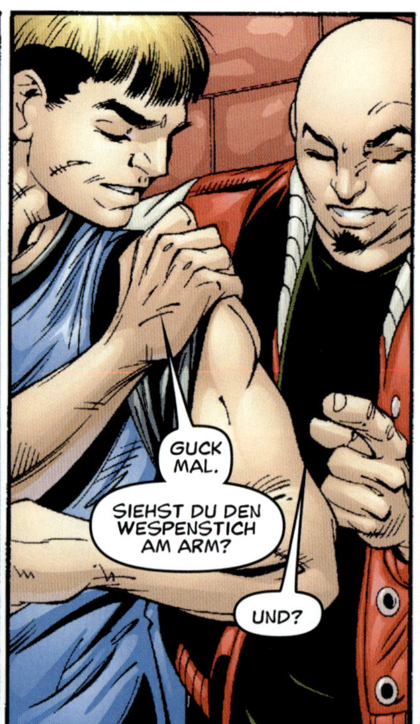
GUCK MAL.
SIEHST DU DEN WESPENSTICH AM ARM?
UND?
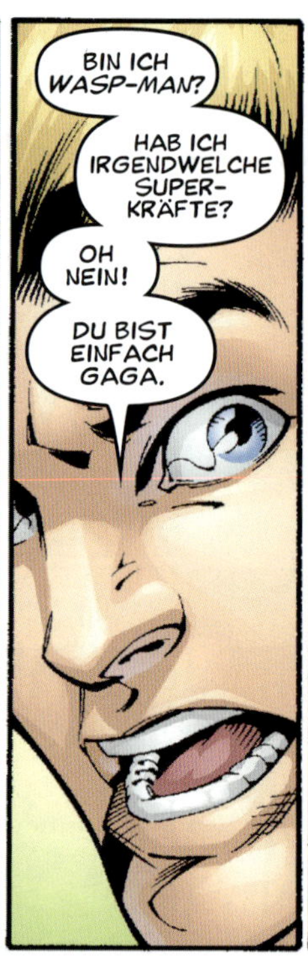
BIN ICH WASP-MAN?
HAB ICH IRGENDWELCHE SUPER-KRÄFTE?
OH NEIN!
DU BIST EINFACH GAGA.
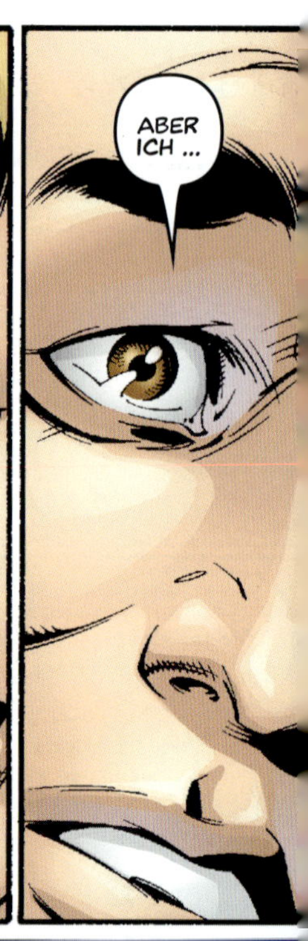
ABER ICH ...
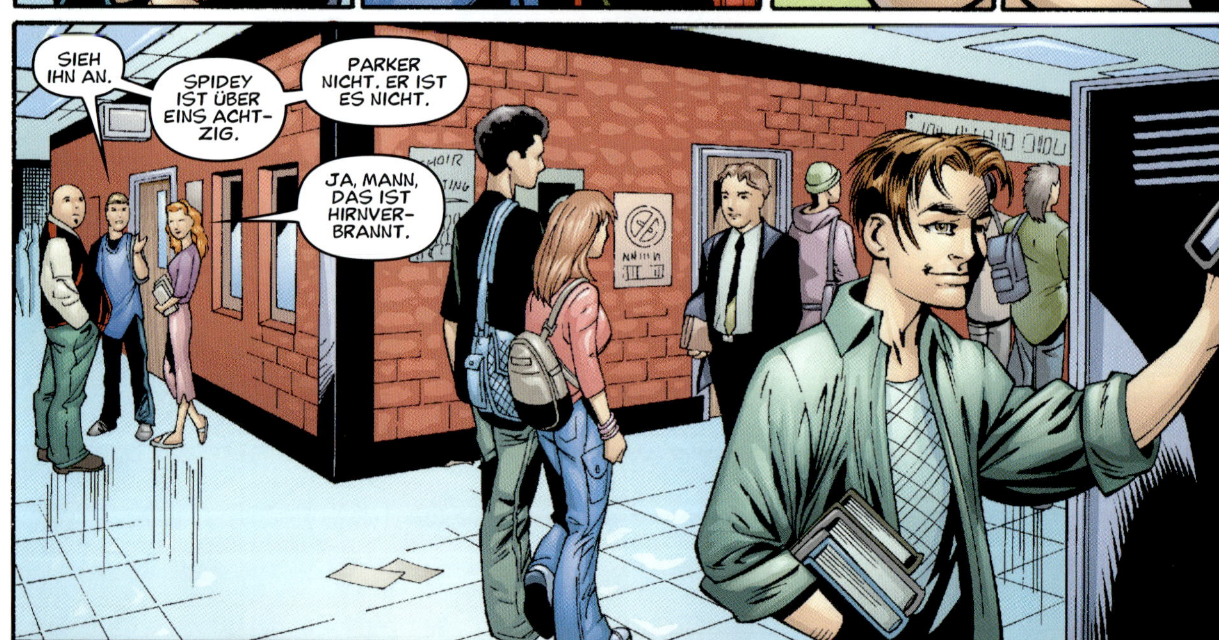
SIEH IHN AN.
SPIDEY IST ÜBER EINS ACHT-ZIG.
PARKER NICHT. ER IST ES NICHT.
JA, MANN, DAS IST HIRNVER-BRANNT.
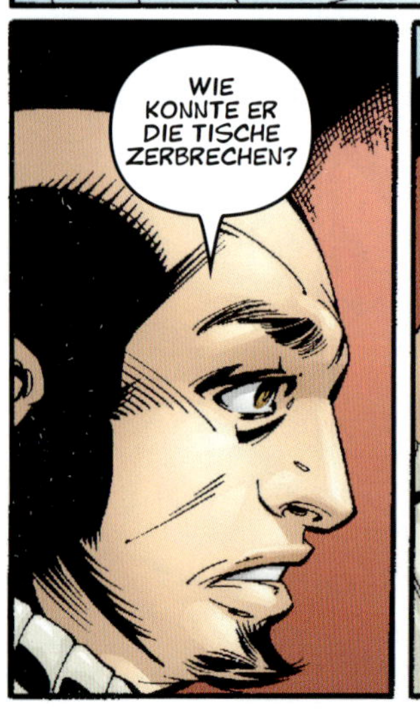
WIE KONNTE ER DIE TISCHE ZERBRECHEN?
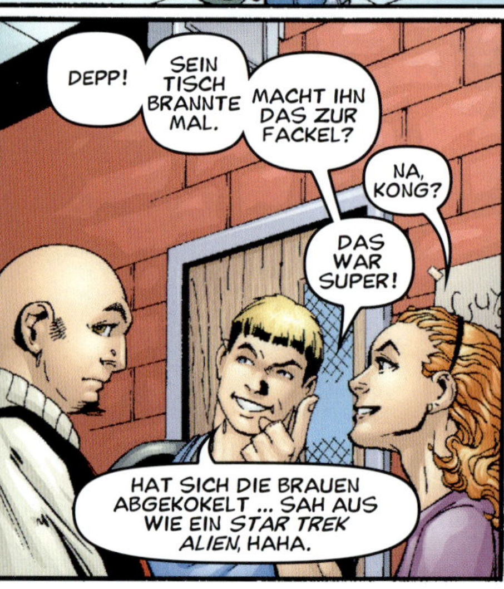
DEPP!
SEIN TISCH BRANNTE MAL.
MACHT IHN DAS ZUR FACKEL?
NA, KONG?
DAS WAR SUPER!
HAT SICH DIE BRAUEN ABGEKOKELT ... SAH AUS WIE EIN STAR TREK ALIEN, HAHA.
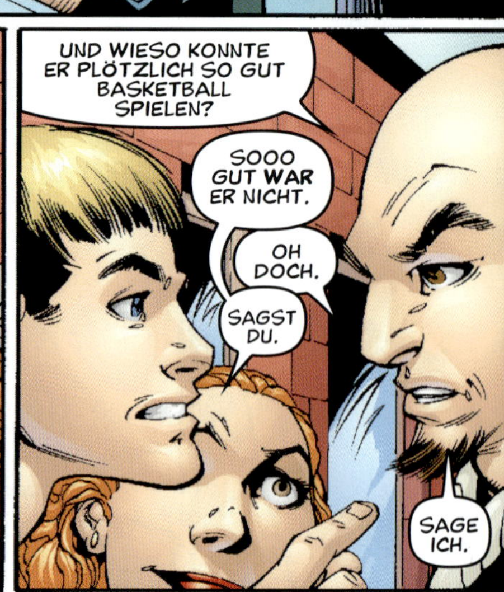
UND WIESO KONNTE ER PLÖTZLICH SO GUT BASKETBALL SPIELEN?
SOOO GUT WAR ER NICHT.
OH DOCH.
SAGST DU.
SAGE ICH.

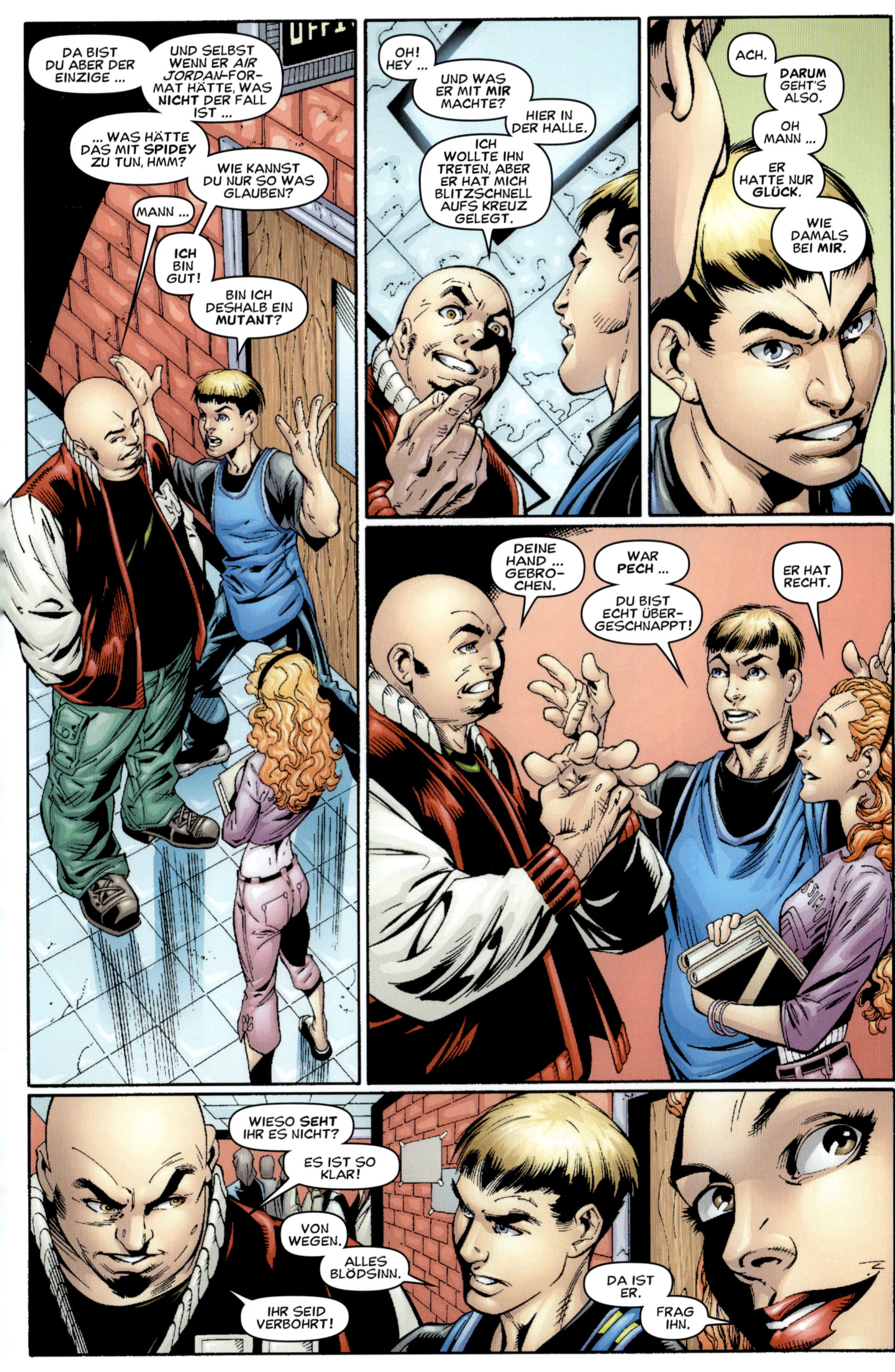
DA BIST DU ABER DER EINZIGE ...
UND SELBST WENN ER *AIR JORDAN*-FORMAT HÄTTE, WAS **NICHT** DER FALL IST ...
... WAS HÄTTE DAS MIT **SPIDEY** ZU TUN, HMM?
WIE KANNST DU NUR SO WAS GLAUBEN?
MANN ...
ICH BIN GUT!
BIN ICH DESHALB EIN **MUTANT?**
OH! HEY ...
UND WAS ER MIT **MIR** MACHTE?
HIER IN DER HALLE.
ICH WOLLTE IHN TRETEN, ABER ER HAT MICH BLITZSCHNELL AUFS KREUZ GELEGT.
ACH.
DARUM GEHT'S ALSO.
OH MANN ...
ER HATTE NUR **GLÜCK.**
WIE DAMALS BEI **MIR.**
DEINE HAND ... GEBRO-CHEN.
WAR **PECH** ...
DU BIST ECHT ÜBER-GESCHNAPPT!
ER HAT RECHT.
WIESO **SEHT** IHR ES NICHT?
ES IST SO KLAR!
VON WEGEN.
ALLES BLÖDSINN.
IHR SEID VERBOHRT!
DA IST ER.
FRAG IHN.

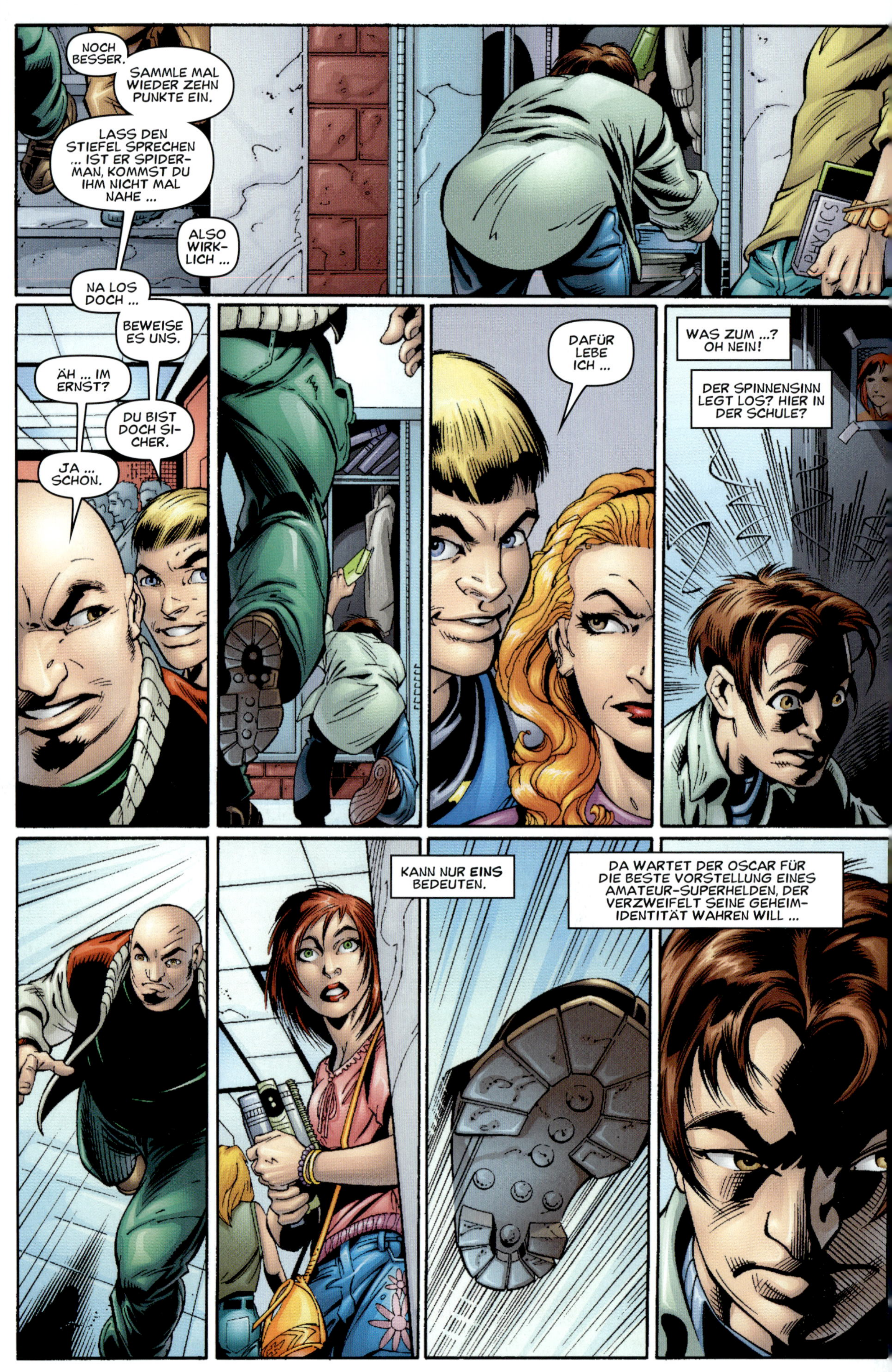
NOCH BESSER.
SAMMLE MAL WIEDER ZEHN PUNKTE EIN.
LASS DEN STIEFEL SPRECHEN ... IST ER SPIDER-MAN, KOMMST DU IHM NICHT MAL NAHE ...
ALSO WIRK-LICH ...
NA LOS DOCH ...
BEWEISE ES UNS.
ÄH ... IM ERNST?
DU BIST DOCH SI-CHER.
JA ... SCHON.
DAFÜR LEBE ICH ...
WAS ZUM ...? OH NEIN!
DER SPINNENSINN LEGT LOS? HIER IN DER SCHULE?
KANN NUR EINS BEDEUTEN.
DA WARTET DER OSCAR FÜR DIE BESTE VORSTELLUNG EINES AMATEUR-SUPERHELDEN, DER VERZWEIFELT SEINE GEHEIM-IDENTITÄT WAHREN WILL ...

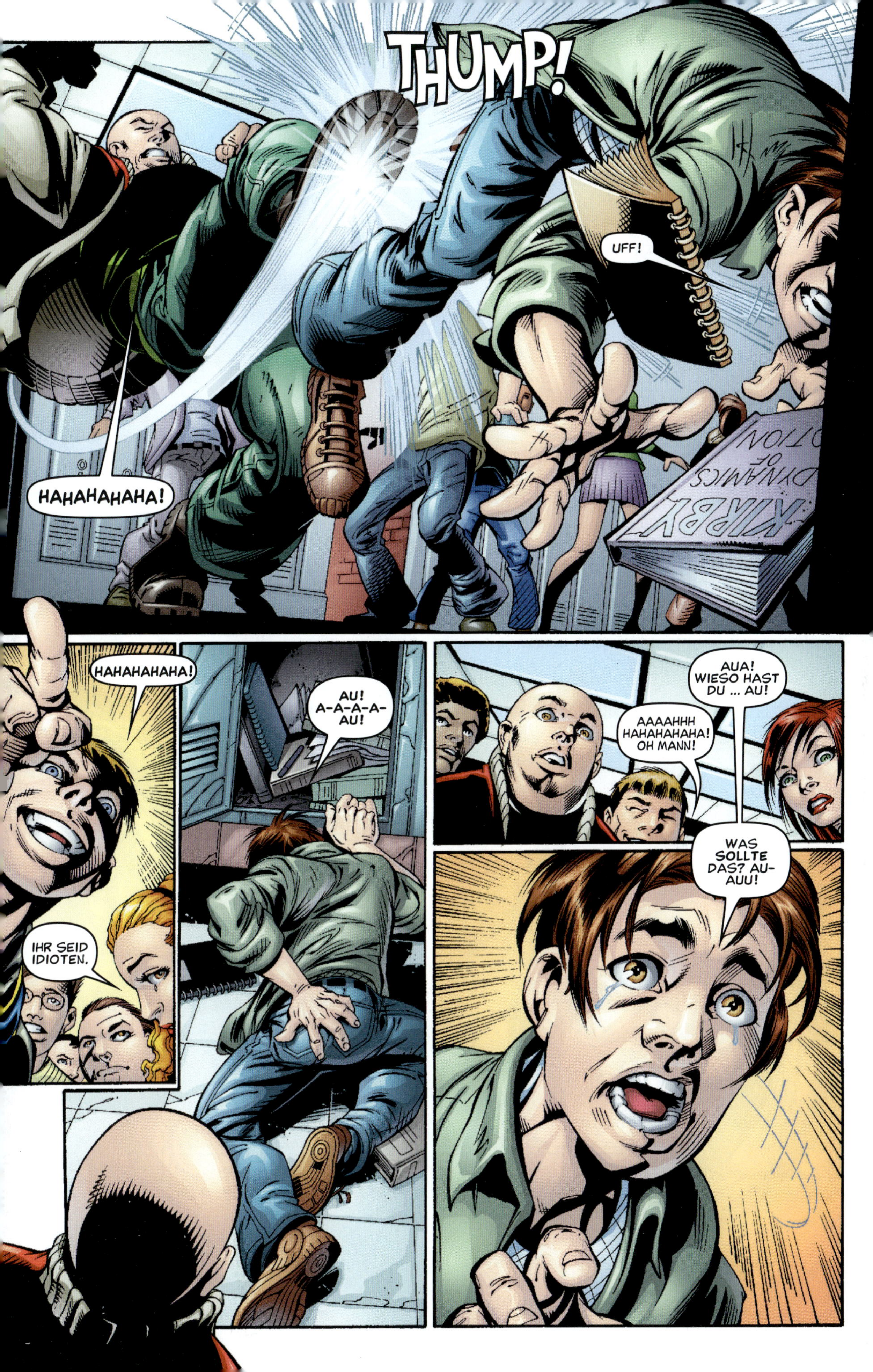

THUMP!
UFF!
HAHAHAHAHA!

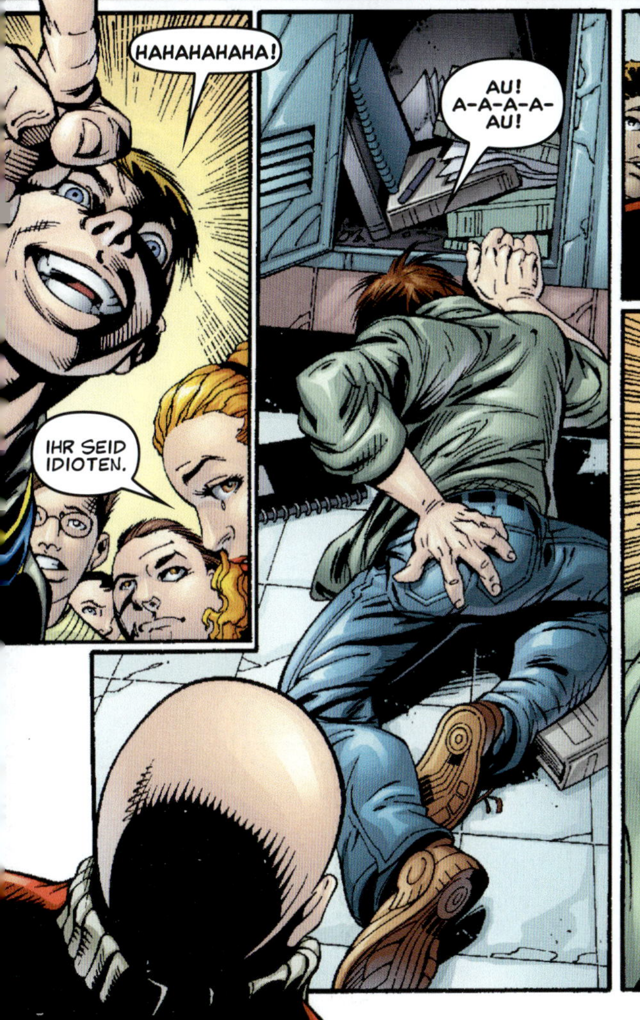
HAHAHAHAHA!
IHR SEID IDIOTEN.
AU! A-A-A-A-AU!

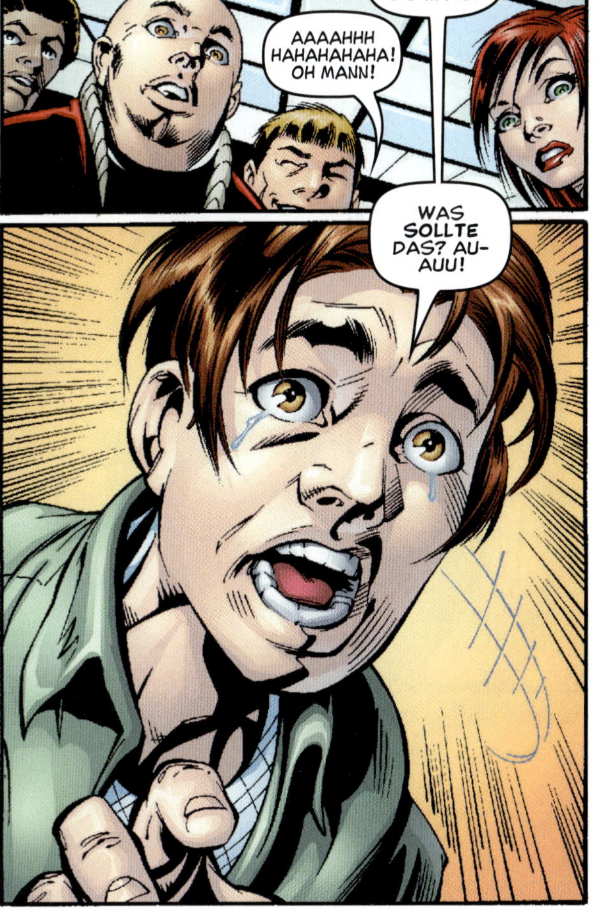
AUA! WIESO HAST DU ... AU!
AAAAHHH HAHAHAHAHA! OH MANN!
WAS SOLLTE DAS? AU-AUU!

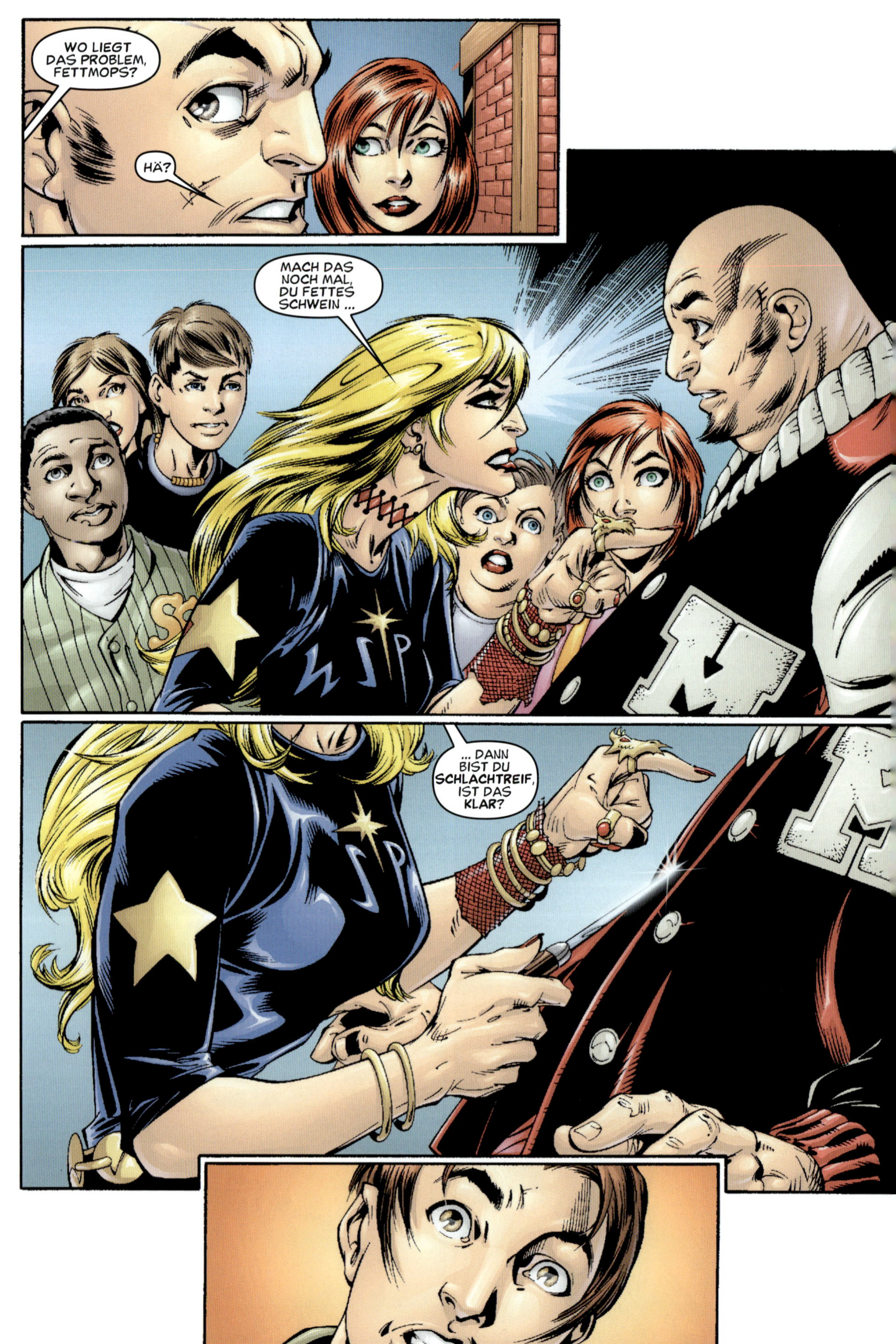
WO LIEGT DAS PROBLEM, FETTMOPS?
HÄ?
MACH DAS NOCH MAL, DU FETTES SCHWEIN ...
... DANN BIST DU SCHLACHTREIF, IST DAS KLAR?

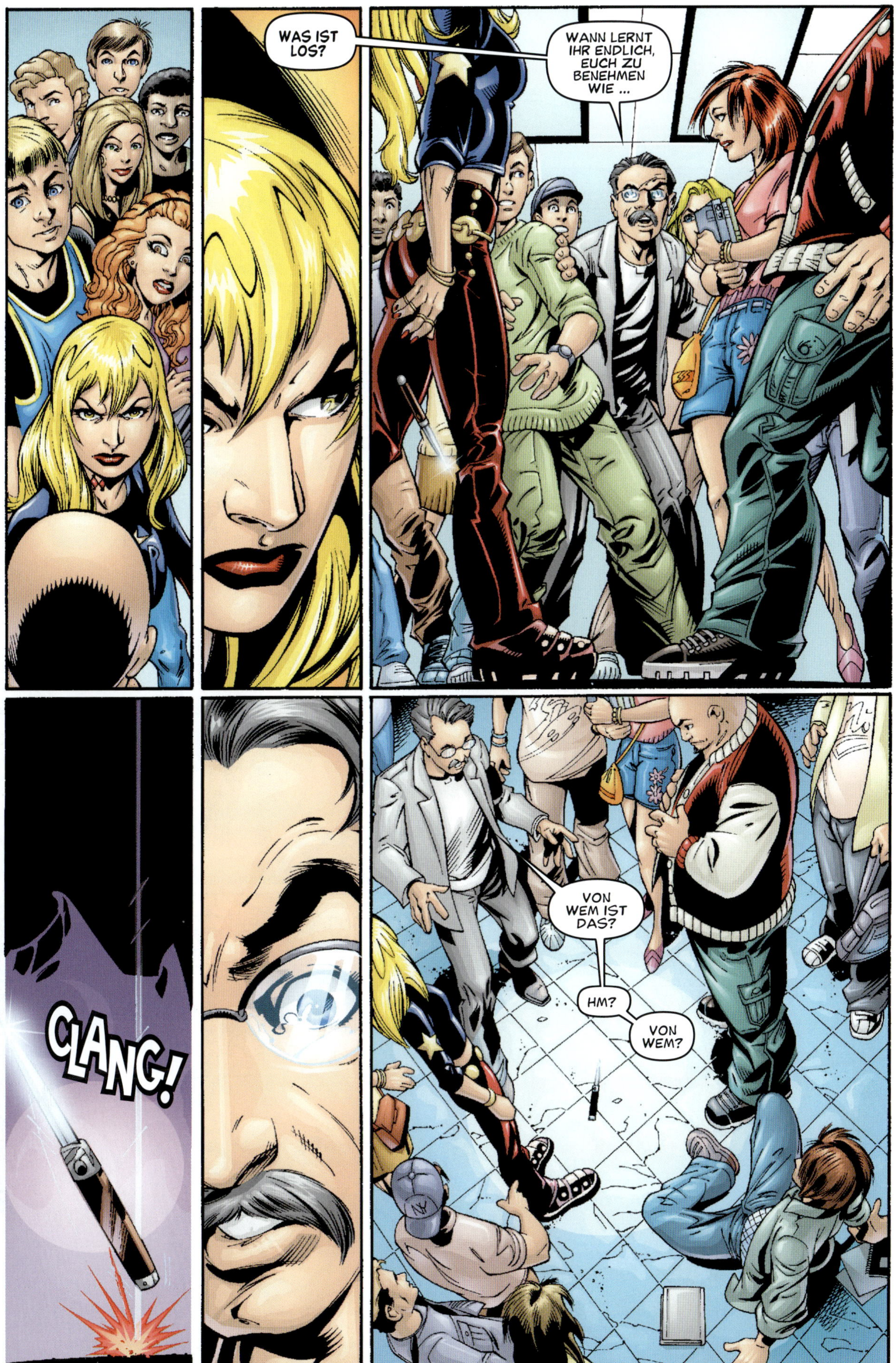
WAS IST LOS?
WANN LERNT IHR ENDLICH, EUCH ZU BENEHMEN WIE ...
CLANG!
VON WEM IST DAS?
HM?
VON WEM?

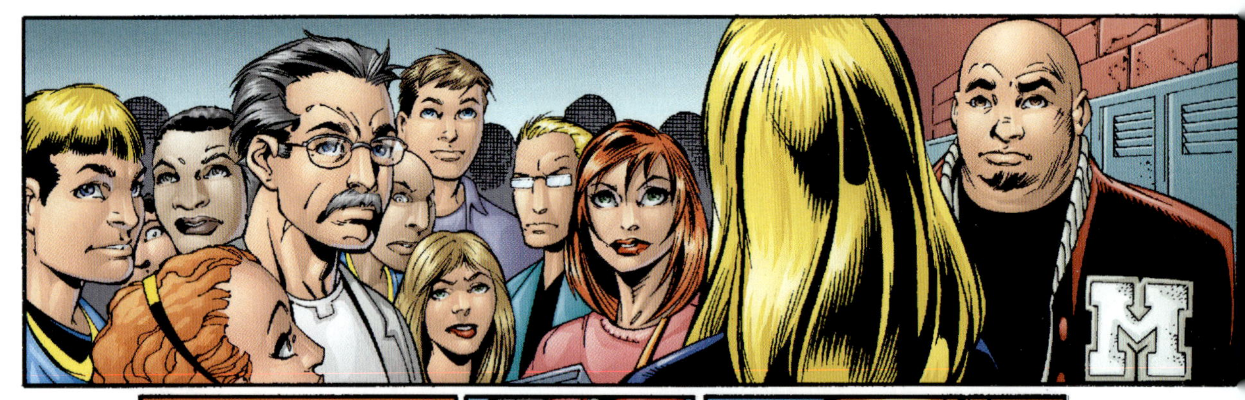

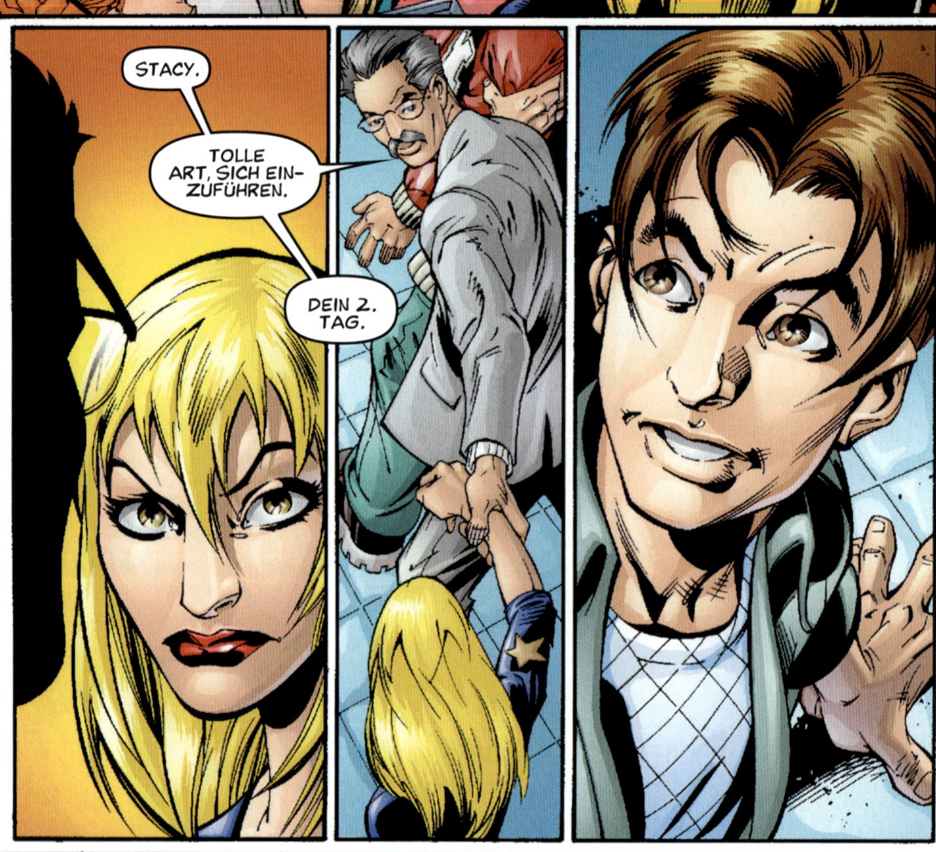
STACY.
TOLLE ART, SICH EINZUFÜHREN.
DEIN 2. TAG.

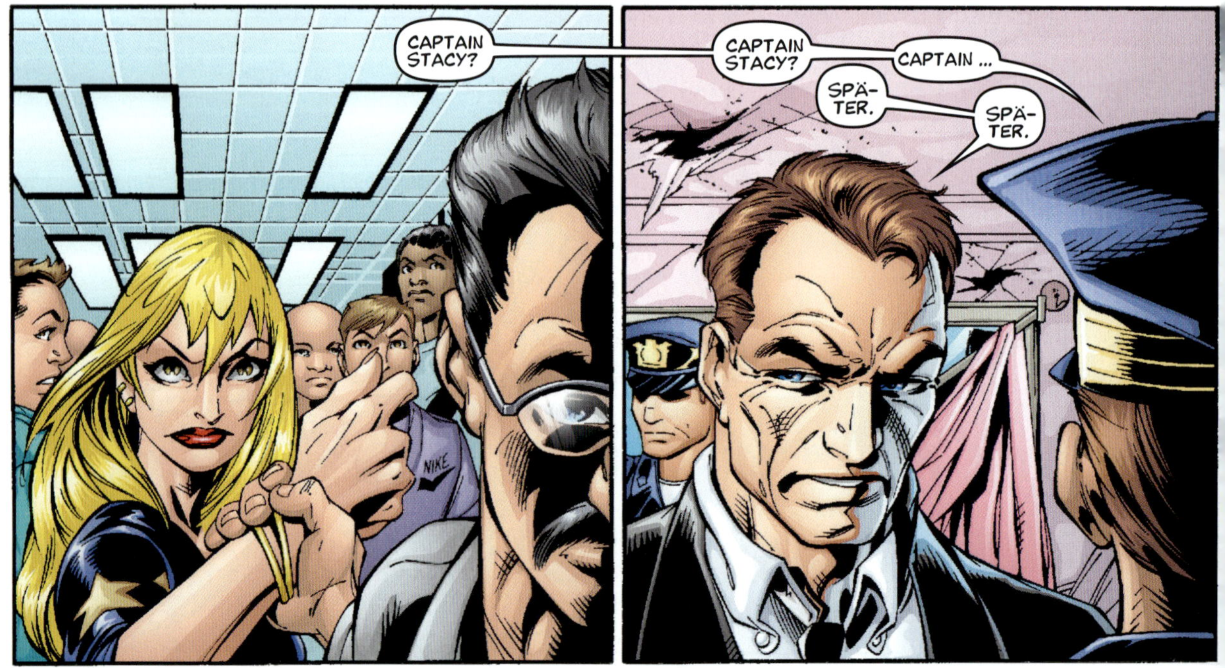
CAPTAIN STACY?
CAPTAIN STACY?
CAPTAIN ...
SPÄTER.
SPÄTER.

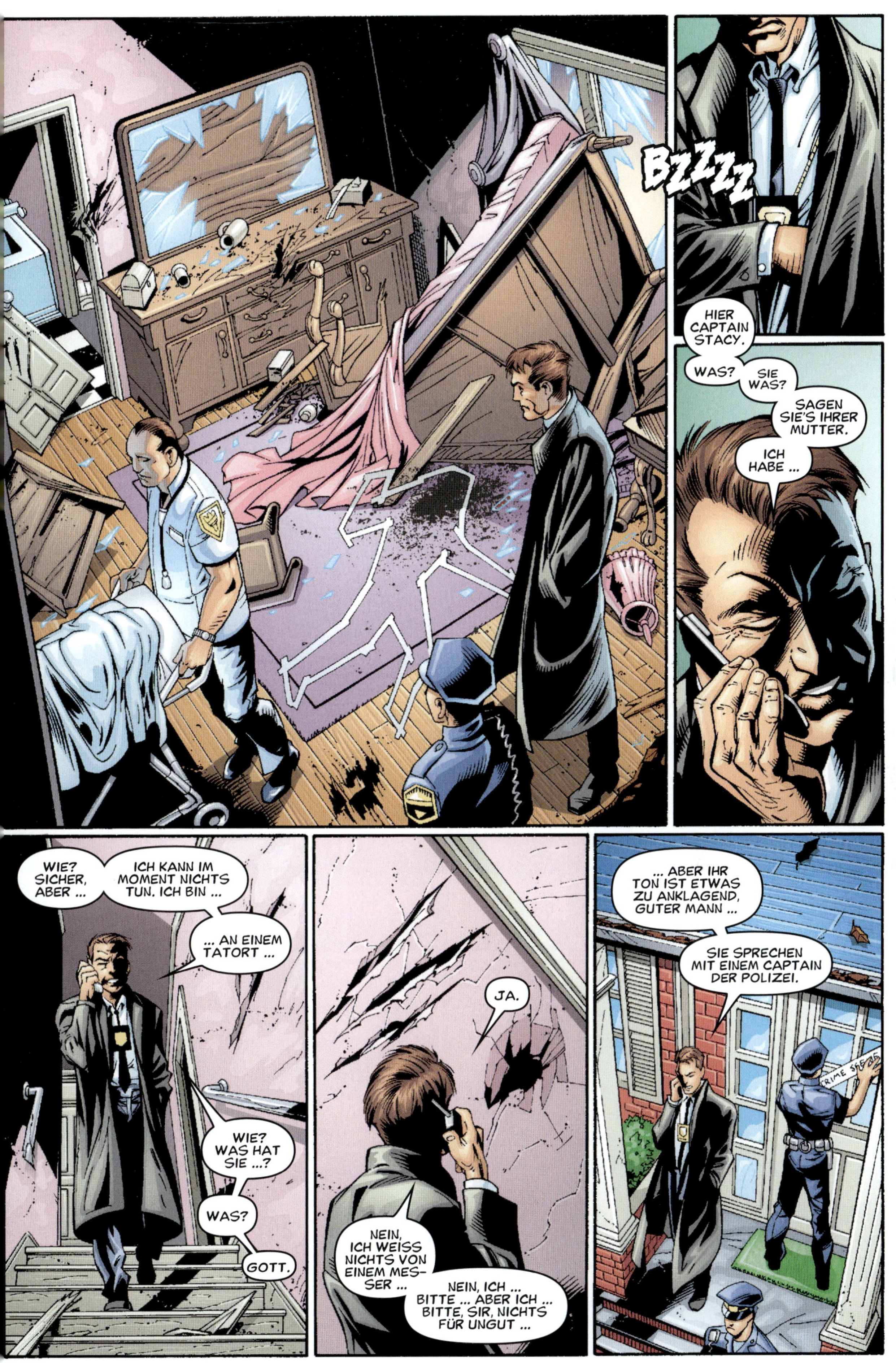
BZZZZZ
HIER CAPTAIN STACY.
WAS?
SIE WAS?
SAGEN SIE'S IHRER MUTTER.
ICH HABE ...
WIE? SICHER, ABER ...
ICH KANN IM MOMENT NICHTS TUN. ICH BIN ...
... AN EINEM TATORT ...
WIE? WAS HAT SIE ...?
WAS?
GOTT.
JA.
NEIN, ICH WEISS NICHTS VON EINEM MES-SER ...
NEIN, ICH ... BITTE ... ABER ICH ... BITTE, SIR, NICHTS FÜR UNGUT ...
... ABER IHR TON IST ETWAS ZU ANKLAGEND, GUTER MANN ...
SIE SPRECHEN MIT EINEM CAPTAIN DER POLIZEI.

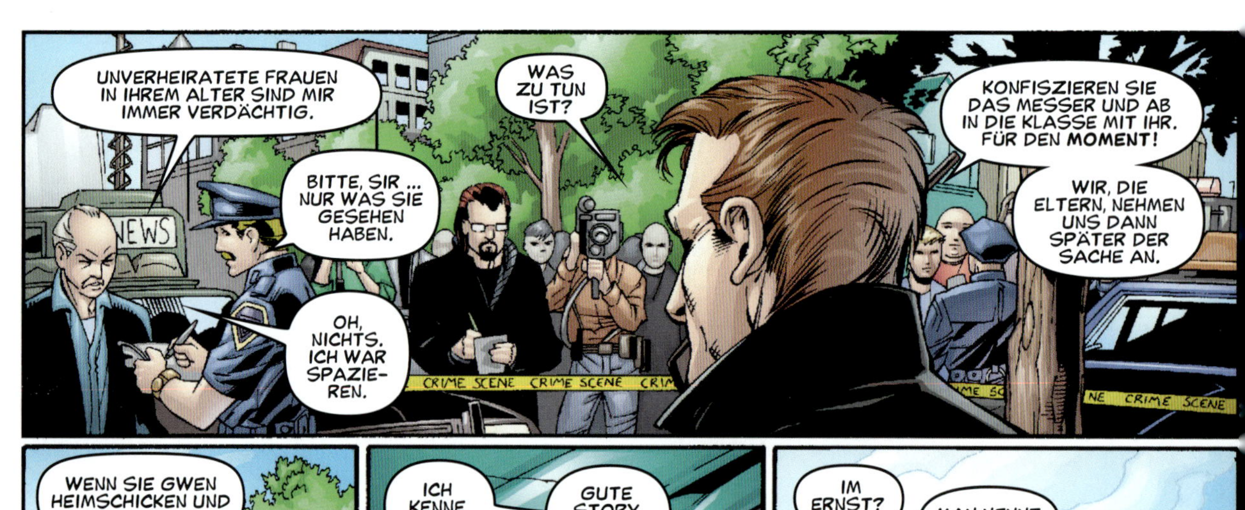
UNVERHEIRATETE FRAUEN IN IHREM ALTER SIND MIR IMMER VERDÄCHTIG.
BITTE, SIR ... NUR WAS SIE GESEHEN HABEN.
OH, NICHTS. ICH WAR SPAZIEREN.
WAS ZU TUN IST?
KONFISZIEREN SIE DAS MESSER UND AB IN DIE KLASSE MIT IHR. FÜR DEN **MOMENT!**
WIR, DIE ELTERN, NEHMEN UNS DANN SPÄTER DER SACHE AN.
NEWS
CRIME SCENE

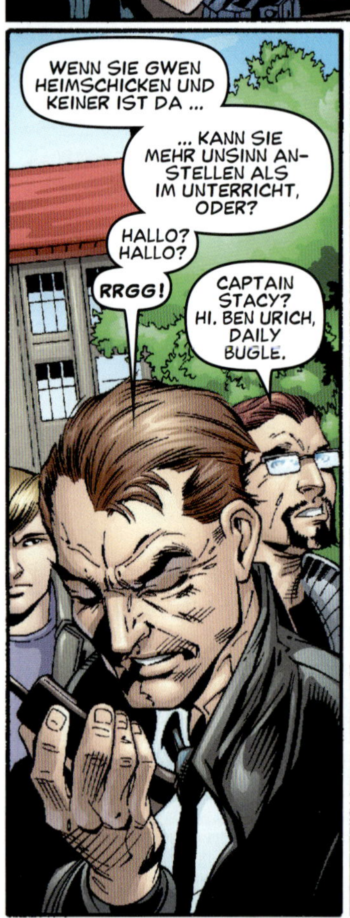
WENN SIE GWEN HEIMSCHICKEN UND KEINER IST DA ...
... KANN SIE MEHR UNSINN ANSTELLEN ALS IM UNTERRICHT, ODER?
HALLO? HALLO?
RRGG!
CAPTAIN STACY? HI. BEN URICH, DAILY BUGLE.

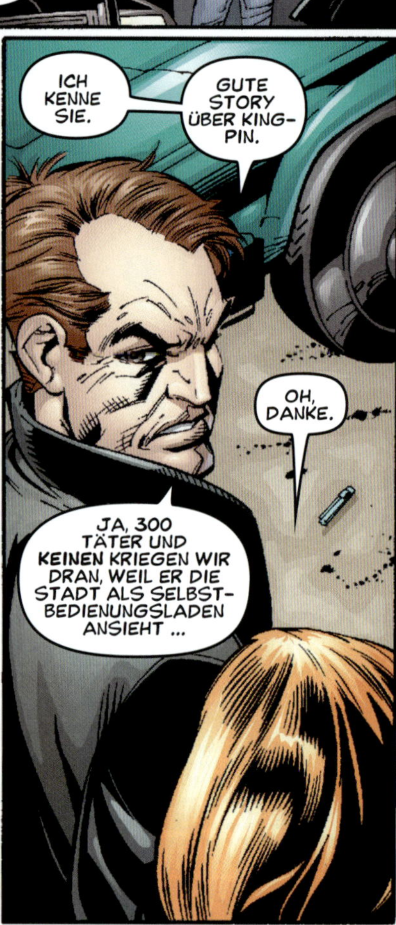
ICH KENNE SIE.
GUTE STORY ÜBER KINGPIN.
OH, DANKE.
JA, 300 TÄTER UND **KEINEN** KRIEGEN WIR DRAN, WEIL ER DIE STADT ALS SELBSTBEDIENUNGSLADEN ANSIEHT ...

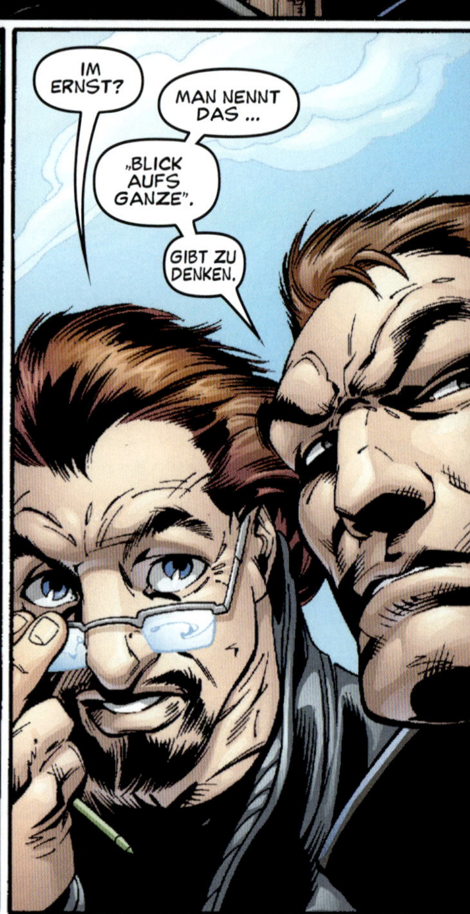
IM ERNST?
MAN NENNT DAS ...
„BLICK AUFS GANZE".
GIBT ZU DENKEN.

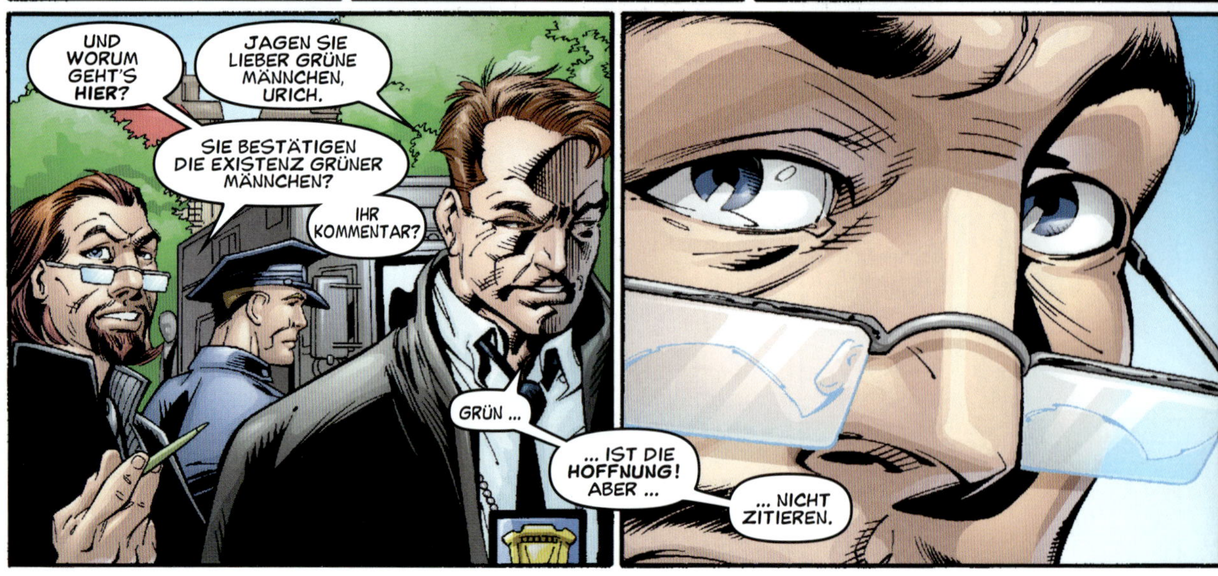
UND WORUM GEHT'S **HIER?**
JAGEN SIE LIEBER GRÜNE MÄNNCHEN, URICH.
SIE BESTÄTIGEN DIE EXISTENZ GRÜNER MÄNNCHEN?
IHR KOMMENTAR?
GRÜN ...
... IST DIE **HOFFNUNG!** ABER ...
... NICHT ZITIEREN.

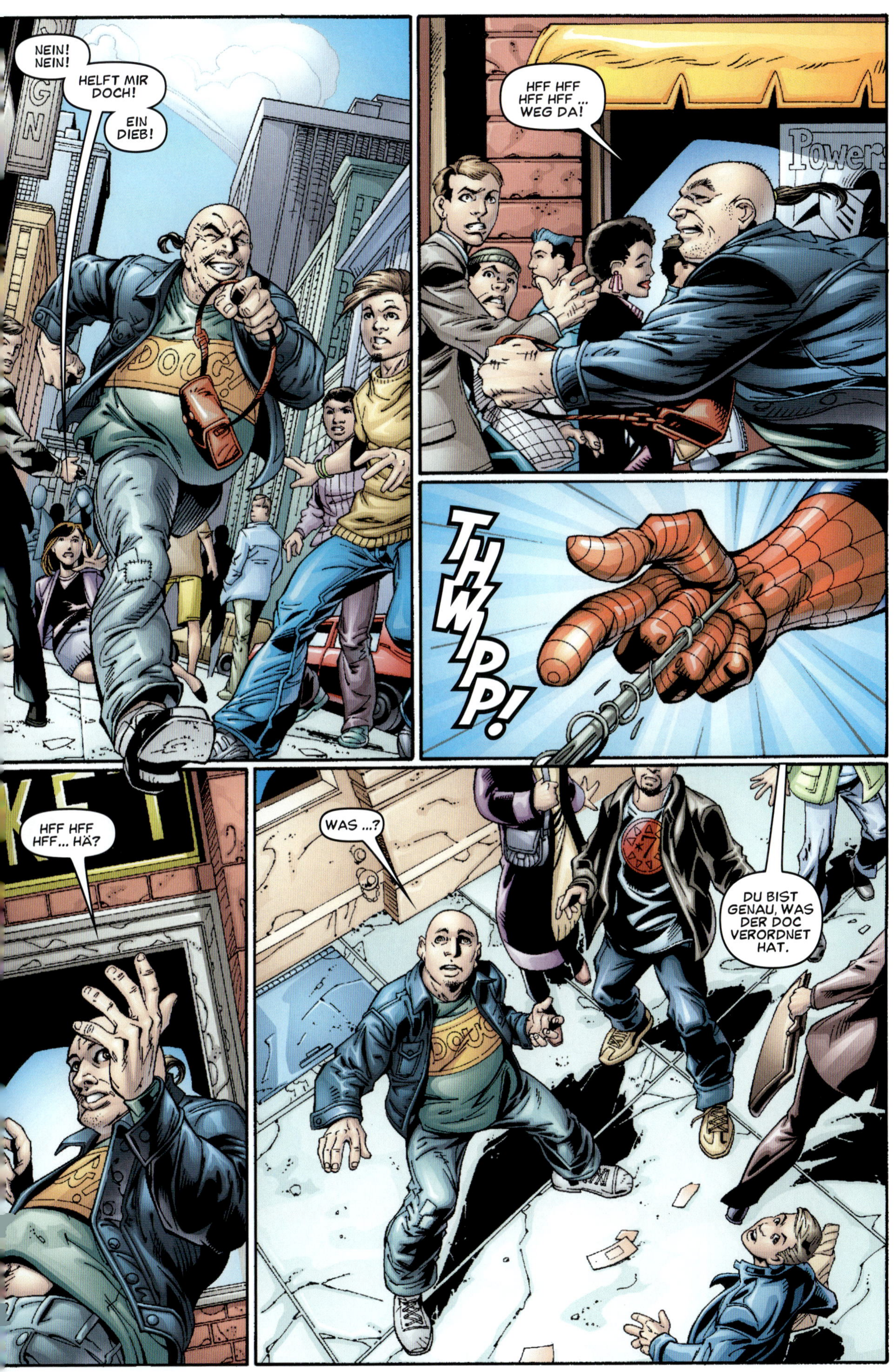
NEIN! NEIN!
HELFT MIR DOCH!
EIN DIEB!
HFF HFF HFF HFF ... WEG DA!
Powers
THWIPP!
HFF HFF HFF... HÄ?
WAS ...?
DU BIST GENAU, WAS DER DOC VERORDNET HAT.

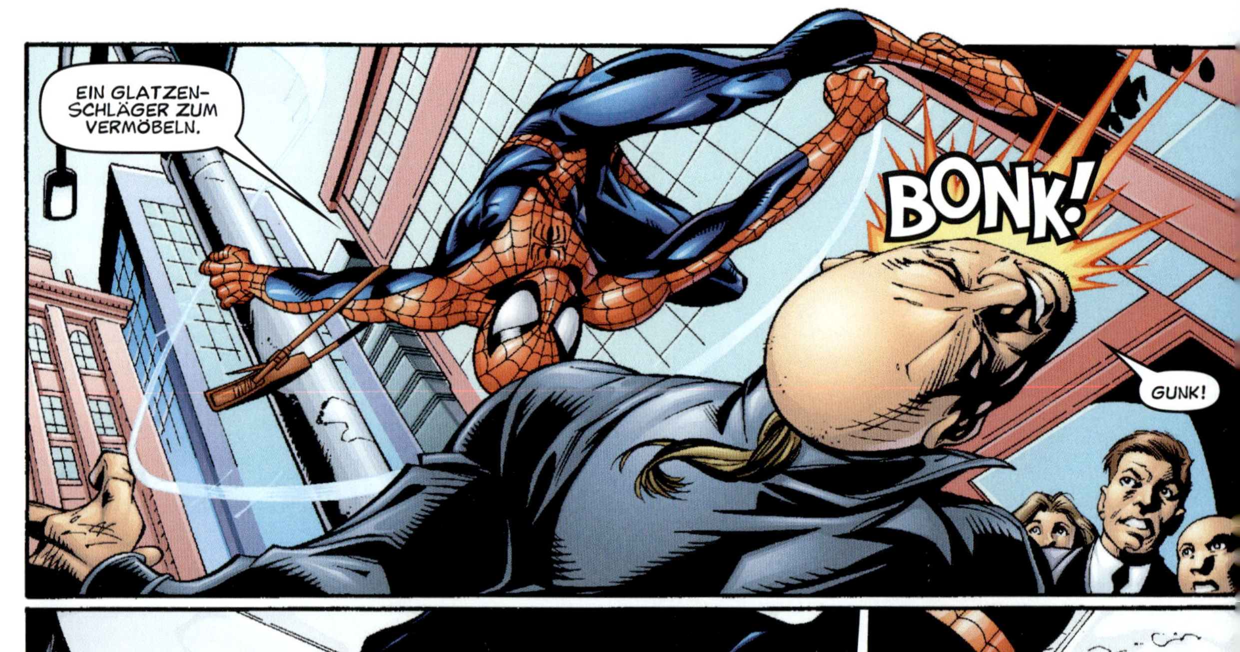
EIN GLATZEN-SCHLÄGER ZUM VERMÖBELN.
BONK!
GUNK!

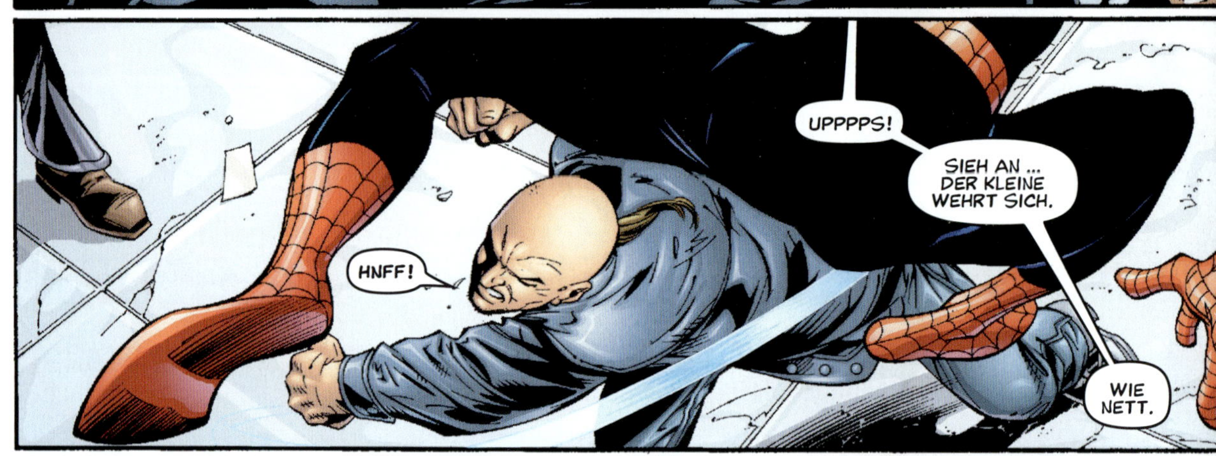
UPPPPS!
SIEH AN ... DER KLEINE WEHRT SICH.
HNFF!
WIE NETT.

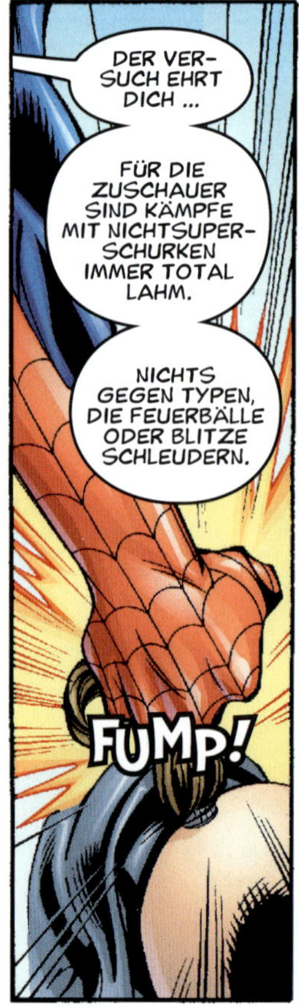
DER VER-SUCH EHRT DICH ...
FÜR DIE ZUSCHAUER SIND KÄMPFE MIT NICHTSUPER-SCHURKEN IMMER TOTAL LAHM.
NICHTS GEGEN TYPEN, DIE FEUERBÄLLE ODER BLITZE SCHLEUDERN.
FUMP!

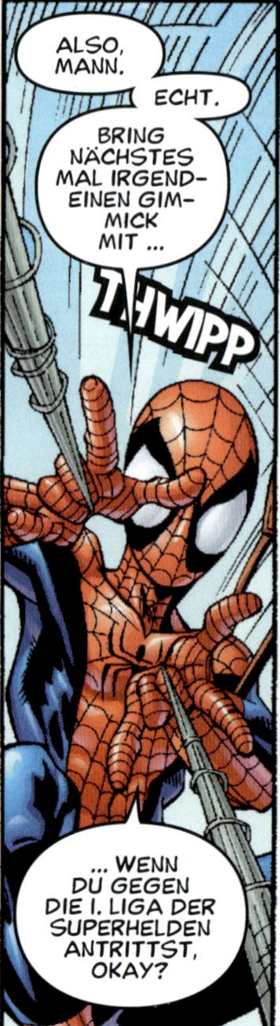
ALSO, MANN.
ECHT.
BRING NÄCHSTES MAL IRGEND-EINEN GIM-MICK MIT ...
THWIPP
... WENN DU GEGEN DIE 1. LIGA DER SUPERHELDEN ANTRITTST, OKAY?

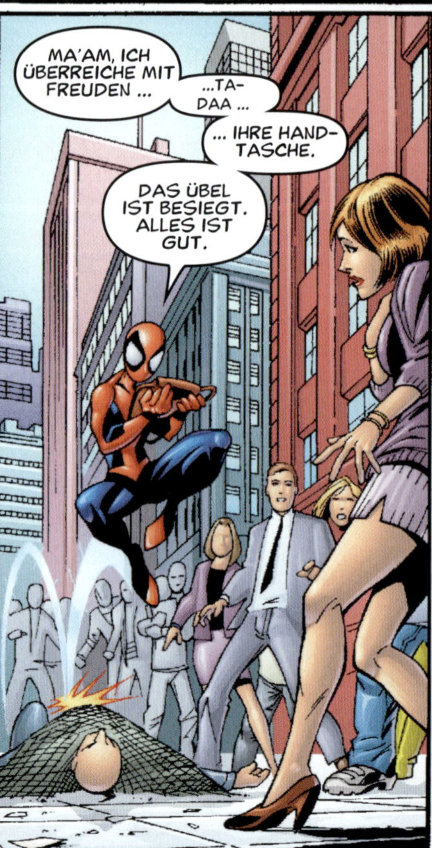
MA'AM, ICH ÜBERREICHE MIT FREUDEN ...
...TA-DAA ...
... IHRE HAND-TASCHE.
DAS ÜBEL IST BESIEGT. ALLES IST GUT.

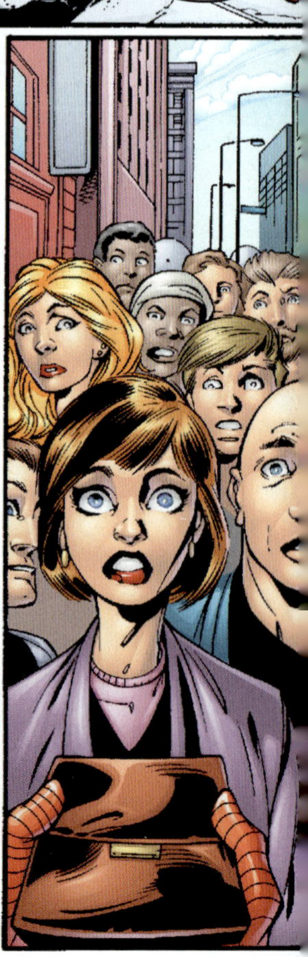

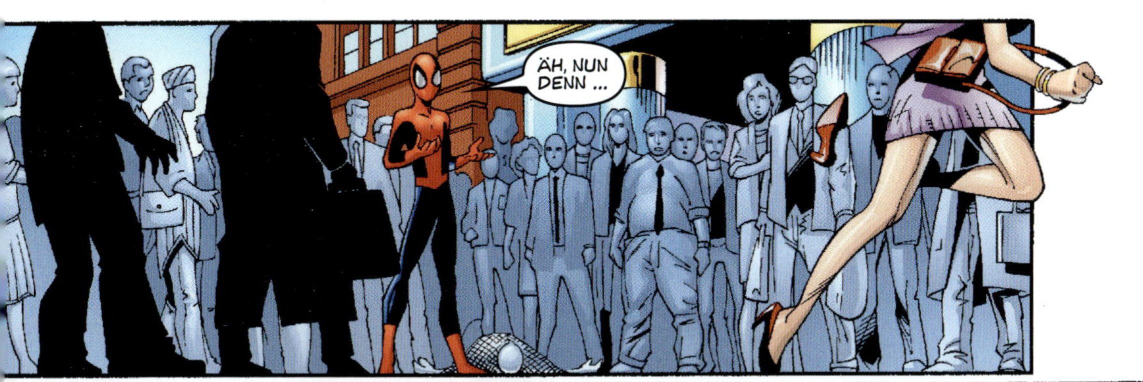
ÄH, NUN DENN ...
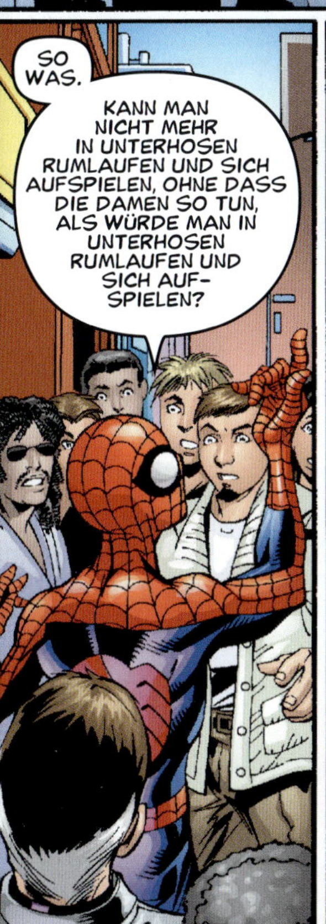
SO WAS.
KANN MAN NICHT MEHR IN UNTERHOSEN RUMLAUFEN UND SICH AUFSPIELEN, OHNE DASS DIE DAMEN SO TUN, ALS WÜRDE MAN IN UNTERHOSEN RUMLAUFEN UND SICH AUF-SPIELEN?
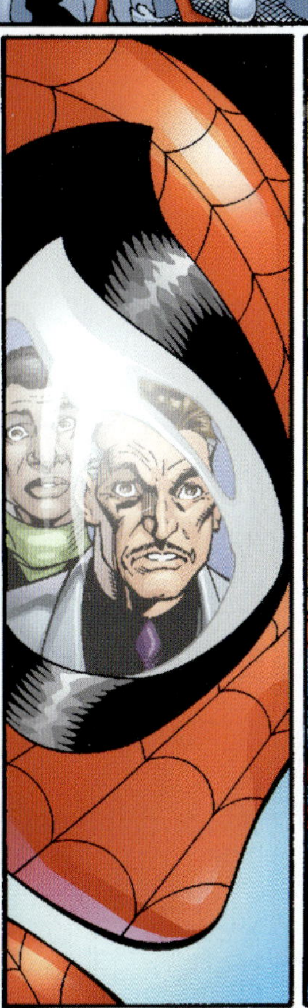
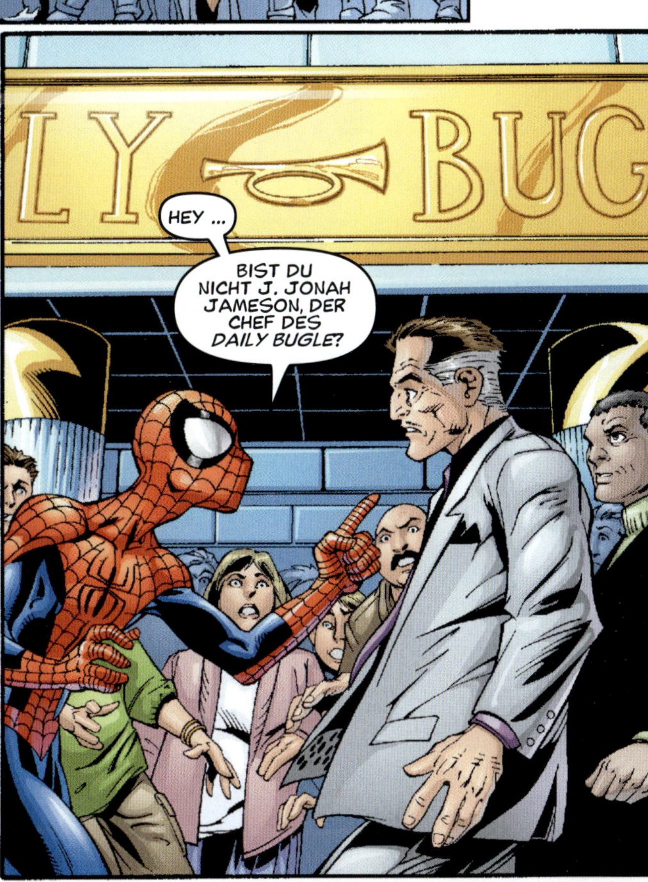
LY BUG
HEY ...
BIST DU NICHT J. JONAH JAMESON, DER CHEF DES *DAILY BUGLE*?
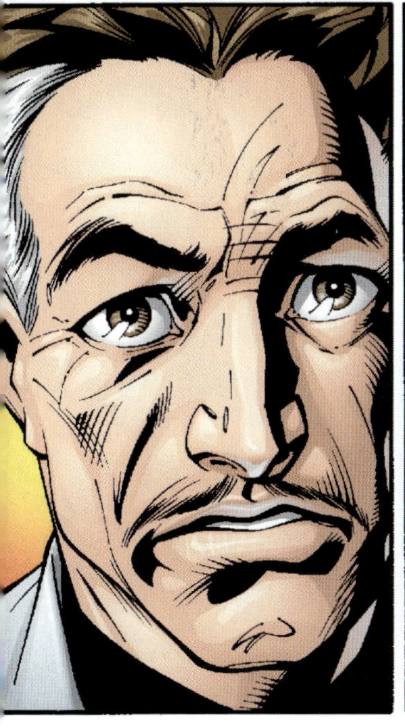
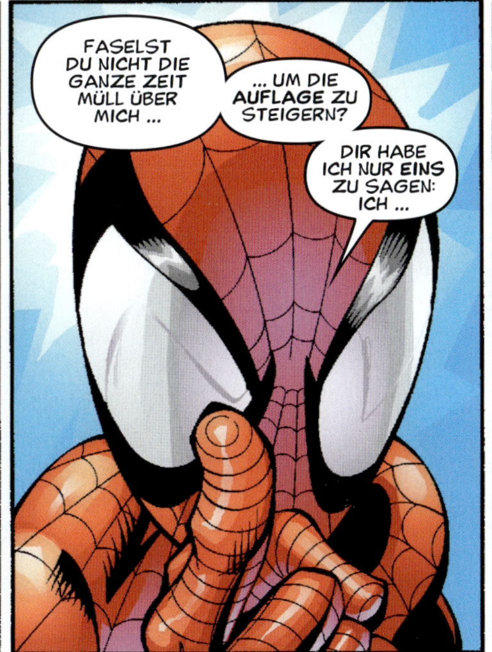
FASELST DU NICHT DIE GANZE ZEIT MÜLL ÜBER MICH ...
... UM DIE **AUFLAGE** ZU STEIGERN?
DIR HABE ICH NUR **EINS** ZU SAGEN: ICH ...
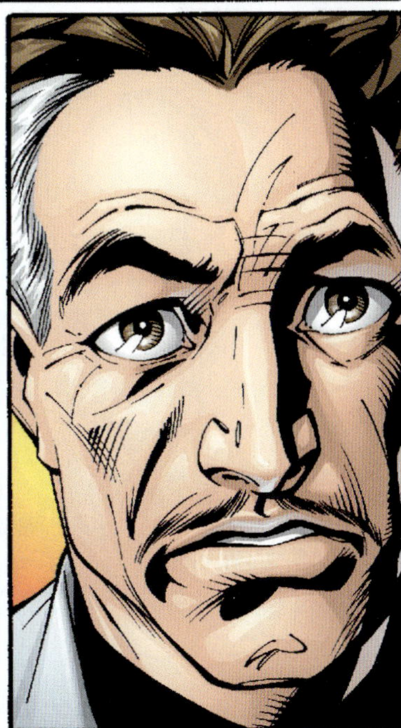

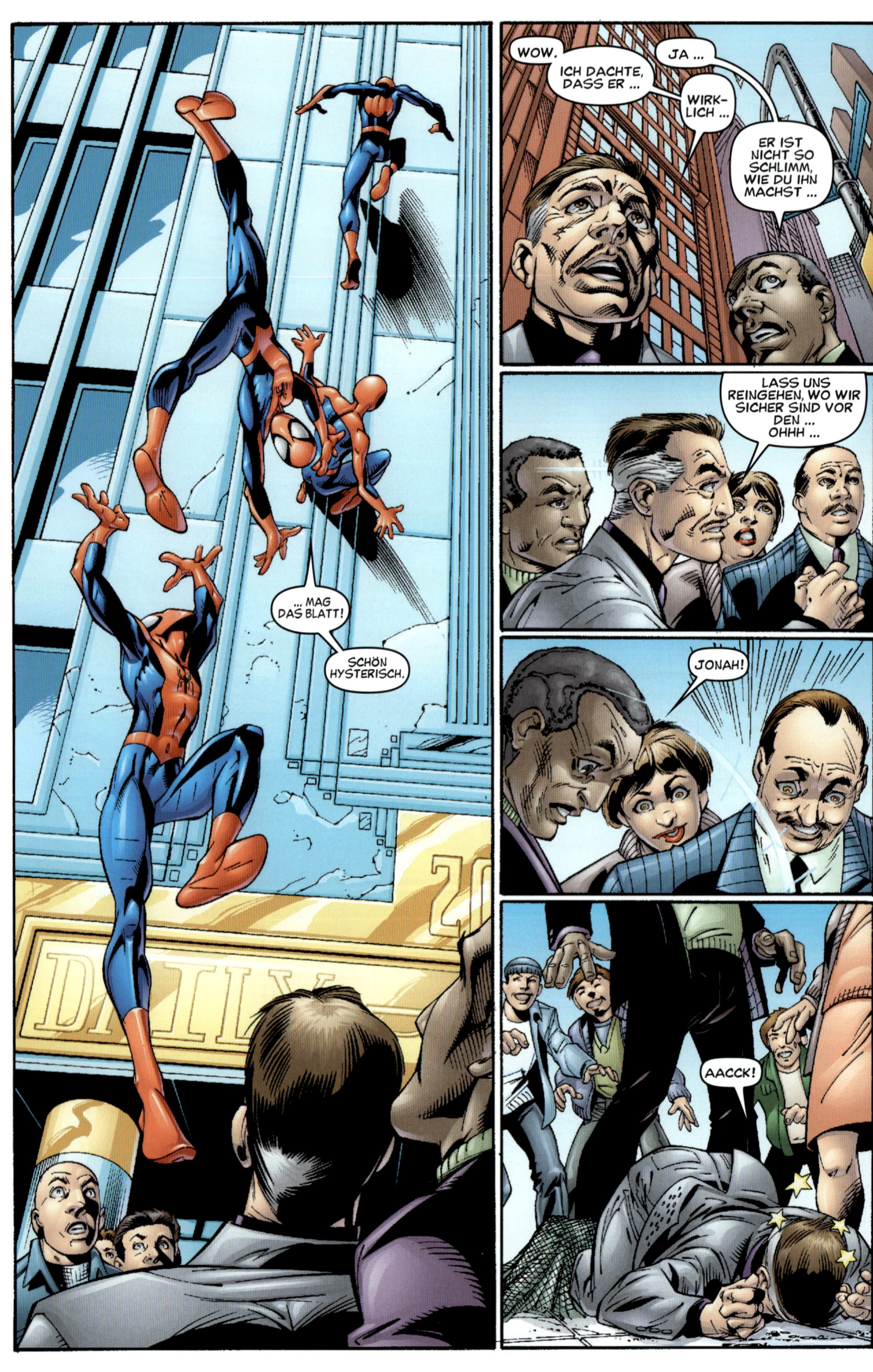

... MAG DAS BLATT!
SCHÖN HYSTERISCH.
WOW.
ICH DACHTE, DASS ER ...
JA ...
WIRK-LICH ...
ER IST NICHT SO SCHLIMM, WIE DU IHN MACHST ...
LASS UNS REINGEHEN, WO WIR SICHER SIND VOR DEN ... OHHH ...
JONAH!
AACCK!

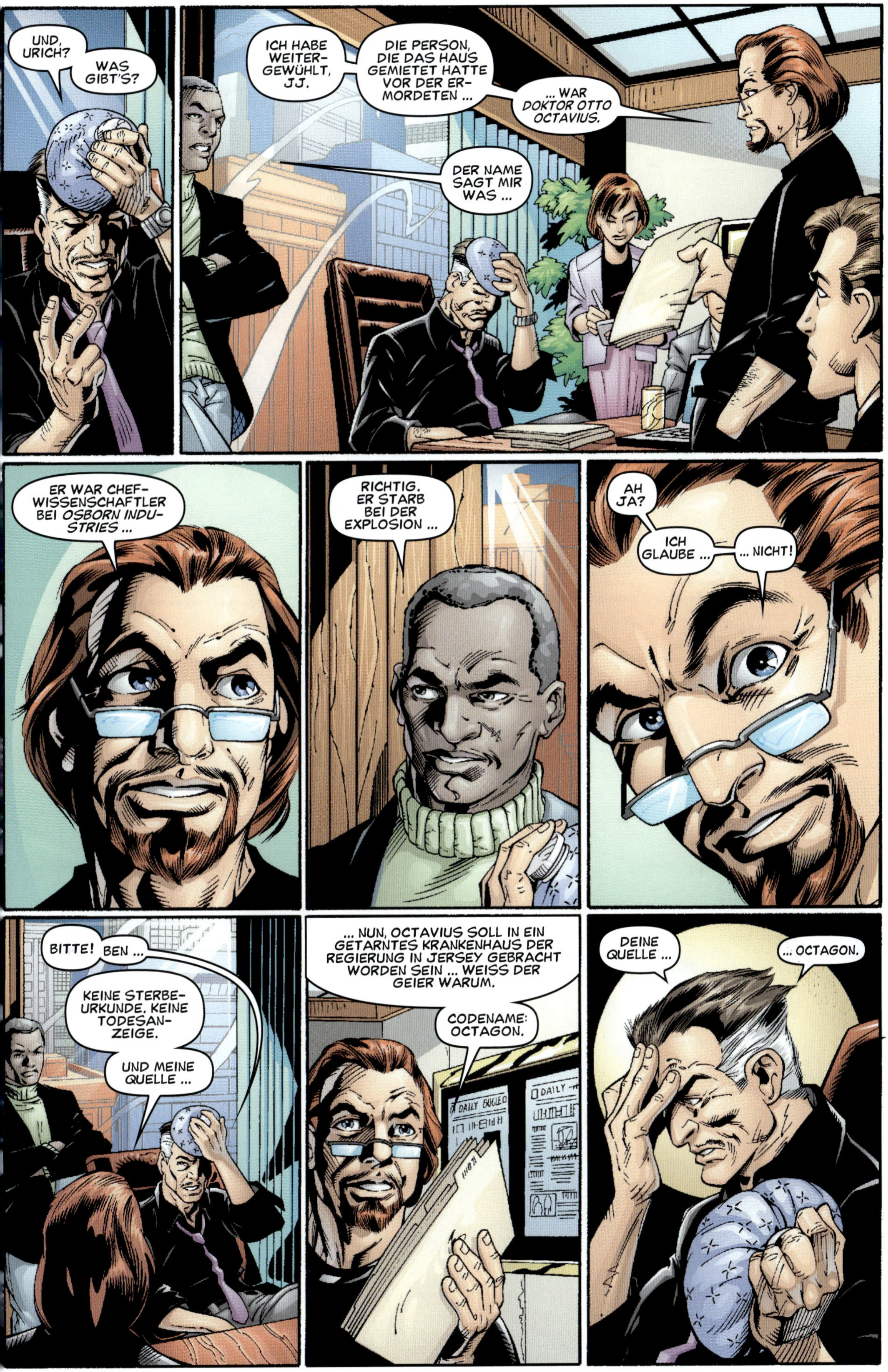

UND, URICH?
WAS GIBT'S?
ICH HABE WEITER-GEWÜHLT, JJ.
DIE PERSON, DIE DAS HAUS GEMIETET HATTE VOR DER ER-MORDETEN ...
... WAR *DOKTOR OTTO OCTAVIUS.*
DER NAME SAGT MIR WAS ...

ER WAR CHEF-WISSENSCHAFTLER BEI *OSBORN INDU-STRIES* ...
RICHTIG. ER STARB BEI DER EXPLOSION ...
AH JA?
ICH GLAUBE ...
... NICHT!

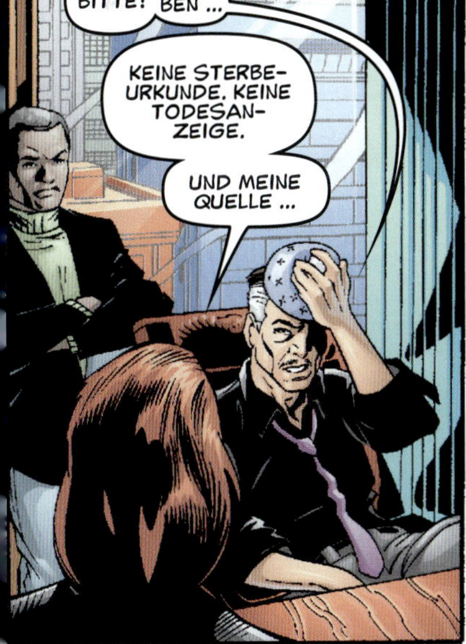

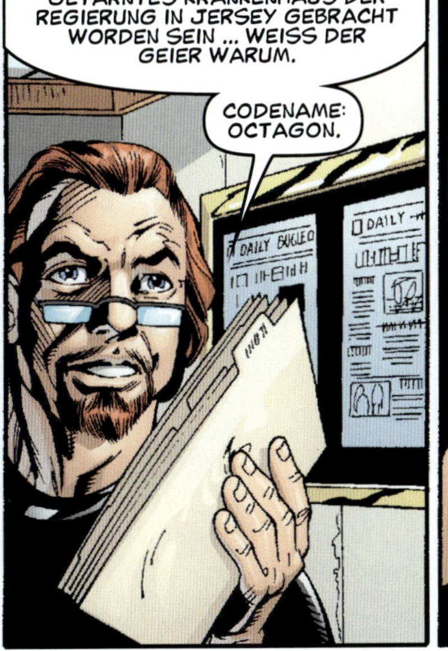

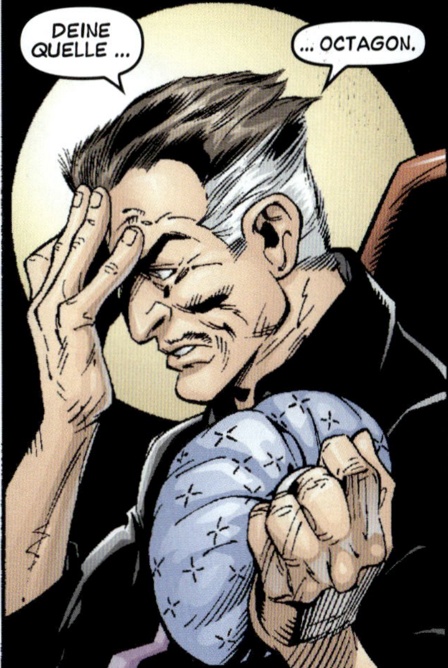

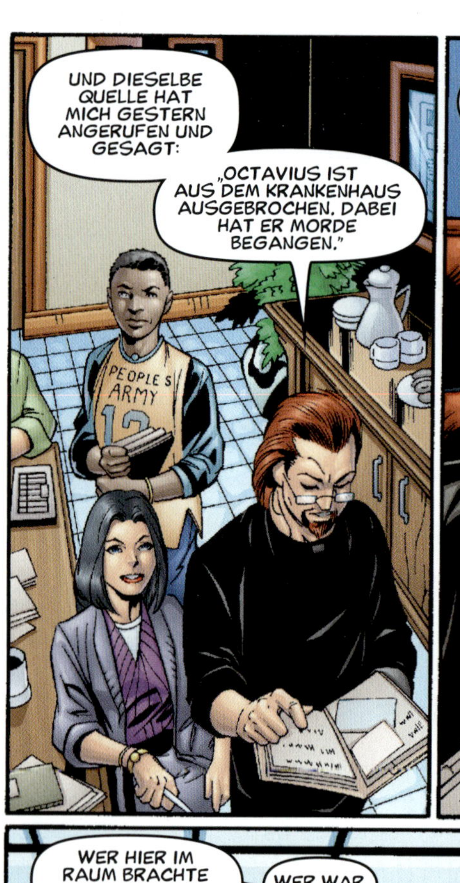
UND DIESELBE QUELLE HAT MICH GESTERN ANGERUFEN UND GESAGT:
„OCTAVIUS IST AUS DEM KRANKENHAUS AUSGEBROCHEN. DABEI HAT ER MORDE BEGANGEN."
PEOPLES ARMY 12

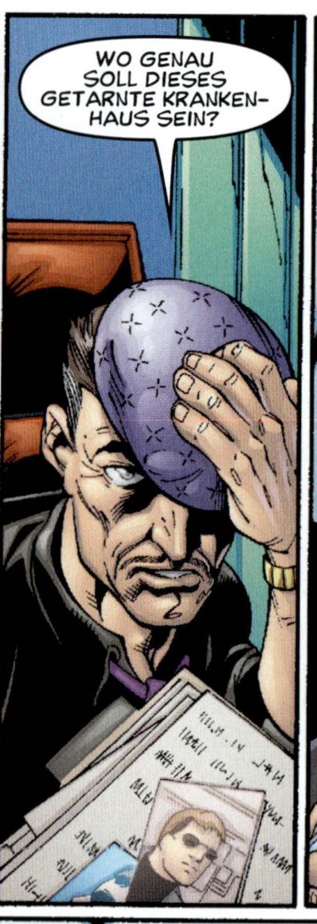
WO GENAU SOLL DIESES GETARNTE KRANKENHAUS SEIN?

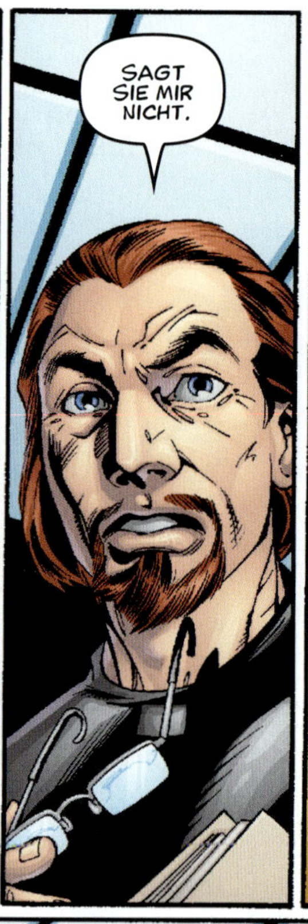
SAGT SIE MIR NICHT.

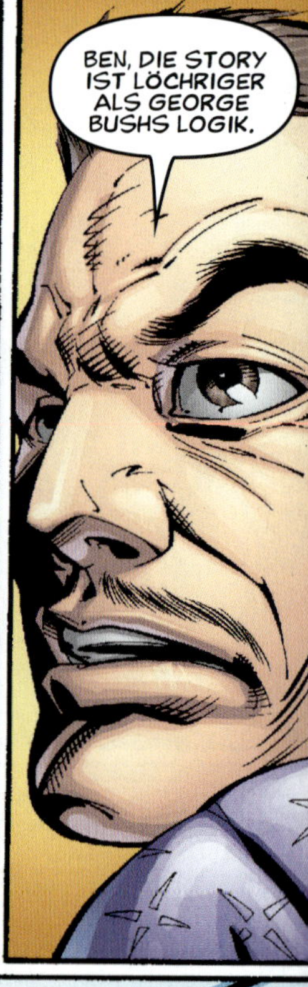
BEN, DIE STORY IST LÖCHRIGER ALS GEORGE BUSHS LOGIK.

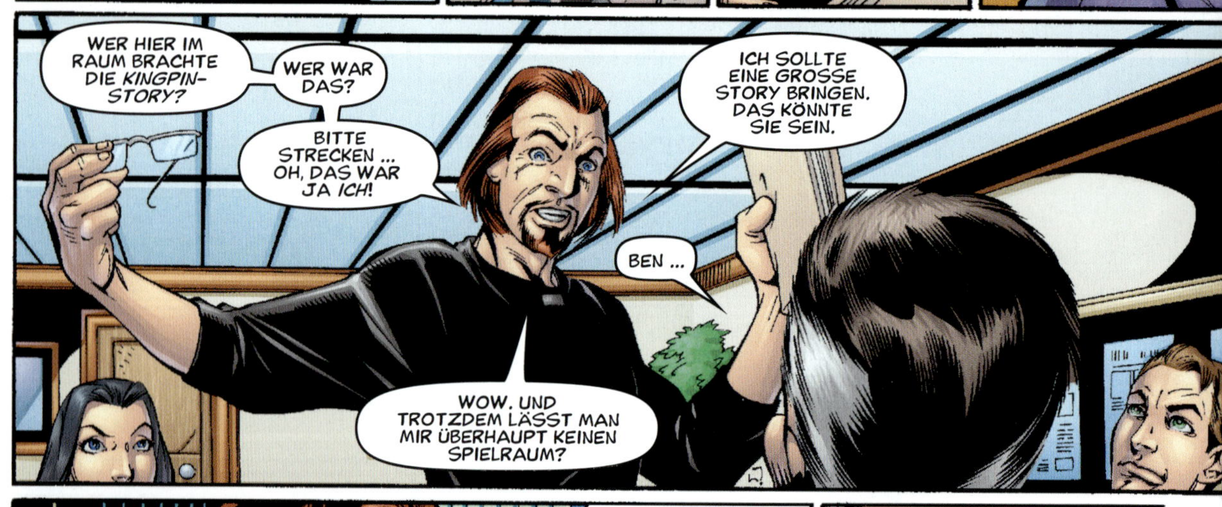
WER HIER IM RAUM BRACHTE DIE *KINGPIN*-STORY?
WER WAR DAS?
BITTE STRECKEN ... OH, DAS WAR JA *ICH*!
ICH SOLLTE EINE GROSSE STORY BRINGEN. DAS KÖNNTE SIE SEIN.
BEN ...
WOW. UND TROTZDEM LÄSST MAN MIR ÜBERHAUPT KEINEN SPIELRAUM?

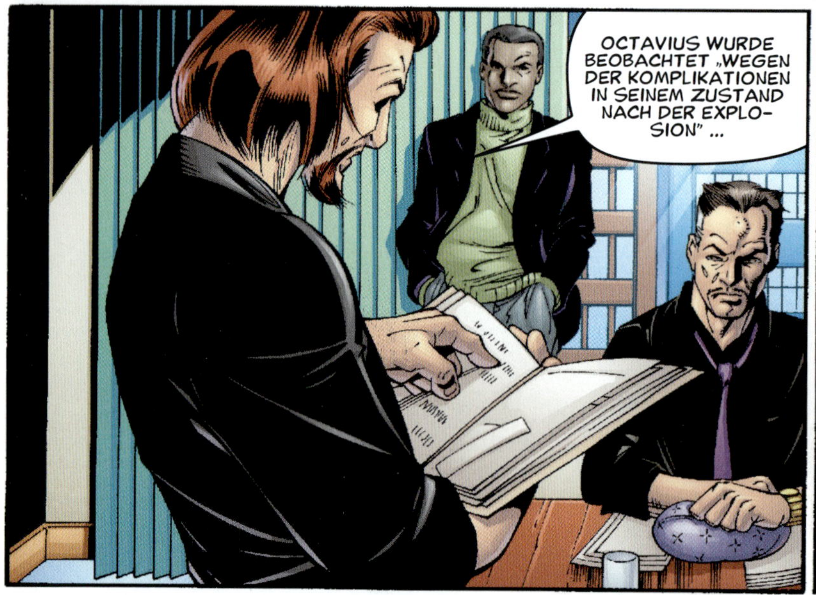
OCTAVIUS WURDE BEOBACHTET „WEGEN DER KOMPLIKATIONEN IN SEINEM ZUSTAND NACH DER EXPLOSION" ...

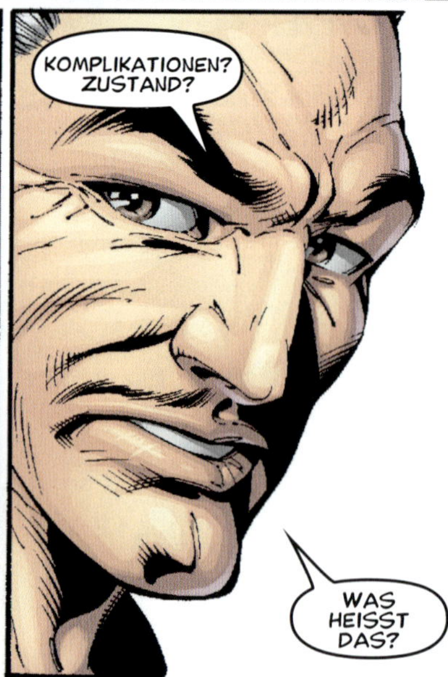
KOMPLIKATIONEN? ZUSTAND?
WAS HEISST DAS?

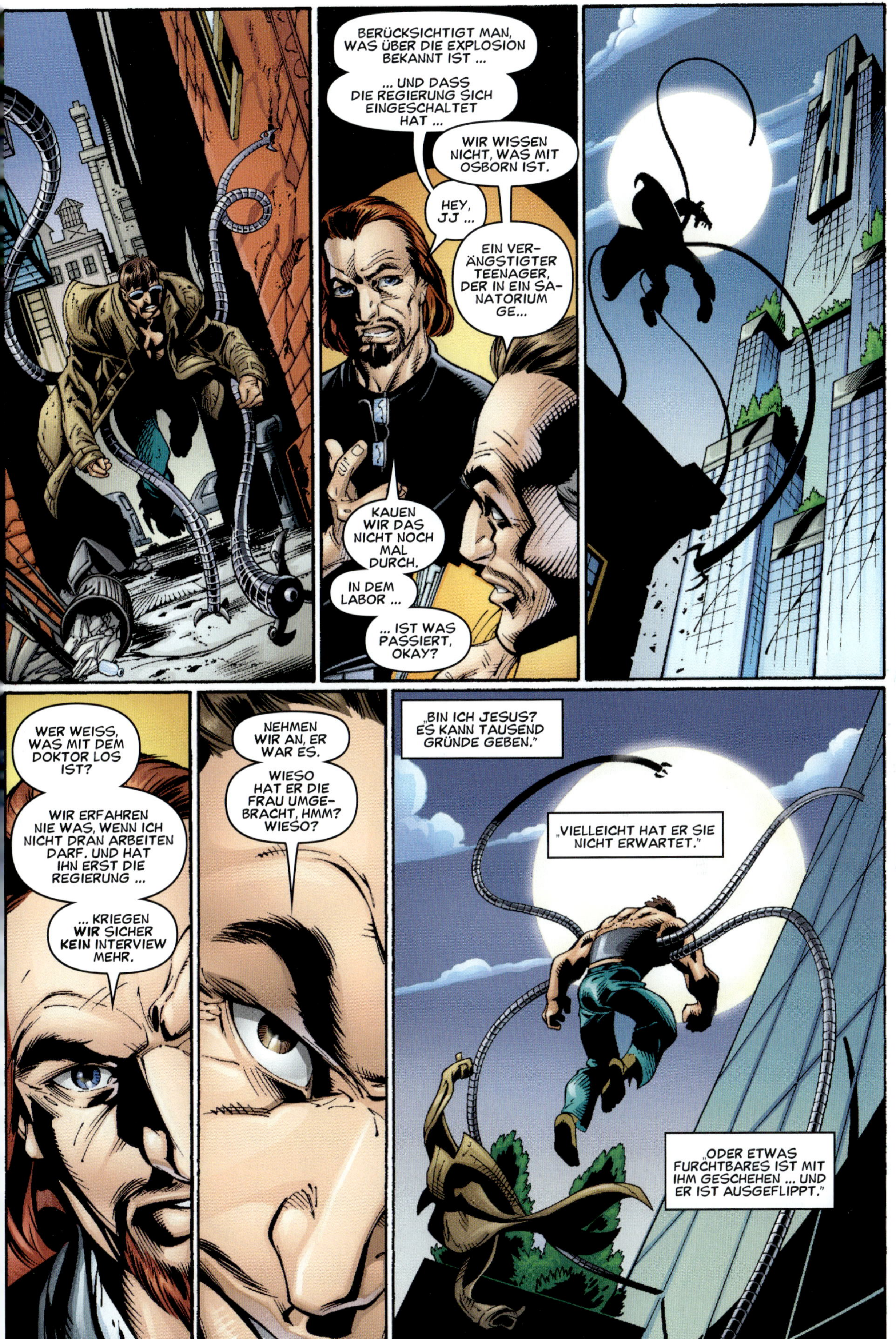
BERÜCKSICHTIGT MAN, WAS ÜBER DIE EXPLOSION BEKANNT IST ...
... UND DASS DIE REGIERUNG SICH EINGESCHALTET HAT ...
WIR WISSEN NICHT, WAS MIT OSBORN IST.
HEY, JJ ...
EIN VERÄNGSTIGTER TEENAGER, DER IN EIN SANATORIUM GE...
KAUEN WIR DAS NICHT NOCH MAL DURCH.
IN DEM LABOR ...
... IST WAS PASSIERT, OKAY?
WER WEISS, WAS MIT DEM DOKTOR LOS IST?
WIR ERFAHREN NIE WAS, WENN ICH NICHT DRAN ARBEITEN DARF. UND HAT IHN ERST DIE REGIERUNG ...
... KRIEGEN WIR SICHER KEIN INTERVIEW MEHR.
NEHMEN WIR AN, ER WAR ES.
WIESO HAT ER DIE FRAU UMGEBRACHT, HMM? WIESO?
„BIN ICH JESUS? ES KANN TAUSEND GRÜNDE GEBEN."
„VIELLEICHT HAT ER SIE NICHT ERWARTET."
„ODER ETWAS FURCHTBARES IST MIT IHM GESCHEHEN ... UND ER IST AUSGEFLIPPT."

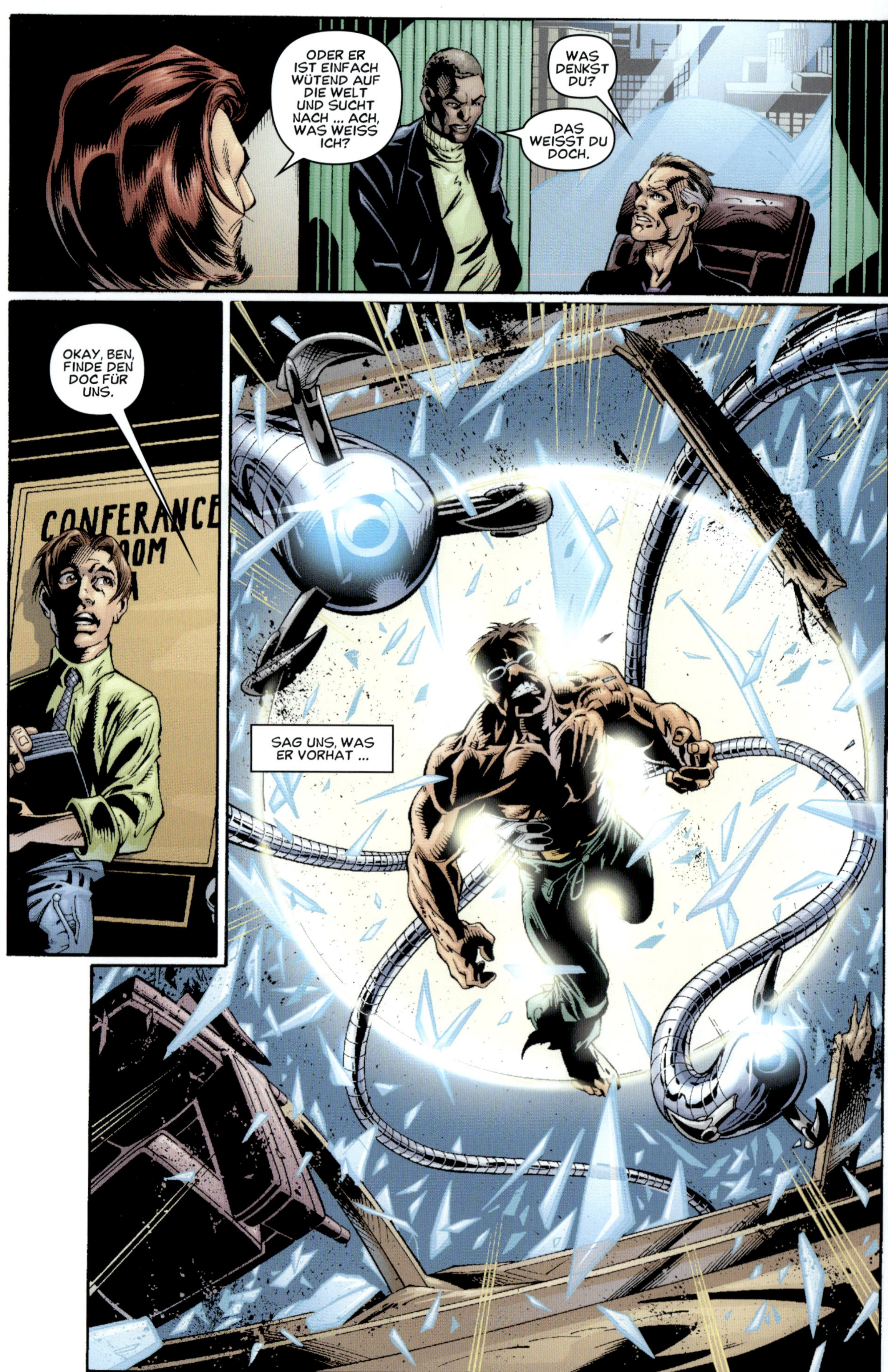
ODER ER IST EINFACH WÜTEND AUF DIE WELT UND SUCHT NACH ... ACH, WAS WEISS ICH?
WAS DENKST DU?
DAS WEISST DU DOCH.
OKAY, BEN, FINDE DEN DOC FÜR UNS.
CONFERANCE ROOM
SAG UNS, WAS ER VORHAT ...

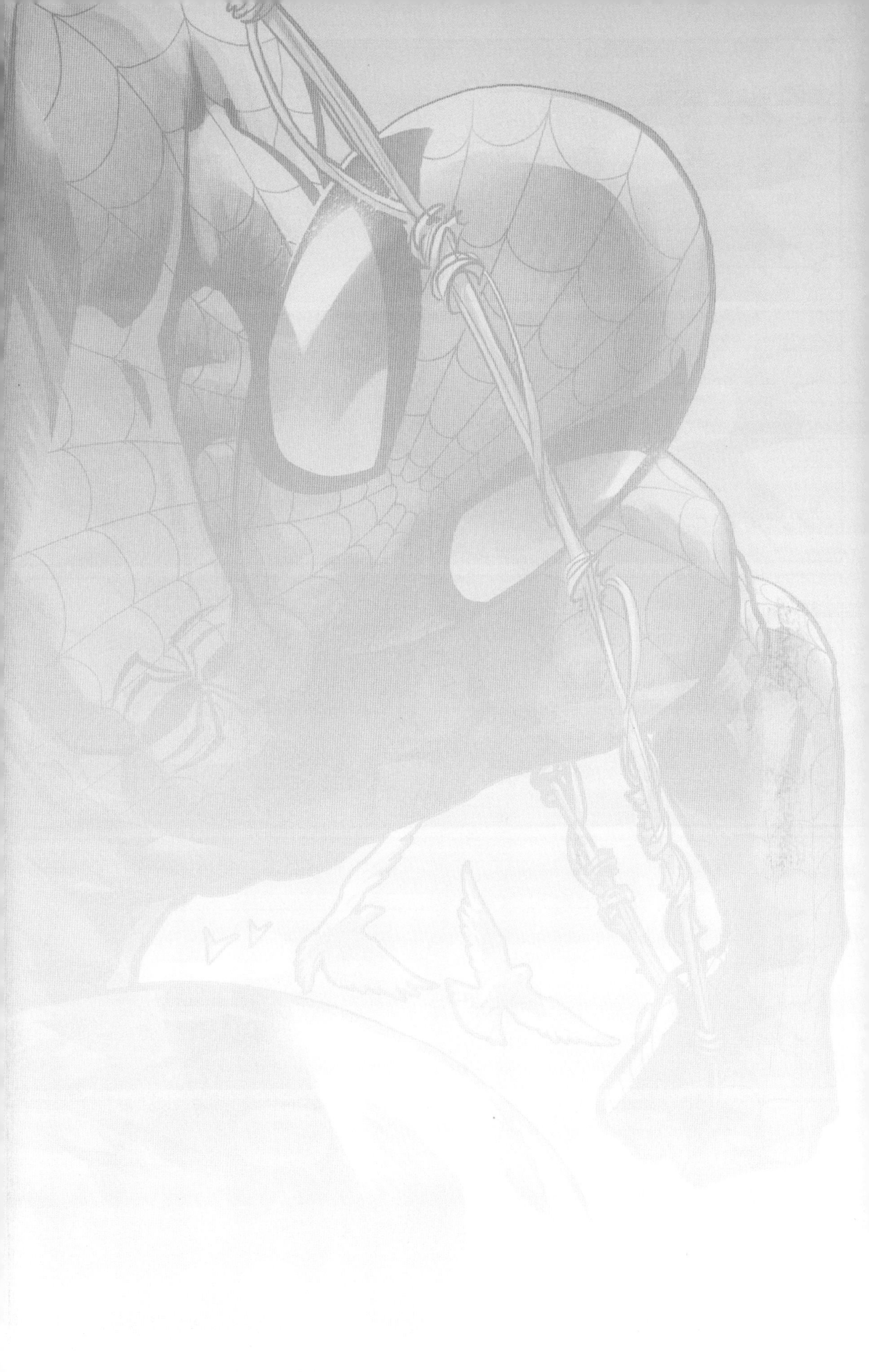

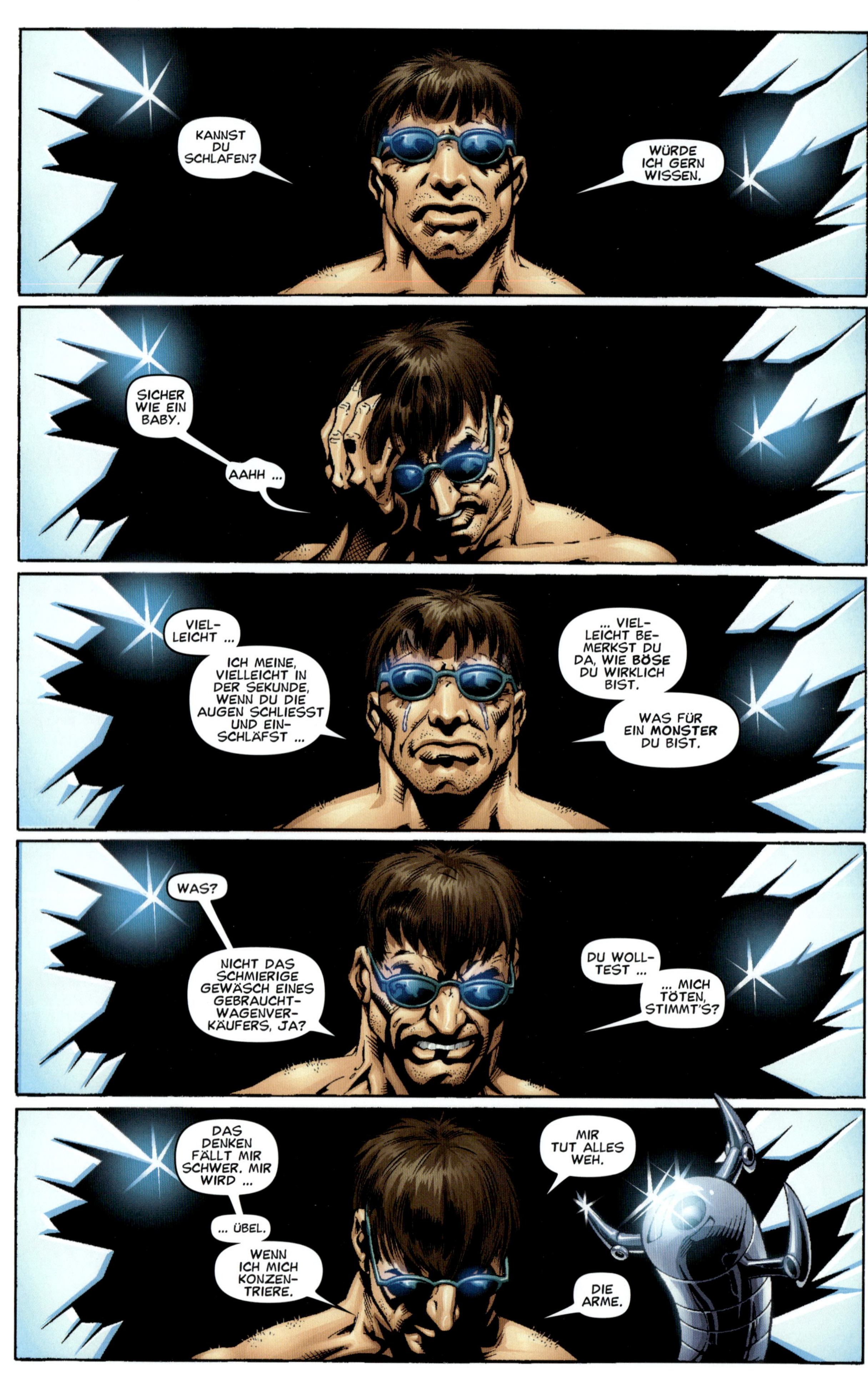
KANNST DU SCHLAFEN?
WÜRDE ICH GERN WISSEN.
SICHER WIE EIN BABY.
AAHH ...
VIEL-LEICHT ...
ICH MEINE, VIELLEICHT IN DER SEKUNDE, WENN DU DIE AUGEN SCHLIESST UND EIN-SCHLÄFST ...
... VIEL-LEICHT BE-MERKST DU DA, WIE BÖSE DU WIRKLICH BIST.
WAS FÜR EIN MONSTER DU BIST.
WAS?
NICHT DAS SCHMIERIGE GEWÄSCH EINES GEBRAUCHT-WAGENVER-KÄUFERS, JA?
DU WOLL-TEST ...
... MICH TÖTEN, STIMMT'S?
DAS DENKEN FÄLLT MIR SCHWER. MIR WIRD ...
... ÜBEL.
WENN ICH MICH KONZEN-TRIERE.
MIR TUT ALLES WEH.
DIE ARME.

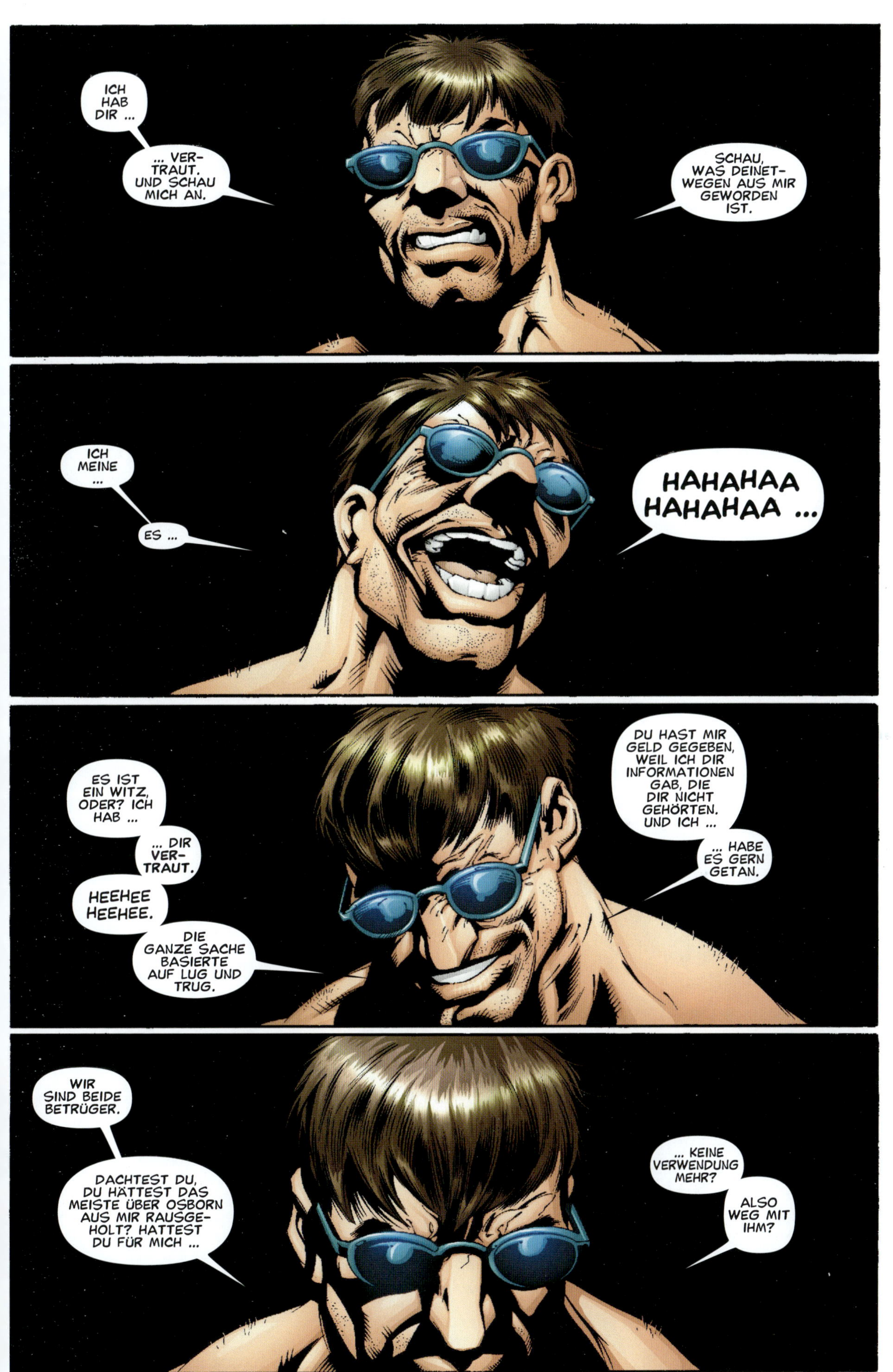

ICH HAB DIR ...
... VERTRAUT. UND SCHAU MICH AN.
SCHAU, WAS DEINETWEGEN AUS MIR GEWORDEN IST.
ICH MEINE ...
ES ...
HAHAHAA HAHAHAA ...
ES IST EIN WITZ, ODER? ICH HAB ...
... DIR VERTRAUT.
HEEHEE HEEHEE.
DIE GANZE SACHE BASIERTE AUF LUG UND TRUG.
DU HAST MIR GELD GEGEBEN, WEIL ICH DIR INFORMATIONEN GAB, DIE DIR NICHT GEHÖRTEN. UND ICH ...
... HABE ES GERN GETAN.
WIR SIND BEIDE BETRÜGER.
DACHTEST DU, DU HÄTTEST DAS MEISTE ÜBER OSBORN AUS MIR RAUSGEHOLT? HATTEST DU FÜR MICH ...
... KEINE VERWENDUNG MEHR?
ALSO WEG MIT IHM?

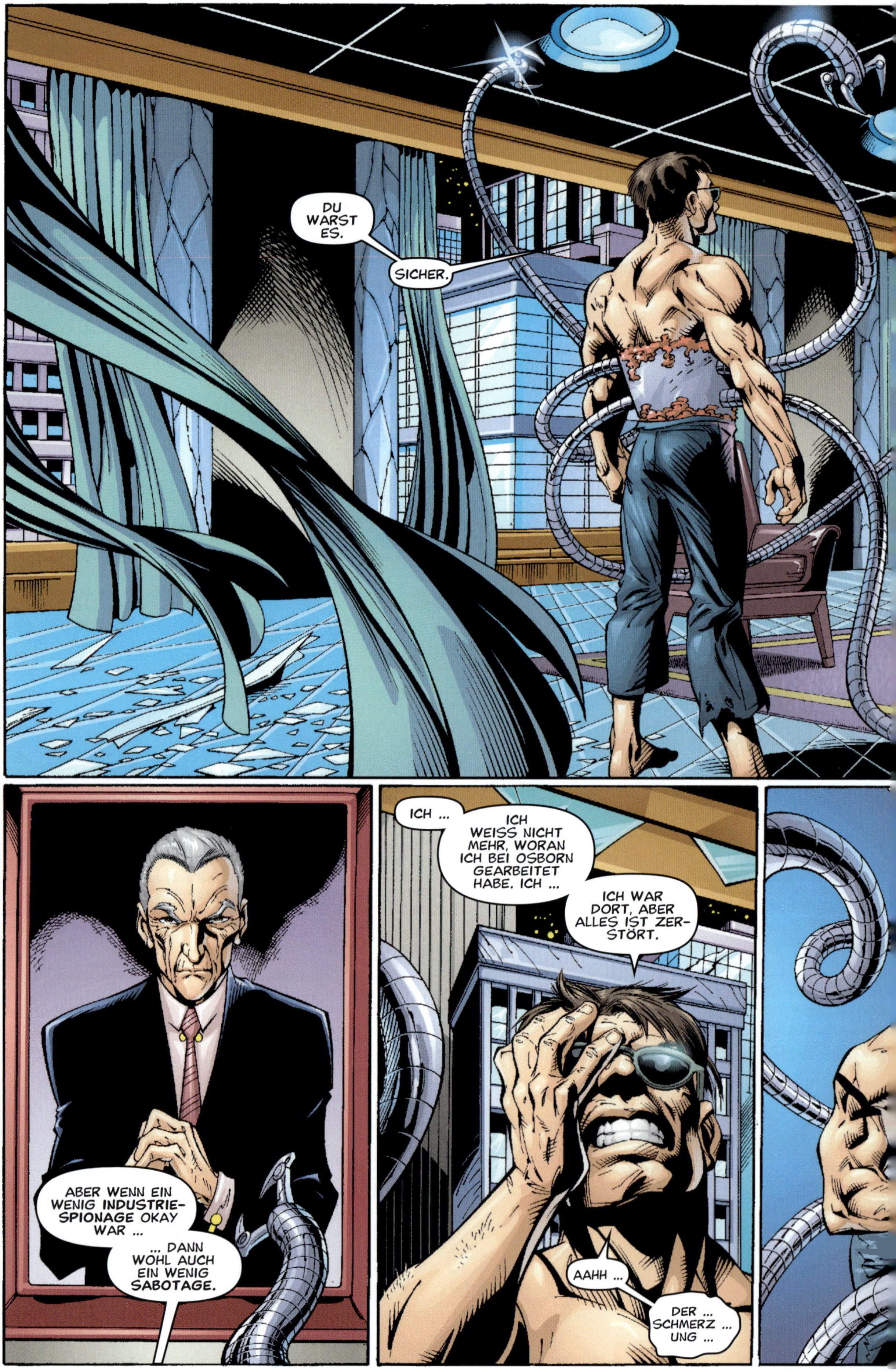

DU WARST ES.
SICHER.

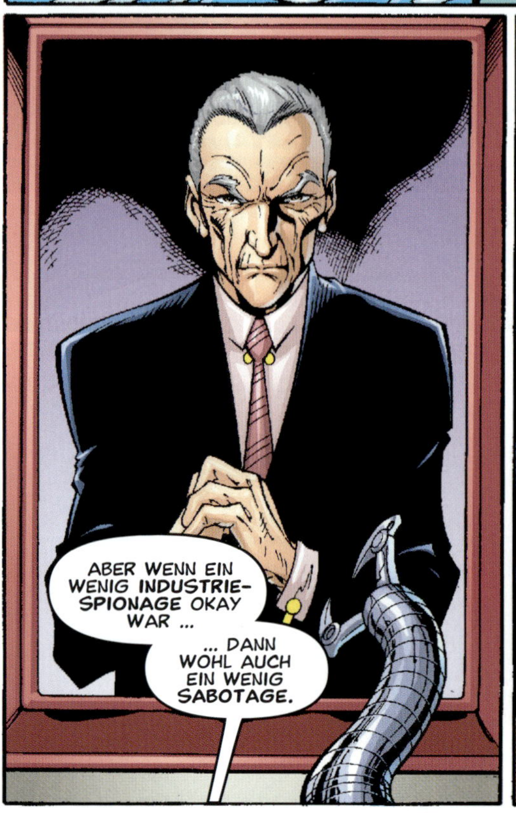
ABER WENN EIN WENIG INDUSTRIESPIONAGE OKAY WAR ...
... DANN WOHL AUCH EIN WENIG SABOTAGE.

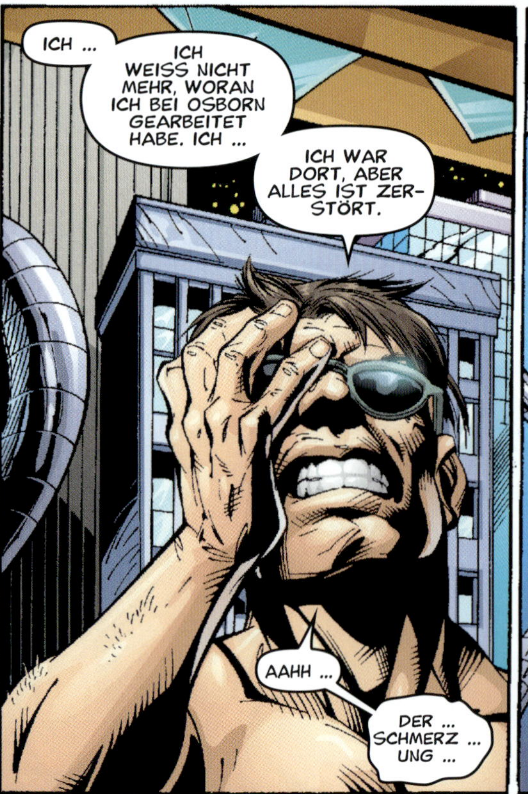
ICH ...
ICH WEISS NICHT MEHR, WORAN ICH BEI OSBORN GEARBEITET HABE. ICH ...
ICH WAR DORT, ABER ALLES IST ZERSTÖRT.
AAHH ...
DER ... SCHMERZ ... UNG ...

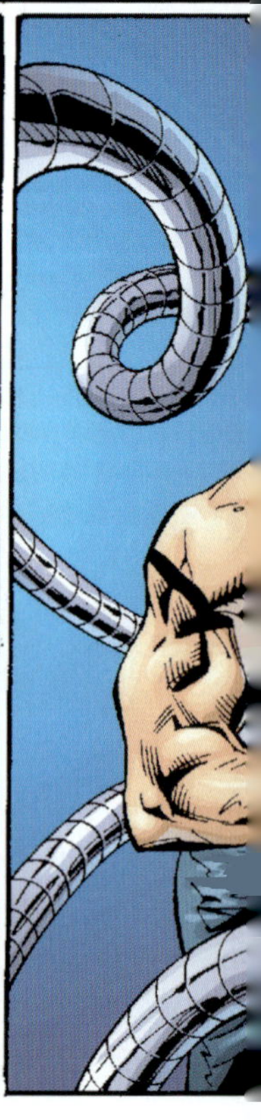

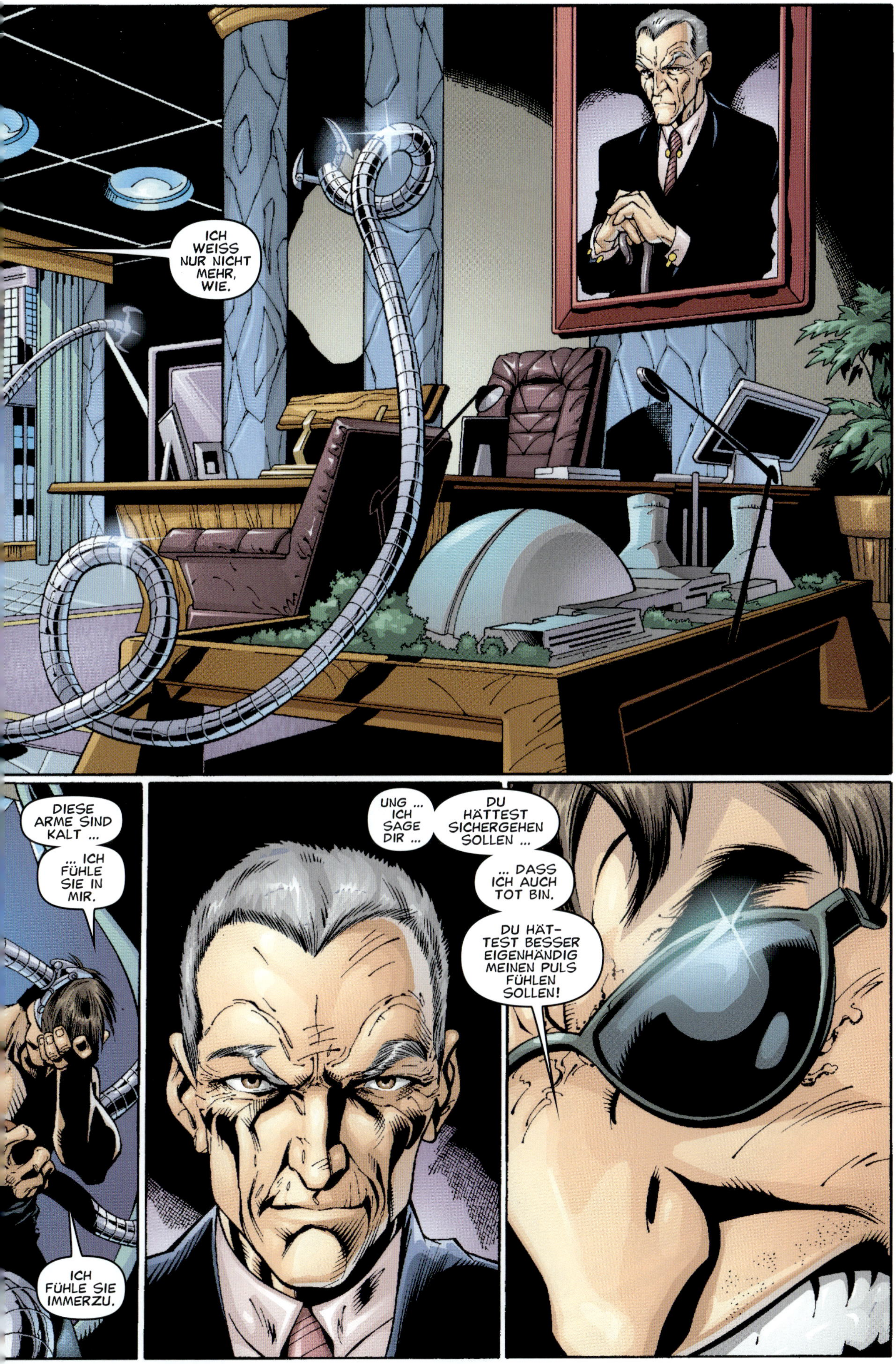

ICH WEISS NUR NICHT MEHR, WIE.

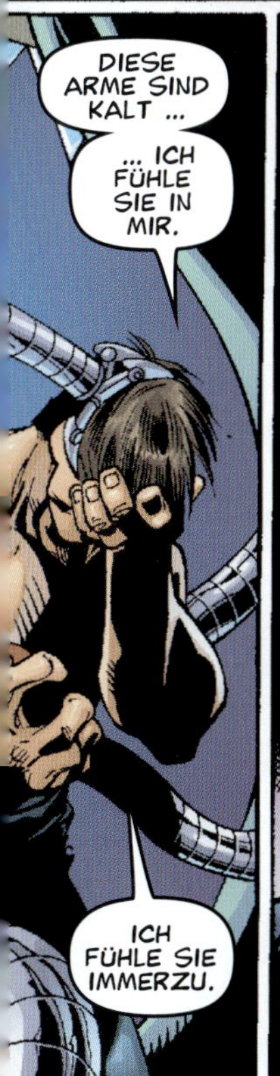

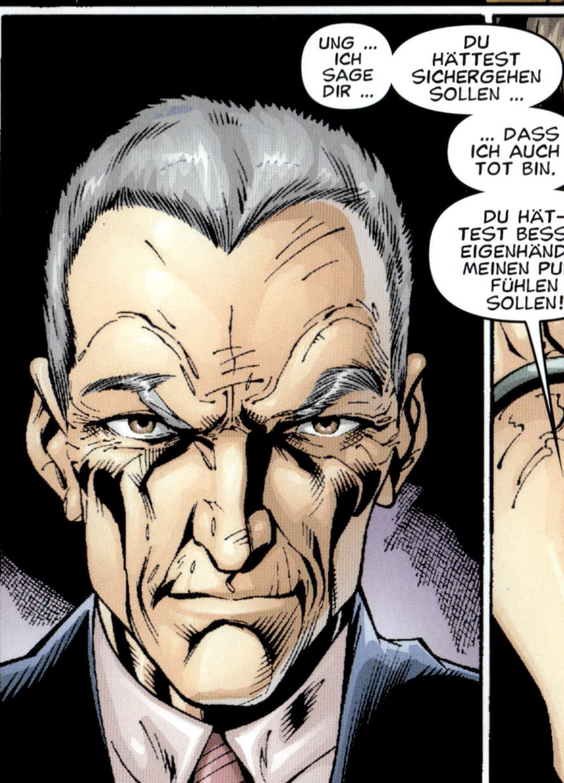

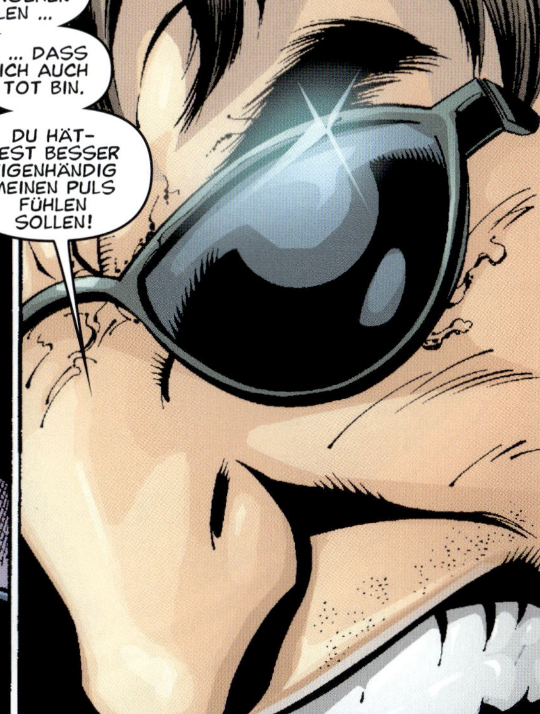

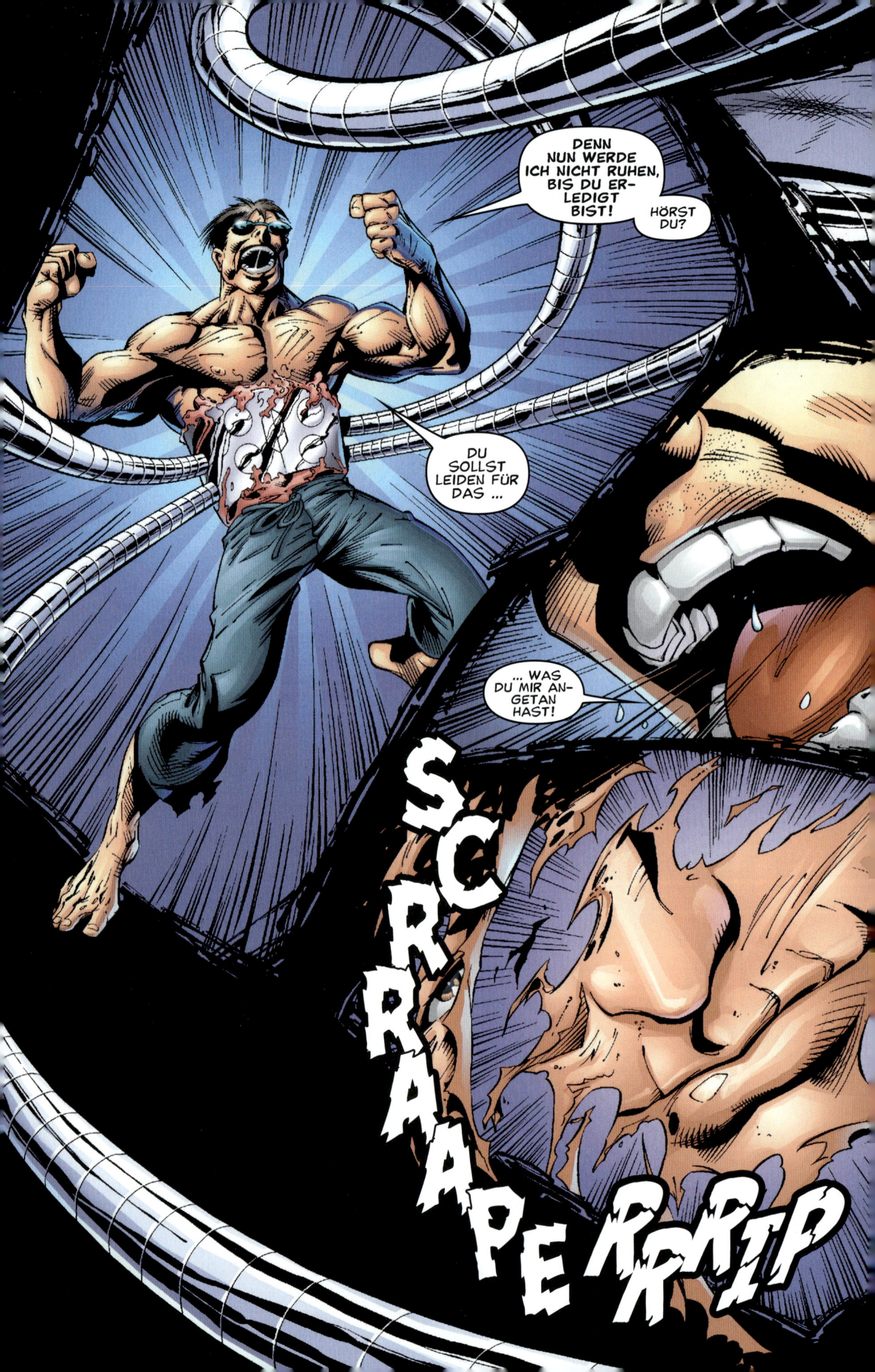
DENN NUN WERDE ICH NICHT RUHEN, BIS DU ERLEDIGT BIST!
HÖRST DU?
DU SOLLST LEIDEN FÜR DAS ...
... WAS DU MIR ANGETAN HAST!
SCRRAAPE
RRRRIP

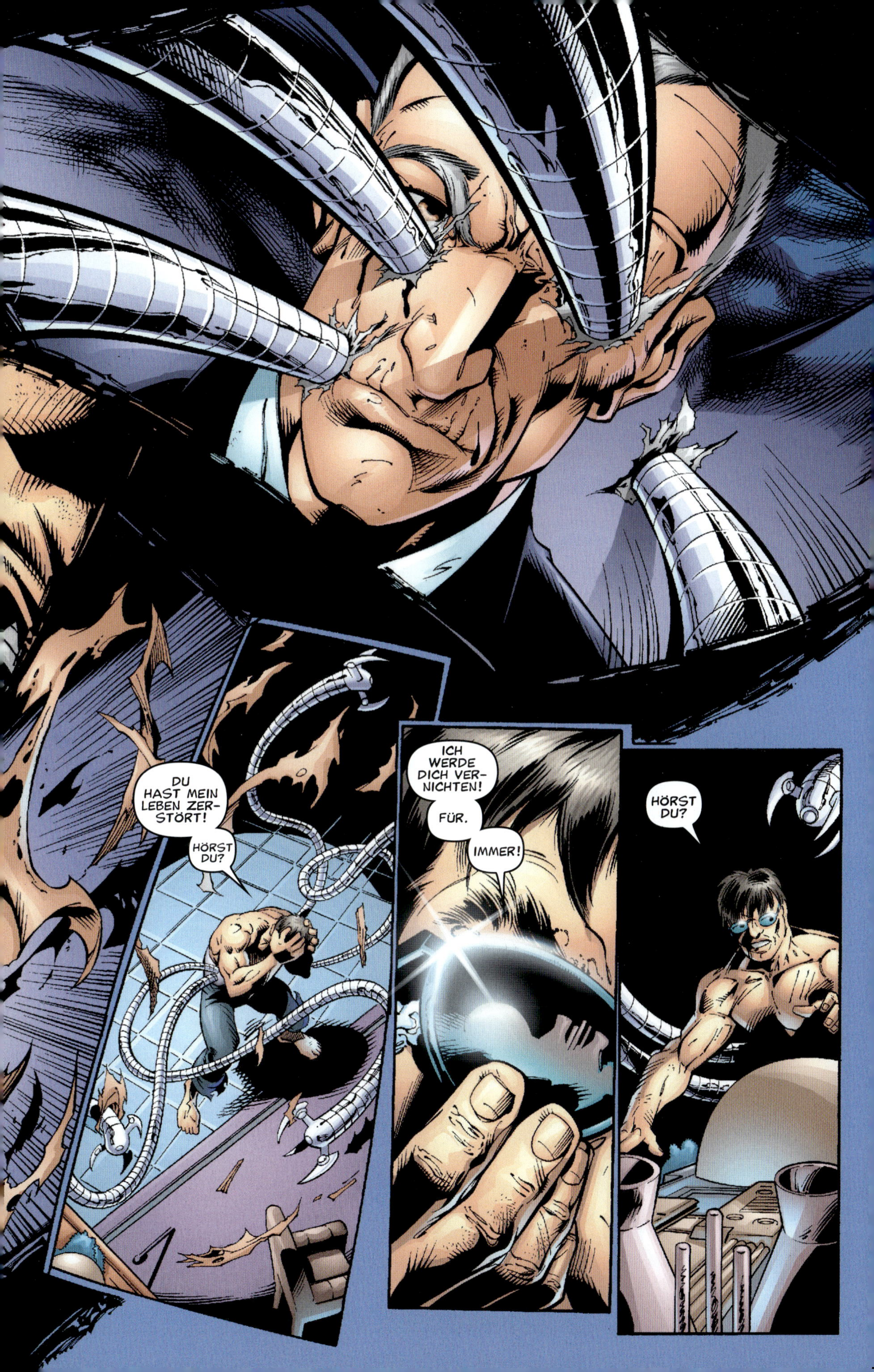

DU HAST MEIN LEBEN ZER-STÖRT!
HÖRST DU?
ICH WERDE DICH VER-NICHTEN!
FÜR.
IMMER!
HÖRST DU?

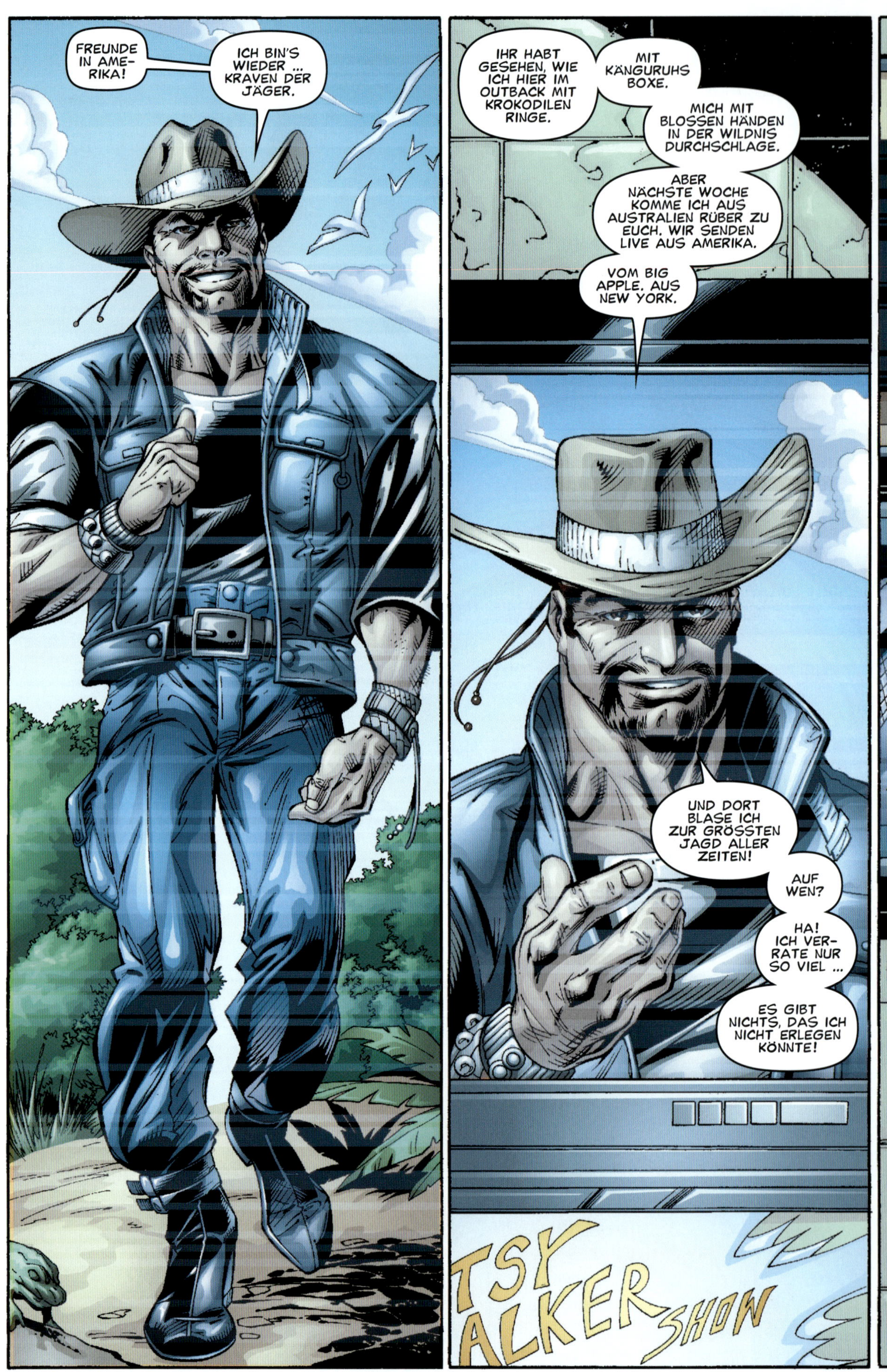
FREUNDE IN AMERIKA!
ICH BIN'S WIEDER ... KRAVEN DER JÄGER.
IHR HABT GESEHEN, WIE ICH HIER IM OUTBACK MIT KROKODILEN RINGE.
MIT KÄNGURUHS BOXE.
MICH MIT BLOSSEN HÄNDEN IN DER WILDNIS DURCHSCHLAGE.
ABER NÄCHSTE WOCHE KOMME ICH AUS AUSTRALIEN RÜBER ZU EUCH. WIR SENDEN LIVE AUS AMERIKA.
VOM BIG APPLE. AUS NEW YORK.
UND DORT BLASE ICH ZUR GRÖSSTEN JAGD ALLER ZEITEN!
AUF WEN?
HA! ICH VERRATE NUR SO VIEL ...
ES GIBT NICHTS, DAS ICH NICHT ERLEGEN KÖNNTE!
TSY
ALKER SHOW

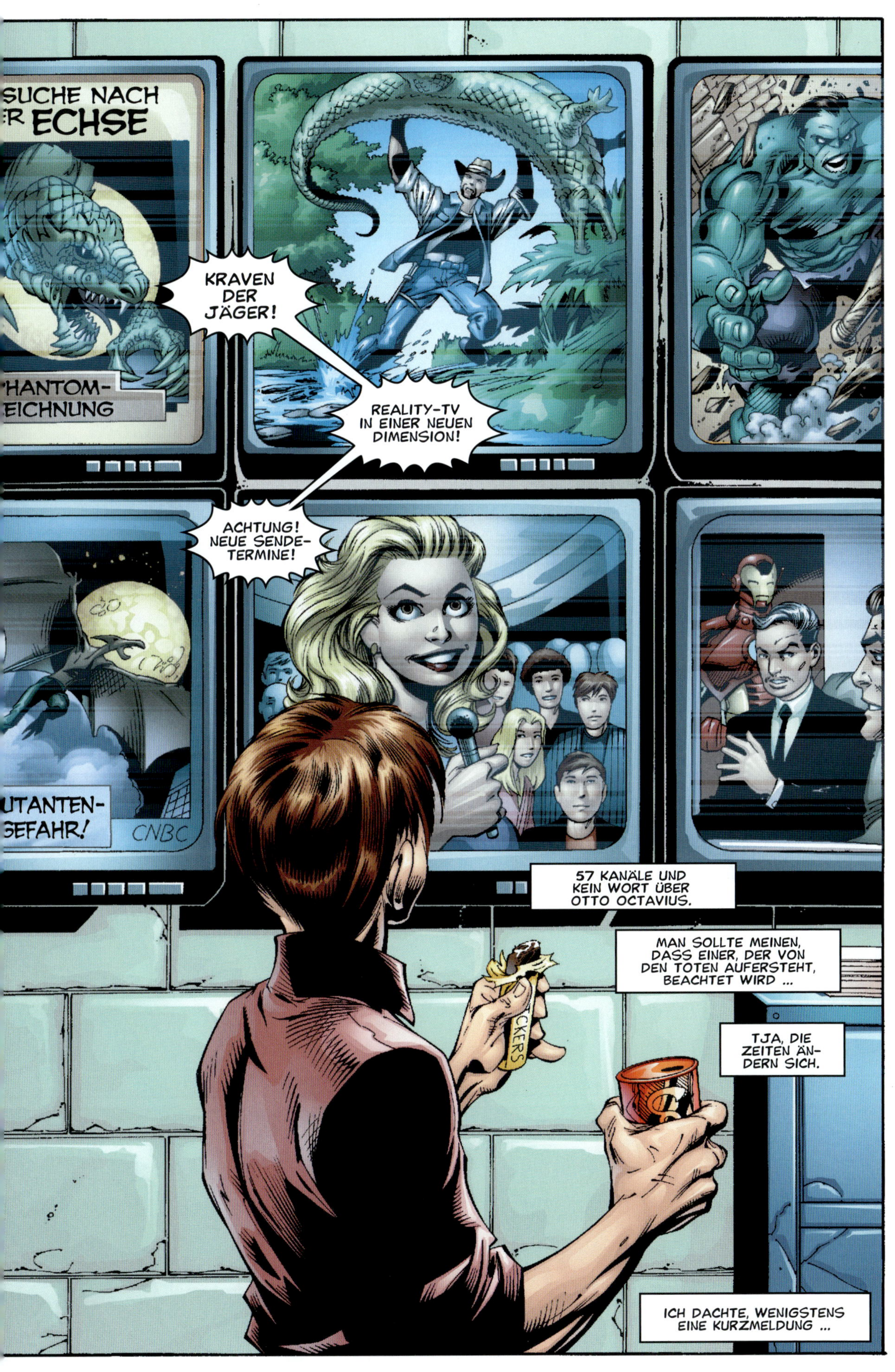

SUCHE NACH
ER ECHSE
HANTOM-
EICHNUNG
KRAVEN DER JÄGER!
REALITY-TV IN EINER NEUEN DIMENSION!
ACHTUNG! NEUE SENDE-TERMINE!
UTANTEN-
GEFAHR!
CNBC
57 KANÄLE UND KEIN WORT ÜBER OTTO OCTAVIUS.
MAN SOLLTE MEINEN, DASS EINER, DER VON DEN TOTEN AUFERSTEHT, BEACHTET WIRD ...
TJA, DIE ZEITEN ÄN-DERN SICH.
ICH DACHTE, WENIGSTENS EINE KURZMELDUNG ...

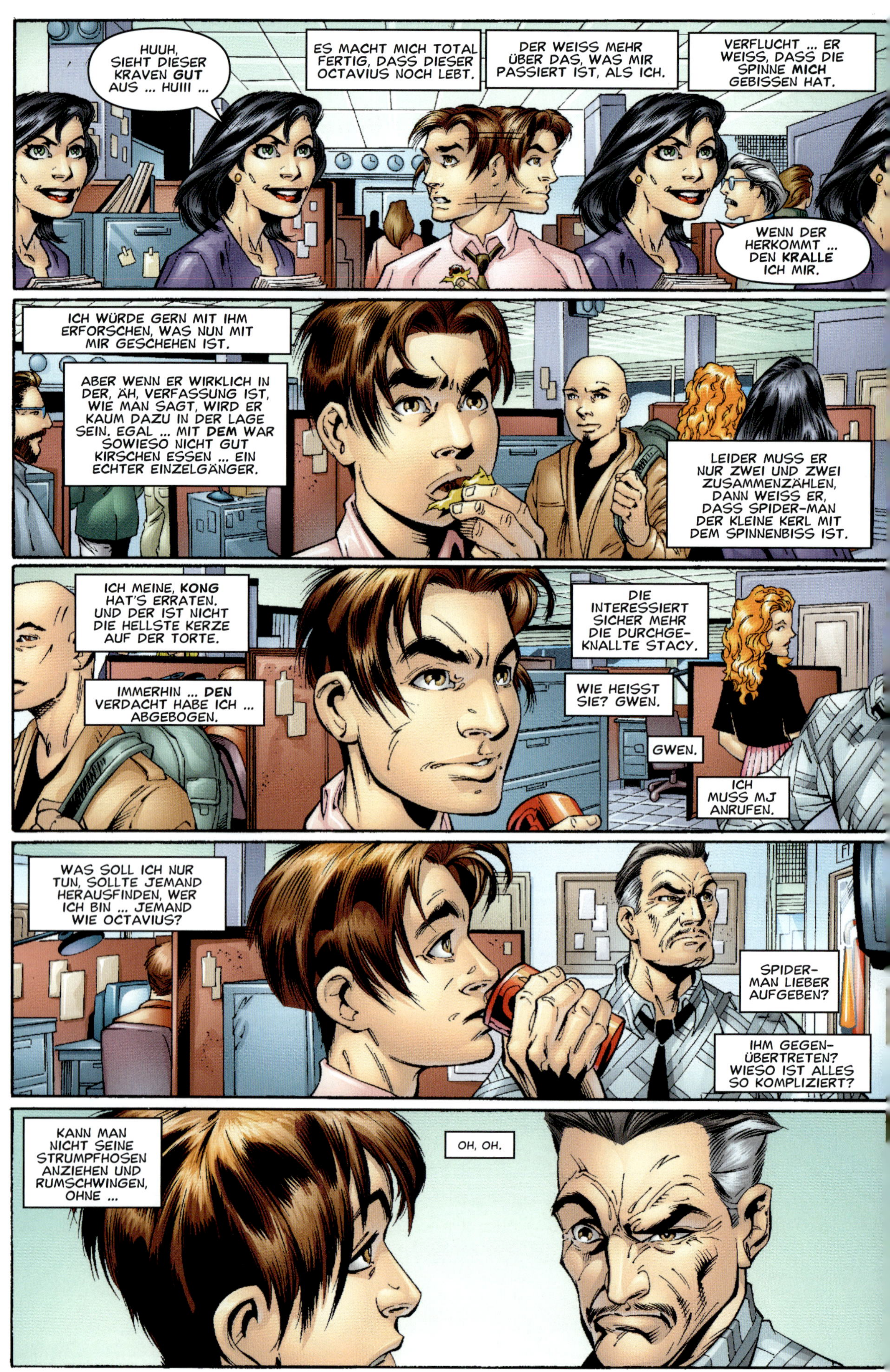

HUUH, SIEHT DIESER KRAVEN GUT AUS ... HUIII ...
ES MACHT MICH TOTAL FERTIG, DASS DIESER OCTAVIUS NOCH LEBT.
DER WEISS MEHR ÜBER DAS, WAS MIR PASSIERT IST, ALS ICH.
VERFLUCHT ... ER WEISS, DASS DIE SPINNE MICH GEBISSEN HAT.
WENN DER HERKOMMT ... DEN KRALLE ICH MIR.
ICH WÜRDE GERN MIT IHM ERFORSCHEN, WAS NUN MIT MIR GESCHEHEN IST.
ABER WENN ER WIRKLICH IN DER, ÄH, VERFASSUNG IST, WIE MAN SAGT, WIRD ER KAUM DAZU IN DER LAGE SEIN. EGAL ... MIT DEM WAR SOWIESO NICHT GUT KIRSCHEN ESSEN ... EIN ECHTER EINZELGÄNGER.
LEIDER MUSS ER NUR ZWEI UND ZWEI ZUSAMMENZÄHLEN, DANN WEISS ER, DASS SPIDER-MAN DER KLEINE KERL MIT DEM SPINNENBISS IST.
ICH MEINE, KONG HAT'S ERRATEN. UND DER IST NICHT DIE HELLSTE KERZE AUF DER TORTE.
IMMERHIN ... DEN VERDACHT HABE ICH ... ABGEBOGEN.
DIE INTERESSIERT SICHER MEHR DIE DURCHGE-KNALLTE STACY.
WIE HEISST SIE? GWEN.
GWEN.
ICH MUSS MJ ANRUFEN.
WAS SOLL ICH NUR TUN, SOLLTE JEMAND HERAUSFINDEN, WER ICH BIN ... JEMAND WIE OCTAVIUS?
SPIDER-MAN LIEBER AUFGEBEN?
IHM GEGEN-ÜBERTRETEN? WIESO IST ALLES SO KOMPLIZIERT?
KANN MAN NICHT SEINE STRUMPFHOSEN ANZIEHEN UND RUMSCHWINGEN, OHNE ...
OH, OH.

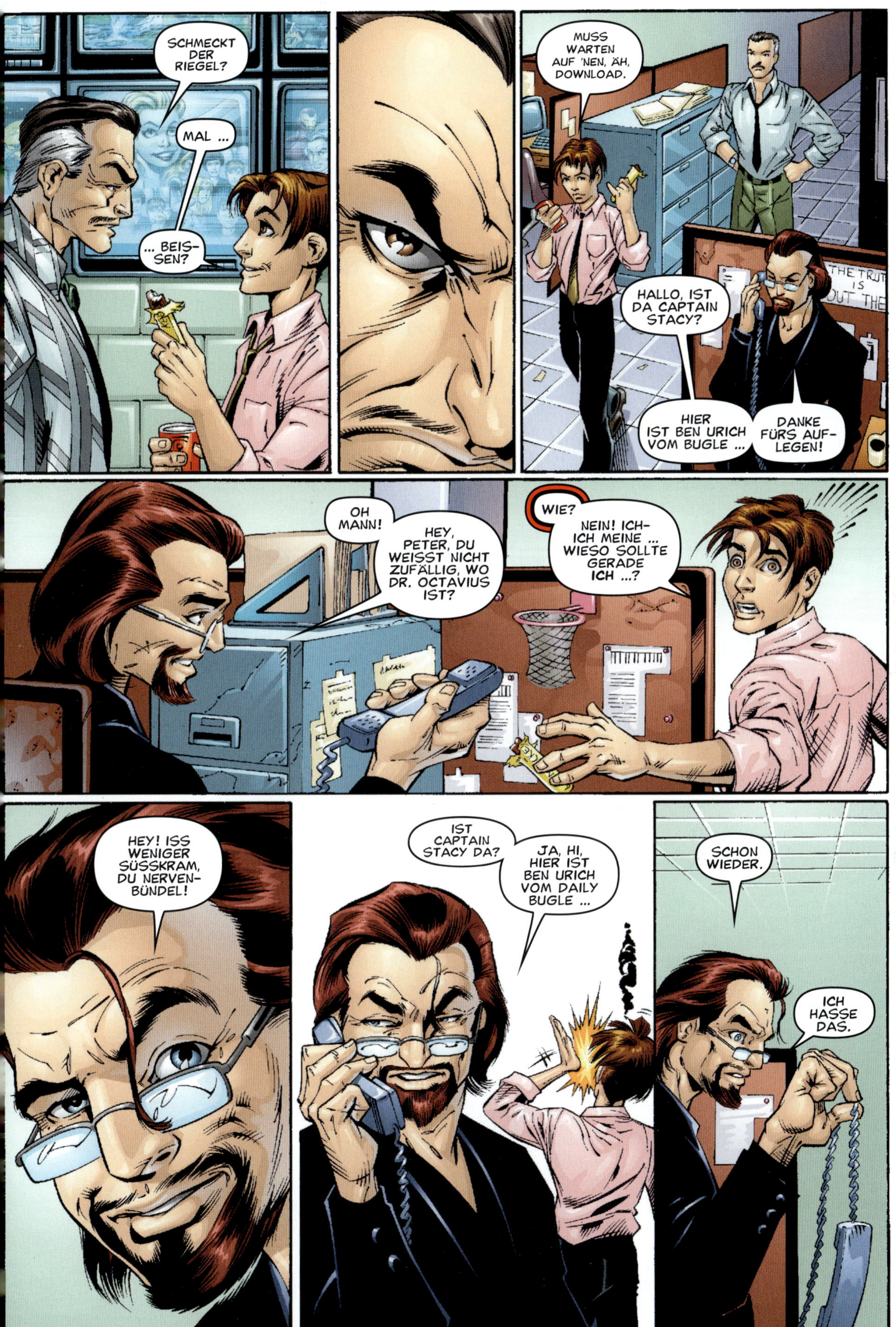
SCHMECKT DER RIEGEL?
MAL ...
... BEISSEN?
MUSS WARTEN AUF 'NEN, ÄH, DOWNLOAD.
HALLO, IST DA CAPTAIN STACY?
HIER IST BEN URICH VOM BUGLE ...
DANKE FÜRS AUFLEGEN!
THE TRUTH IS OUT THE
OH MANN!
HEY, PETER, DU WEISST NICHT ZUFÄLLIG, WO DR. OCTAVIUS IST?
WIE?
NEIN! ICH-ICH MEINE ... WIESO SOLLTE GERADE ICH ...?
HEY! ISS WENIGER SÜSSKRAM, DU NERVENBÜNDEL!
IST CAPTAIN STACY DA?
JA, HI, HIER IST BEN URICH VOM DAILY BUGLE ...
SCHON WIEDER.
ICH HASSE DAS.

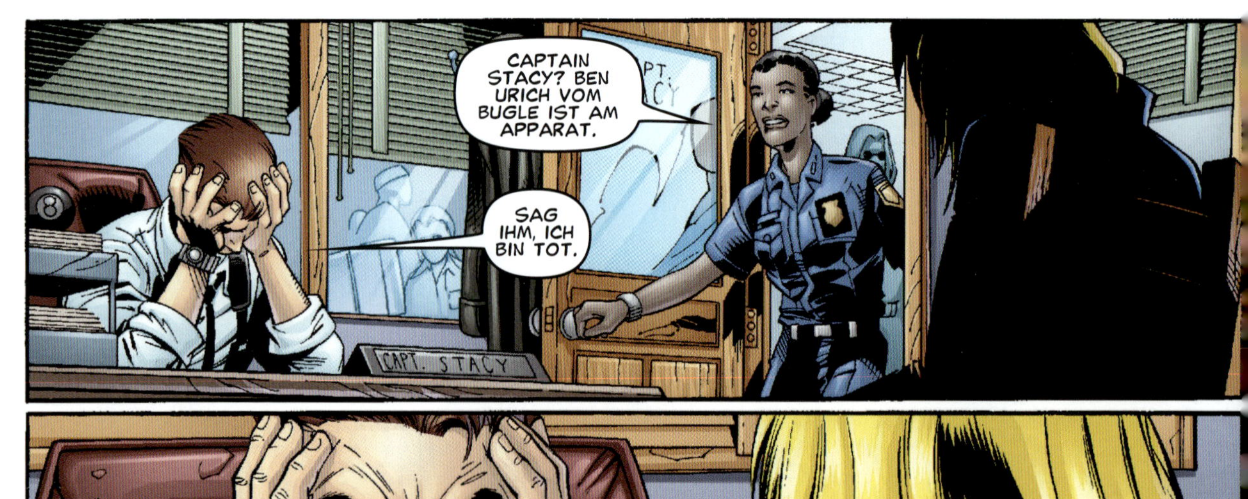
CAPTAIN STACY? BEN URICH VOM BUGLE IST AM APPARAT.
SAG IHM, ICH BIN TOT.
CAPT. STACY

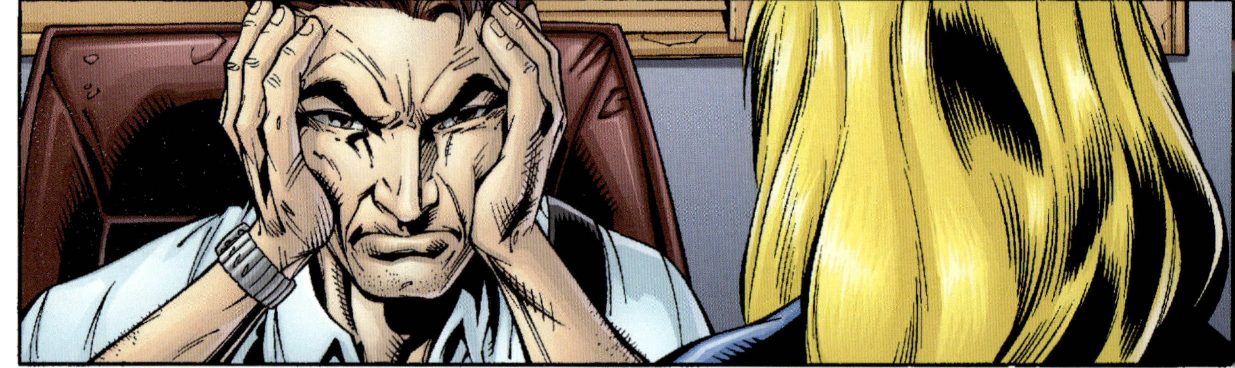

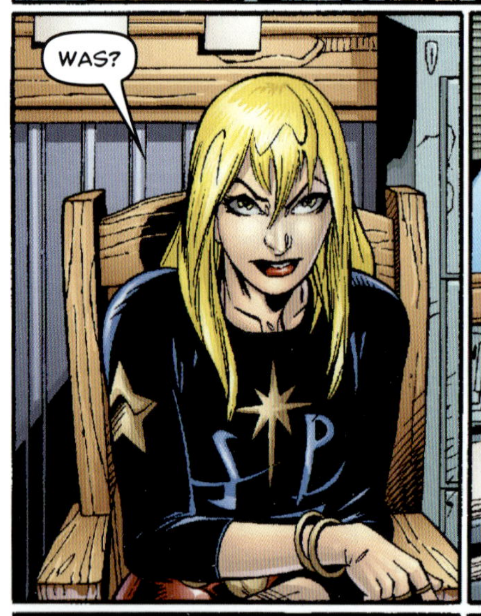
WAS?

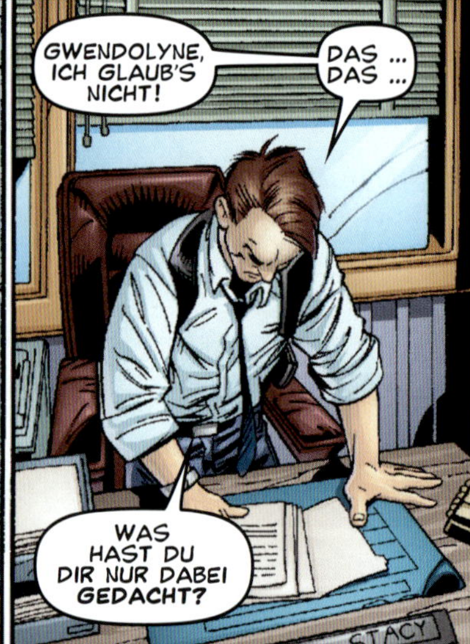
GWENDOLYNE, ICH GLAUB'S NICHT!
DAS ... DAS ...
WAS HAST DU DIR NUR DABEI **GEDACHT?**
STACY

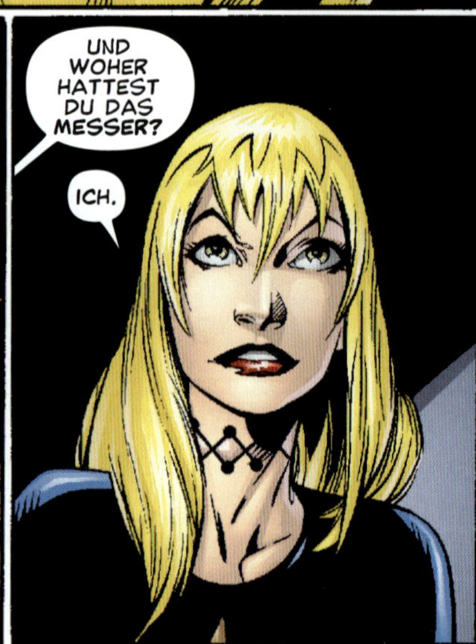
UND WOHER HATTEST DU DAS **MESSER?**
ICH.

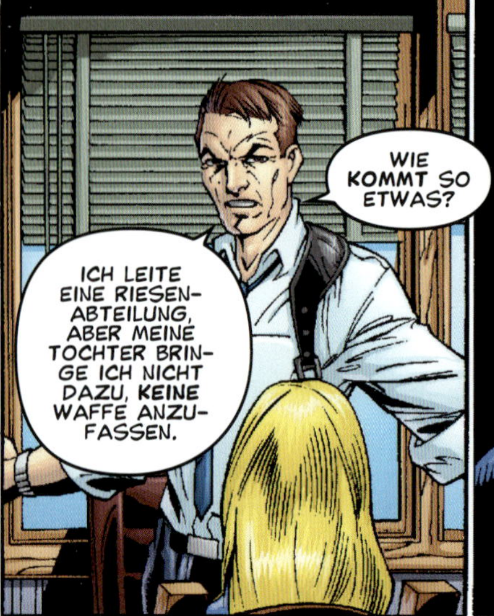
WIE **KOMMT** SO ETWAS?
ICH LEITE EINE RIESEN-ABTEILUNG, ABER MEINE TOCHTER BRINGE ICH NICHT DAZU, **KEINE** WAFFE ANZUFASSEN.

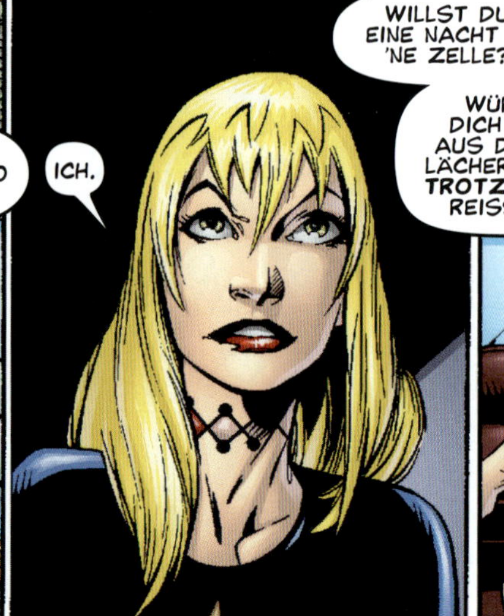
ICH.

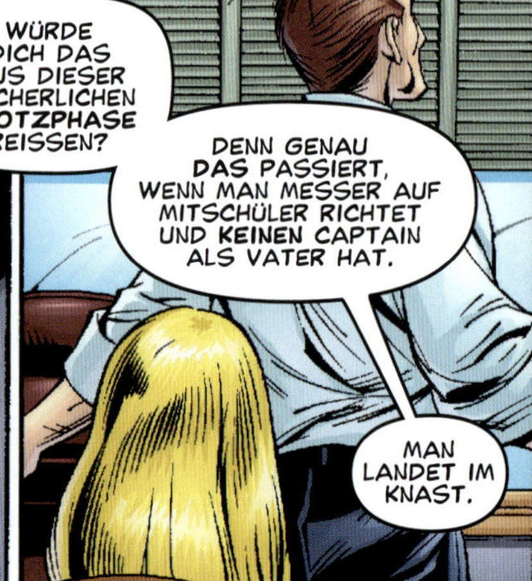
WILLST DU EINE NACHT IN 'NE ZELLE?
WÜRDE DICH DAS AUS DIESER LÄCHERLICHEN **TROTZPHASE** REISSEN?
DENN GENAU **DAS** PASSIERT, WENN MAN MESSER AUF MITSCHÜLER RICHTET UND **KEINEN** CAPTAIN ALS VATER HAT.
MAN LANDET IM KNAST.

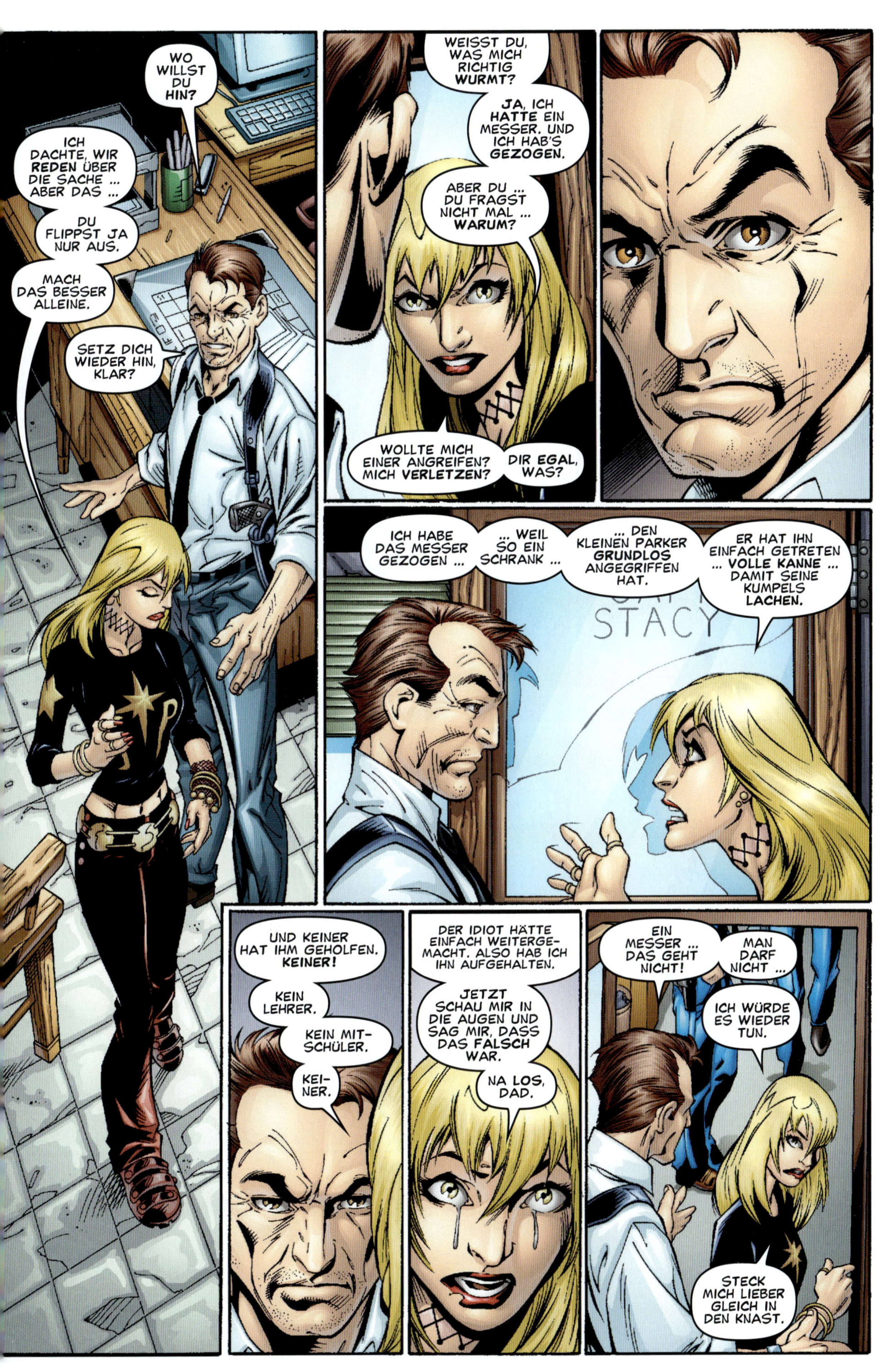
WO WILLST DU HIN?
ICH DACHTE, WIR REDEN ÜBER DIE SACHE ... ABER DAS ...
DU FLIPPST JA NUR AUS.
MACH DAS BESSER ALLEINE.
SETZ DICH WIEDER HIN, KLAR?
WEISST DU, WAS MICH RICHTIG WURMT?
JA, ICH HATTE EIN MESSER. UND ICH HAB'S GEZOGEN.
ABER DU ... DU FRAGST NICHT MAL ... WARUM?
WOLLTE MICH EINER ANGREIFEN? MICH VERLETZEN?
DIR EGAL, WAS?
ICH HABE DAS MESSER GEZOGEN ...
... WEIL SO EIN SCHRANK ...
... DEN KLEINEN PARKER GRUNDLOS ANGEGRIFFEN HAT.
ER HAT IHN EINFACH GETRETEN ... VOLLE KANNE ... DAMIT SEINE KUMPELS LACHEN.
STACY
UND KEINER HAT IHM GEHOLFEN. KEINER!
KEIN LEHRER.
KEIN MITSCHÜLER.
KEINER.
DER IDIOT HÄTTE EINFACH WEITERGEMACHT. ALSO HAB ICH IHN AUFGEHALTEN.
JETZT SCHAU MIR IN DIE AUGEN UND SAG MIR, DASS DAS FALSCH WAR.
NA LOS, DAD.
EIN MESSER ... DAS GEHT NICHT!
MAN DARF NICHT ...
ICH WÜRDE ES WIEDER TUN.
STECK MICH LIEBER GLEICH IN DEN KNAST.

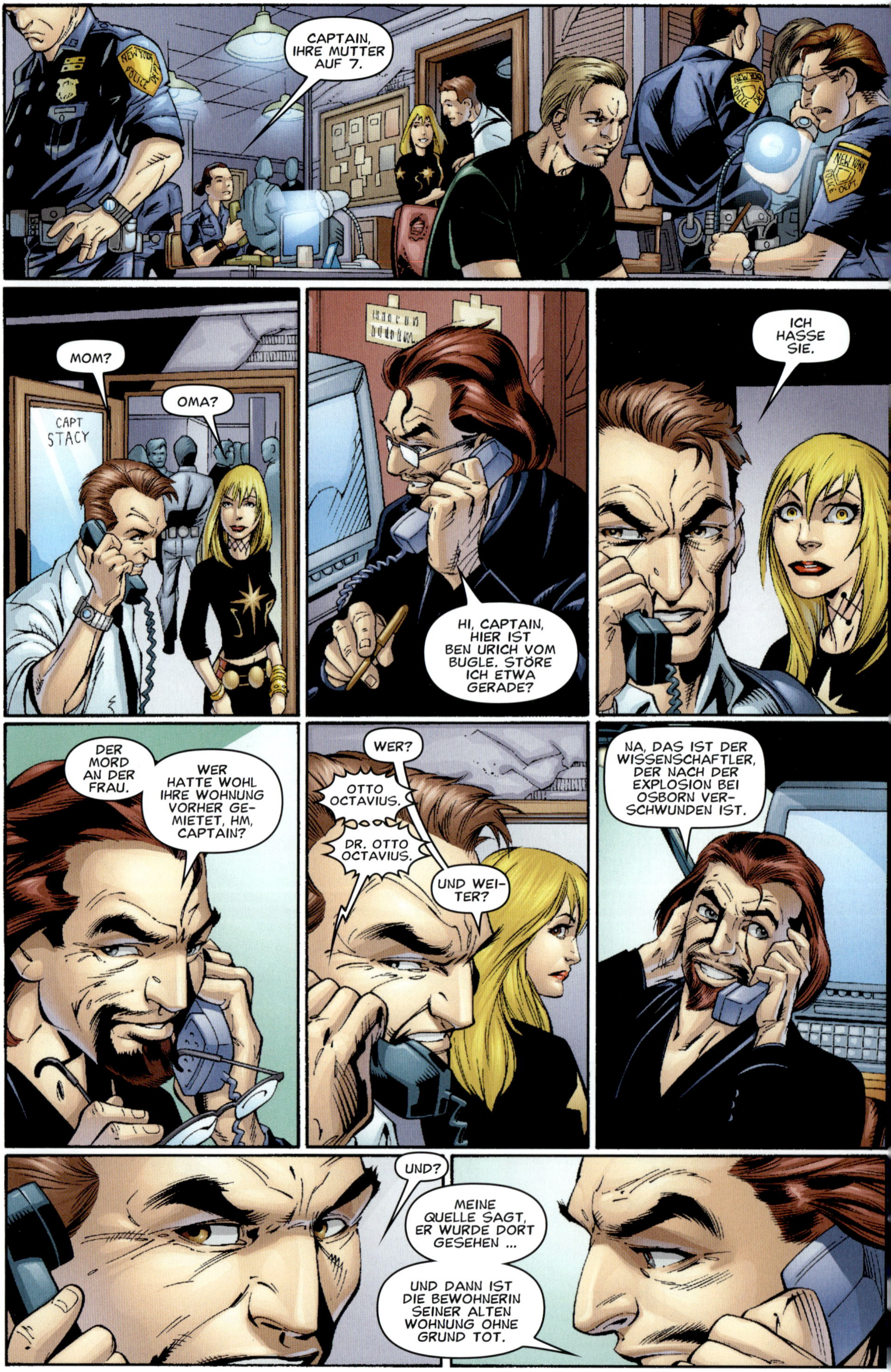

CAPTAIN, IHRE MUTTER AUF 7.

CAPT STACY

MOM?

OMA?

HI, CAPTAIN, HIER IST BEN URICH VOM BUGLE. STÖRE ICH ETWA GERADE?

ICH HASSE SIE.

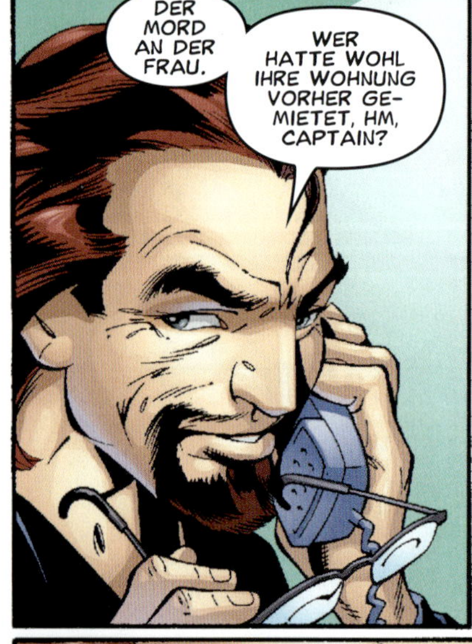

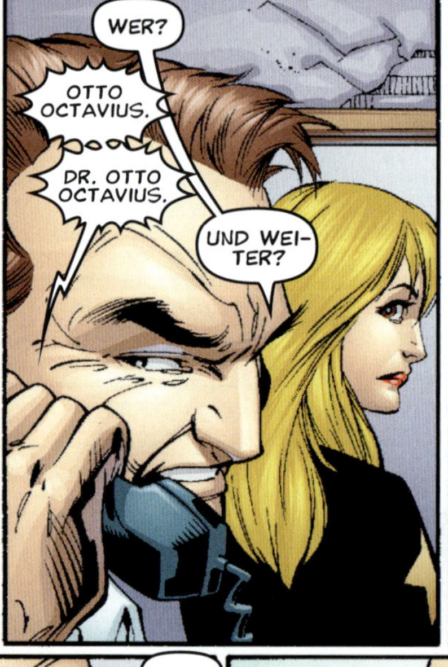

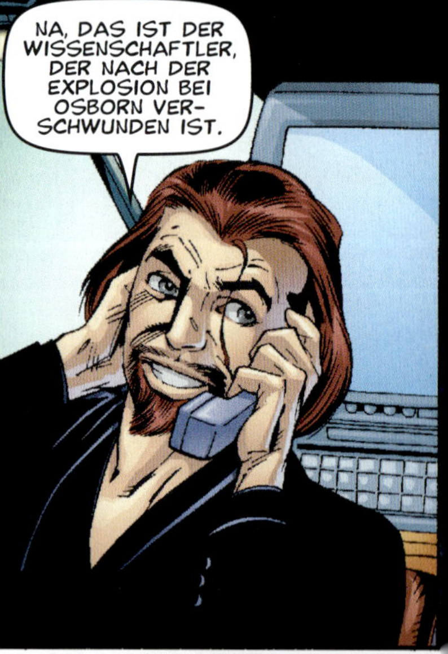

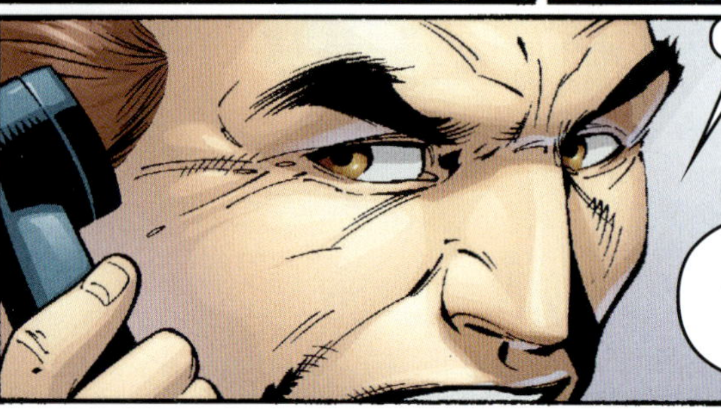

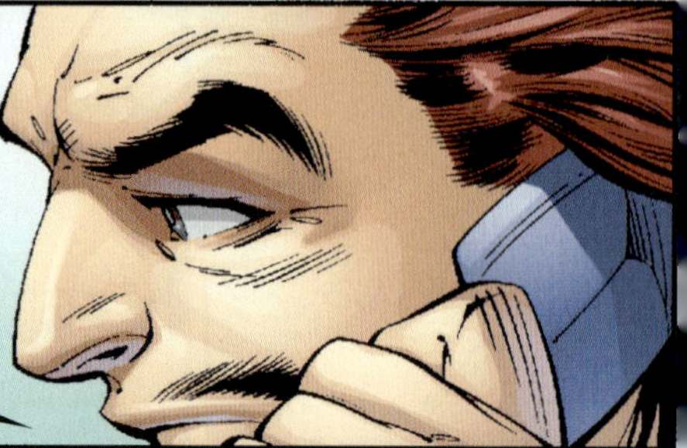

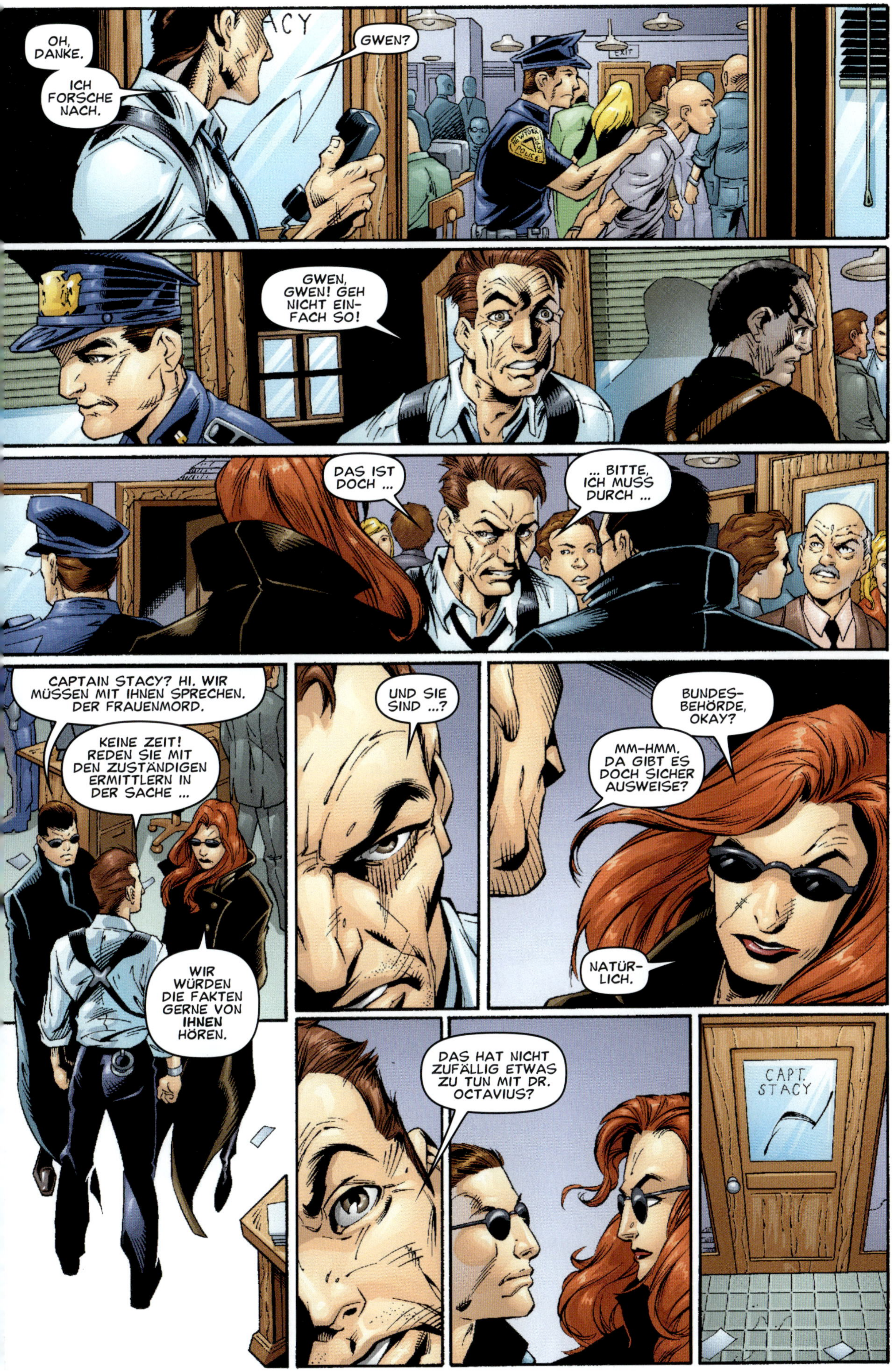

OH, DANKE.

ICH FORSCHE NACH.

GWEN?

GWEN, GWEN! GEH NICHT EIN-FACH SO!

DAS IST DOCH ...

... BITTE, ICH MUSS DURCH ...

CAPTAIN STACY? HI. WIR MÜSSEN MIT IHNEN SPRECHEN. DER FRAUENMORD.

KEINE ZEIT! REDEN SIE MIT DEN ZUSTÄNDIGEN ERMITTLERN IN DER SACHE ...

WIR WÜRDEN DIE FAKTEN GERNE VON **IHNEN** HÖREN.

UND SIE SIND ...?

BUNDES-BEHÖRDE, OKAY?

MM-HMM. DA GIBT ES DOCH SICHER AUSWEISE?

NATÜR-LICH.

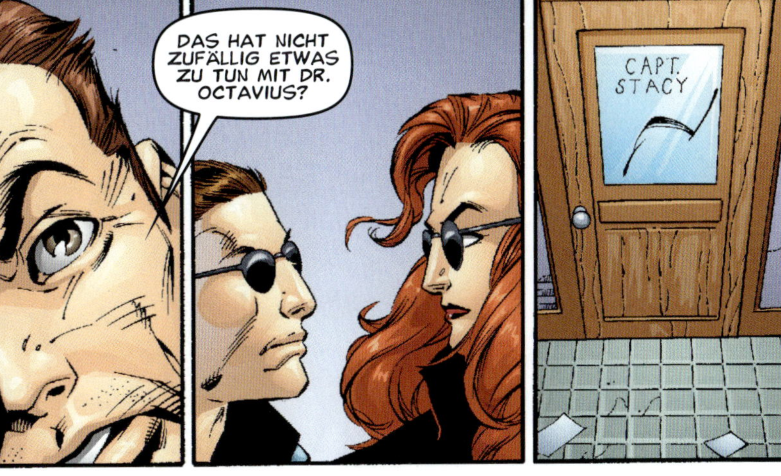

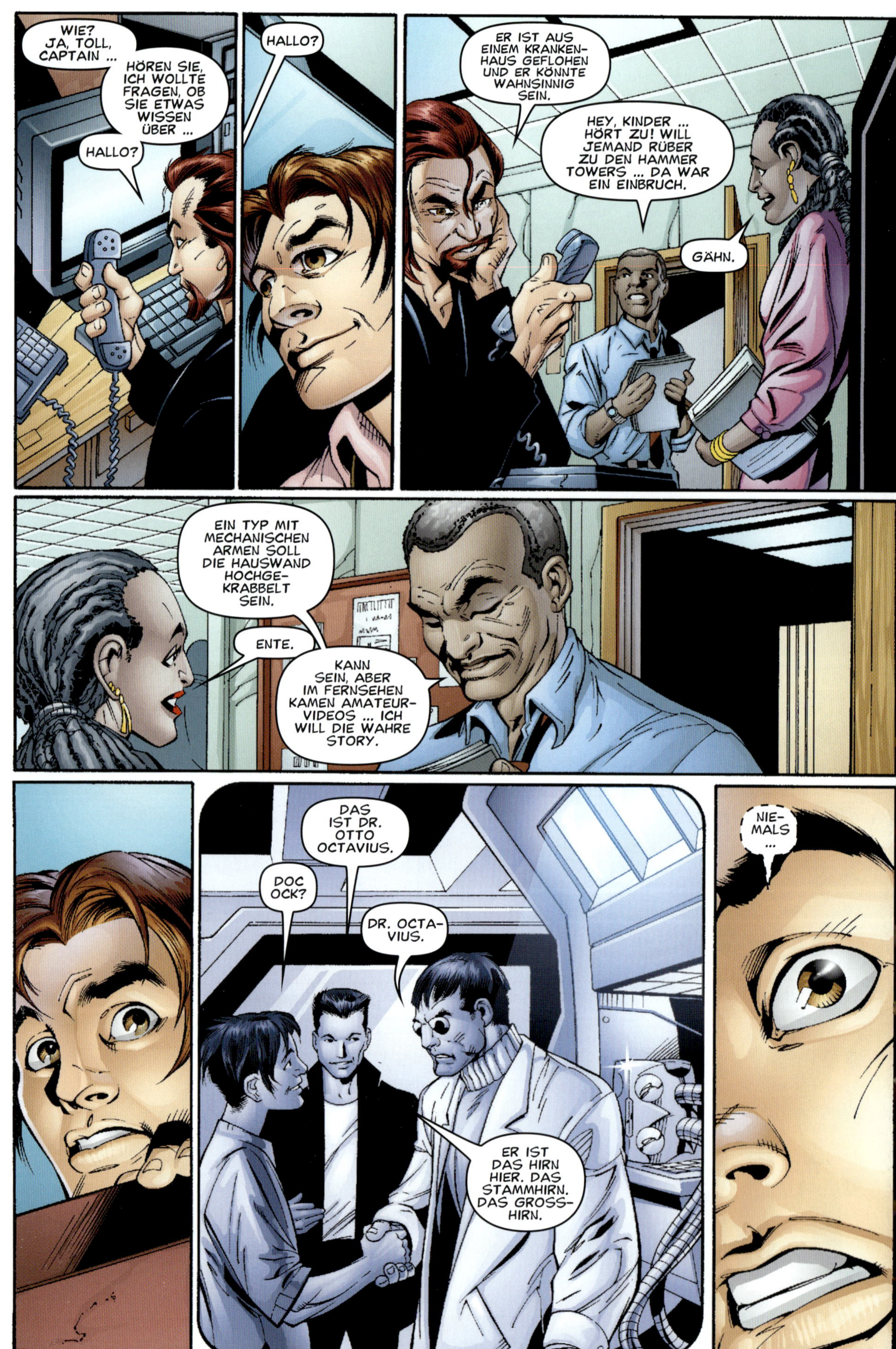
WIE? JA, TOLL, CAPTAIN ...
HÖREN SIE, ICH WOLLTE FRAGEN, OB SIE ETWAS WISSEN ÜBER ...
HALLO?
HALLO?
ER IST AUS EINEM KRANKEN-HAUS GEFLOHEN UND ER KÖNNTE WAHNSINNIG SEIN.
HEY, KINDER ... HÖRT ZU! WILL JEMAND RÜBER ZU DEN HAMMER TOWERS ... DA WAR EIN EINBRUCH.
GÄHN.
EIN TYP MIT MECHANISCHEN ARMEN SOLL DIE HAUSWAND HOCHGE-KRABBELT SEIN.
ENTE.
KANN SEIN, ABER IM FERNSEHEN KAMEN AMATEUR-VIDEOS ... ICH WILL DIE WAHRE STORY.
DAS IST DR. OTTO OCTAVIUS.
DOC OCK?
DR. OCTA-VIUS.
ER IST DAS HIRN HIER. DAS STAMMHIRN. DAS GROSS-HIRN.
NIE-MALS ...

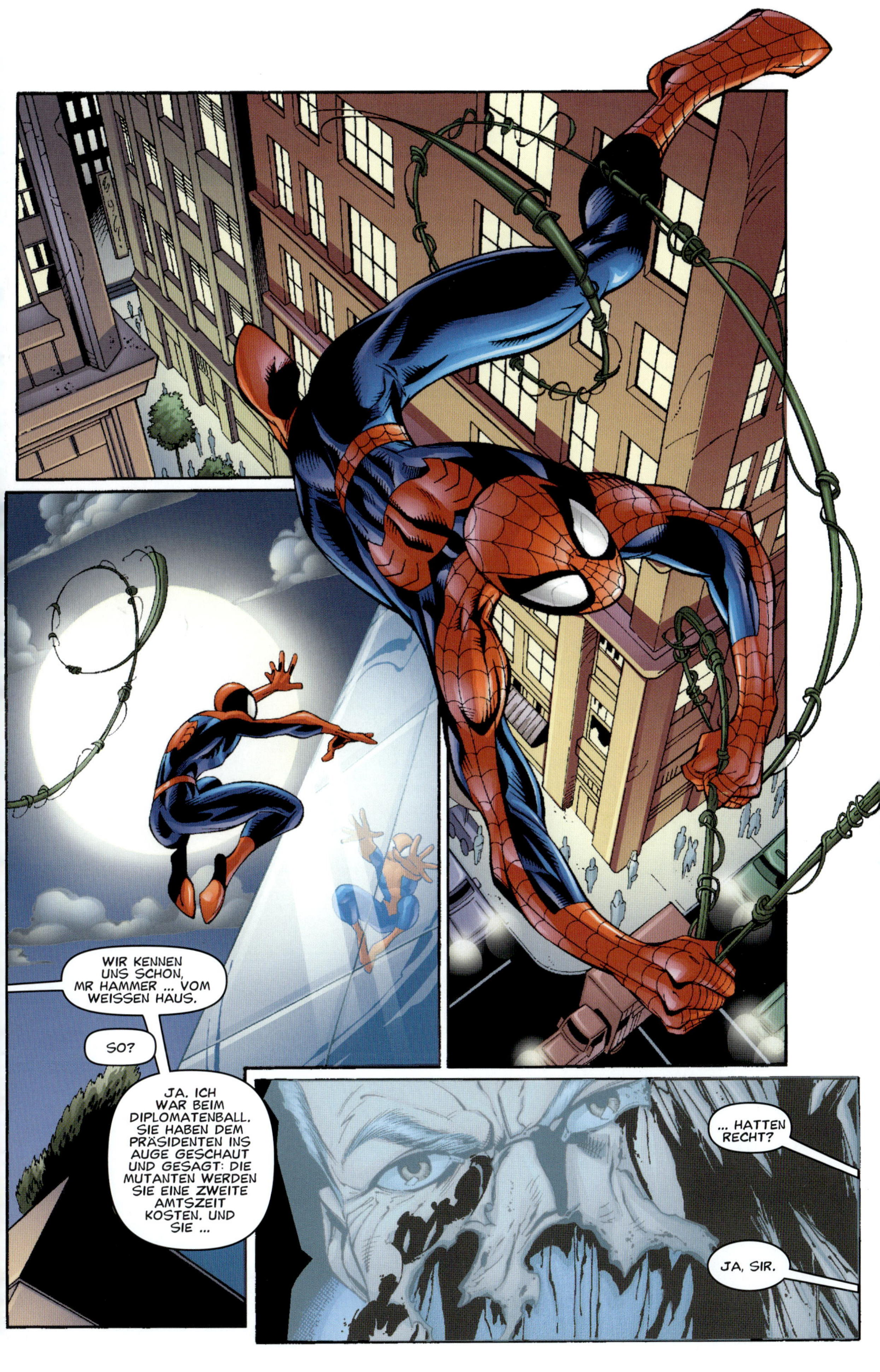
WIR KENNEN UNS SCHON, MR HAMMER ... VOM WEISSEN HAUS.
SO?
JA. ICH WAR BEIM DIPLOMATENBALL. SIE HABEN DEM PRÄSIDENTEN INS AUGE GESCHAUT UND GESAGT: DIE MUTANTEN WERDEN SIE EINE ZWEITE AMTSZEIT KOSTEN. UND SIE ...
... HATTEN RECHT?
JA, SIR.

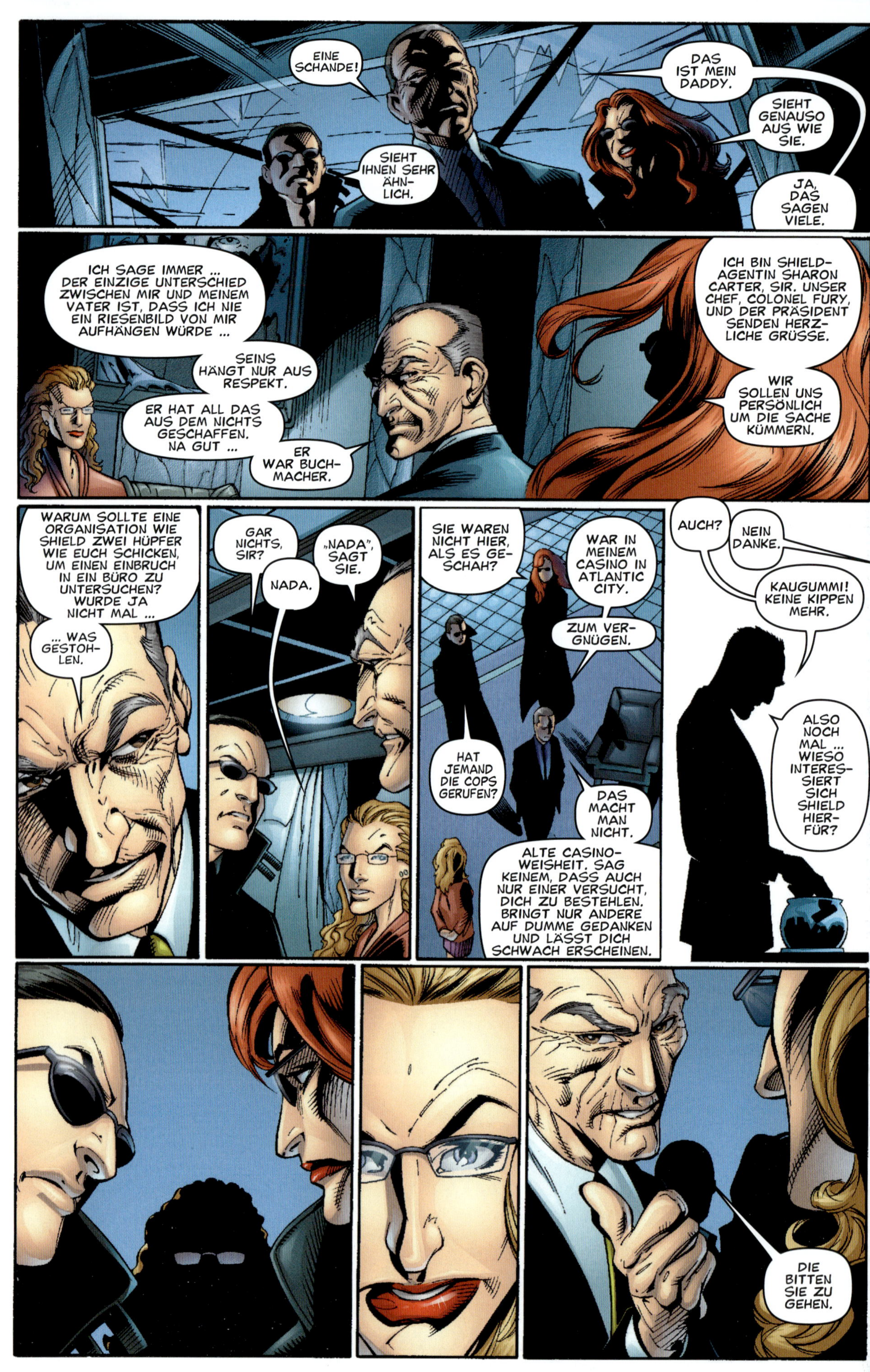
EINE SCHANDE!
DAS IST MEIN DADDY.
SIEHT IHNEN SEHR ÄHN-LICH.
SIEHT GENAUSO AUS WIE SIE.
JA, DAS SAGEN VIELE.
ICH SAGE IMMER ... DER EINZIGE UNTERSCHIED ZWISCHEN MIR UND MEINEM VATER IST, DASS ICH NIE EIN RIESENBILD VON MIR AUFHÄNGEN WÜRDE ...
SEINS HÄNGT NUR AUS RESPEKT.
ER HAT ALL DAS AUS DEM NICHTS GESCHAFFEN. NA GUT ...
ER WAR BUCH-MACHER.
ICH BIN SHIELD-AGENTIN SHARON CARTER, SIR. UNSER CHEF, COLONEL FURY, UND DER PRÄSIDENT SENDEN HERZ-LICHE GRÜSSE.
WIR SOLLEN UNS PERSÖNLICH UM DIE SACHE KÜMMERN.
WARUM SOLLTE EINE ORGANISATION WIE SHIELD ZWEI HÜPFER WIE EUCH SCHICKEN, UM EINEN EINBRUCH IN EIN BÜRO ZU UNTERSUCHEN? WURDE JA NICHT MAL ...
... WAS GESTOH-LEN.
GAR NICHTS, SIR?
NADA.
„NADA", SAGT SIE.
SIE WAREN NICHT HIER, ALS ES GE-SCHAH?
WAR IN MEINEM CASINO IN ATLANTIC CITY.
ZUM VER-GNÜGEN.
HAT JEMAND DIE COPS GERUFEN?
DAS MACHT MAN NICHT.
ALTE CASINO-WEISHEIT. SAG KEINEM, DASS AUCH NUR EINER VERSUCHT, DICH ZU BESTEHLEN. BRINGT NUR ANDERE AUF DUMME GEDANKEN UND LÄSST DICH SCHWACH ERSCHEINEN.
AUCH?
NEIN DANKE.
KAUGUMMI! KEINE KIPPEN MEHR.
ALSO NOCH MAL ... WIESO INTERES-SIERT SICH SHIELD HIER-FÜR?
DIE BITTEN SIE ZU GEHEN.

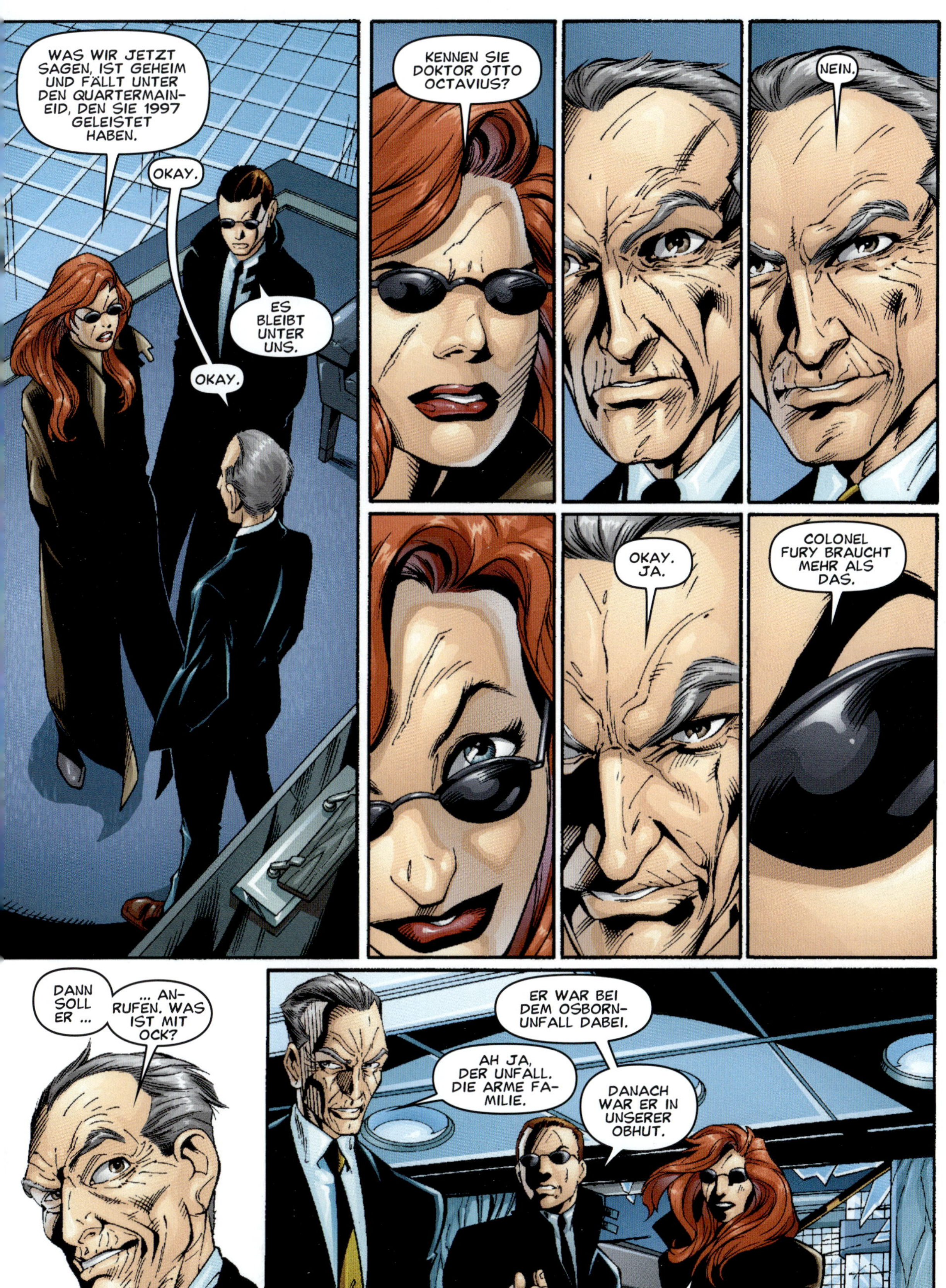
WAS WIR JETZT SAGEN, IST GEHEIM UND FÄLLT UNTER DEN QUARTERMAIN-EID, DEN SIE 1997 GELEISTET HABEN.
OKAY.
ES BLEIBT UNTER UNS.
OKAY.
KENNEN SIE DOKTOR OTTO OCTAVIUS?
NEIN.
OKAY. JA.
COLONEL FURY BRAUCHT MEHR ALS DAS.
DANN SOLL ER ...
... AN-RUFEN. WAS IST MIT OCK?
ER WAR BEI DEM OSBORN-UNFALL DABEI.
AH JA, DER UNFALL. DIE ARME FA-MILIE.
DANACH WAR ER IN UNSERER OBHUT.
ABER ER IST WEG.
UND ...
... ER WAR HIER?

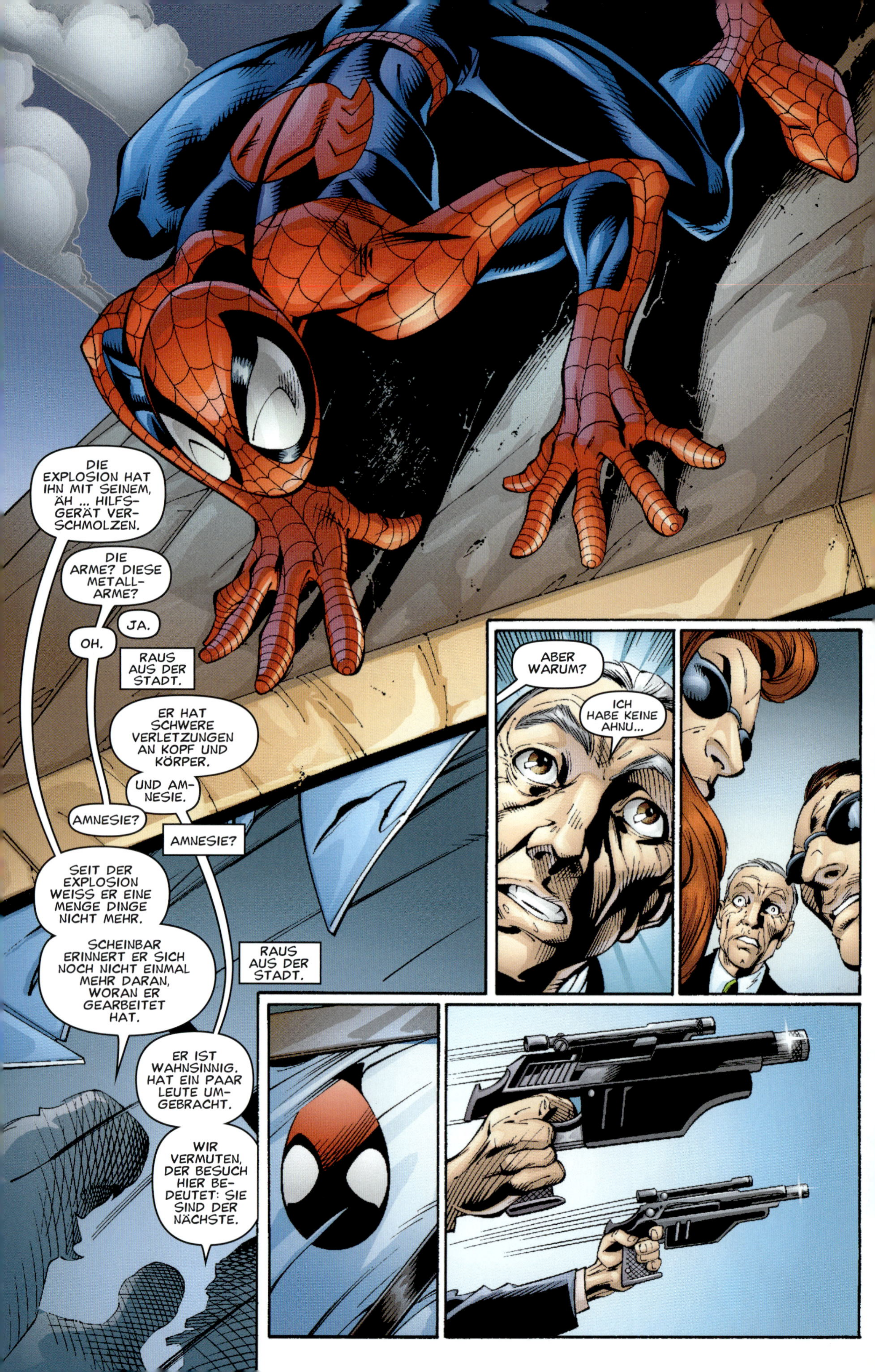
DIE EXPLOSION HAT IHN MIT SEINEM, ÄH ... HILFS-GERÄT VER-SCHMOLZEN.
DIE ARME? DIESE METALL-ARME?
JA.
OH.
RAUS AUS DER STADT.
ER HAT SCHWERE VERLETZUNGEN AN KOPF UND KÖRPER.
UND AM-NESIE.
AMNESIE?
AMNESIE?
SEIT DER EXPLOSION WEISS ER EINE MENGE DINGE NICHT MEHR.
SCHEINBAR ERINNERT ER SICH NOCH NICHT EINMAL MEHR DARAN, WORAN ER GEARBEITET HAT.
RAUS AUS DER STADT.
ER IST WAHNSINNIG. HAT EIN PAAR LEUTE UM-GEBRACHT.
WIR VERMUTEN, DER BESUCH HIER BE-DEUTET: SIE SIND DER NÄCHSTE.
ABER WARUM?
ICH HABE KEINE AHNU...

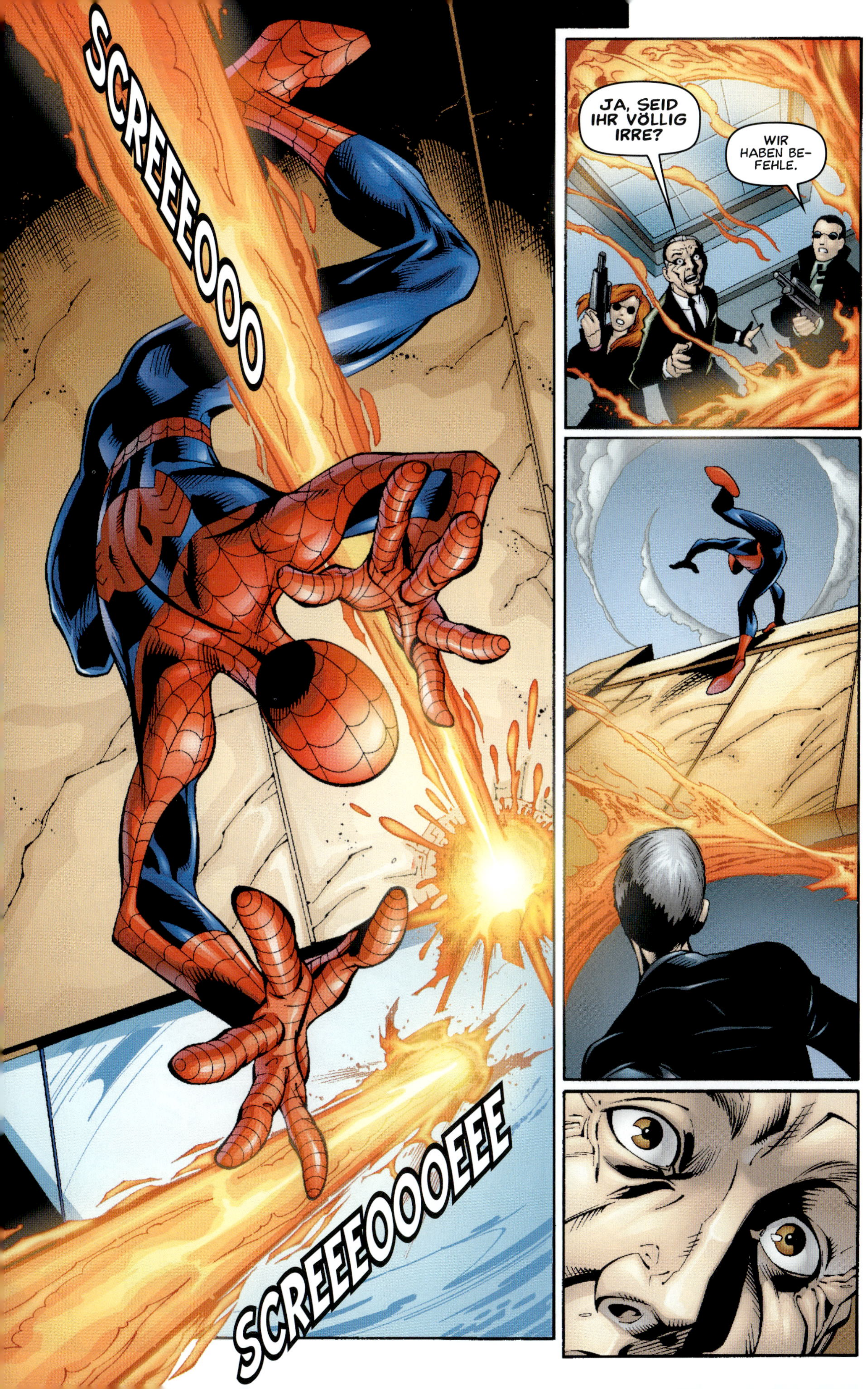

SCREEEOOO

SCREEEOOOEEE

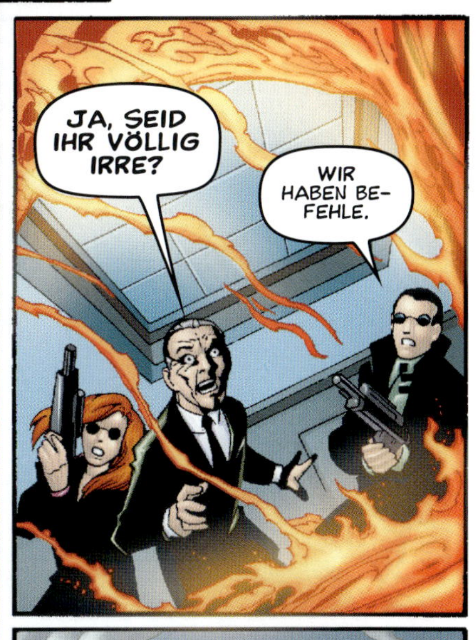

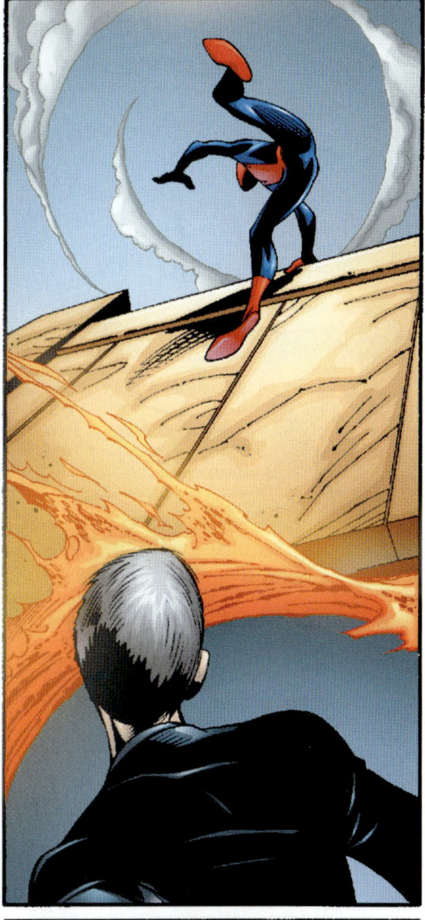

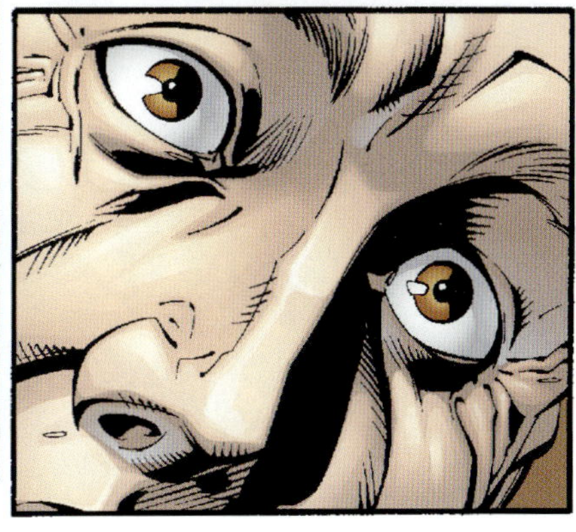

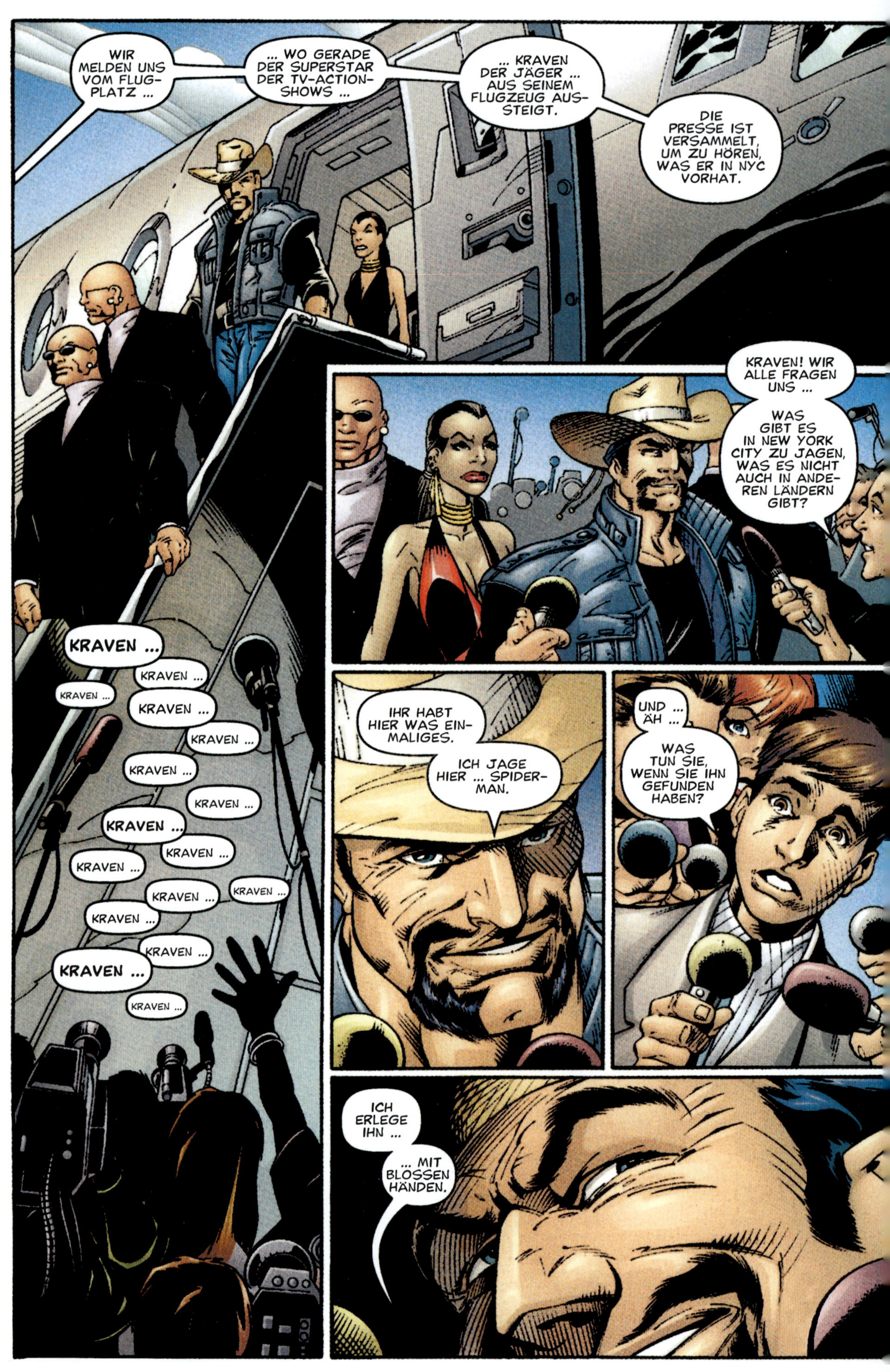

WIR MELDEN UNS VOM FLUGPLATZ ...
... WO GERADE DER SUPERSTAR DER TV-ACTION-SHOWS ...
... KRAVEN DER JÄGER ... AUS SEINEM FLUGZEUG AUSSTEIGT.
DIE PRESSE IST VERSAMMELT, UM ZU HÖREN, WAS ER IN NYC VORHAT.
KRAVEN ...
KRAVEN ...
KRAVEN ...
KRAVEN ...
KRAVEN ...
KRAVEN ...
KRAVEN ...
KRAVEN ...
KRAVEN ...
KRAVEN ...
KRAVEN ...
KRAVEN ...
KRAVEN ...
KRAVEN ...
KRAVEN ...
KRAVEN ...
KRAVEN! WIR ALLE FRAGEN UNS ...
WAS GIBT ES IN NEW YORK CITY ZU JAGEN, WAS ES NICHT AUCH IN ANDEREN LÄNDERN GIBT?
IHR HABT HIER WAS EINMALIGES.
ICH JAGE HIER ... SPIDER-MAN.
UND ... ÄH ...
WAS TUN SIE, WENN SIE IHN GEFUNDEN HABEN?
ICH ERLEGE IHN ...
... MIT BLOSSEN HÄNDEN.

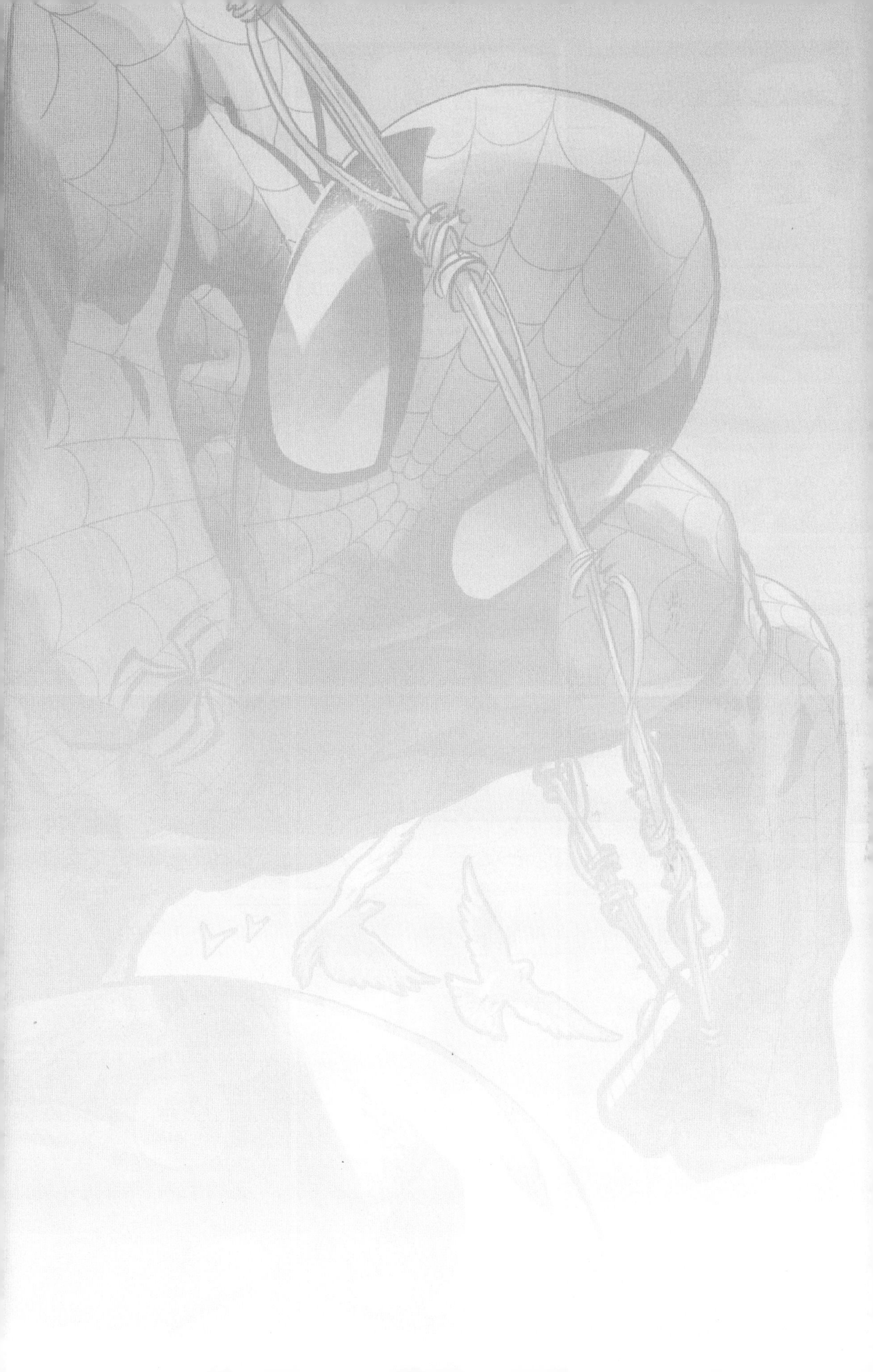

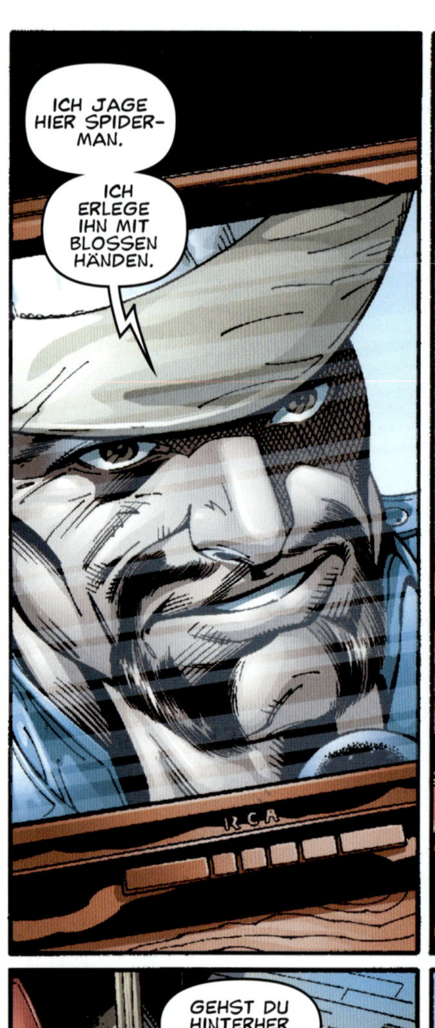
ICH JAGE HIER SPIDER-MAN.
ICH ERLEGE IHN MIT BLOSSEN HÄNDEN.
RCA

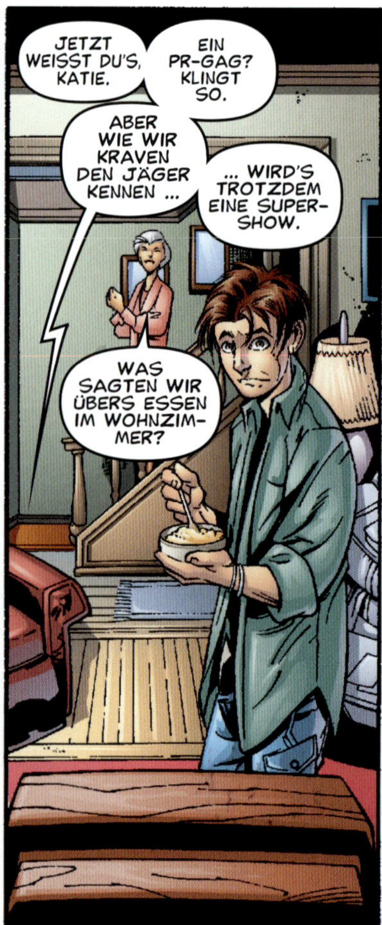
JETZT WEISST DU'S, KATIE.
EIN PR-GAG? KLINGT SO.
ABER WIE WIR KRAVEN DEN JÄGER KENNEN ...
... WIRD'S TROTZDEM EINE SUPER-SHOW.
WAS SAGTEN WIR ÜBERS ESSEN IM WOHNZIMMER?

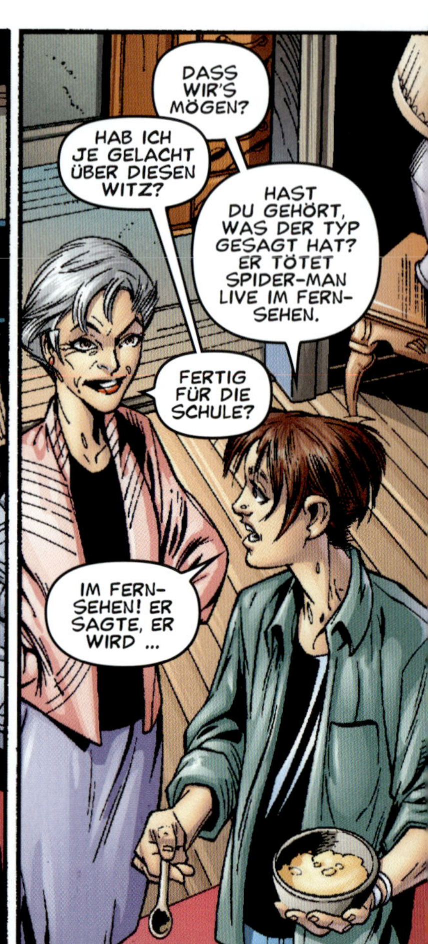
DASS WIR'S MÖGEN?
HAB ICH JE GELACHT ÜBER DIESEN WITZ?
HAST DU GEHÖRT, WAS DER TYP GESAGT HAT? ER TÖTET SPIDER-MAN LIVE IM FERN-SEHEN.
FERTIG FÜR DIE SCHULE?
IM FERN-SEHEN! ER SAGTE, ER WIRD ...

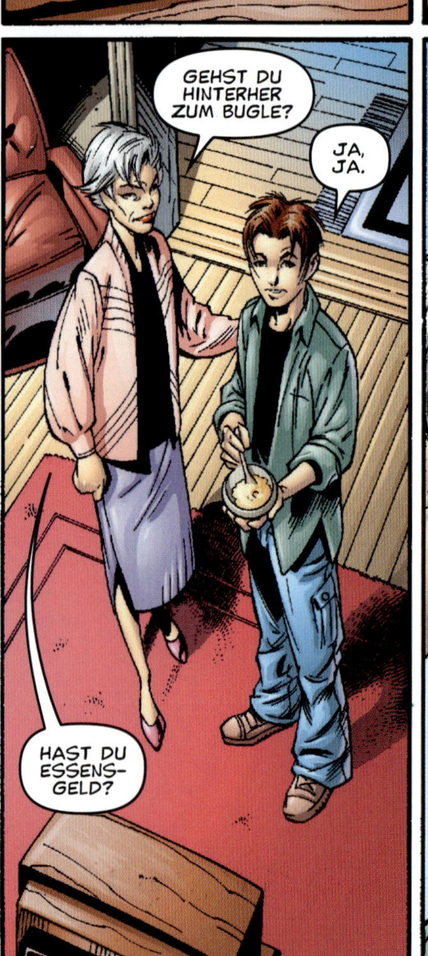
GEHST DU HINTERHER ZUM BUGLE?
JA, JA.
HAST DU ESSENS-GELD?

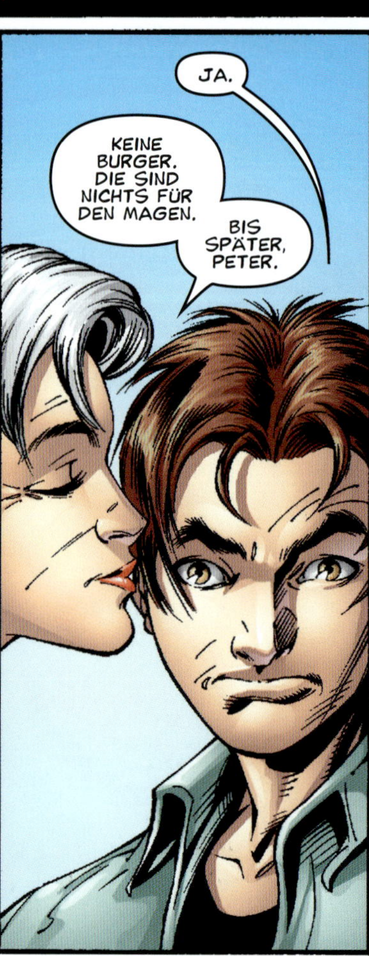
JA.
KEINE BURGER. DIE SIND NICHTS FÜR DEN MAGEN.
BIS SPÄTER, PETER.

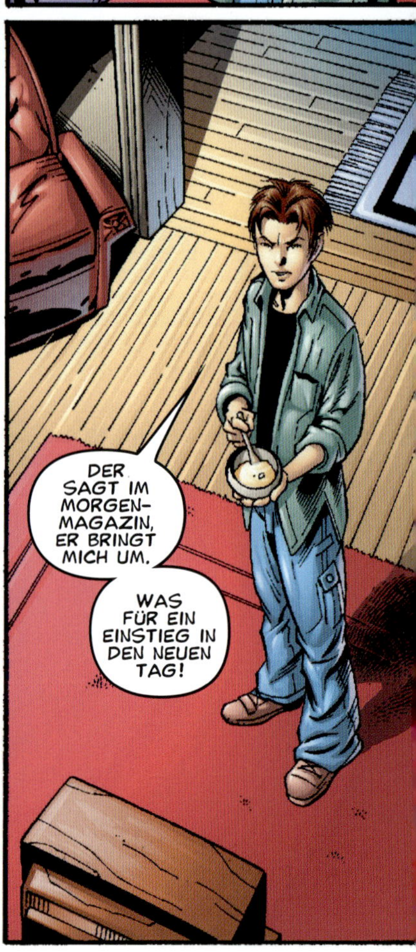
DER SAGT IM MORGEN-MAGAZIN, ER BRINGT MICH UM.
WAS FÜR EIN EINSTIEG IN DEN NEUEN TAG!

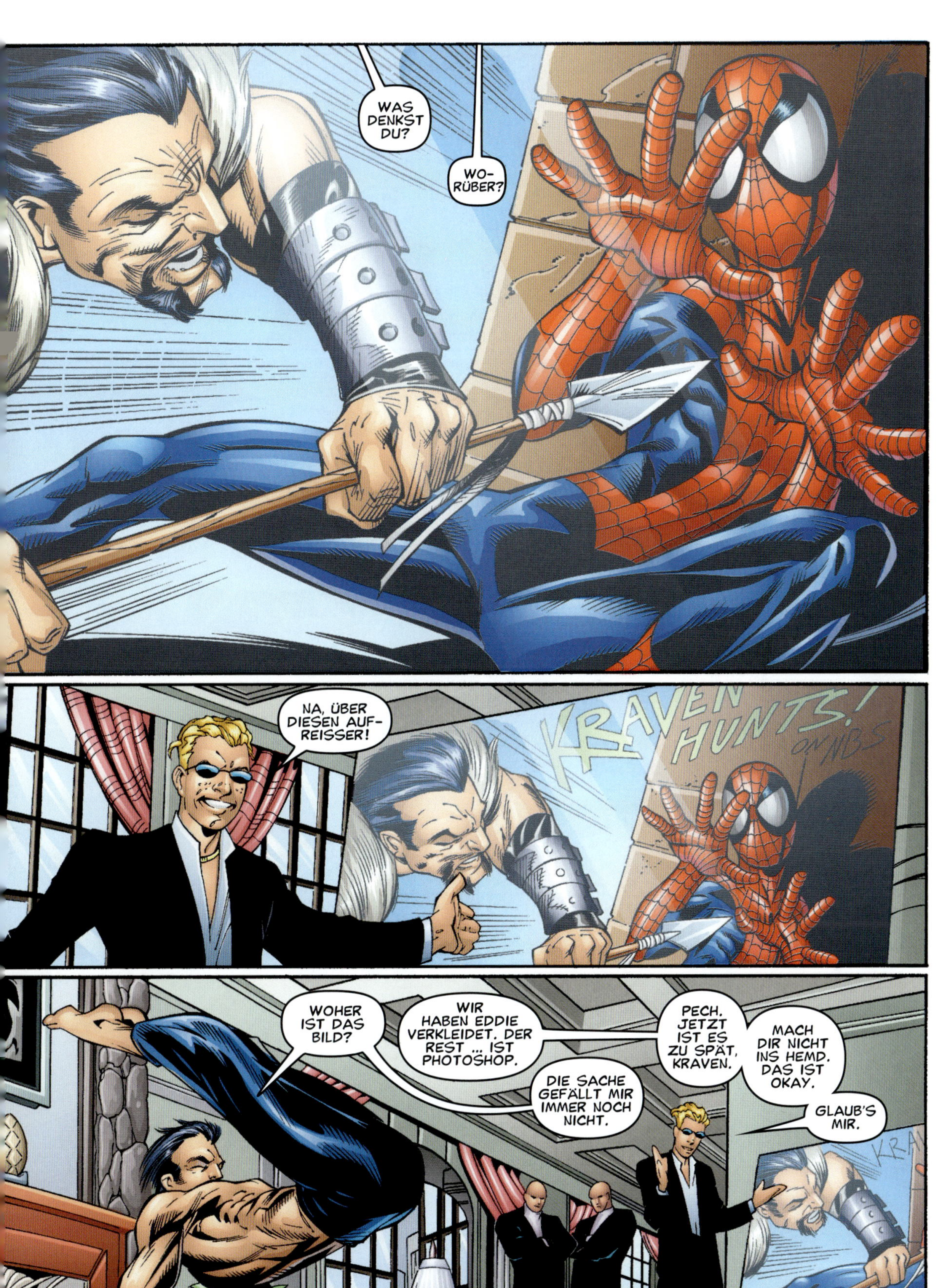
WAS DENKST DU?
WO-RÜBER?
NA, ÜBER DIESEN AUF-REISSER!
KRAVEN HUNTS!
ON NBS
WOHER IST DAS BILD?
WIR HABEN EDDIE VERKLEIDET. DER REST ... IST PHOTOSHOP.
DIE SACHE GEFÄLLT MIR IMMER NOCH NICHT.
PECH. JETZT IST ES ZU SPÄT, KRAVEN.
MACH DIR NICHT INS HEMD. DAS IST OKAY.
GLAUB'S MIR.

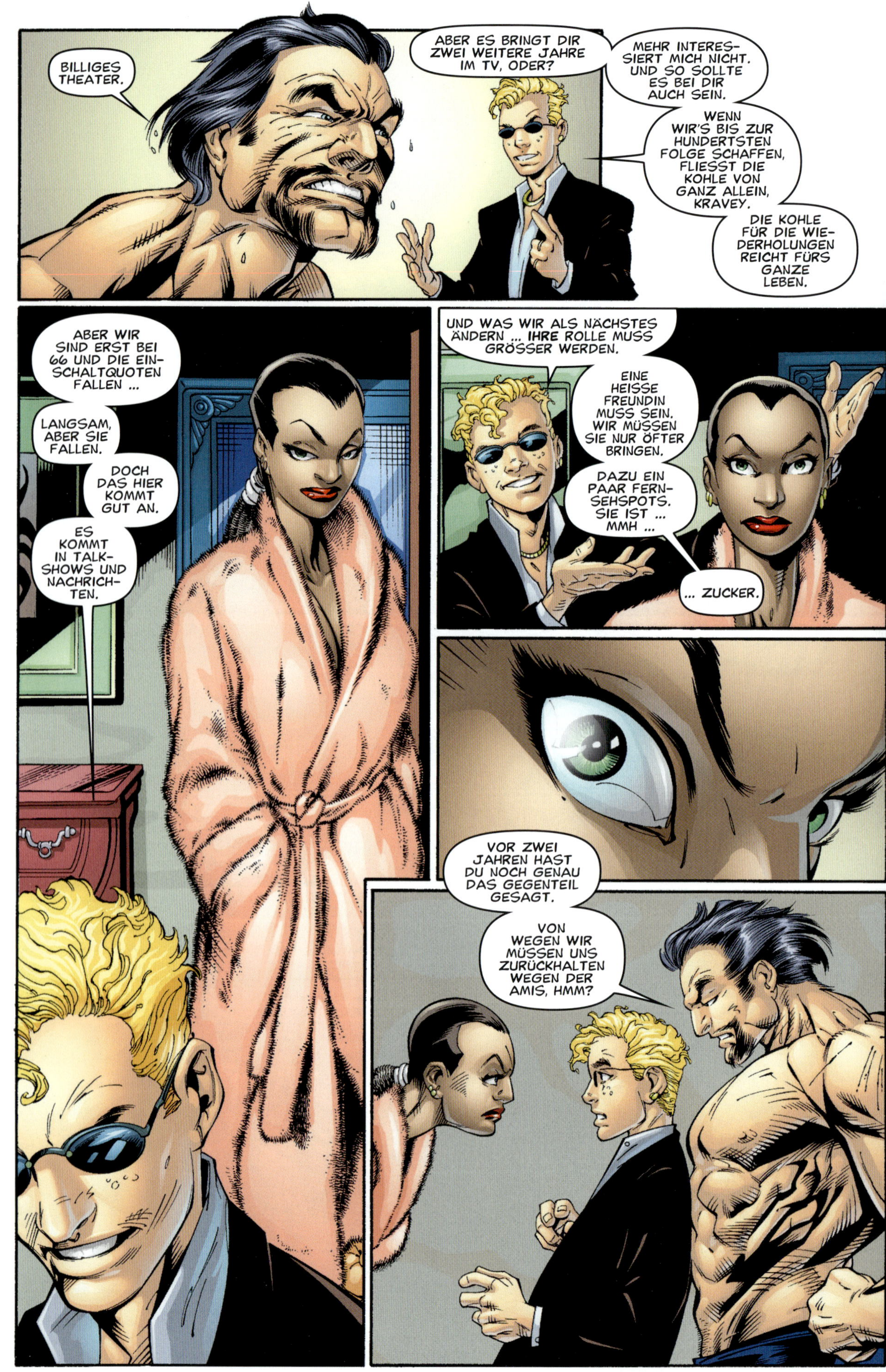
BILLIGES THEATER.
ABER ES BRINGT DIR ZWEI WEITERE JAHRE IM TV, ODER?
MEHR INTERESSIERT MICH NICHT. UND SO SOLLTE ES BEI DIR AUCH SEIN.
WENN WIR'S BIS ZUR HUNDERTSTEN FOLGE SCHAFFEN, FLIESST DIE KOHLE VON GANZ ALLEIN, KRAVEY.
DIE KOHLE FÜR DIE WIEDERHOLUNGEN REICHT FÜRS GANZE LEBEN.
ABER WIR SIND ERST BEI 66 UND DIE EINSCHALTQUOTEN FALLEN ...
LANGSAM, ABER SIE FALLEN.
DOCH DAS HIER KOMMT GUT AN.
ES KOMMT IN TALKSHOWS UND NACHRICHTEN.
UND WAS WIR ALS NÄCHSTES ÄNDERN ... **IHRE** ROLLE MUSS GRÖSSER WERDEN.
EINE HEISSE FREUNDIN MUSS SEIN. WIR MÜSSEN SIE NUR ÖFTER BRINGEN.
DAZU EIN PAAR FERNSEHSPOTS. SIE IST ... MMH ...
... ZUCKER.
VOR ZWEI JAHREN HAST DU NOCH GENAU DAS GEGENTEIL GESAGT.
VON WEGEN WIR MÜSSEN UNS ZURÜCKHALTEN WEGEN DER AMIS, HMM?

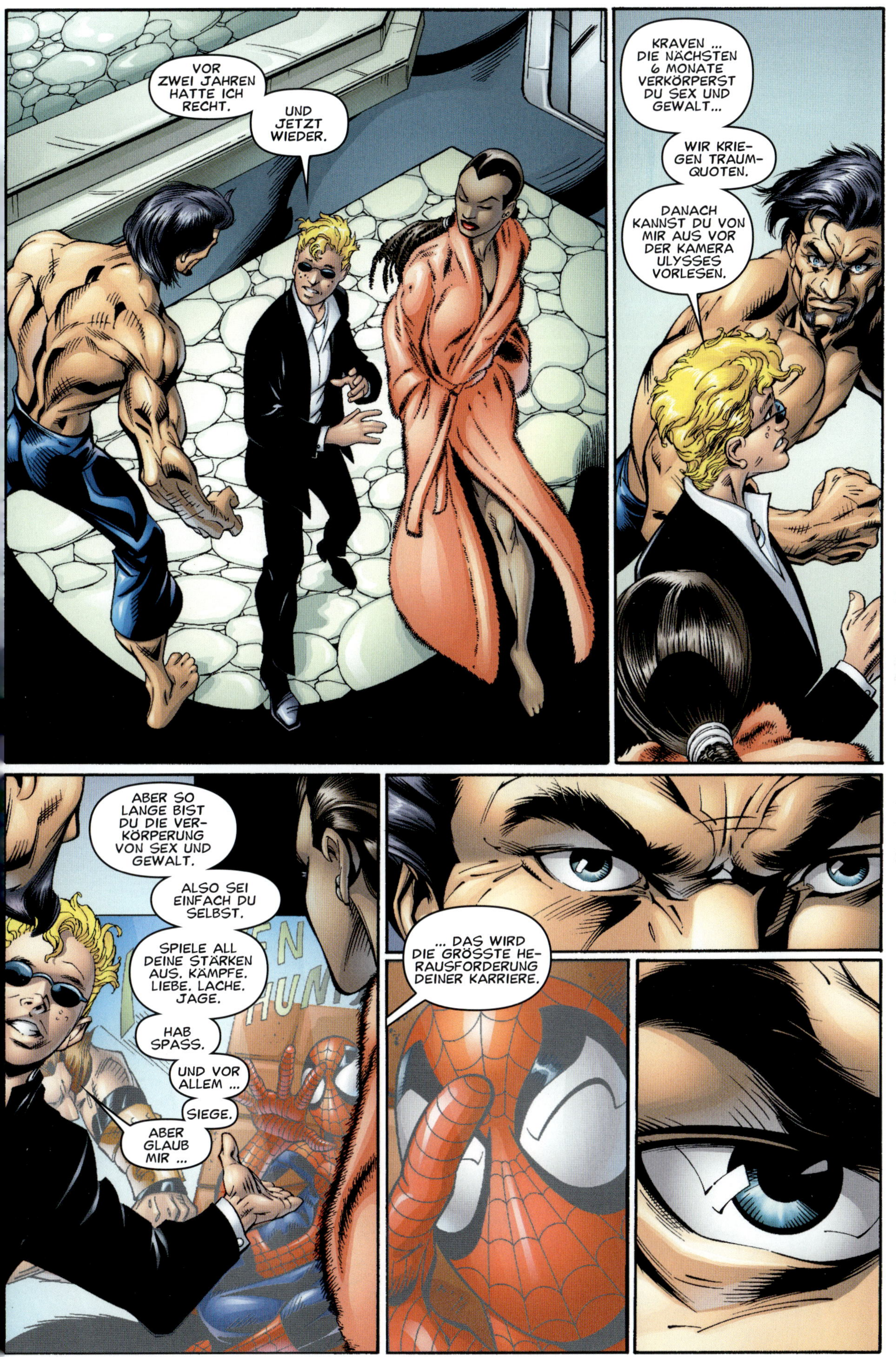
VOR ZWEI JAHREN HATTE ICH RECHT.
UND JETZT WIEDER.
KRAVEN ... DIE NÄCHSTEN 6 MONATE VERKÖRPERST DU SEX UND GEWALT...
WIR KRIE-GEN TRAUM-QUOTEN.
DANACH KANNST DU VON MIR AUS VOR DER KAMERA ULYSSES VORLESEN.
ABER SO LANGE BIST DU DIE VER-KÖRPERUNG VON SEX UND GEWALT.
ALSO SEI EINFACH DU SELBST.
SPIELE ALL DEINE STÄRKEN AUS. KÄMPFE. LIEBE. LACHE. JAGE.
HAB SPASS.
UND VOR ALLEM ...
SIEGE.
ABER GLAUB MIR ...
... DAS WIRD DIE GRÖSSTE HE-RAUSFORDERUNG DEINER KARRIERE.

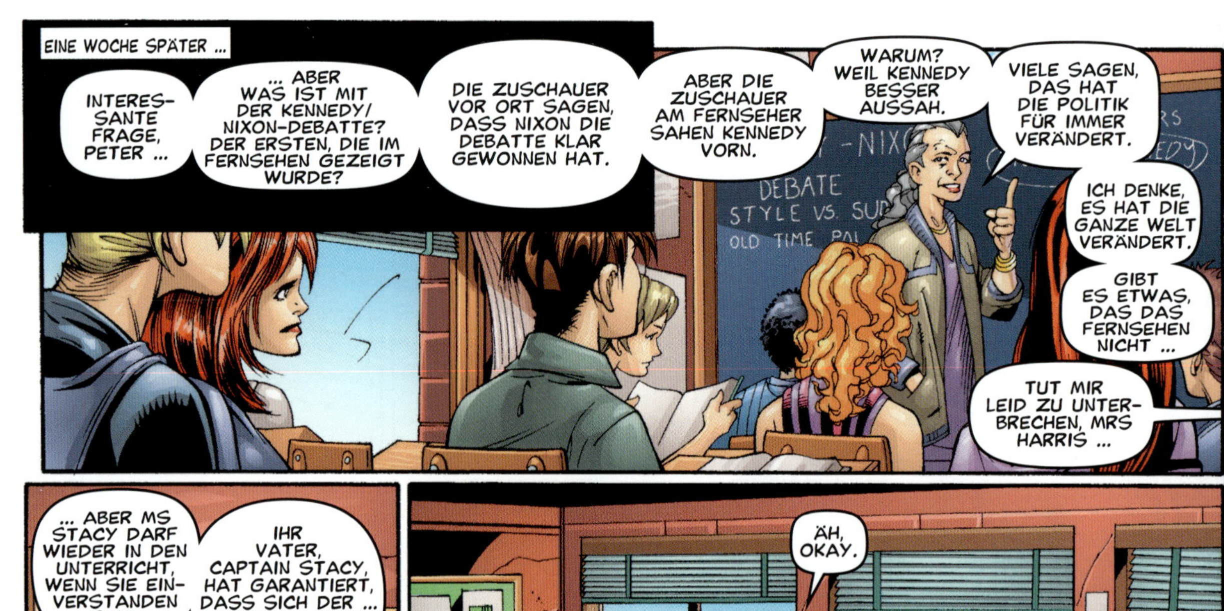
EINE WOCHE SPÄTER ...
INTERESSANTE FRAGE, PETER ...
... ABER WAS IST MIT DER KENNEDY/NIXON-DEBATTE? DER ERSTEN, DIE IM FERNSEHEN GEZEIGT WURDE?
DIE ZUSCHAUER VOR ORT SAGEN, DASS NIXON DIE DEBATTE KLAR GEWONNEN HAT.
ABER DIE ZUSCHAUER AM FERNSEHER SAHEN KENNEDY VORN.
WARUM? WEIL KENNEDY BESSER AUSSAH.
VIELE SAGEN, DAS HAT DIE POLITIK FÜR IMMER VERÄNDERT.
ICH DENKE, ES HAT DIE GANZE WELT VERÄNDERT.
GIBT ES ETWAS, DAS DAS FERNSEHEN NICHT ...
TUT MIR LEID ZU UNTERBRECHEN, MRS HARRIS ...
DEBATE
STYLE VS. SU
OLD TIME PO

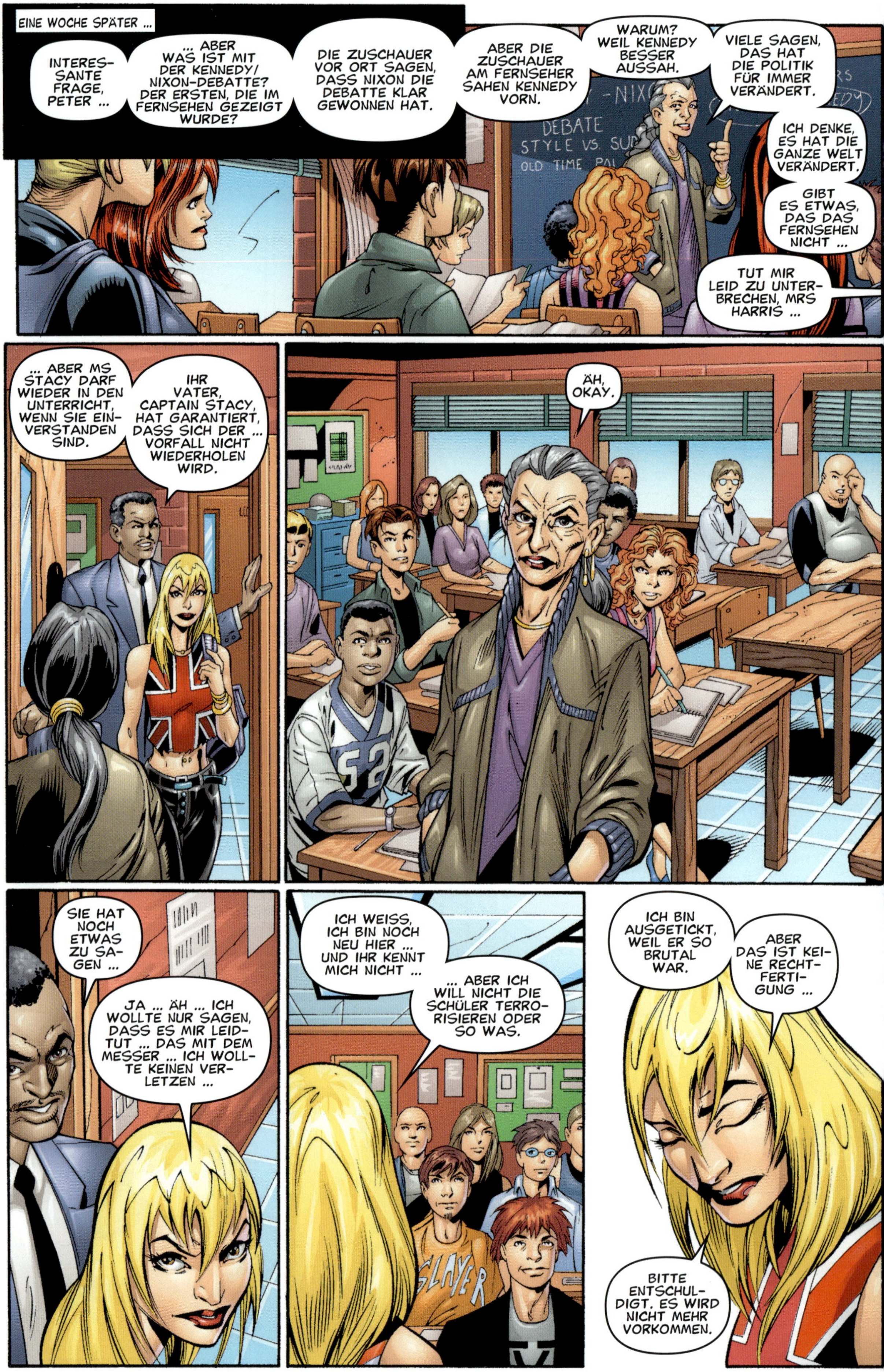

... ABER MS STACY DARF WIEDER IN DEN UNTERRICHT, WENN SIE EINVERSTANDEN SIND.
IHR VATER, CAPTAIN STACY, HAT GARANTIERT, DASS SICH DER ... VORFALL NICHT WIEDERHOLEN WIRD.
ÄH, OKAY.

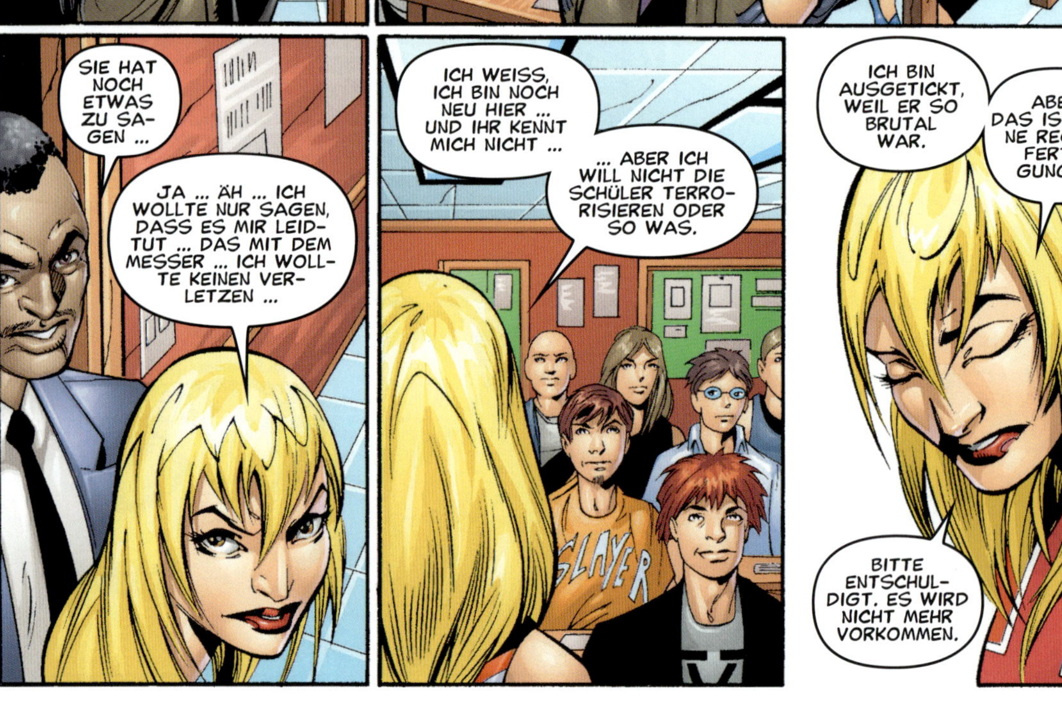
SIE HAT NOCH ETWAS ZU SAGEN ...
JA ... ÄH ... ICH WOLLTE NUR SAGEN, DASS ES MIR LEIDTUT ... DAS MIT DEM MESSER ... ICH WOLLTE KEINEN VERLETZEN ...
ICH WEISS, ICH BIN NOCH NEU HIER ... UND IHR KENNT MICH NICHT ...
... ABER ICH WILL NICHT DIE SCHÜLER TERRORISIEREN ODER SO WAS.
SLAYER
ICH BIN AUSGETICKT, WEIL ER SO BRUTAL WAR.
ABER DAS IST KEINE RECHTFERTIGUNG ...
BITTE ENTSCHULDIGT. ES WIRD NICHT MEHR VORKOMMEN.

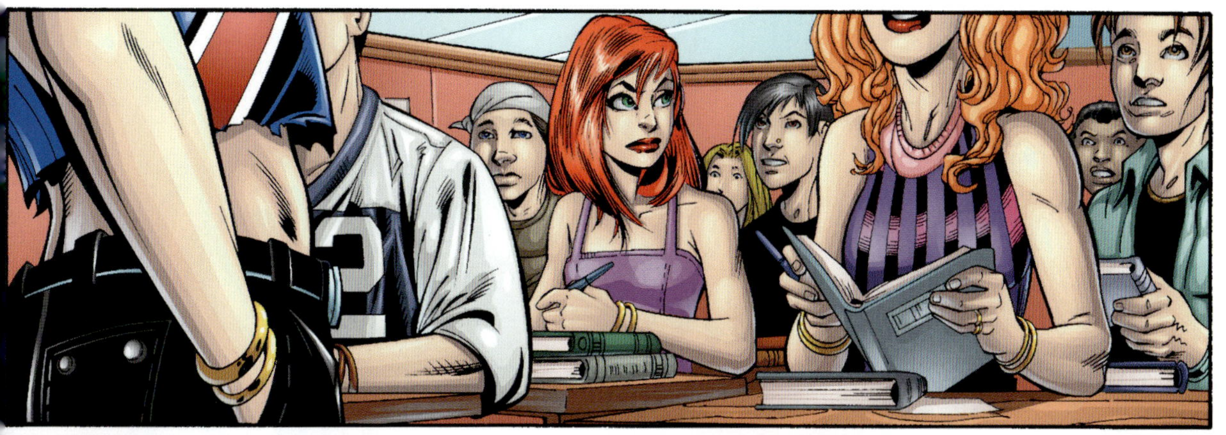

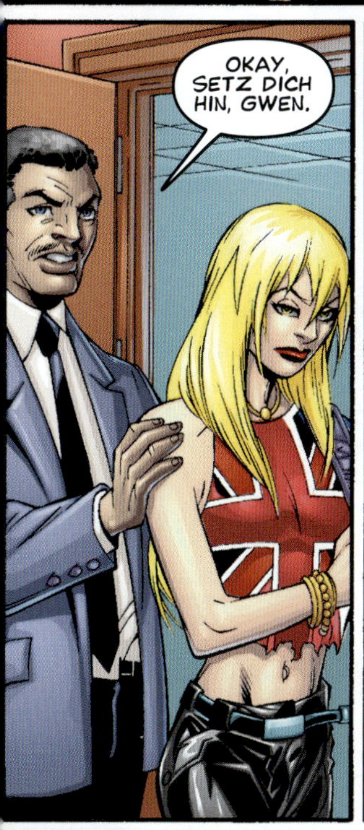
OKAY, SETZ DICH HIN, GWEN.

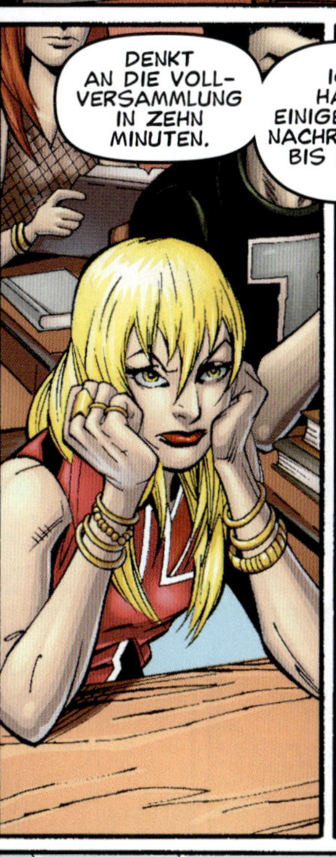
DENKT AN DIE VOLLVERSAMMLUNG IN ZEHN MINUTEN.

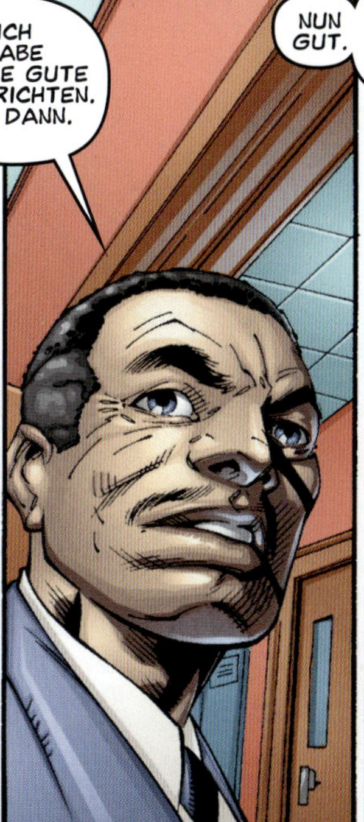
ICH HABE EINIGE GUTE NACHRICHTEN. BIS DANN.

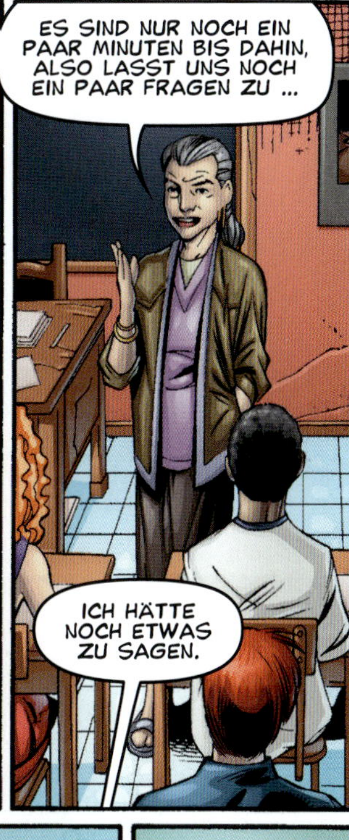
NUN GUT.
ES SIND NUR NOCH EIN PAAR MINUTEN BIS DAHIN, ALSO LASST UNS NOCH EIN PAAR FRAGEN ZU ...
ICH HÄTTE NOCH ETWAS ZU SAGEN.

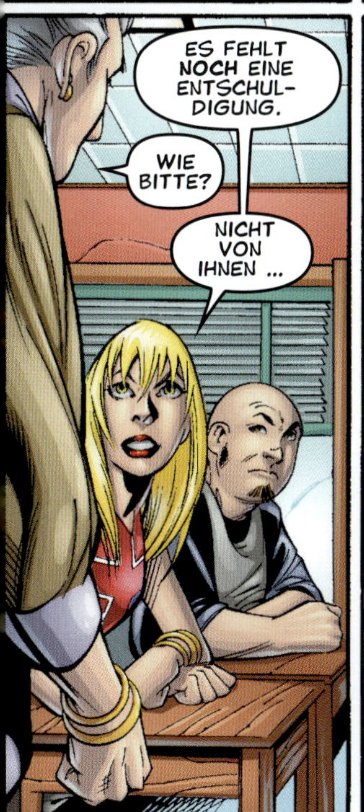
ES FEHLT NOCH EINE ENTSCHULDIGUNG.
WIE BITTE?
NICHT VON IHNEN ...

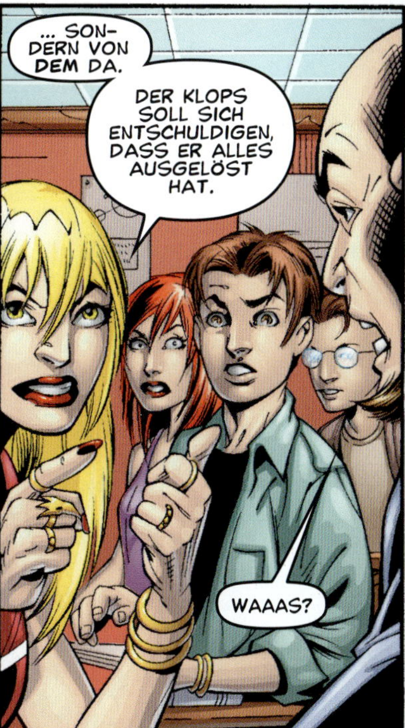
... SONDERN VON DEM DA.
DER KLOPS SOLL SICH ENTSCHULDIGEN, DASS ER ALLES AUSGELÖST HAT.
WAAAS?

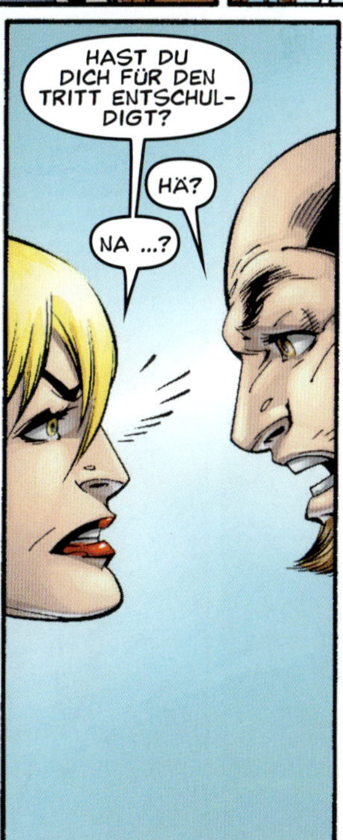
HAST DU DICH FÜR DEN TRITT ENTSCHULDIGT?
HÄ?
NA ...?

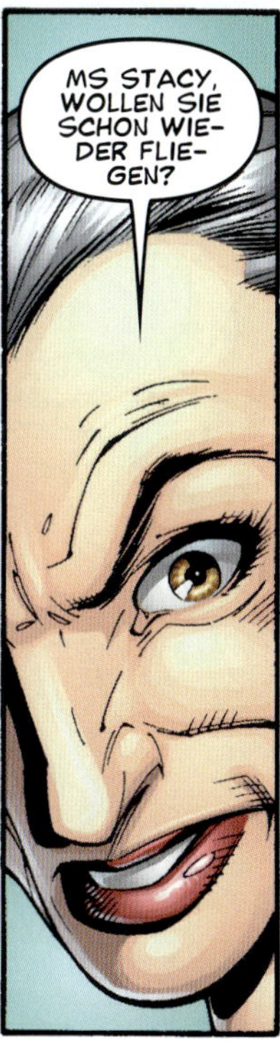
MS STACY, WOLLEN SIE SCHON WIEDER FLIEGEN?

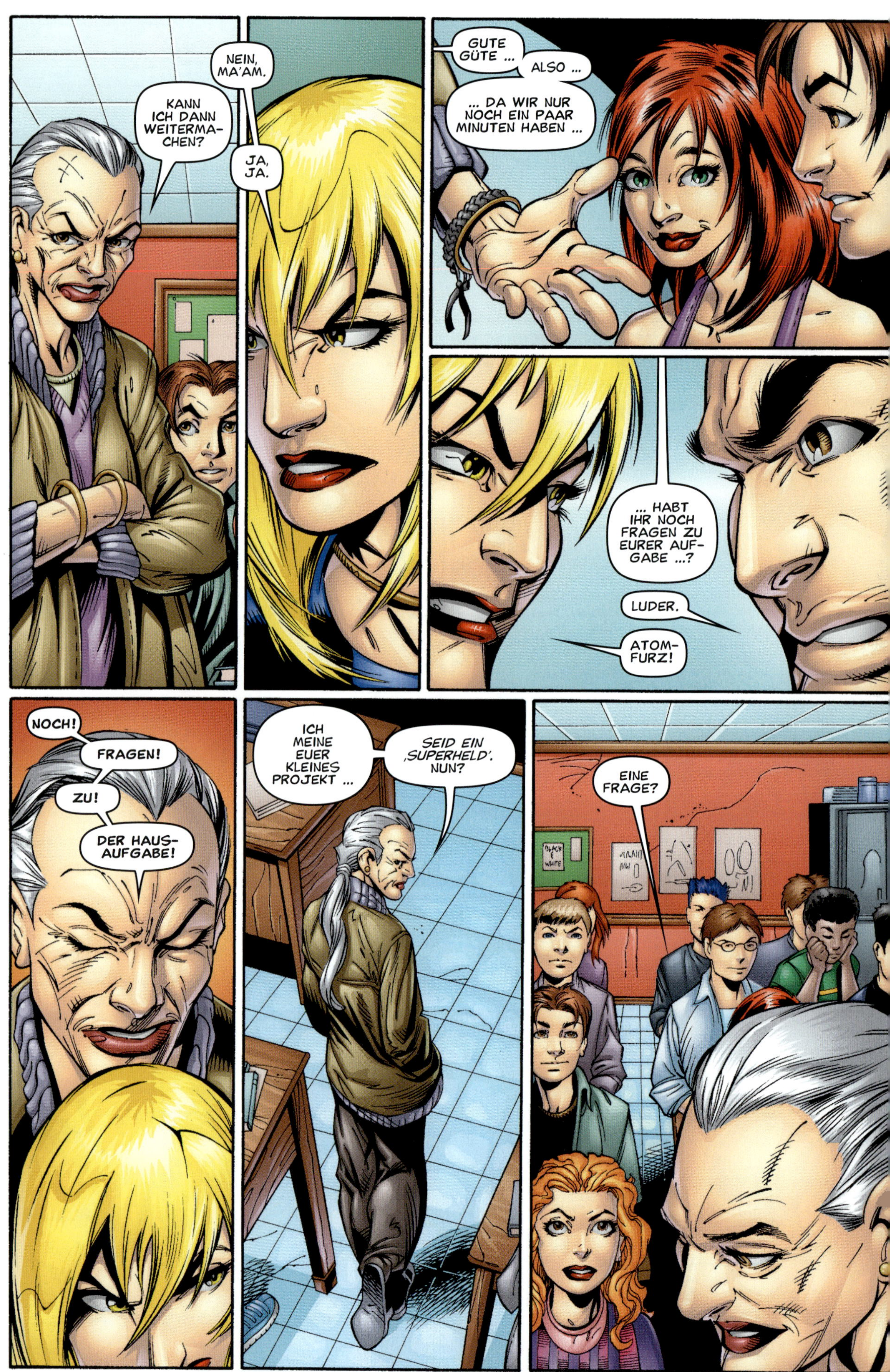
KANN ICH DANN WEITERMACHEN?
NEIN, MA'AM.
JA, JA.
GUTE GÜTE ...
ALSO ...
... DA WIR NUR NOCH EIN PAAR MINUTEN HABEN ...
... HABT IHR NOCH FRAGEN ZU EURER AUFGABE ...?
LUDER.
ATOMFURZ!
NOCH!
FRAGEN!
ZU!
DER HAUSAUFGABE!
ICH MEINE EUER KLEINES PROJEKT ...
SEID EIN ‚SUPERHELD'. NUN?
EINE FRAGE?

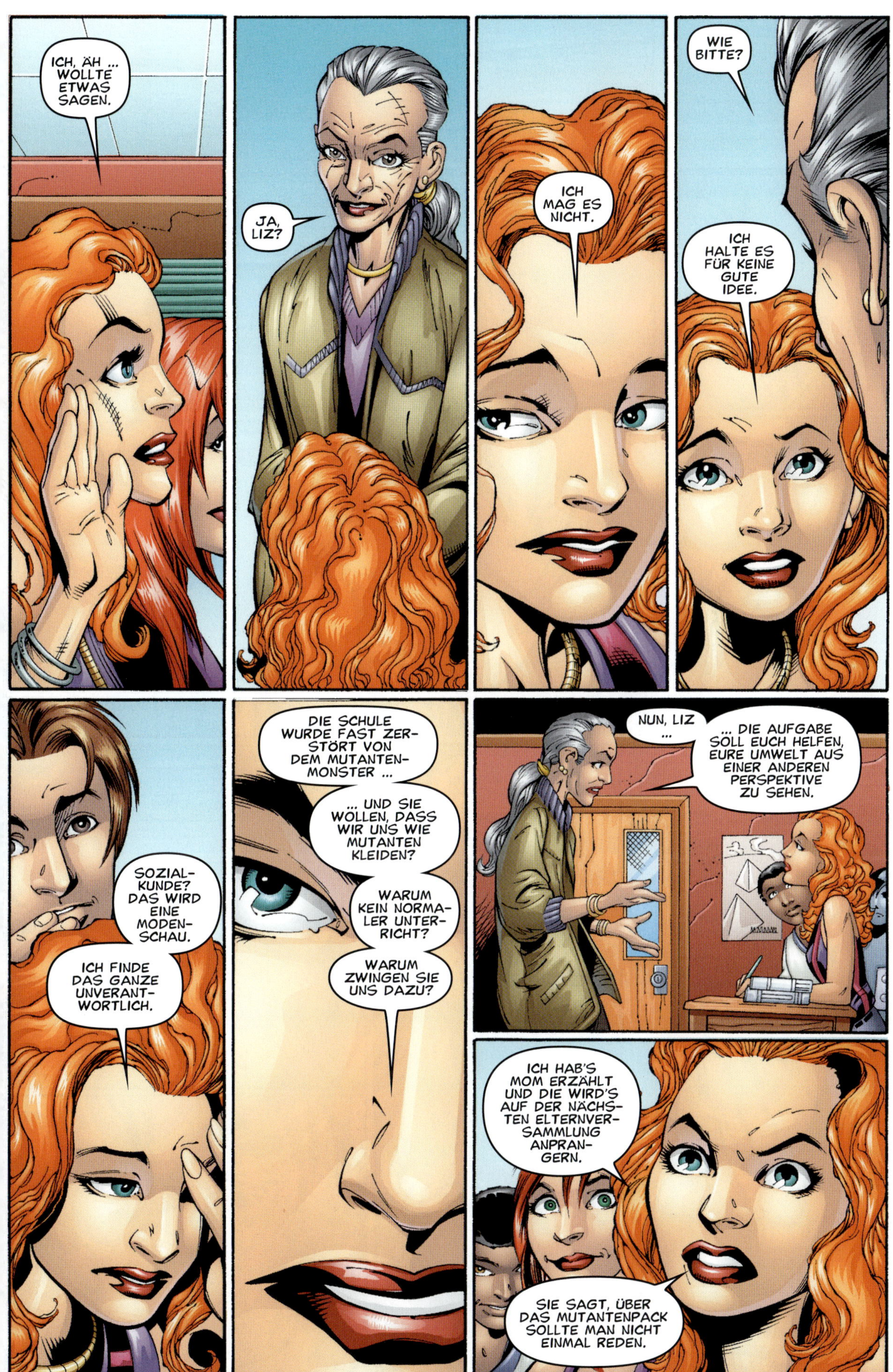
ICH, ÄH ... WOLLTE ETWAS SAGEN.
JA, LIZ?
ICH MAG ES NICHT.
WIE BITTE?
ICH HALTE ES FÜR KEINE GUTE IDEE.
SOZIALKUNDE? DAS WIRD EINE MODENSCHAU.
ICH FINDE DAS GANZE UNVERANTWORTLICH.
DIE SCHULE WURDE FAST ZERSTÖRT VON DEM MUTANTENMONSTER ...
... UND SIE WOLLEN, DASS WIR UNS WIE MUTANTEN KLEIDEN?
WARUM KEIN NORMALER UNTERRICHT?
WARUM ZWINGEN SIE UNS DAZU?
NUN, LIZ ...
... DIE AUFGABE SOLL EUCH HELFEN, EURE UMWELT AUS EINER ANDEREN PERSPEKTIVE ZU SEHEN.
ICH HAB'S MOM ERZÄHLT UND DIE WIRD'S AUF DER NÄCHSTEN ELTERNVERSAMMLUNG ANPRANGERN.
SIE SAGT, ÜBER DAS MUTANTENPACK SOLLTE MAN NICHT EINMAL REDEN.

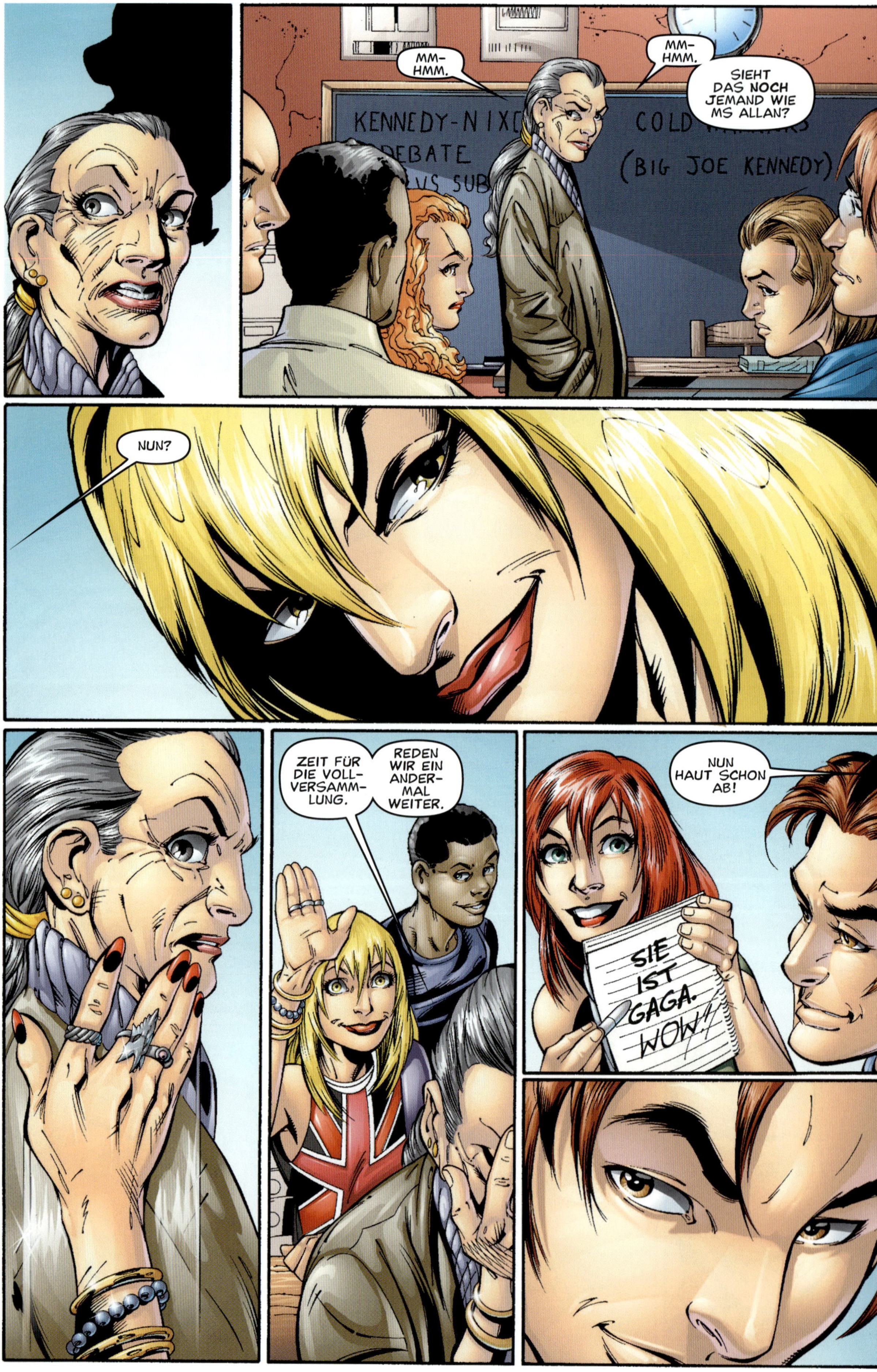

MM-HMM.
MM-HMM.
SIEHT DAS **NOCH** JEMAND WIE MS ALLAN?

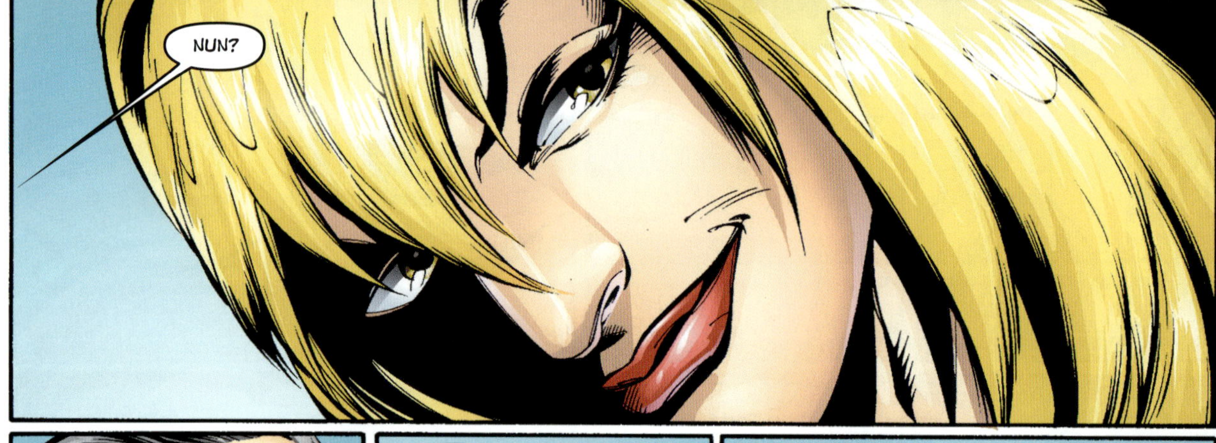

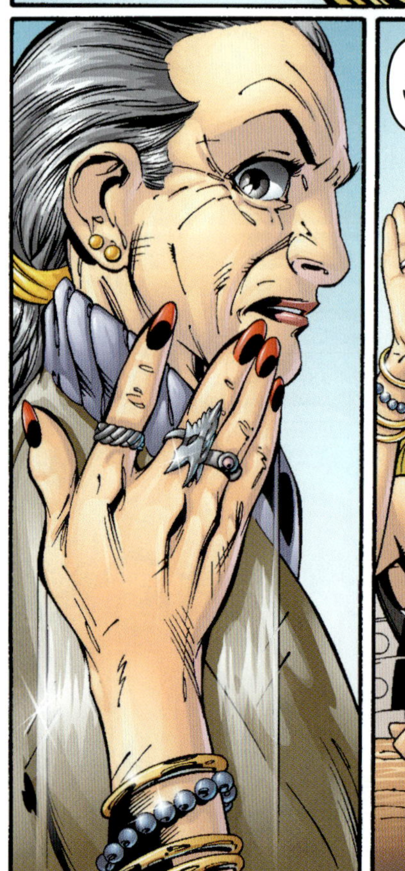

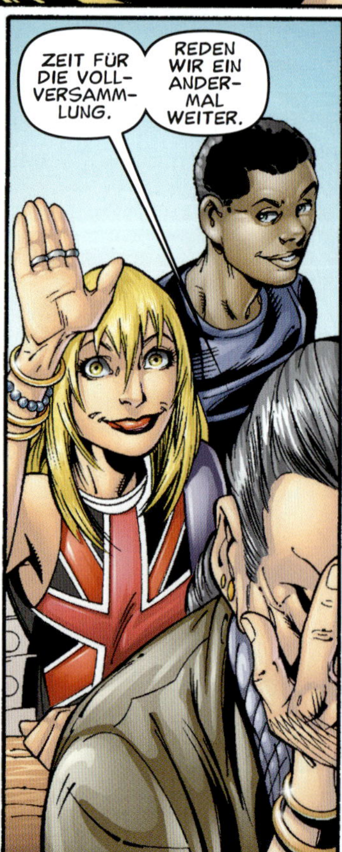

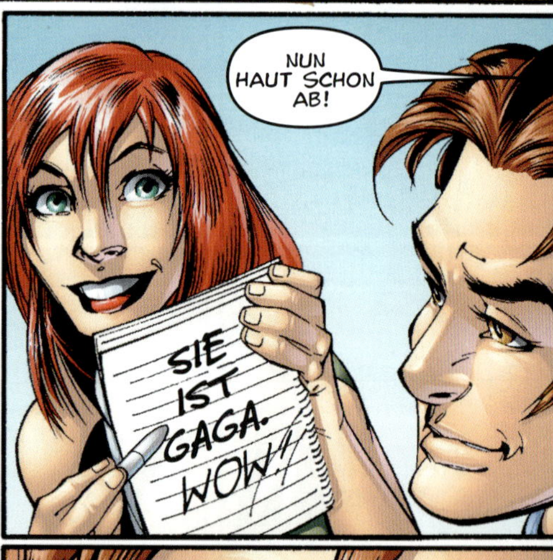

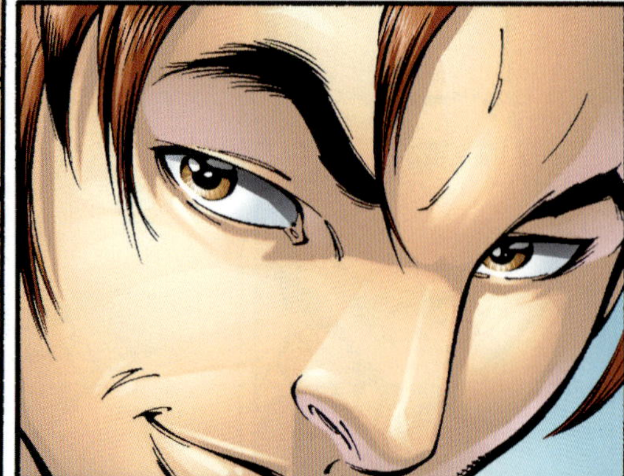

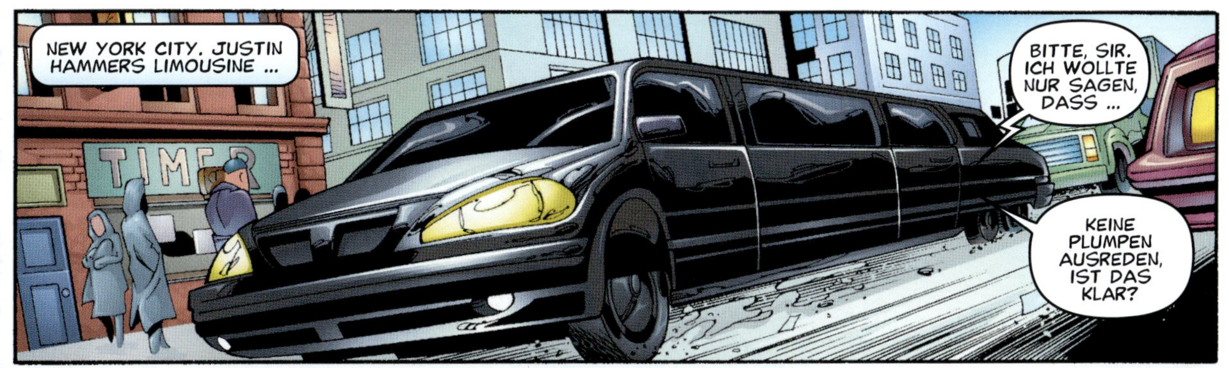
NEW YORK CITY. JUSTIN HAMMERS LIMOUSINE ...
TIMER
BITTE, SIR. ICH WOLLTE NUR SAGEN, DASS ...
KEINE PLUMPEN AUSREDEN, IST DAS KLAR?

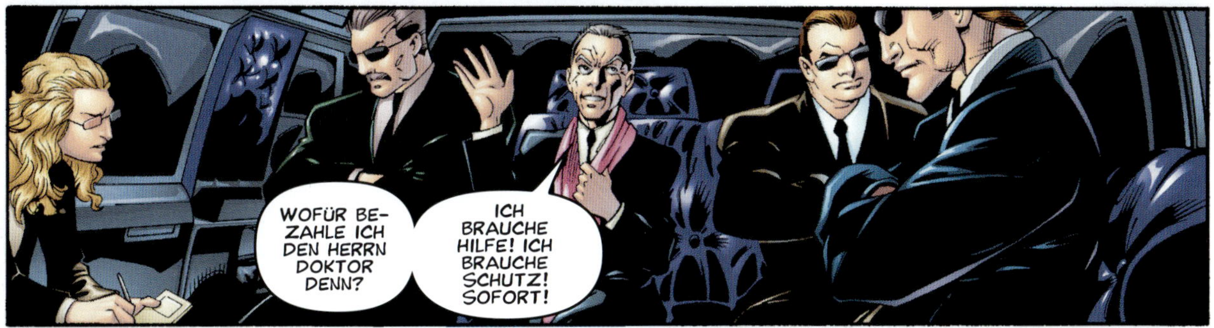
WOFÜR BEZAHLE ICH DEN HERRN DOKTOR DENN?
ICH BRAUCHE HILFE! ICH BRAUCHE SCHUTZ! SOFORT!

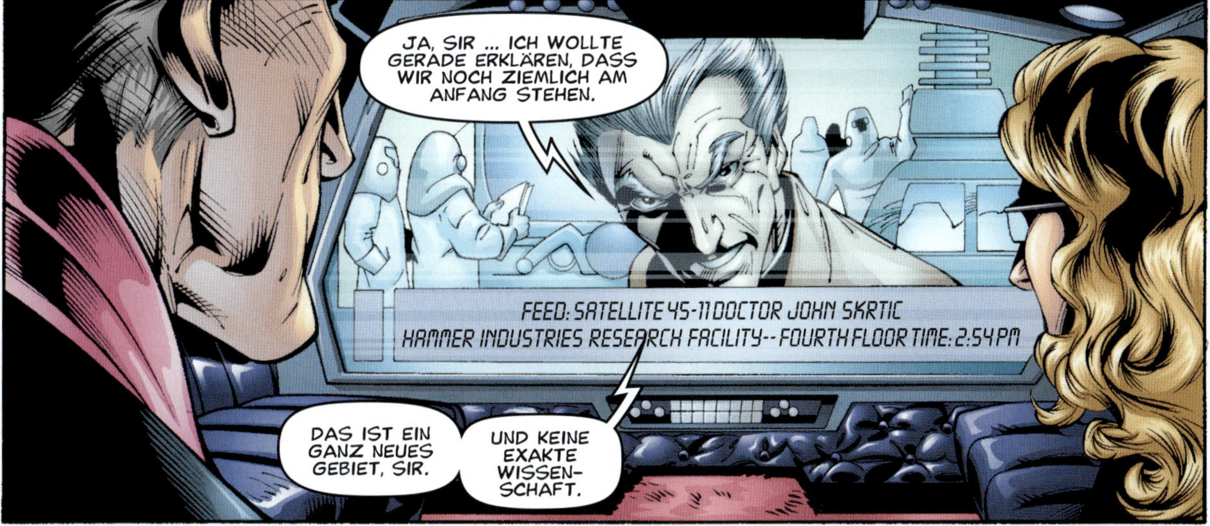
JA, SIR ... ICH WOLLTE GERADE ERKLÄREN, DASS WIR NOCH ZIEMLICH AM ANFANG STEHEN.
FEED: SATELLITE 45-11 DOCTOR JOHN SKRTIC
HAMMER INDUSTRIES RESEARCH FACILITY-- FOURTH FLOOR TIME: 2:54 PM
DAS IST EIN GANZ NEUES GEBIET, SIR.
UND KEINE EXAKTE WISSENSCHAFT.

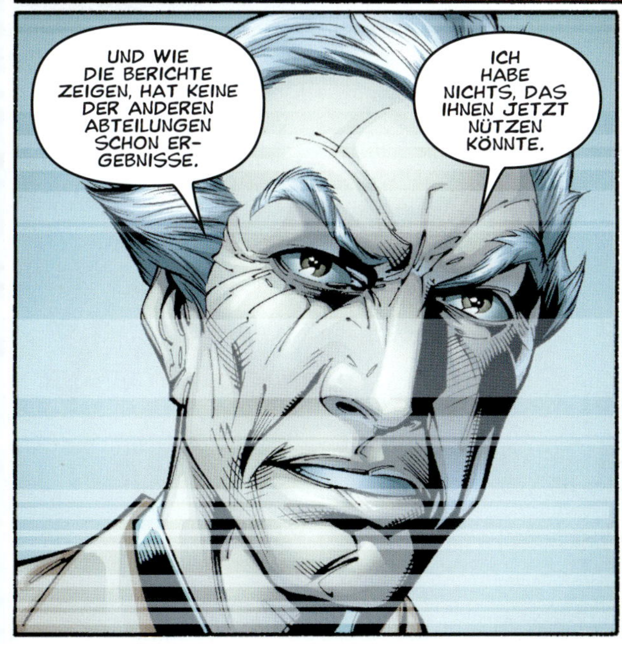
UND WIE DIE BERICHTE ZEIGEN, HAT KEINE DER ANDEREN ABTEILUNGEN SCHON ERGEBNISSE.
ICH HABE NICHTS, DAS IHNEN JETZT NÜTZEN KÖNNTE.

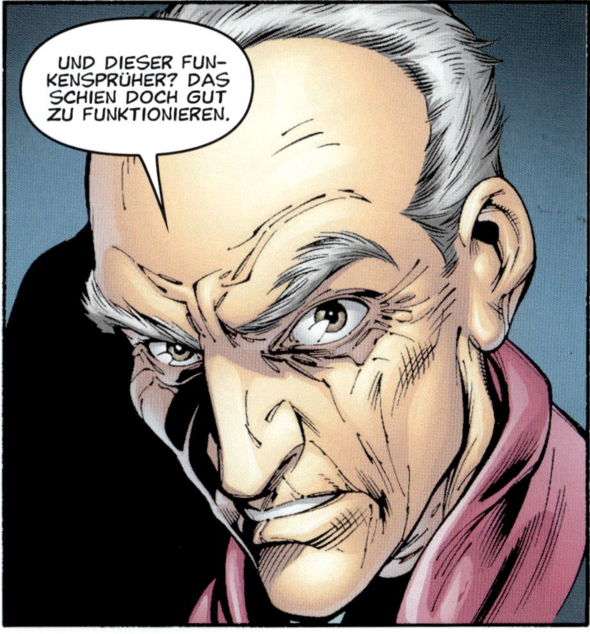
UND DIESER FUNKENSPRÜHER? DAS SCHIEN DOCH GUT ZU FUNKTIONIEREN.

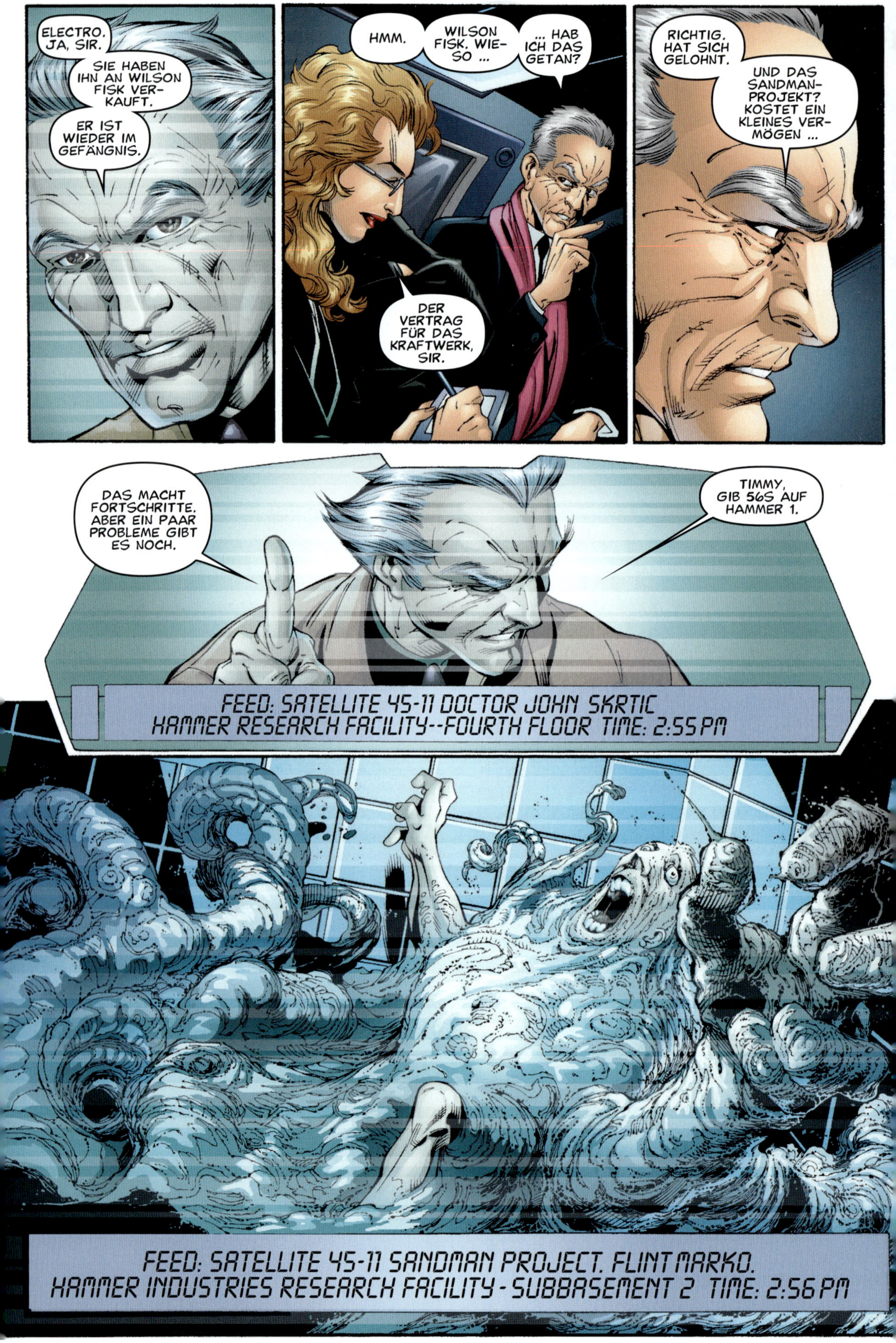

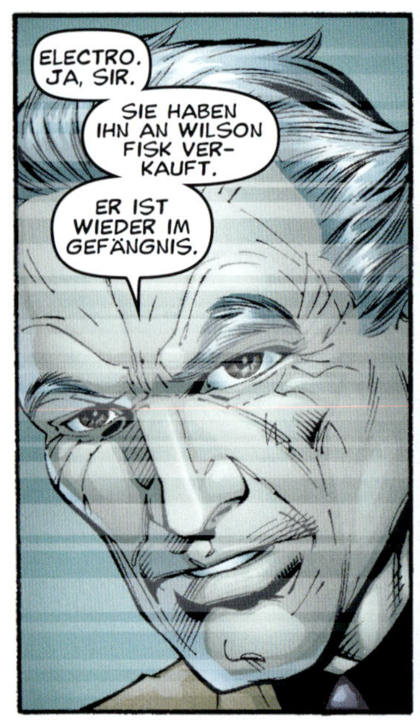
ELECTRO. JA, SIR.
SIE HABEN IHN AN WILSON FISK VERKAUFT.
ER IST WIEDER IM GEFÄNGNIS.

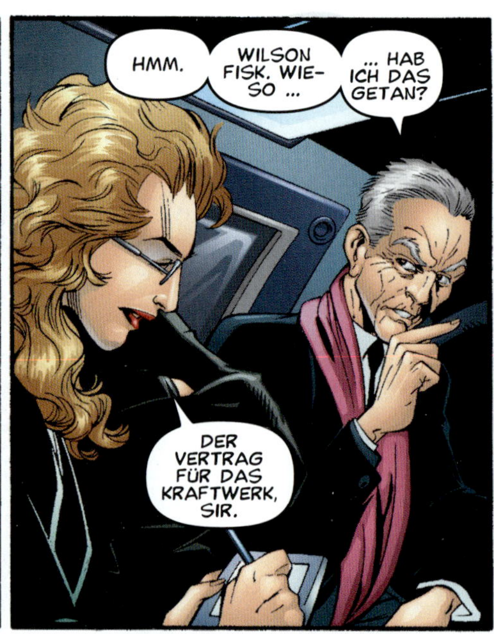
HMM.
WILSON FISK. WIESO ...
... HAB ICH DAS GETAN?
DER VERTRAG FÜR DAS KRAFTWERK, SIR.

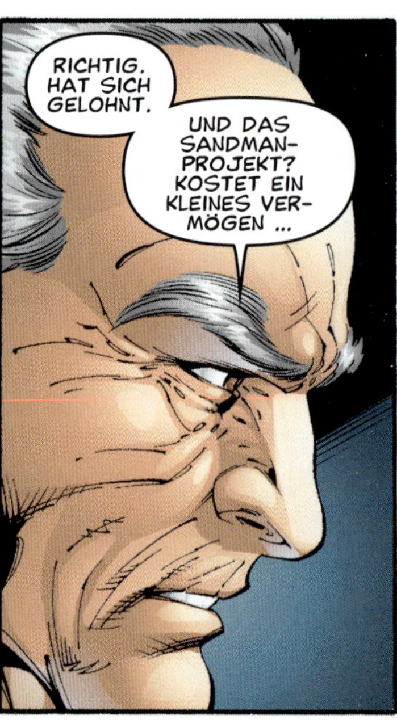
RICHTIG. HAT SICH GELOHNT.
UND DAS SANDMAN-PROJEKT? KOSTET EIN KLEINES VERMÖGEN ...

DAS MACHT FORTSCHRITTE. ABER EIN PAAR PROBLEME GIBT ES NOCH.
TIMMY, GIB 56S AUF HAMMER 1.
FEED: SATELLITE 45-11 DOCTOR JOHN SKRTIC
HAMMER RESEARCH FACILITY--FOURTH FLOOR TIME: 2:55PM
FEED: SATELLITE 45-11 SANDMAN PROJECT. FLINT MARKO.
HAMMER INDUSTRIES RESEARCH FACILITY - SUBBASEMENT 2 TIME: 2:56PM

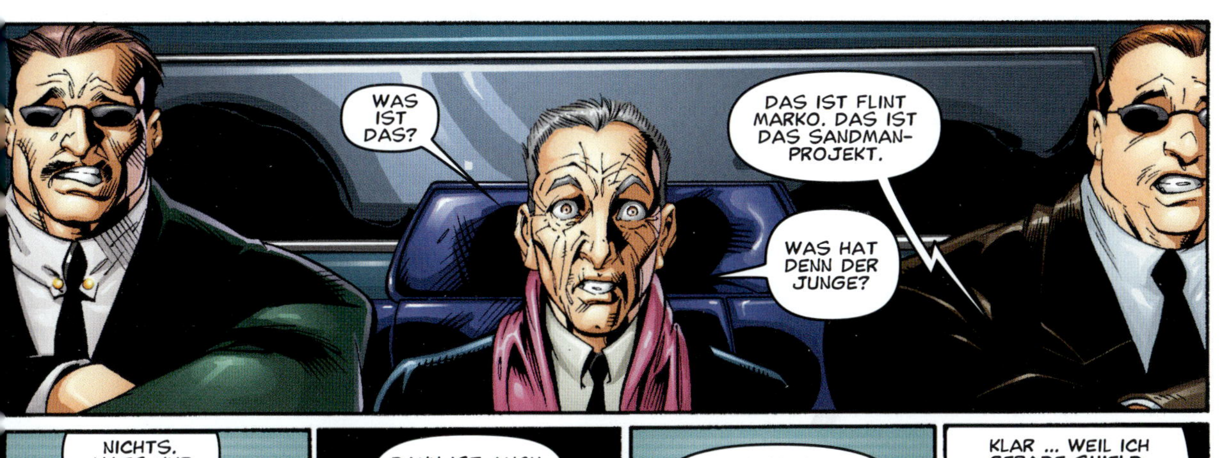
WAS IST DAS?
DAS IST FLINT MARKO. DAS IST DAS SANDMAN-PROJEKT.
WAS HAT DENN DER JUNGE?

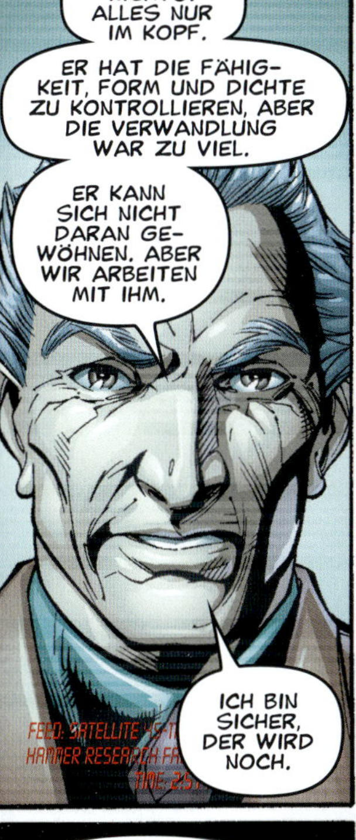
NICHTS. ALLES NUR IM KOPF.
ER HAT DIE FÄHIGKEIT, FORM UND DICHTE ZU KONTROLLIEREN, ABER DIE VERWANDLUNG WAR ZU VIEL.
ER KANN SICH NICHT DARAN GEWÖHNEN. ABER WIR ARBEITEN MIT IHM.
ICH BIN SICHER, DER WIRD NOCH.

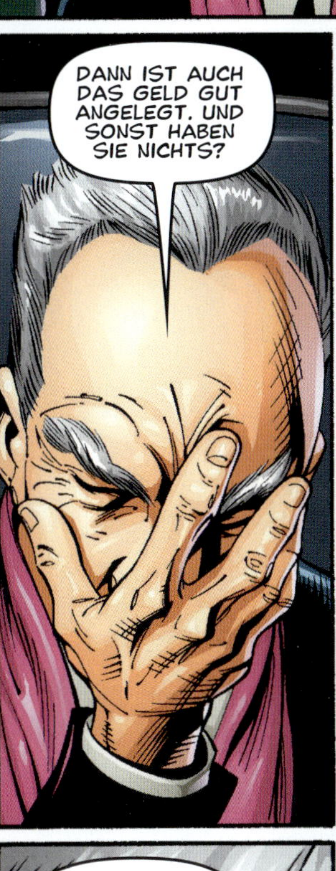
DANN IST AUCH DAS GELD GUT ANGELEGT. UND SONST HABEN SIE NICHTS?

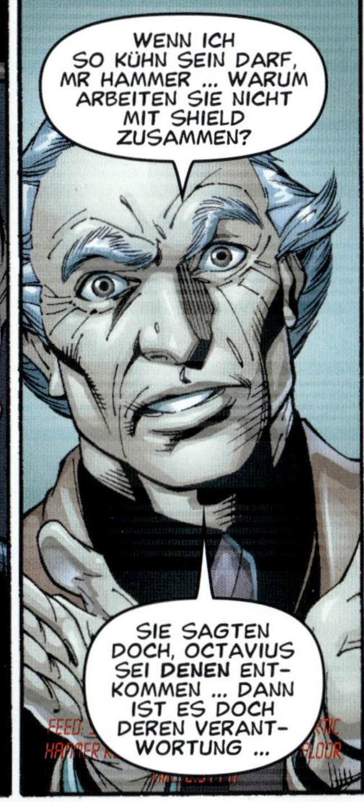
WENN ICH SO KÜHN SEIN DARF, MR HAMMER ... WARUM ARBEITEN SIE NICHT MIT SHIELD ZUSAMMEN?
SIE SAGTEN DOCH, OCTAVIUS SEI **DENEN** ENTKOMMEN ... DANN IST ES DOCH DEREN VERANTWORTUNG ...

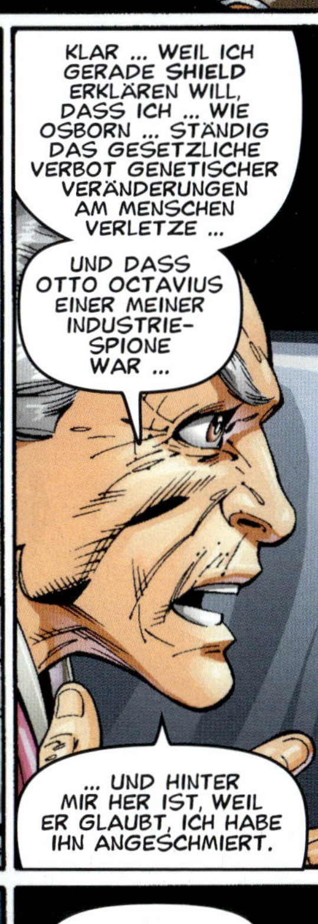
KLAR ... WEIL ICH GERADE **SHIELD** ERKLÄREN WILL, DASS ICH ... WIE OSBORN ... STÄNDIG DAS GESETZLICHE VERBOT GENETISCHER VERÄNDERUNGEN AM MENSCHEN VERLETZE ...
UND DASS OTTO OCTAVIUS EINER MEINER INDUSTRIESPIONE WAR ...
... UND HINTER MIR HER IST, WEIL ER GLAUBT, ICH HABE IHN ANGESCHMIERT.

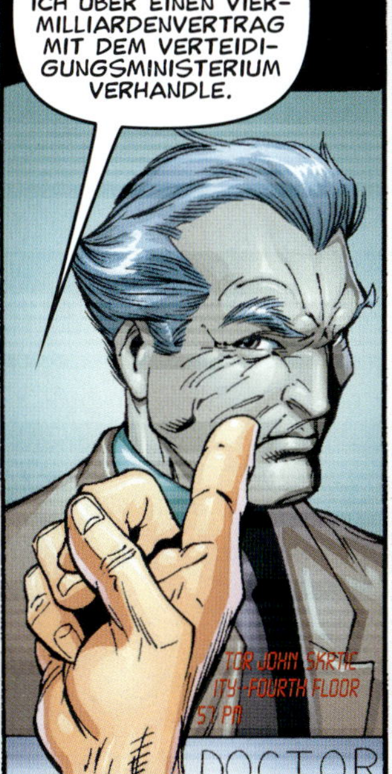
UND DAS ALLES ERZÄHLE ICH IHNEN, WÄHREND ICH ÜBER EINEN VIERMILLIARDENVERTRAG MIT DEM VERTEIDIGUNGSMINISTERIUM VERHANDLE.
DOCTOR

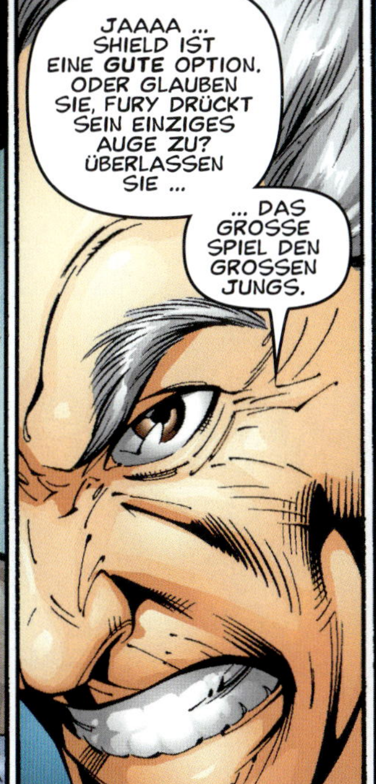
JAAAA ... SHIELD IST EINE **GUTE** OPTION. ODER GLAUBEN SIE, FURY DRÜCKT SEIN EINZIGES AUGE ZU? ÜBERLASSEN SIE ...
... DAS GROSSE SPIEL DEN GROSSEN JUNGS.

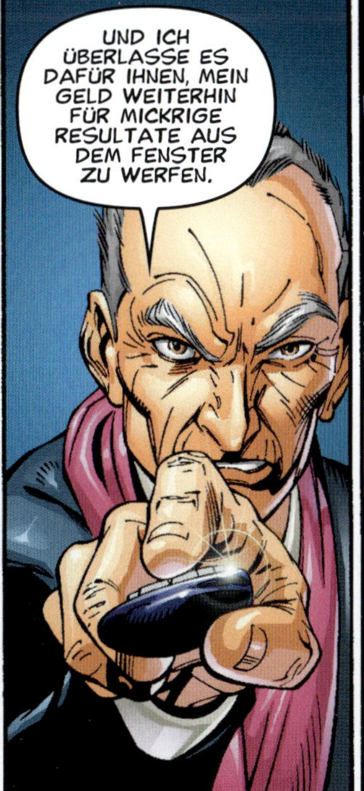
UND ICH ÜBERLASSE ES DAFÜR IHNEN, MEIN GELD WEITERHIN FÜR MICKRIGE RESULTATE AUS DEM FENSTER ZU WERFEN.

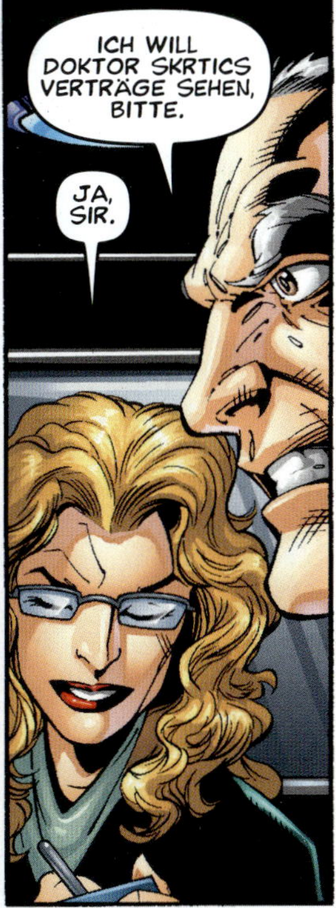
ICH WILL DOKTOR SKRTICS VERTRÄGE SEHEN, BITTE.
JA, SIR.

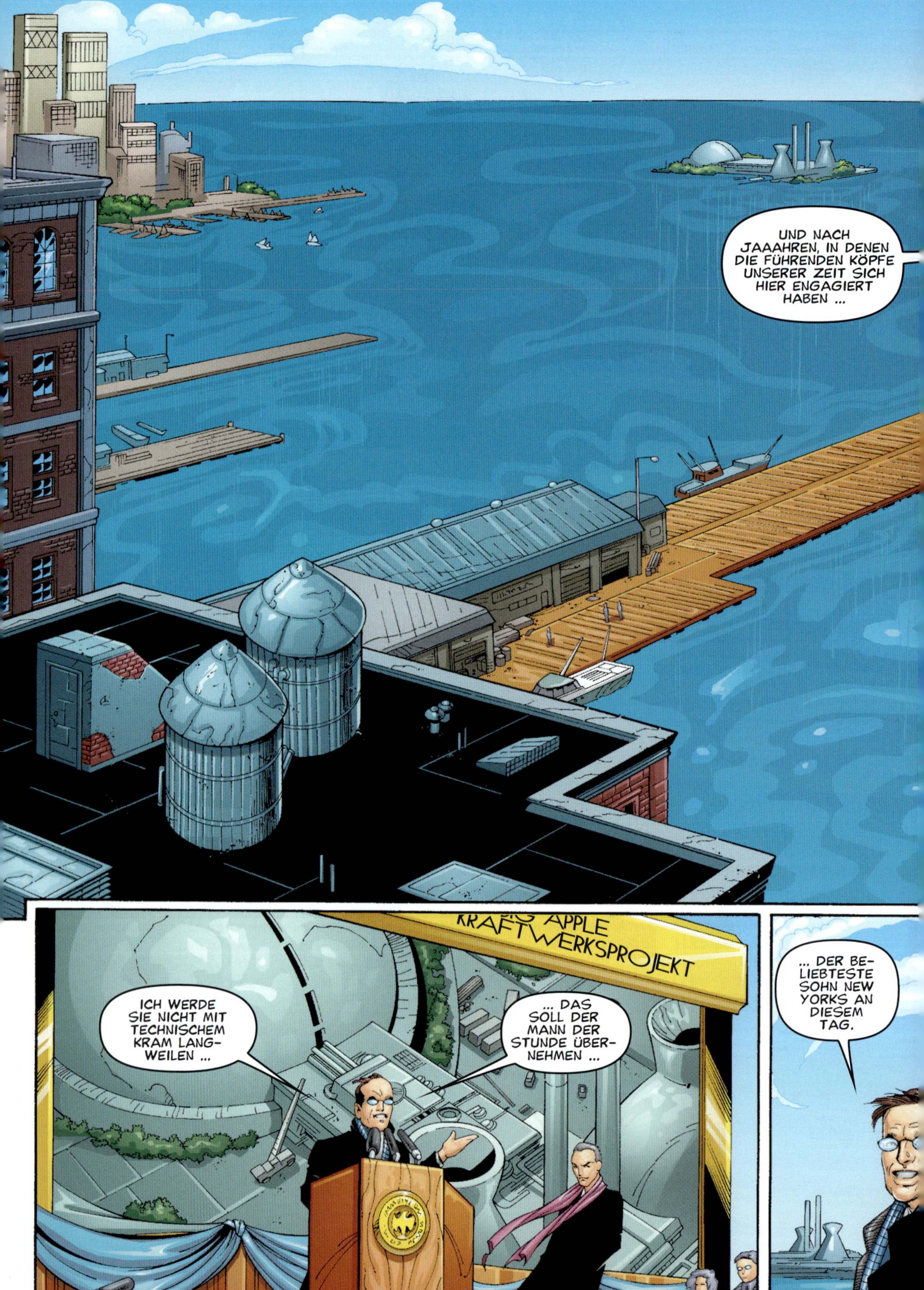
UND NACH JAAAHREN, IN DENEN DIE FÜHRENDEN KÖPFE UNSERER ZEIT SICH HIER ENGAGIERT HABEN ...
APPLE
KRAFTWERKSPROJEKT
ICH WERDE SIE NICHT MIT TECHNISCHEM KRAM LANG-WEILEN ...
... DAS SÖLL DER MANN DER STUNDE ÜBER-NEHMEN ...
... DER BE-LIEBTESTE SOHN NEW YORKS AN DIESEM TAG.

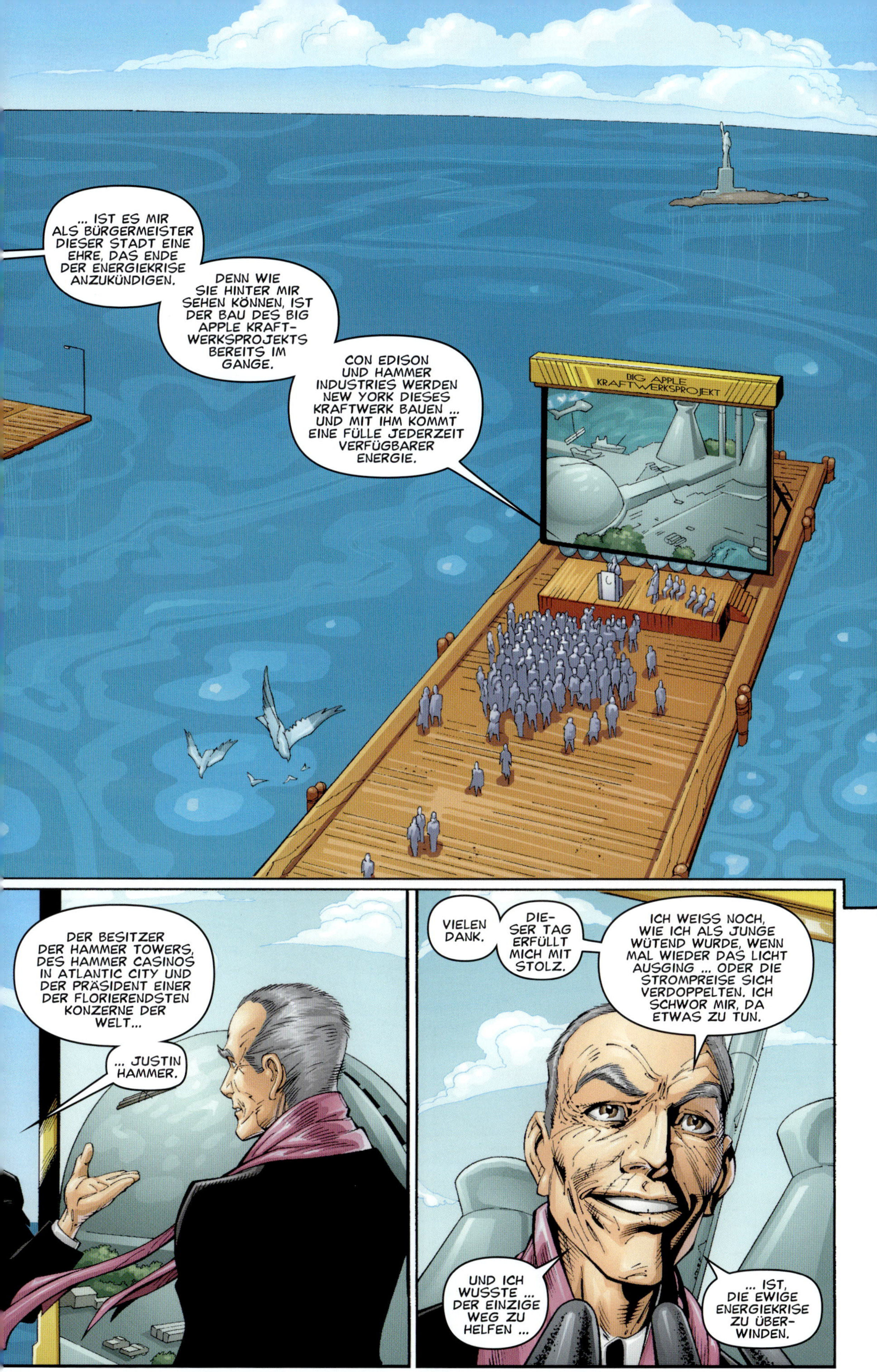

... IST ES MIR ALS BÜRGERMEISTER DIESER STADT EINE EHRE, DAS ENDE DER ENERGIEKRISE ANZUKÜNDIGEN.
DENN WIE SIE HINTER MIR SEHEN KÖNNEN, IST DER BAU DES BIG APPLE KRAFT-WERKSPROJEKTS BEREITS IM GANGE.
CON EDISON UND HAMMER INDUSTRIES WERDEN NEW YORK DIESES KRAFTWERK BAUEN ... UND MIT IHM KOMMT EINE FÜLLE JEDERZEIT VERFÜGBARER ENERGIE.
BIG APPLE KRAFTWERKSPROJEKT
DER BESITZER DER HAMMER TOWERS, DES HAMMER CASINOS IN ATLANTIC CITY UND DER PRÄSIDENT EINER DER FLORIERENDSTEN KONZERNE DER WELT...
... JUSTIN HAMMER.
VIELEN DANK.
DIE-SER TAG ERFÜLLT MICH MIT STOLZ.
ICH WEISS NOCH, WIE ICH ALS JUNGE WÜTEND WURDE, WENN MAL WIEDER DAS LICHT AUSGING ... ODER DIE STROMPREISE SICH VERDOPPELTEN. ICH SCHWOR MIR, DA ETWAS ZU TUN.
UND ICH WUSSTE ... DER EINZIGE WEG ZU HELFEN ...
... IST, DIE EWIGE ENERGIEKRISE ZU ÜBER-WINDEN.

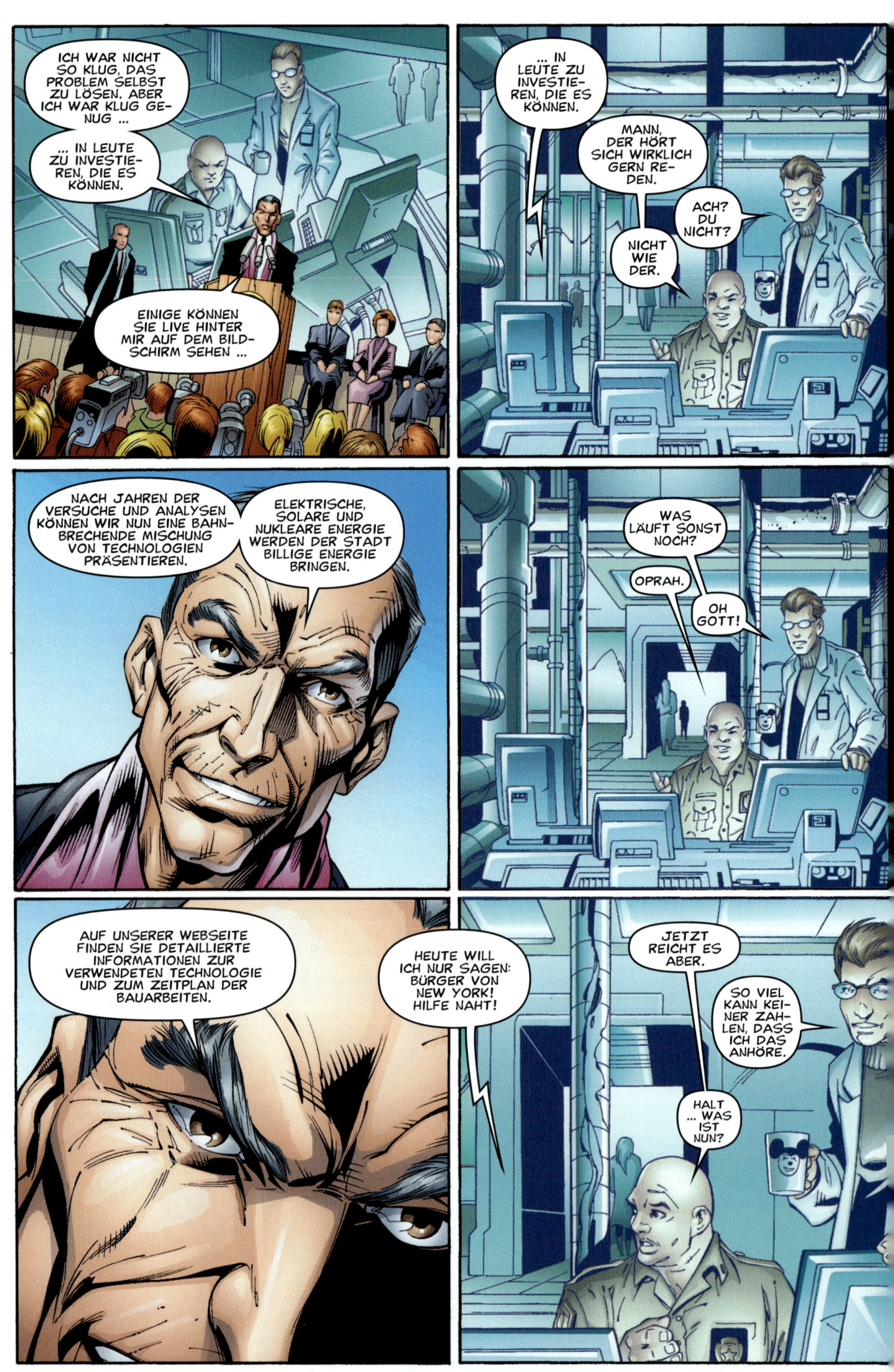
ICH WAR NICHT SO KLUG, DAS PROBLEM SELBST ZU LÖSEN. ABER ICH WAR KLUG GENUG ...
... IN LEUTE ZU INVESTIEREN, DIE ES KÖNNEN.
EINIGE KÖNNEN SIE LIVE HINTER MIR AUF DEM BILDSCHIRM SEHEN ...
... IN LEUTE ZU INVESTIEREN, DIE ES KÖNNEN.
MANN, DER HÖRT SICH WIRKLICH GERN REDEN.
ACH? DU NICHT?
NICHT WIE DER.
NACH JAHREN DER VERSUCHE UND ANALYSEN KÖNNEN WIR NUN EINE BAHNBRECHENDE MISCHUNG VON TECHNOLOGIEN PRÄSENTIEREN.
ELEKTRISCHE, SOLARE UND NUKLEARE ENERGIE WERDEN DER STADT BILLIGE ENERGIE BRINGEN.
WAS LÄUFT SONST NOCH?
OPRAH.
OH GOTT!
AUF UNSERER WEBSEITE FINDEN SIE DETAILLIERTE INFORMATIONEN ZUR VERWENDETEN TECHNOLOGIE UND ZUM ZEITPLAN DER BAUARBEITEN.
HEUTE WILL ICH NUR SAGEN: BÜRGER VON NEW YORK! HILFE NAHT!
JETZT REICHT ES ABER.
SO VIEL KANN KEINER ZAHLEN, DASS ICH DAS ANHÖRE.
HALT ... WAS IST NUN?

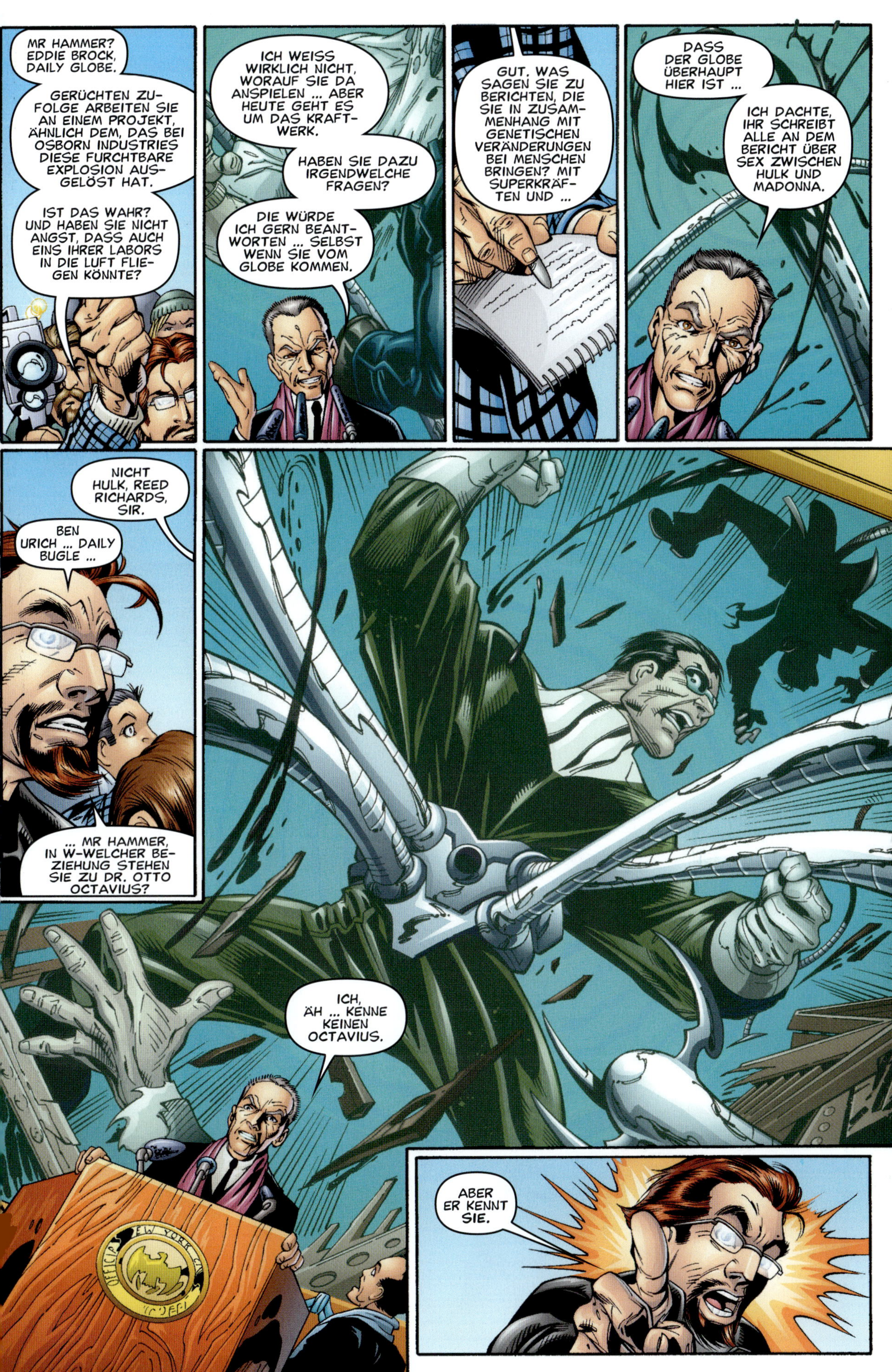
MR HAMMER? EDDIE BROCK, DAILY GLOBE.
GERÜCHTEN ZUFOLGE ARBEITEN SIE AN EINEM PROJEKT, ÄHNLICH DEM, DAS BEI OSBORN INDUSTRIES DIESE FURCHTBARE EXPLOSION AUSGELÖST HAT.
IST DAS WAHR? UND HABEN SIE NICHT ANGST, DASS AUCH EINS IHRER LABORS IN DIE LUFT FLIEGEN KÖNNTE?
ICH WEISS WIRKLICH NICHT, WORAUF SIE DA ANSPIELEN ... ABER HEUTE GEHT ES UM DAS KRAFTWERK.
HABEN SIE DAZU IRGENDWELCHE FRAGEN?
DIE WÜRDE ICH GERN BEANTWORTEN ... SELBST WENN SIE VOM GLOBE KOMMEN.
GUT. WAS SAGEN SIE ZU BERICHTEN, DIE SIE IN ZUSAMMENHANG MIT GENETISCHEN VERÄNDERUNGEN BEI MENSCHEN BRINGEN? MIT SUPERKRÄFTEN UND ...
DASS DER GLOBE ÜBERHAUPT HIER IST ...
ICH DACHTE, IHR SCHREIBT ALLE AN DEM BERICHT ÜBER SEX ZWISCHEN HULK UND MADONNA.
NICHT HULK, REED RICHARDS, SIR.
BEN URICH ... DAILY BUGLE ...
... MR HAMMER, IN W-WELCHER BEZIEHUNG STEHEN SIE ZU DR. OTTO OCTAVIUS?
ICH, ÄH ... KENNE KEINEN OCTAVIUS.
ABER ER KENNT SIE.

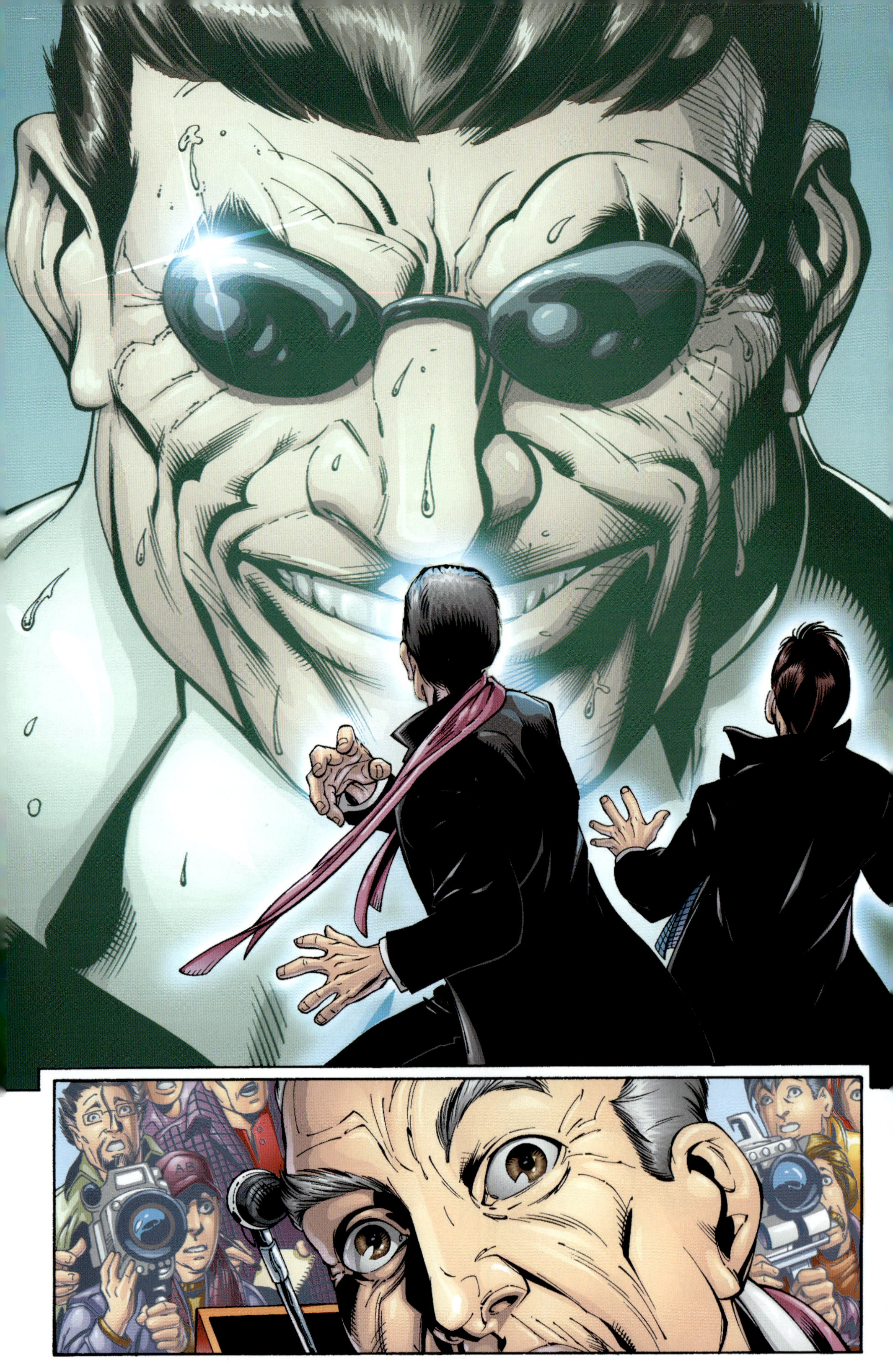

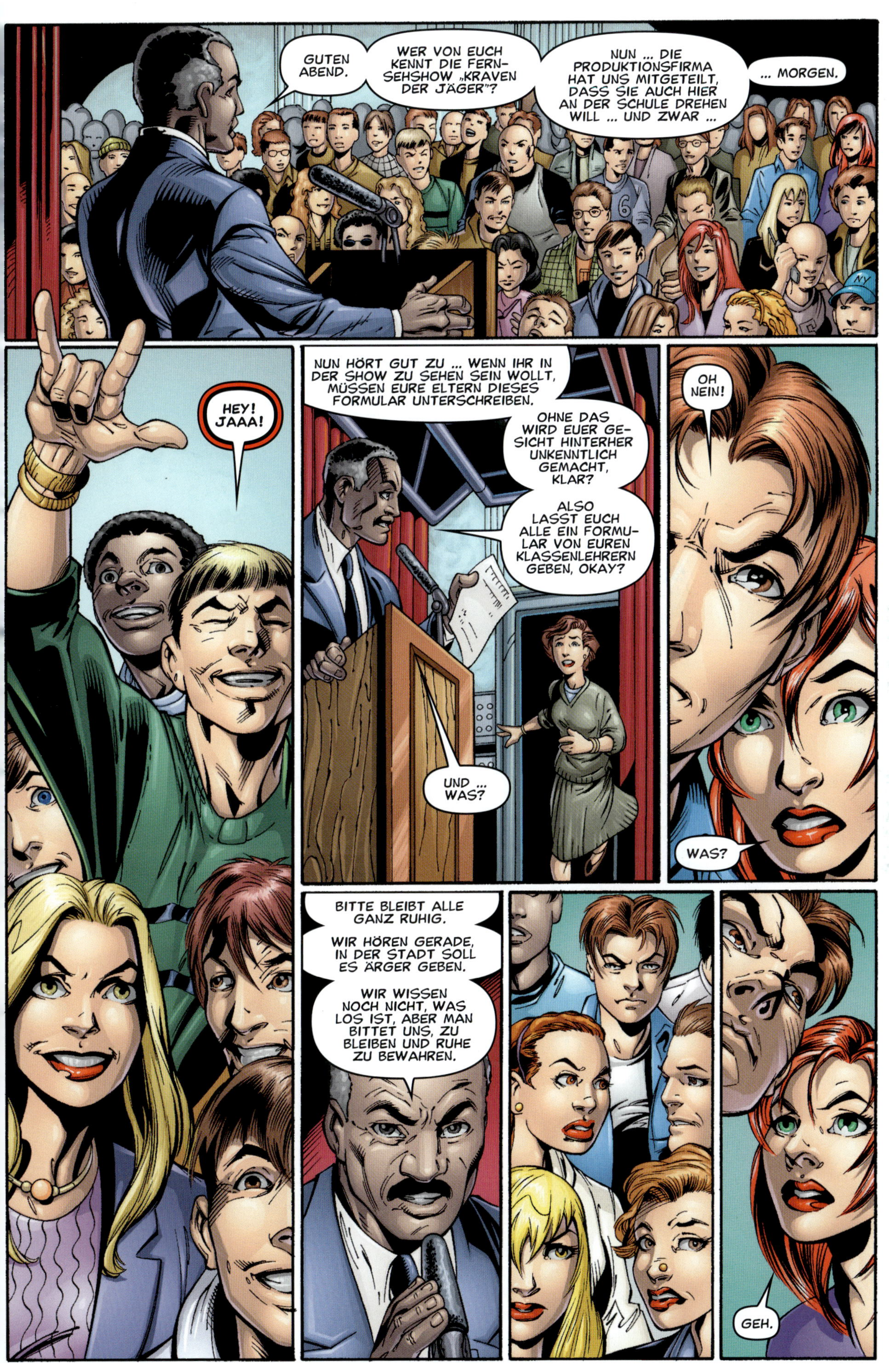
GUTEN ABEND.
WER VON EUCH KENNT DIE FERNSEHSHOW „KRAVEN DER JÄGER"?
NUN ... DIE PRODUKTIONSFIRMA HAT UNS MITGETEILT, DASS SIE AUCH HIER AN DER SCHULE DREHEN WILL ... UND ZWAR ...
... MORGEN.
HEY! JAAA!
NUN HÖRT GUT ZU ... WENN IHR IN DER SHOW ZU SEHEN SEIN WOLLT, MÜSSEN EURE ELTERN DIESES FORMULAR UNTERSCHREIBEN.
OHNE DAS WIRD EUER GESICHT HINTERHER UNKENNTLICH GEMACHT, KLAR?
ALSO LASST EUCH ALLE EIN FORMULAR VON EUREN KLASSENLEHRERN GEBEN, OKAY?
UND ... WAS?
OH NEIN!
WAS?
BITTE BLEIBT ALLE GANZ RUHIG.
WIR HÖREN GERADE, IN DER STADT SOLL ES ÄRGER GEBEN.
WIR WISSEN NOCH NICHT, WAS LOS IST, ABER MAN BITTET UNS, ZU BLEIBEN UND RUHE ZU BEWAHREN.
GEH.

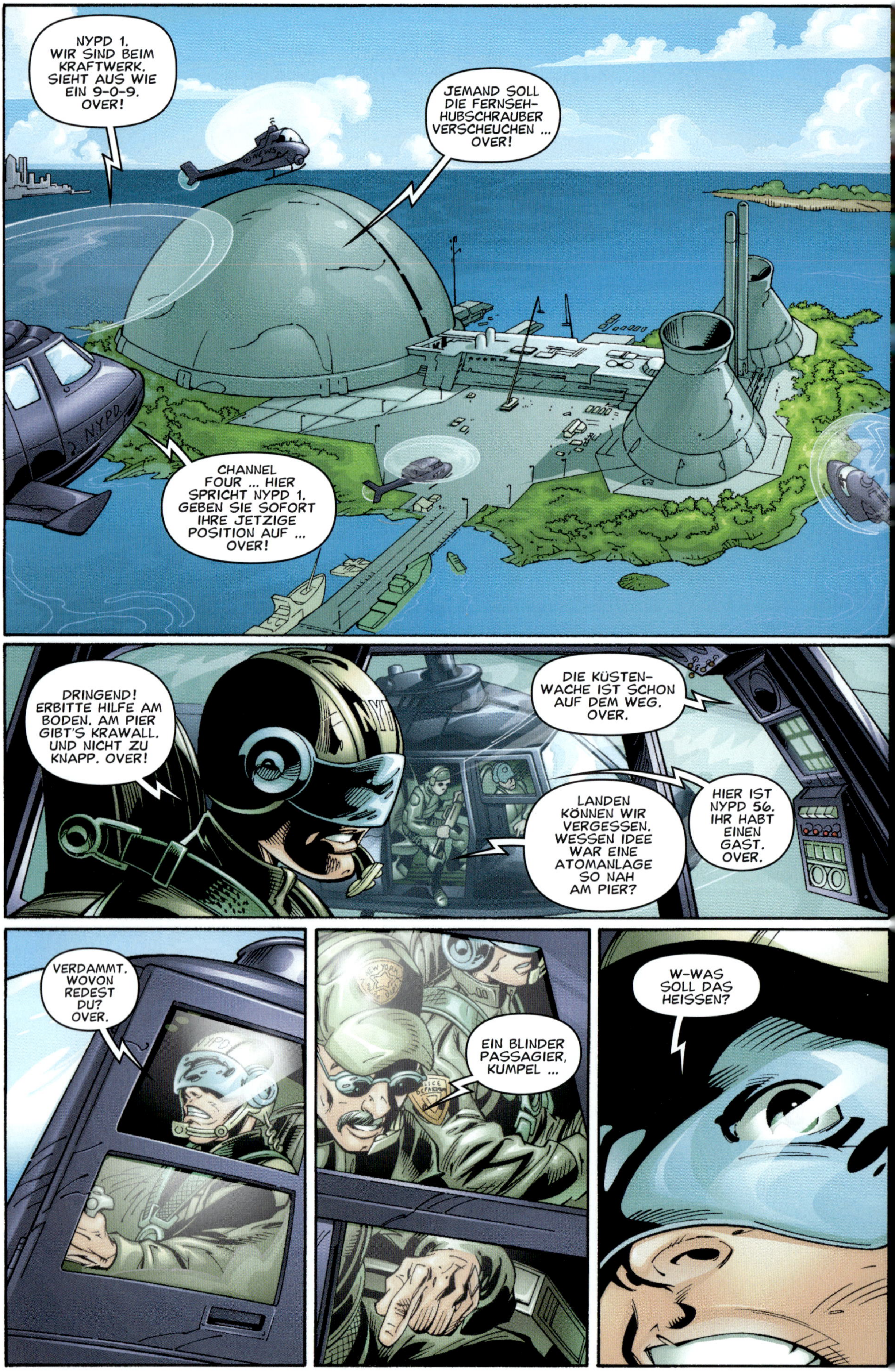

NYPD 1. WIR SIND BEIM KRAFTWERK. SIEHT AUS WIE EIN 9-0-9. OVER!
JEMAND SOLL DIE FERNSEH-HUBSCHRAUBER VERSCHEUCHEN ... OVER!
CHANNEL FOUR ... HIER SPRICHT NYPD 1. GEBEN SIE SOFORT IHRE JETZIGE POSITION AUF ... OVER!

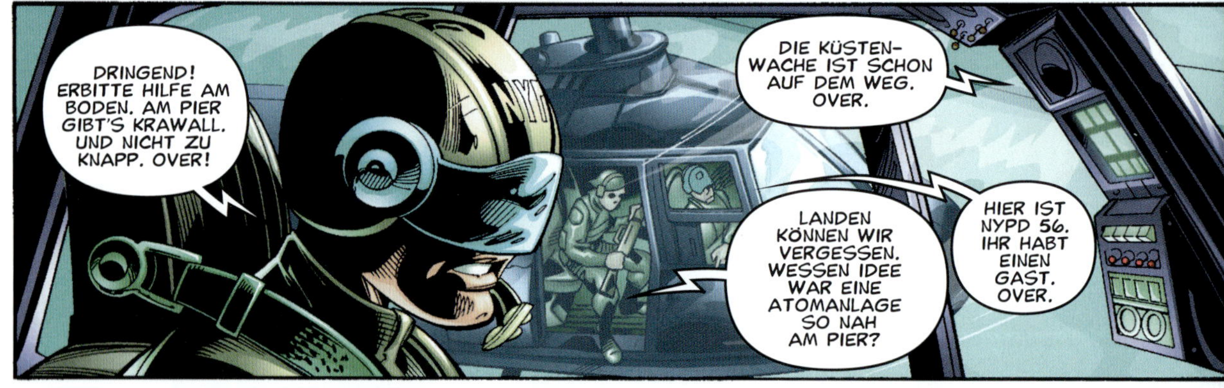

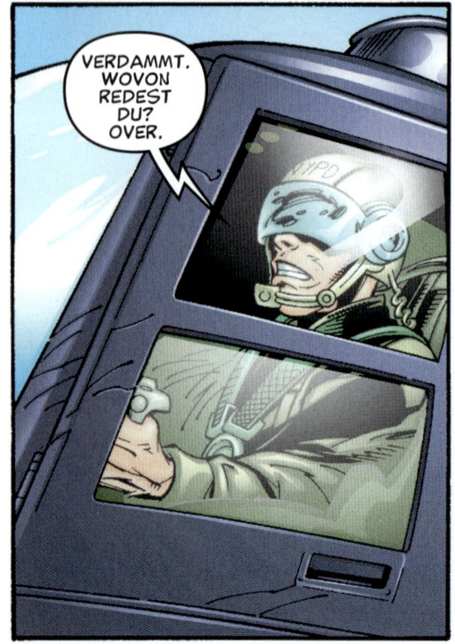

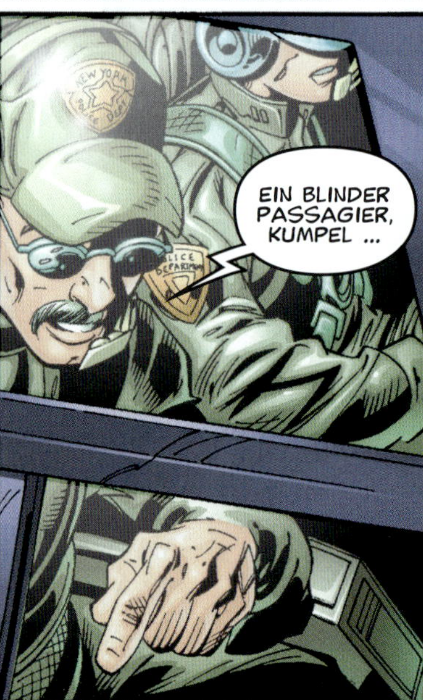

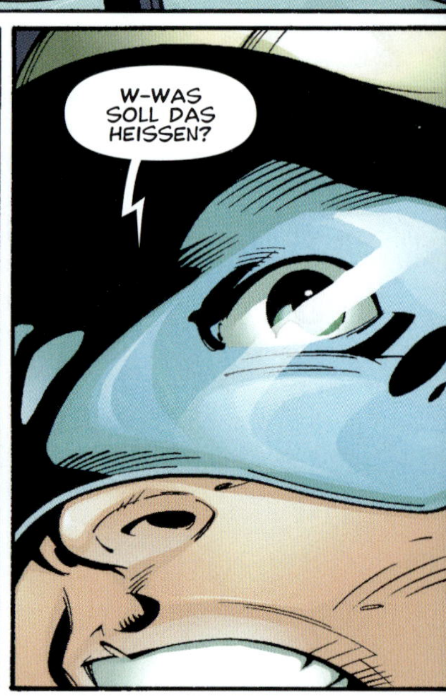

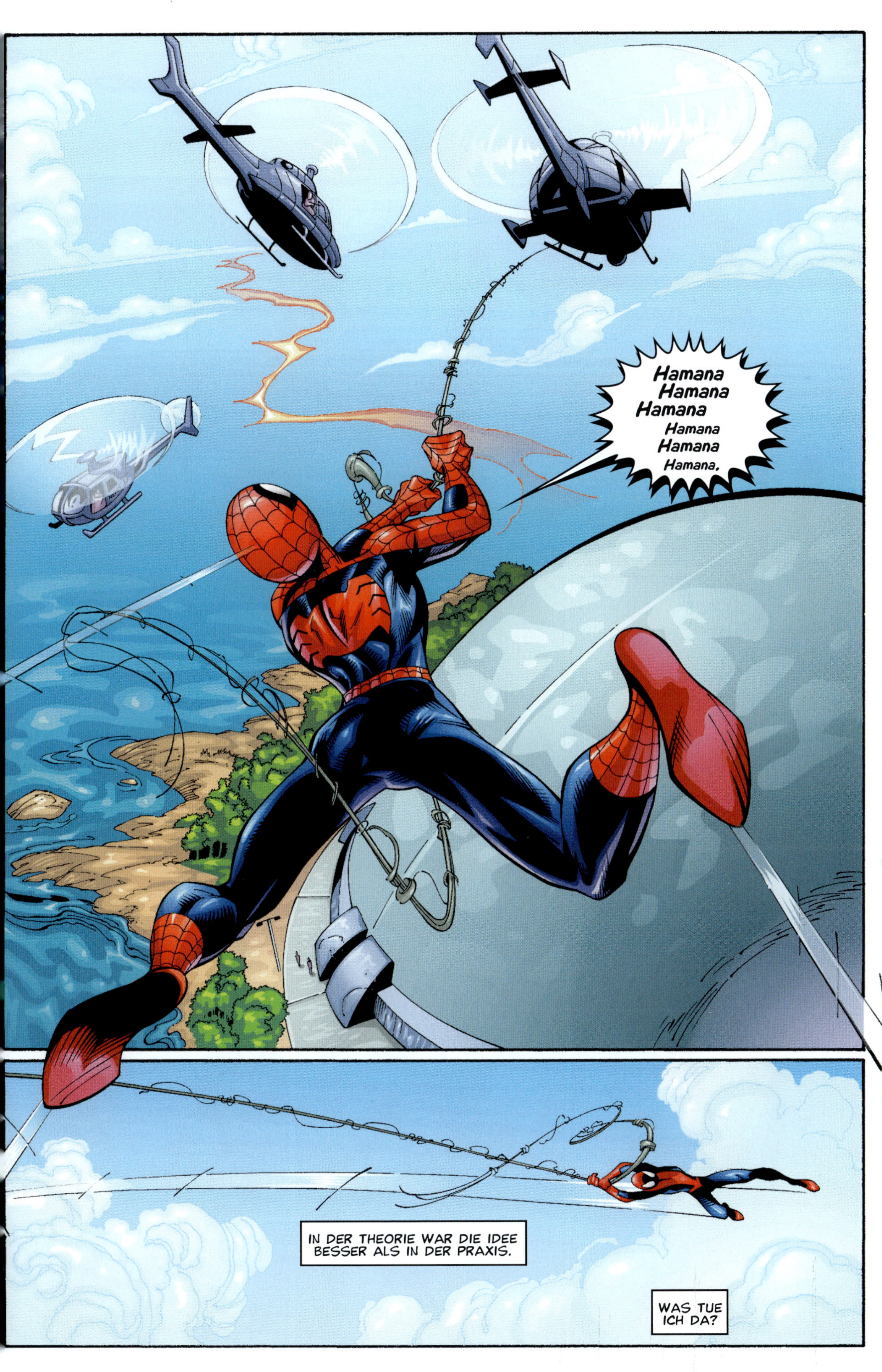
Hamana
Hamana
Hamana
Hamana
Hamana
Hamana.
IN DER THEORIE WAR DIE IDEE BESSER ALS IN DER PRAXIS.
WAS TUE ICH DA?

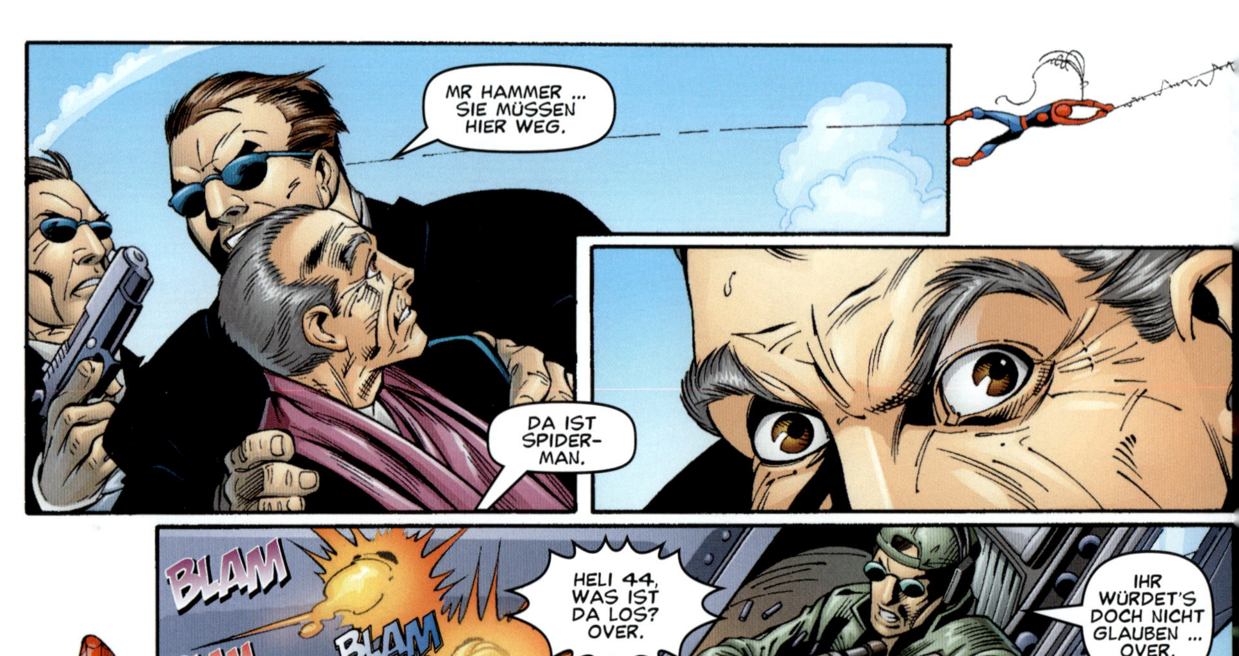
MR HAMMER ... SIE MÜSSEN HIER WEG.
DA IST SPIDER-MAN.

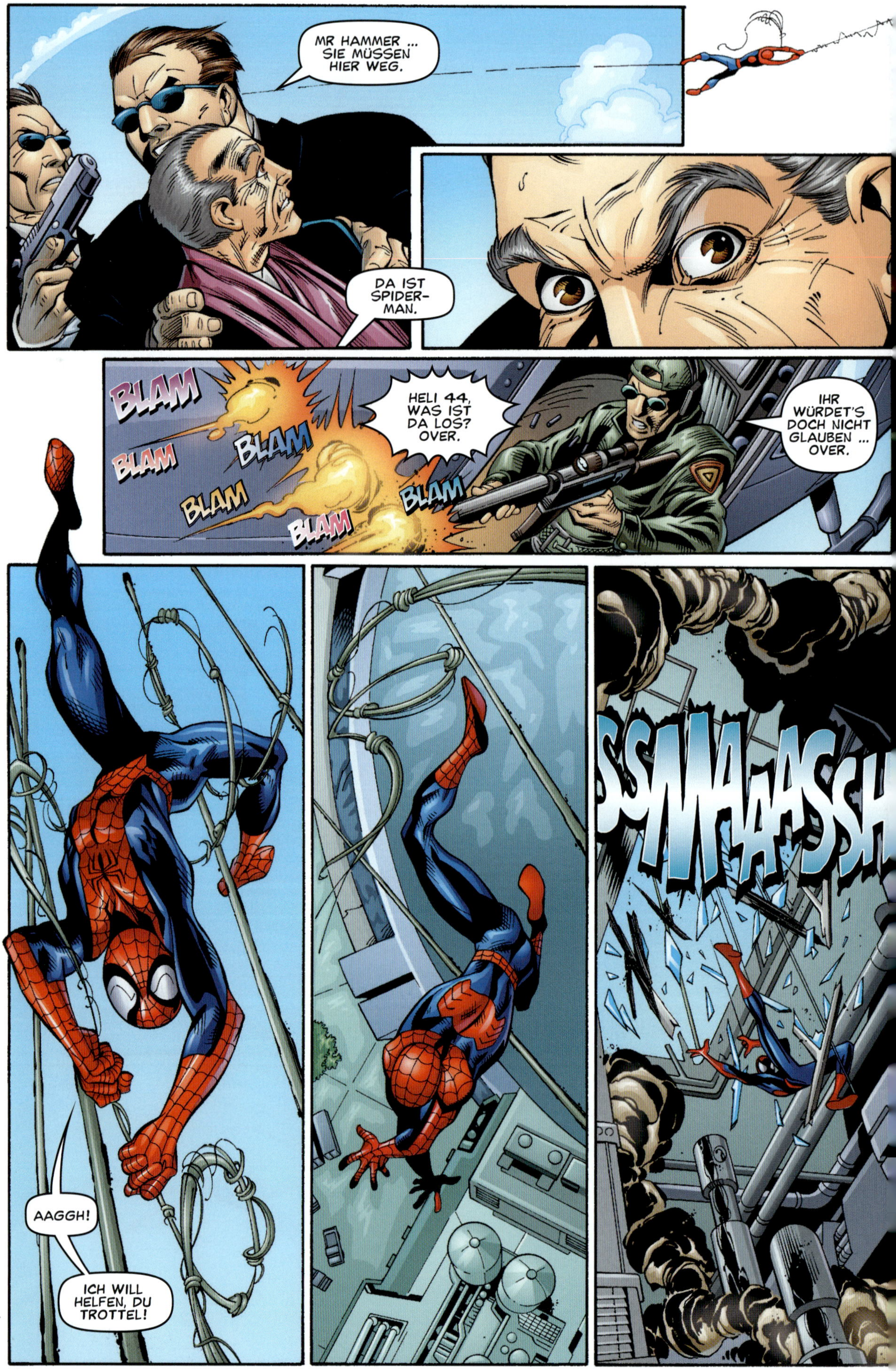

BLAM
BLAM
BLAM
BLAM
BLAM
BLAM
HELI 44, WAS IST DA LOS? OVER.
IHR WÜRDET'S DOCH NICHT GLAUBEN ... OVER.
AAGGH!
ICH WILL HELFEN, DU TROTTEL!

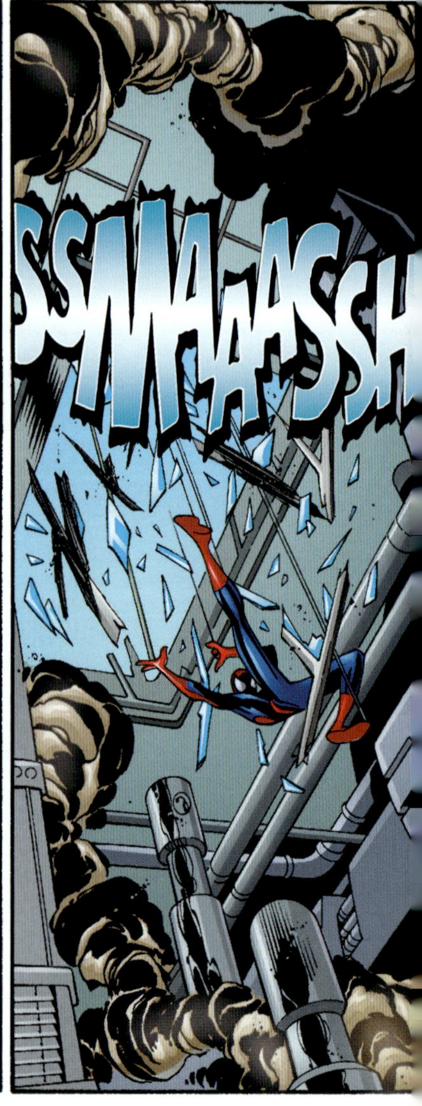
SSMAAASSH

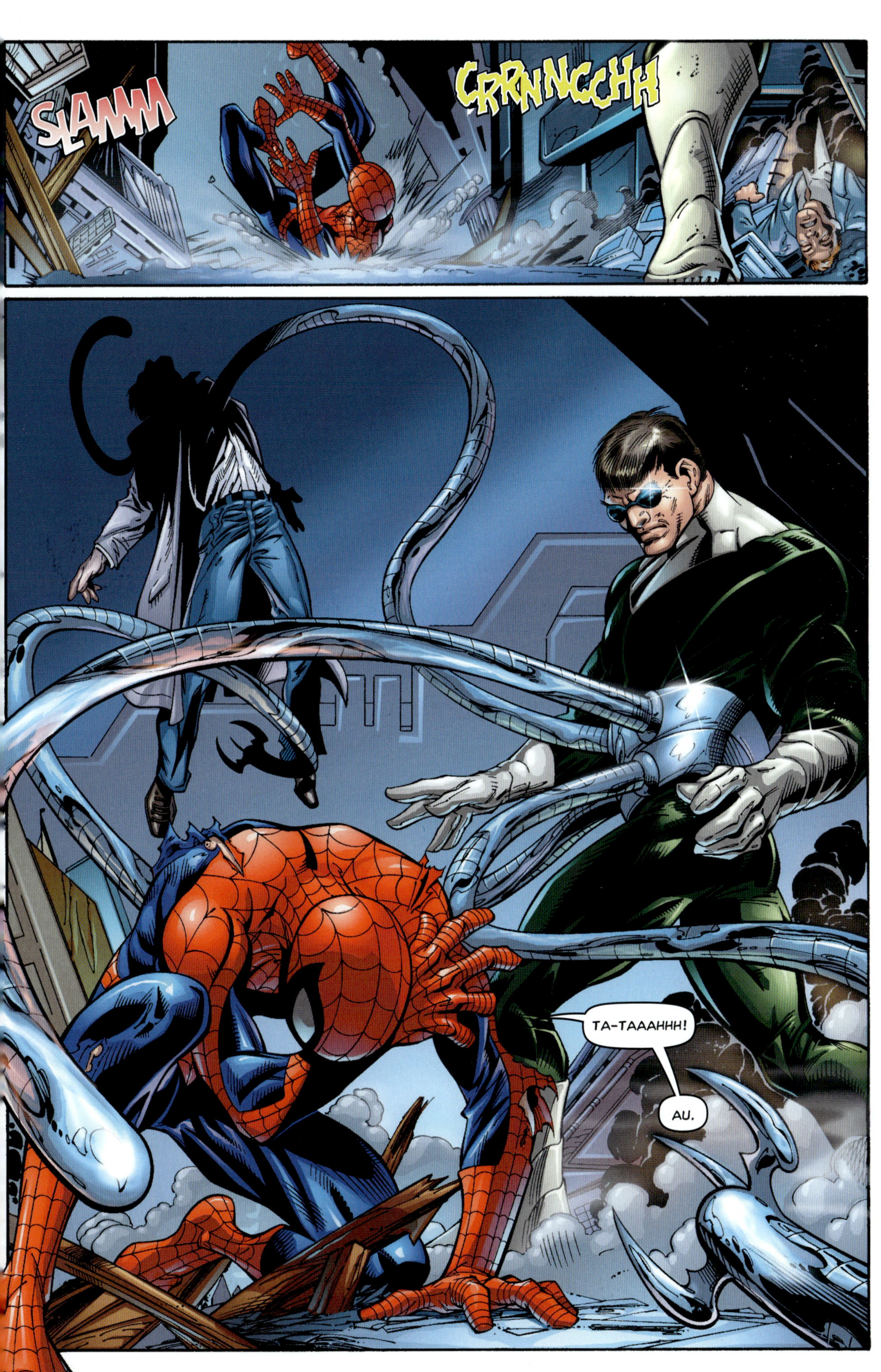
SLAMM
CRRNNGCHH
TA-TAAAHHH!
AU.

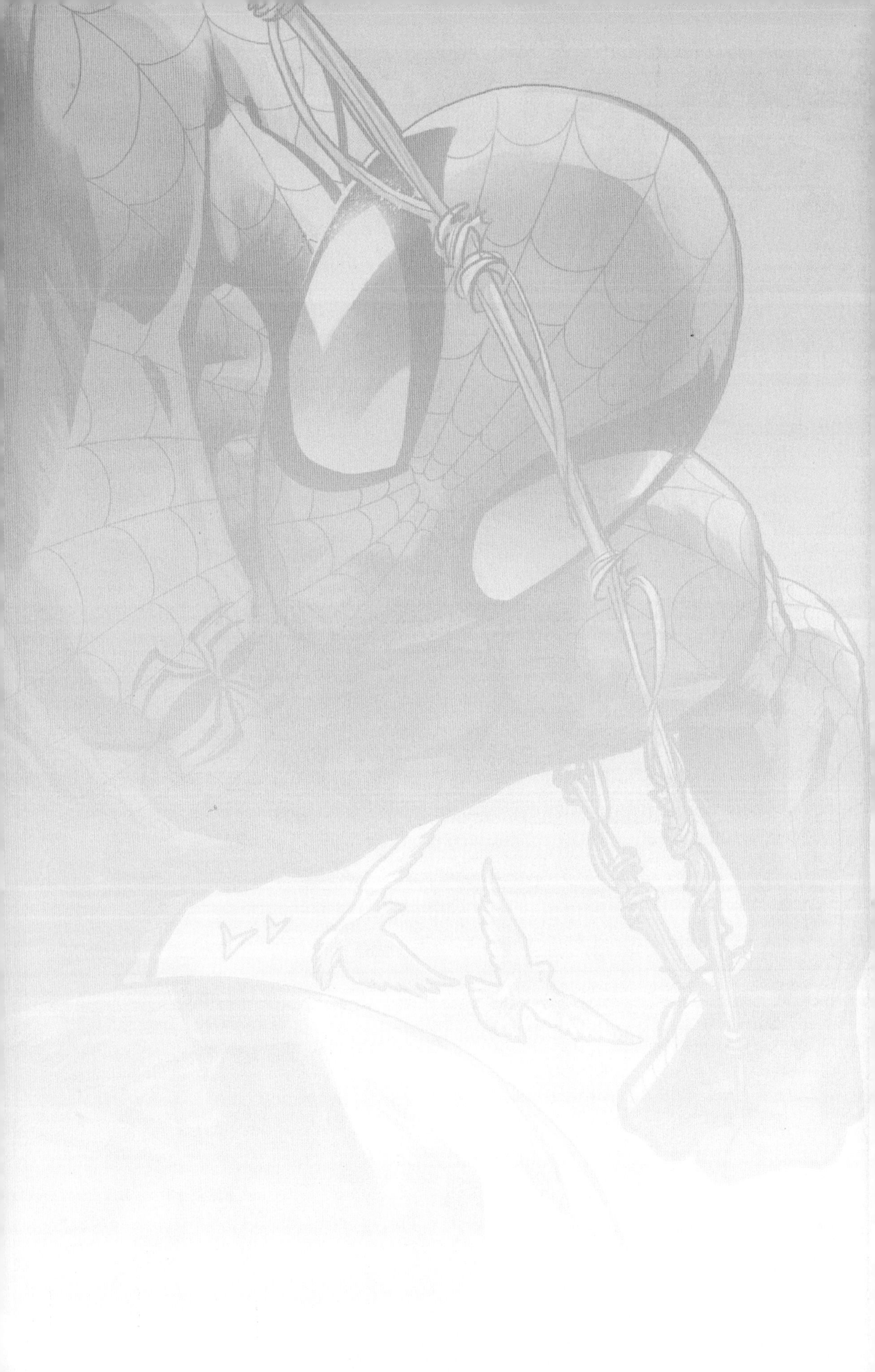

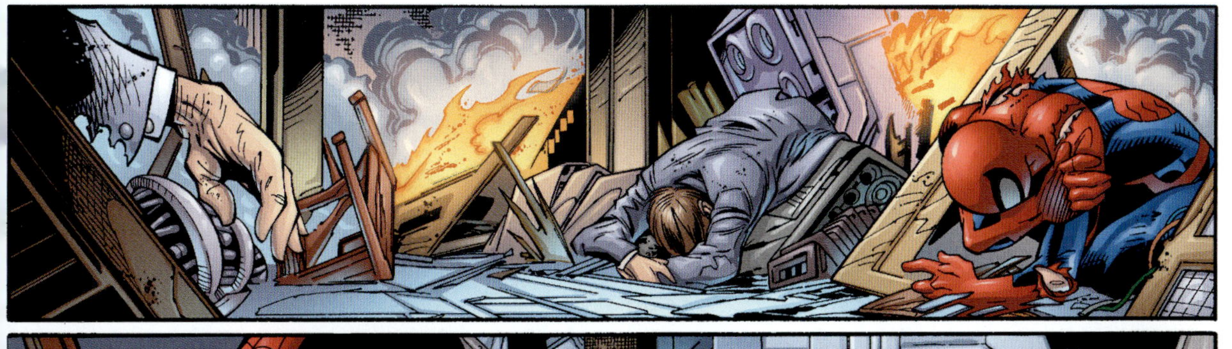

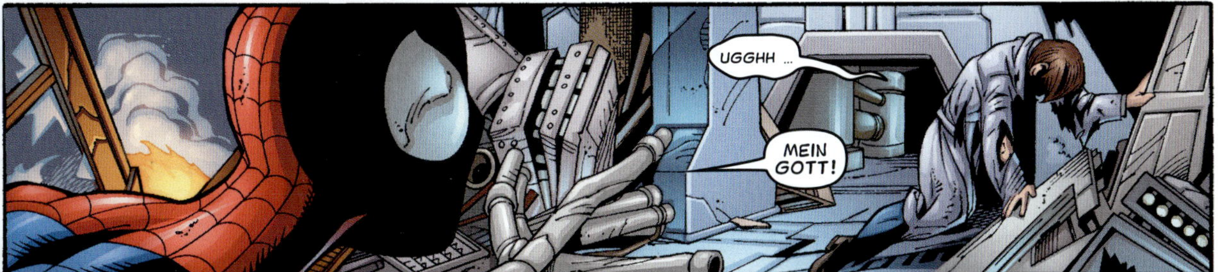
UGGHH ...
MEIN GOTT!

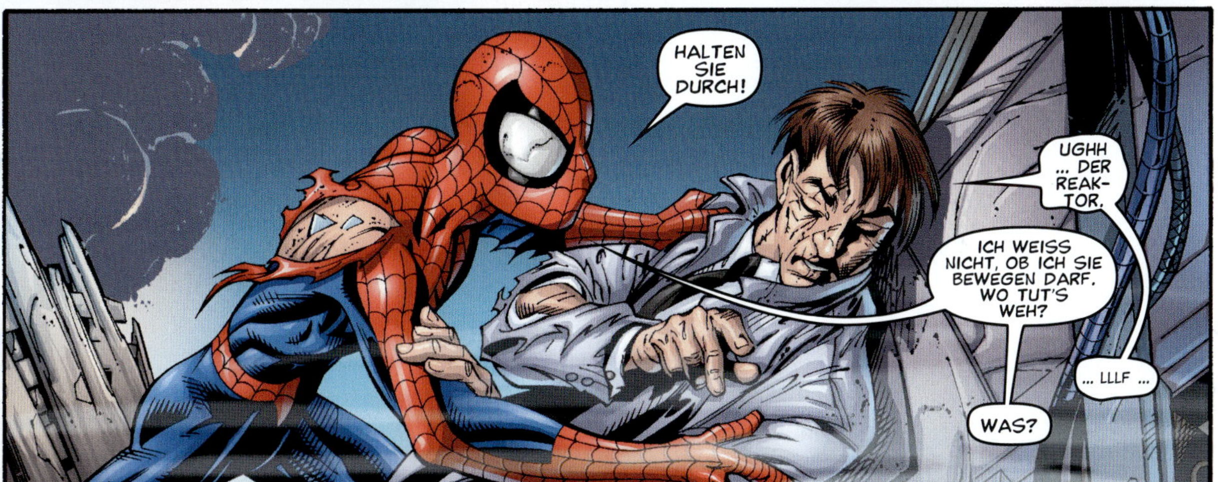
HALTEN SIE DURCH!
UGHH ... DER REAK-TOR.
ICH WEISS NICHT, OB ICH SIE BEWEGEN DARF. WO TUT'S WEH?
... LLLF ...
WAS?

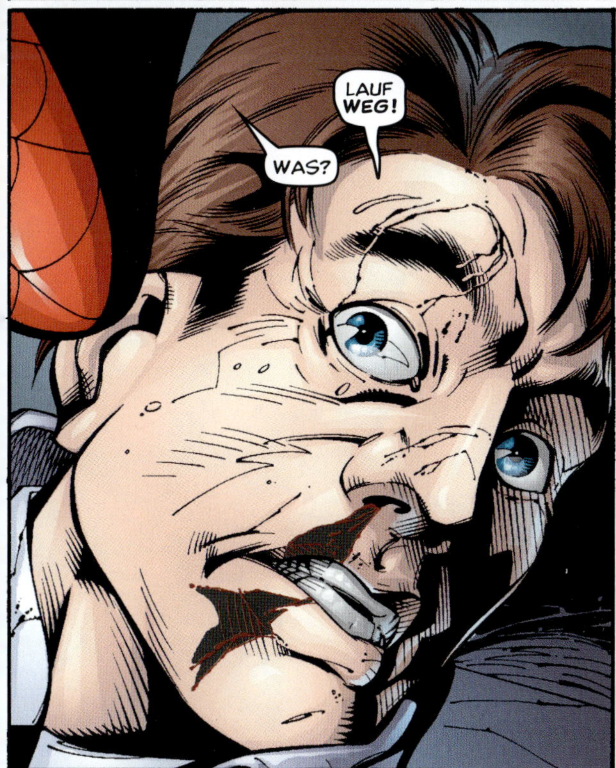
LAUF WEG!
WAS?

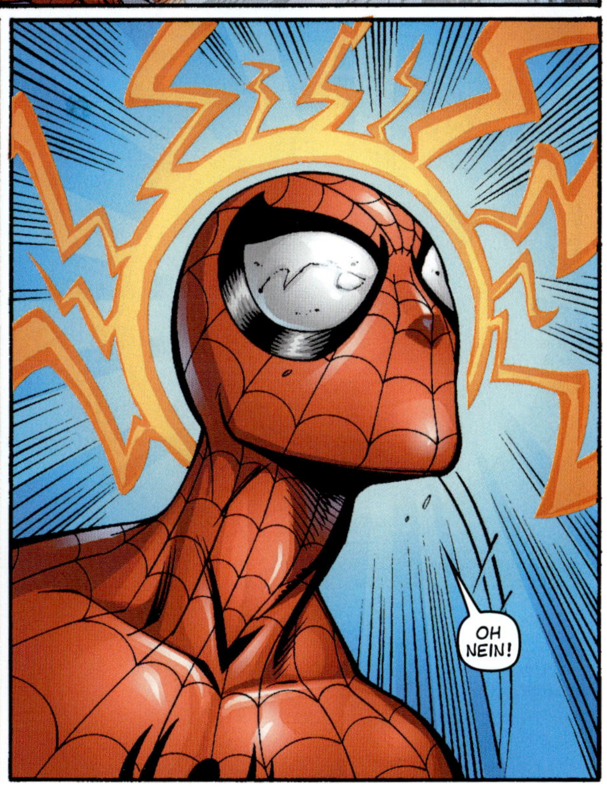
OH NEIN!

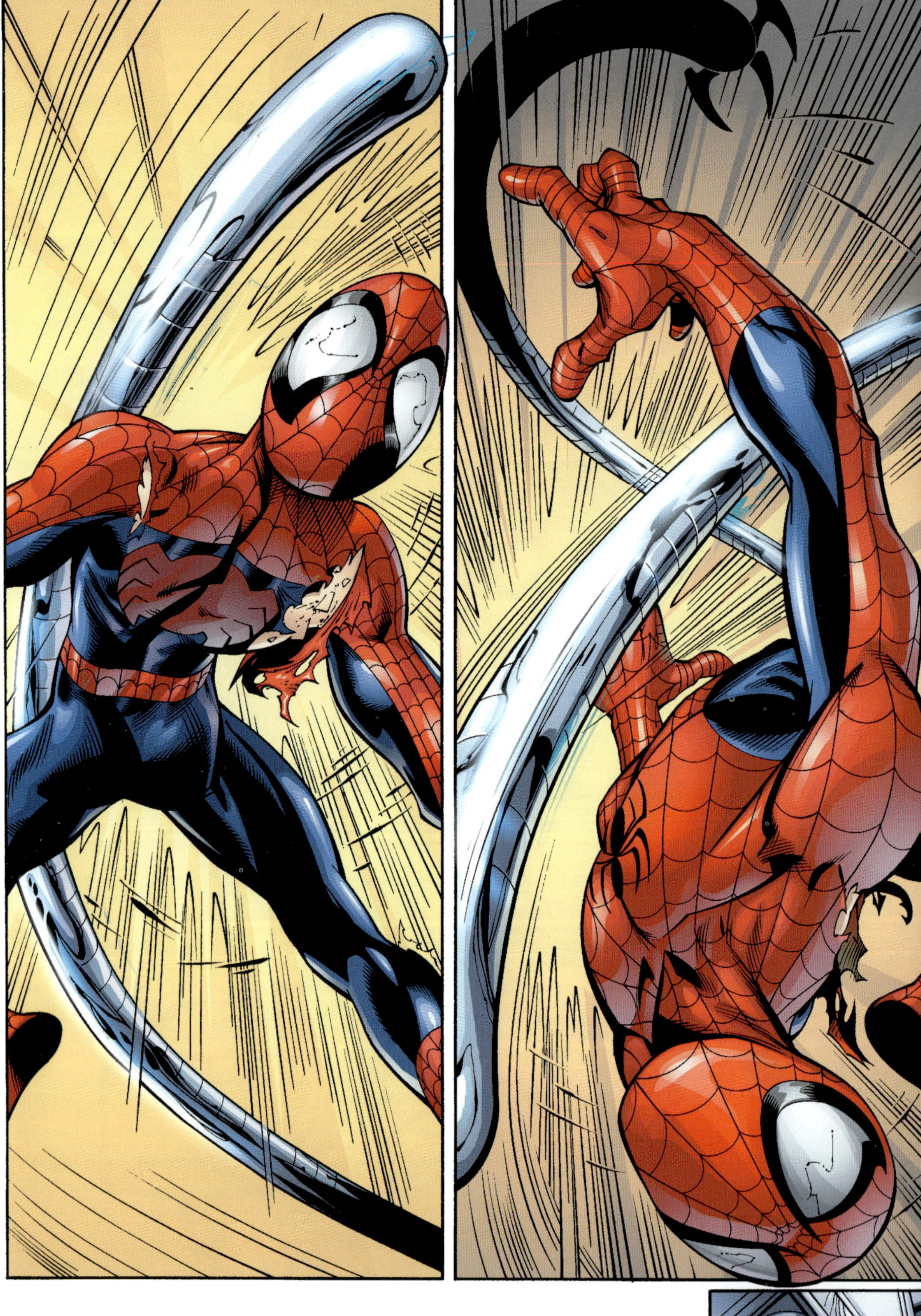

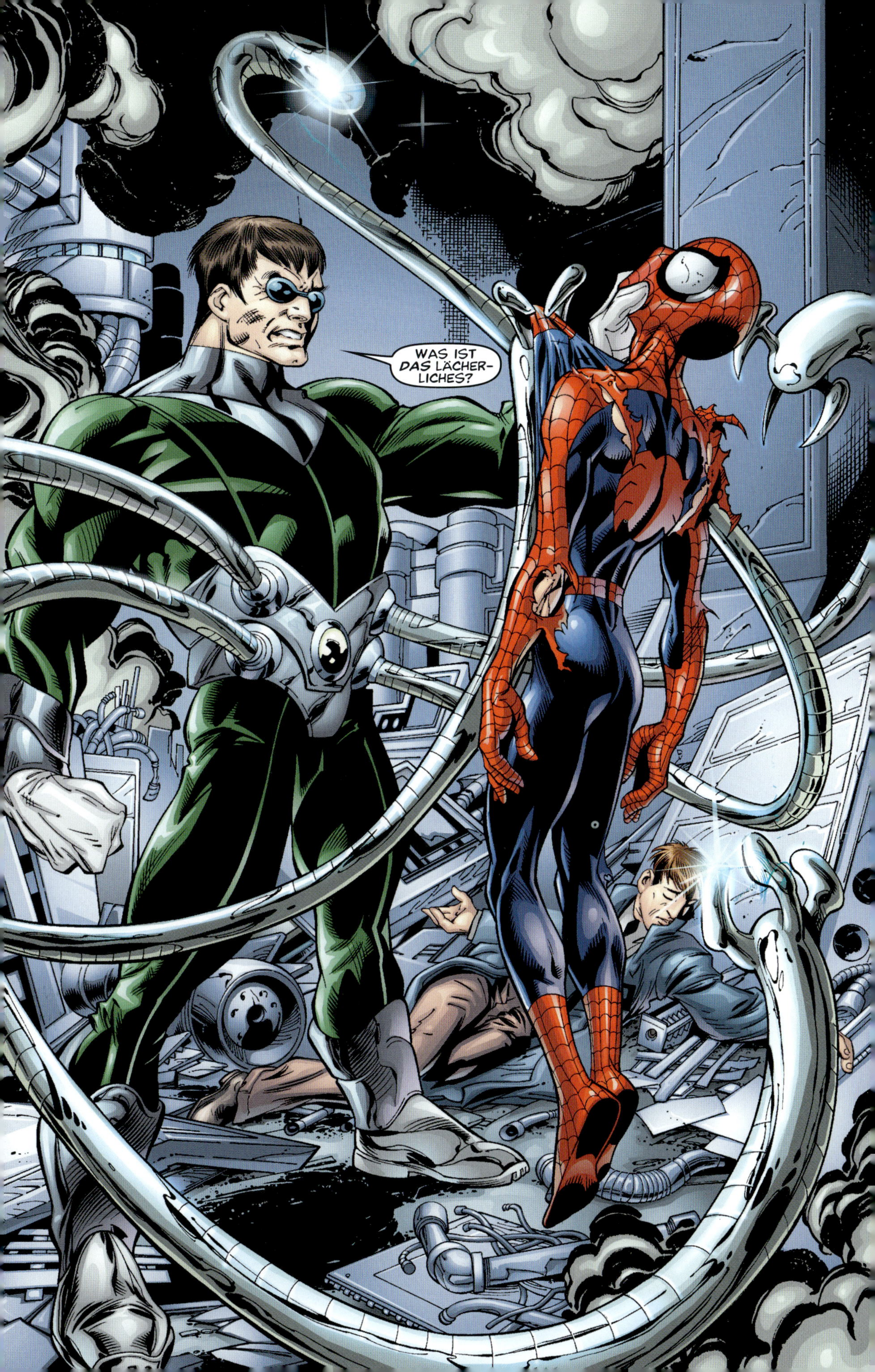
WAS IST DAS LÄCHER-LICHES?

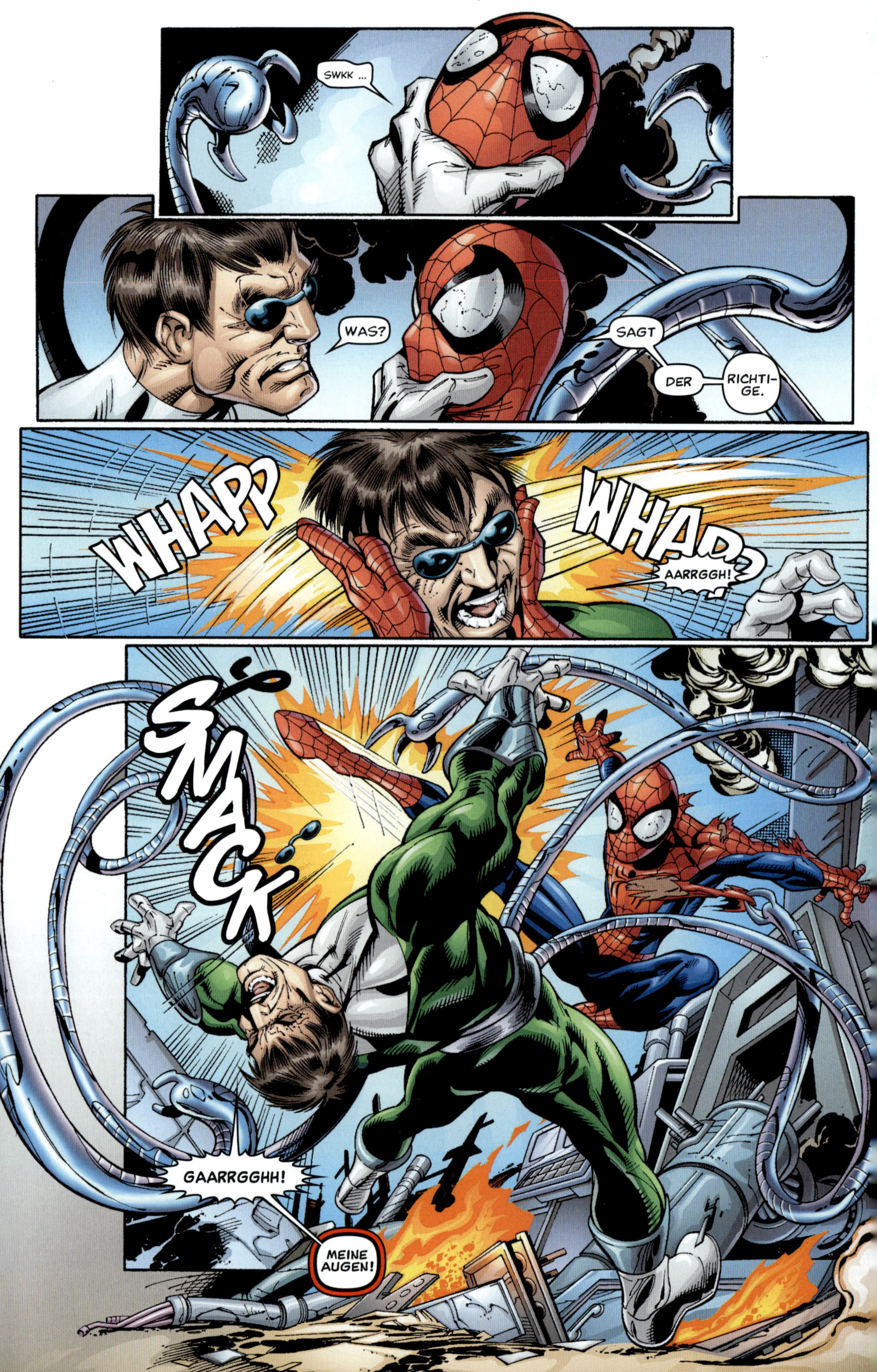
SWKK ...
WAS?
SAGT
DER
RICHTI-GE.
WHAPP
WHAPP
AARRGGH!
SMACK
GAARRGGHH!
MEINE AUGEN!

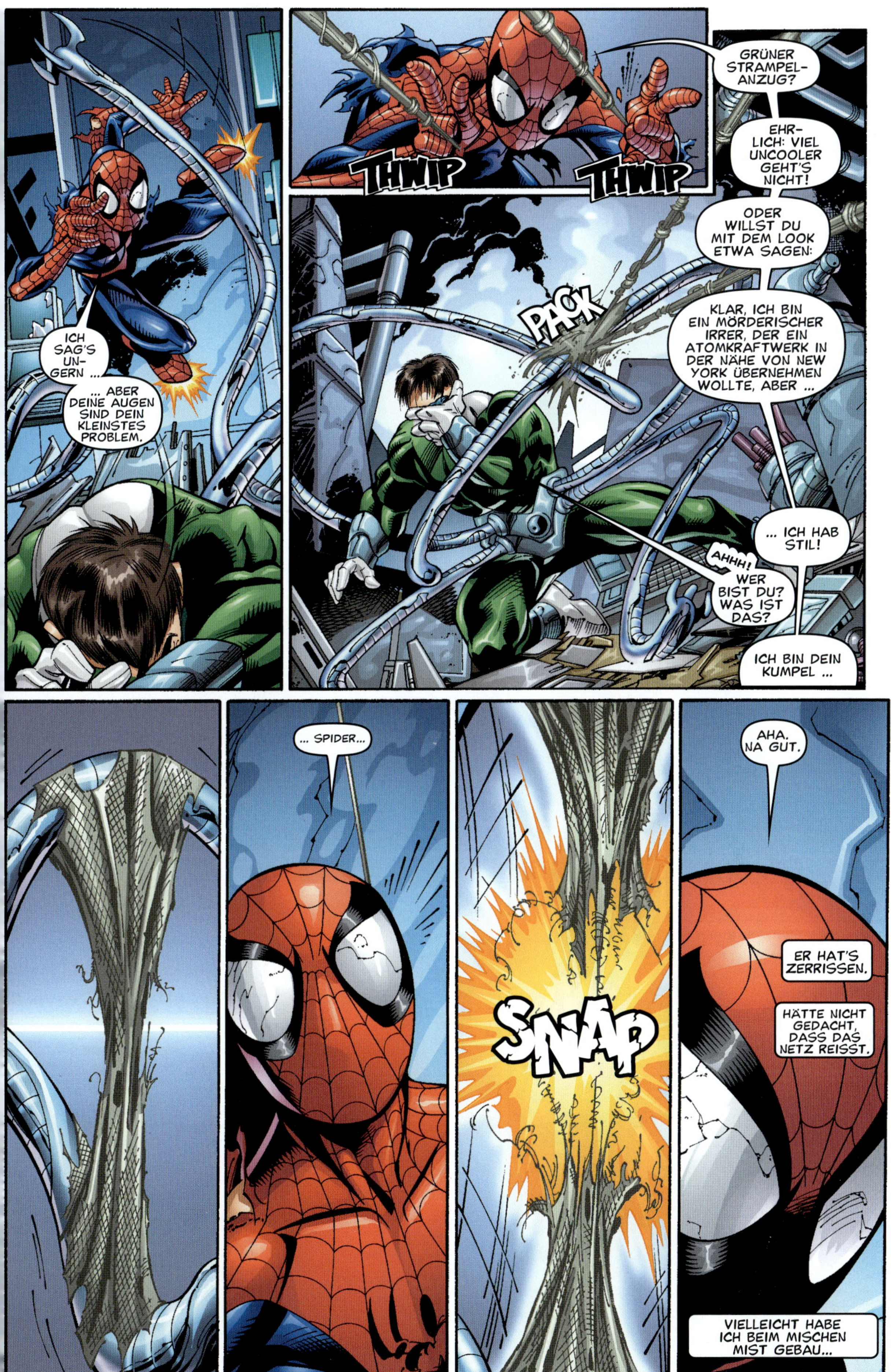
ICH SAG'S UN-GERN ...
... ABER DEINE AUGEN SIND DEIN KLEINSTES PROBLEM.
THWIP
THWIP
GRÜNER STRAMPEL-ANZUG?
EHR-LICH: VIEL UNCOOLER GEHT'S NICHT!
ODER WILLST DU MIT DEM LOOK ETWA SAGEN:
PACK
KLAR, ICH BIN EIN MÖRDERISCHER IRRER, DER EIN ATOMKRAFTWERK IN DER NÄHE VON NEW YORK ÜBERNEHMEN WOLLTE, ABER ...
... ICH HAB STIL!
AHHH! WER BIST DU? WAS IST DAS?
ICH BIN DEIN KUMPEL ...
... SPIDER...
SNAP
AHA. NA GUT.
ER HAT'S ZERRISSEN.
HÄTTE NICHT GEDACHT, DASS DAS NETZ REISST.
VIELLEICHT HABE ICH BEIM MISCHEN MIST GEBAU...

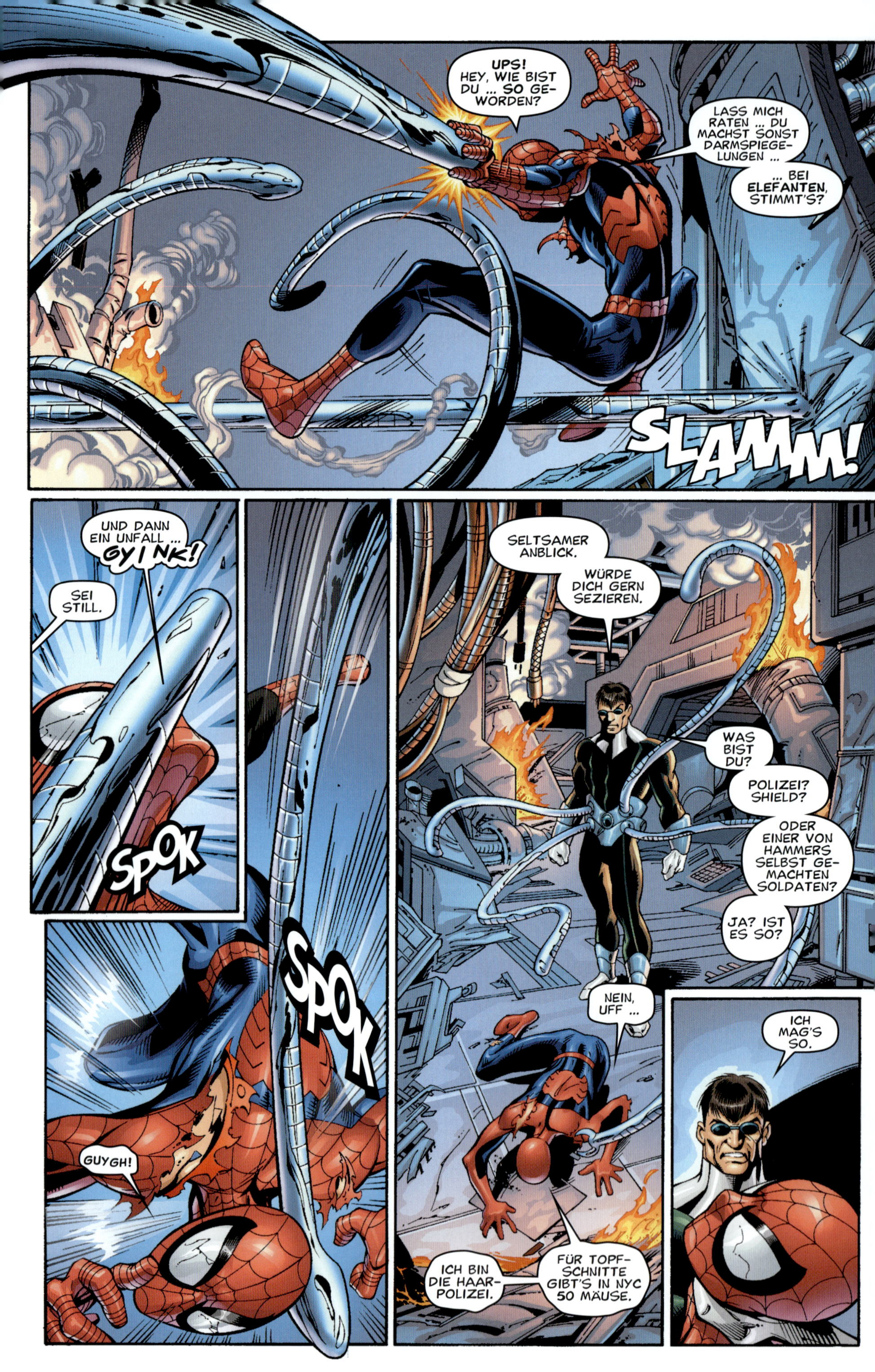
UPS!
HEY, WIE BIST DU ... SO GEWORDEN?
LASS MICH RATEN ... DU MACHST SONST DARMSPIEGELUNGEN ...
... BEI ELEFANTEN, STIMMT'S?
SLAMMM!
UND DANN EIN UNFALL ...
GYINK!
SEI STILL.
SPOK
SPOK
GUYGH!
SELTSAMER ANBLICK.
WÜRDE DICH GERN SEZIEREN.
WAS BIST DU?
POLIZEI? SHIELD?
ODER EINER VON HAMMERS SELBST GEMACHTEN SOLDATEN?
JA? IST ES SO?
NEIN, UFF ...
ICH BIN DIE HAARPOLIZEI.
FÜR TOPFSCHNITTE GIBT'S IN NYC 50 MÄUSE.
ICH MAG'S SO.

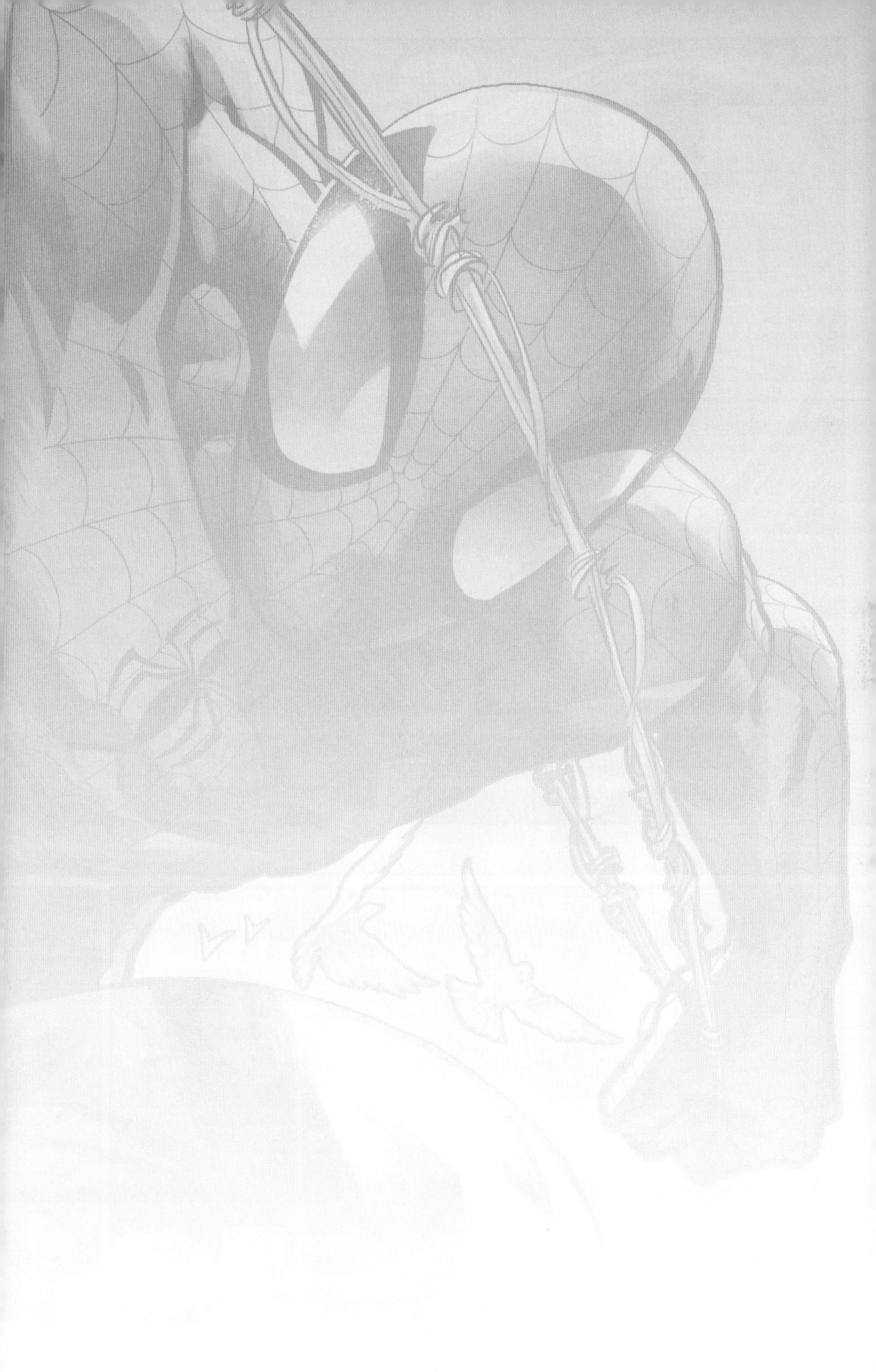

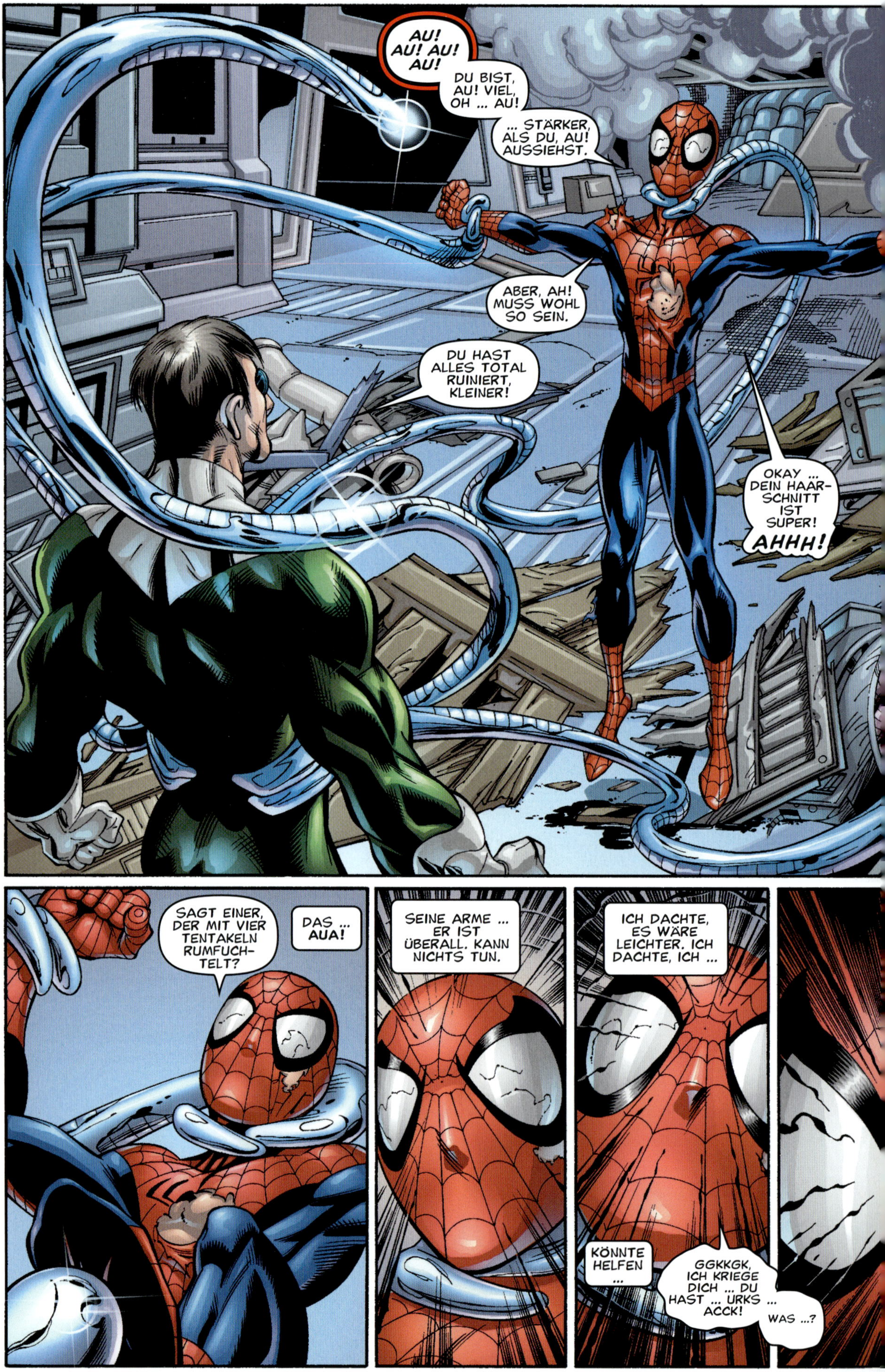

AU! AU! AU! AU!
DU BIST, AU! VIEL, OH ... AU!
... STÄRKER, ALS DU, AU! AUSSIEHST.
ABER, AH! MUSS WOHL SO SEIN.
DU HAST ALLES TOTAL RUINIERT, KLEINER!
OKAY ... DEIN HAAR-SCHNITT IST SUPER! AHHH!

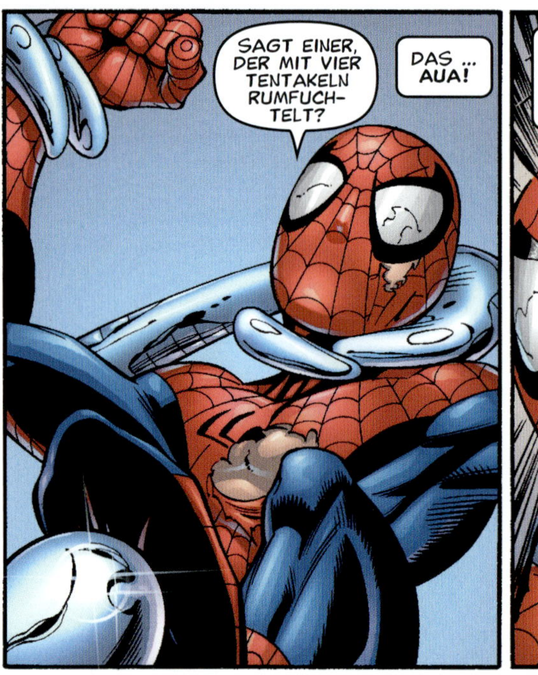
SAGT EINER, DER MIT VIER TENTAKELN RUMFUCH-TELT?
DAS ... AUA!

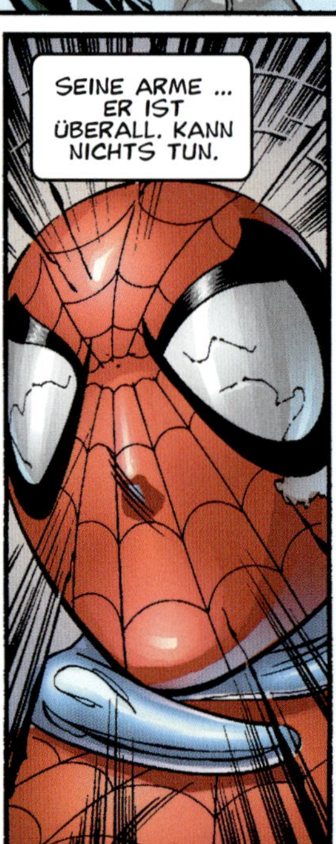
SEINE ARME ... ER IST ÜBERALL. KANN NICHTS TUN.

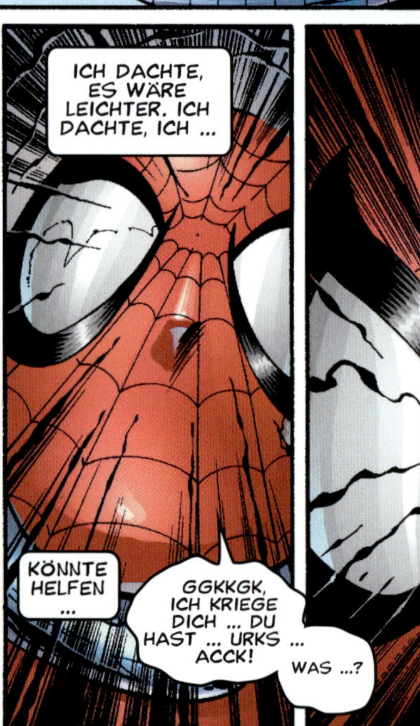
ICH DACHTE, ES WÄRE LEICHTER. ICH DACHTE, ICH ...
KÖNNTE HELFEN ...
GGKKGK, ICH KRIEGE DICH ... DU HAST ... URKS ... ACCK!
WAS ...?

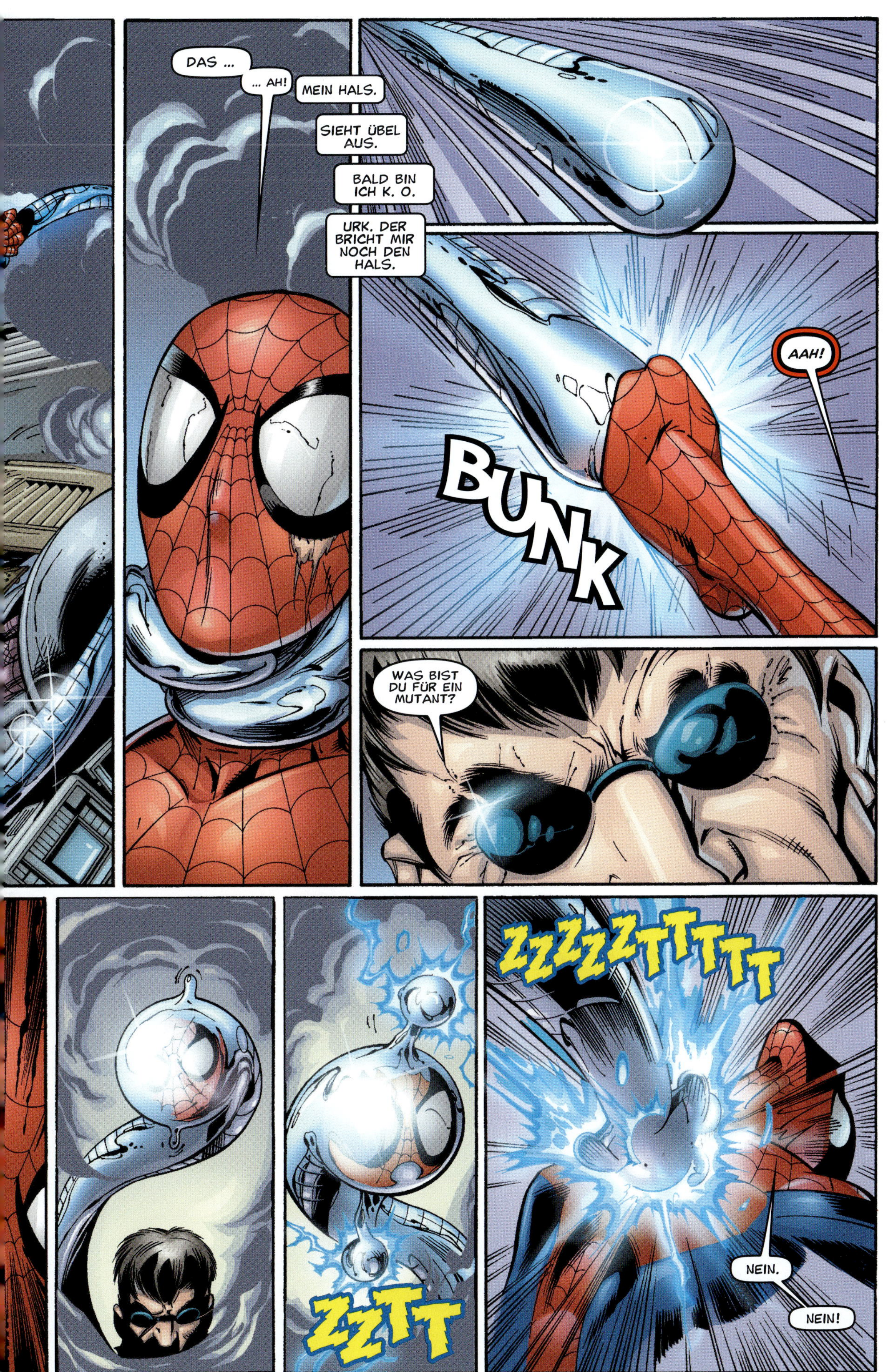
DAS ...
... AH!
MEIN HALS.
SIEHT ÜBEL AUS.
BALD BIN ICH K. O.
URK. DER BRICHT MIR NOCH DEN HALS.
AAH!
BUNK
WAS BIST DU FÜR EIN MUTANT?
ZZTT
ZZZZZTTTTTT
NEIN.
NEIN!

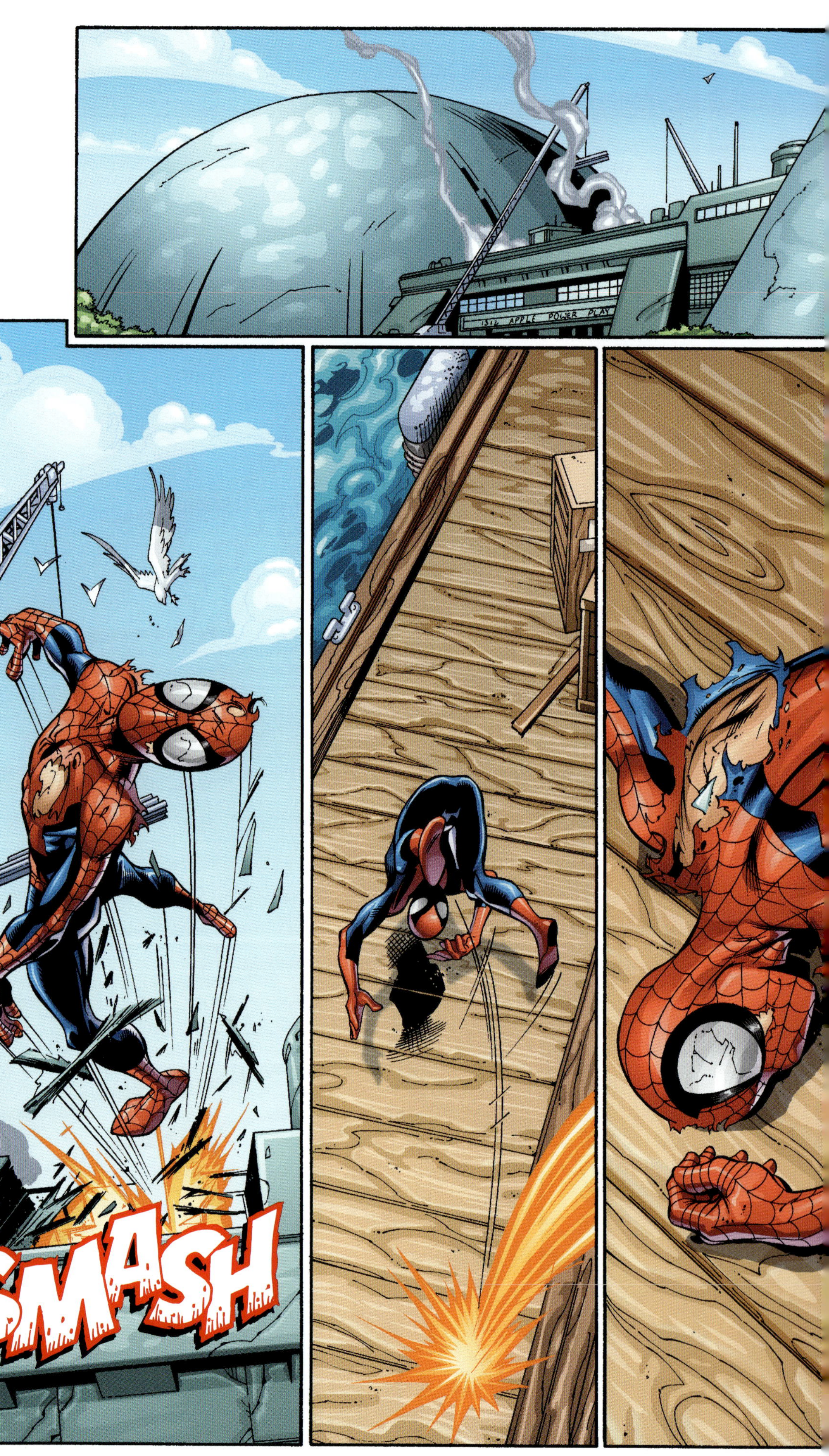
APPLE POWER PLAY
SMASH

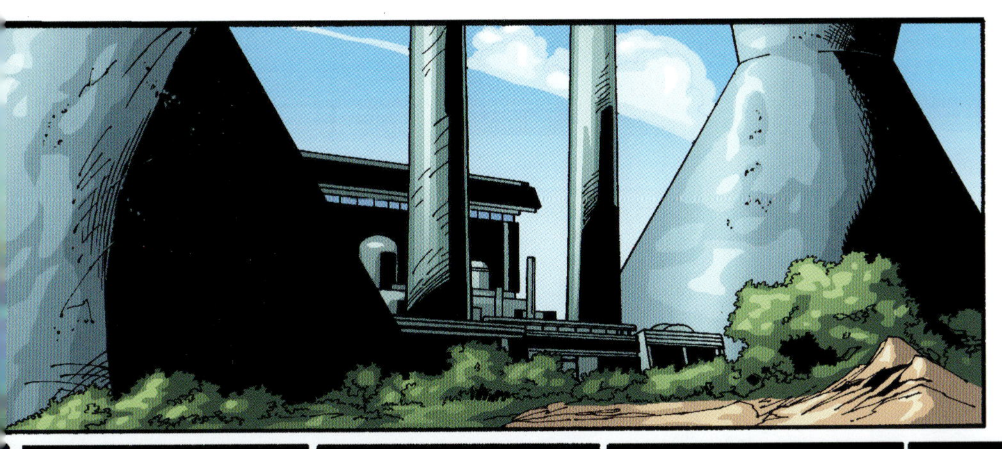

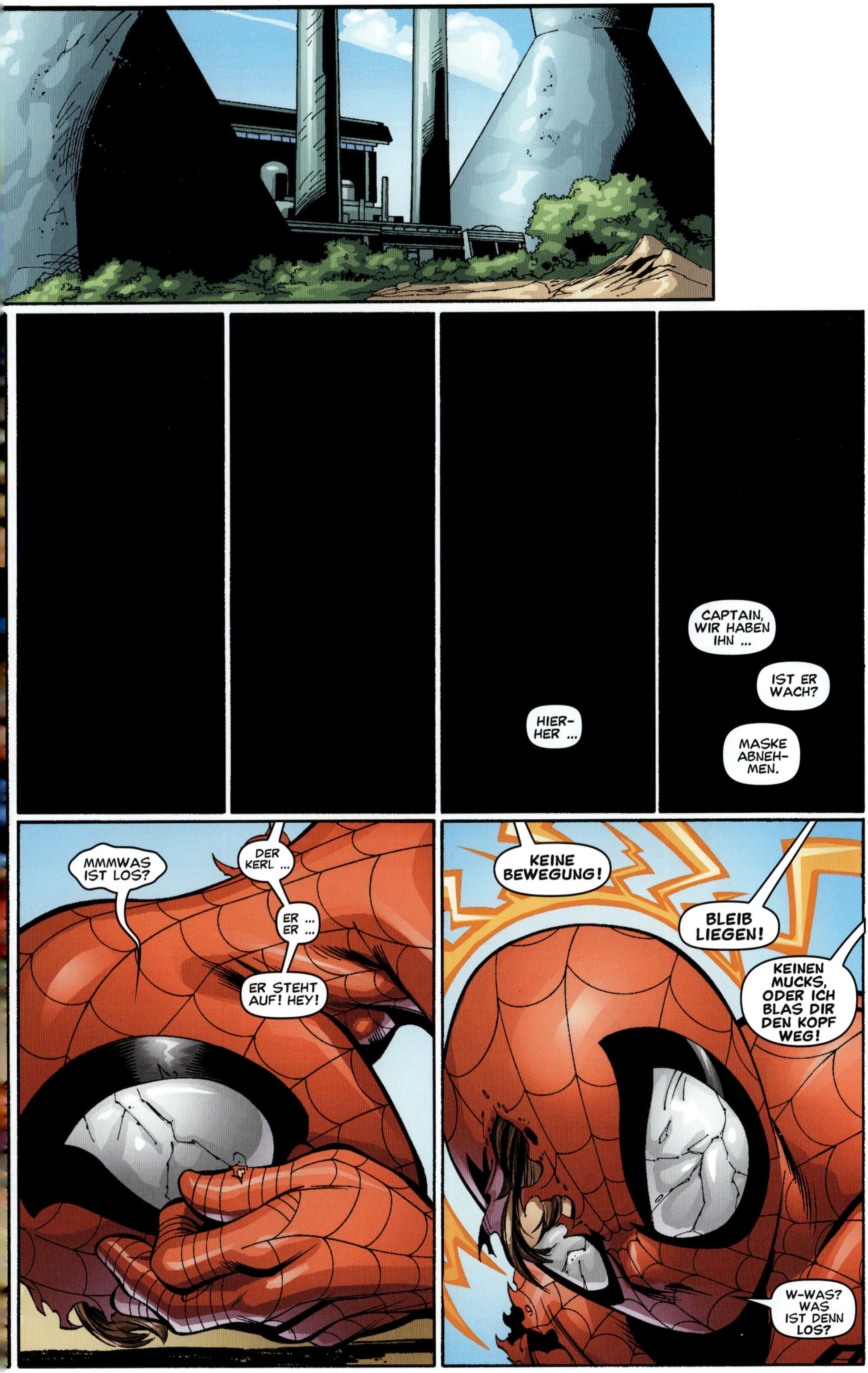

HIER-HER ...
CAPTAIN, WIR HABEN IHN ...
IST ER WACH?
MASKE ABNEH-MEN.
MMMWAS IST LOS?
DER KERL ...
ER ... ER ...
ER STEHT AUF! HEY!
KEINE BEWEGUNG!
BLEIB LIEGEN!
KEINEN MUCKS, ODER ICH BLAS DIR DEN KOPF WEG!
W-WAS? WAS IST DENN LOS?

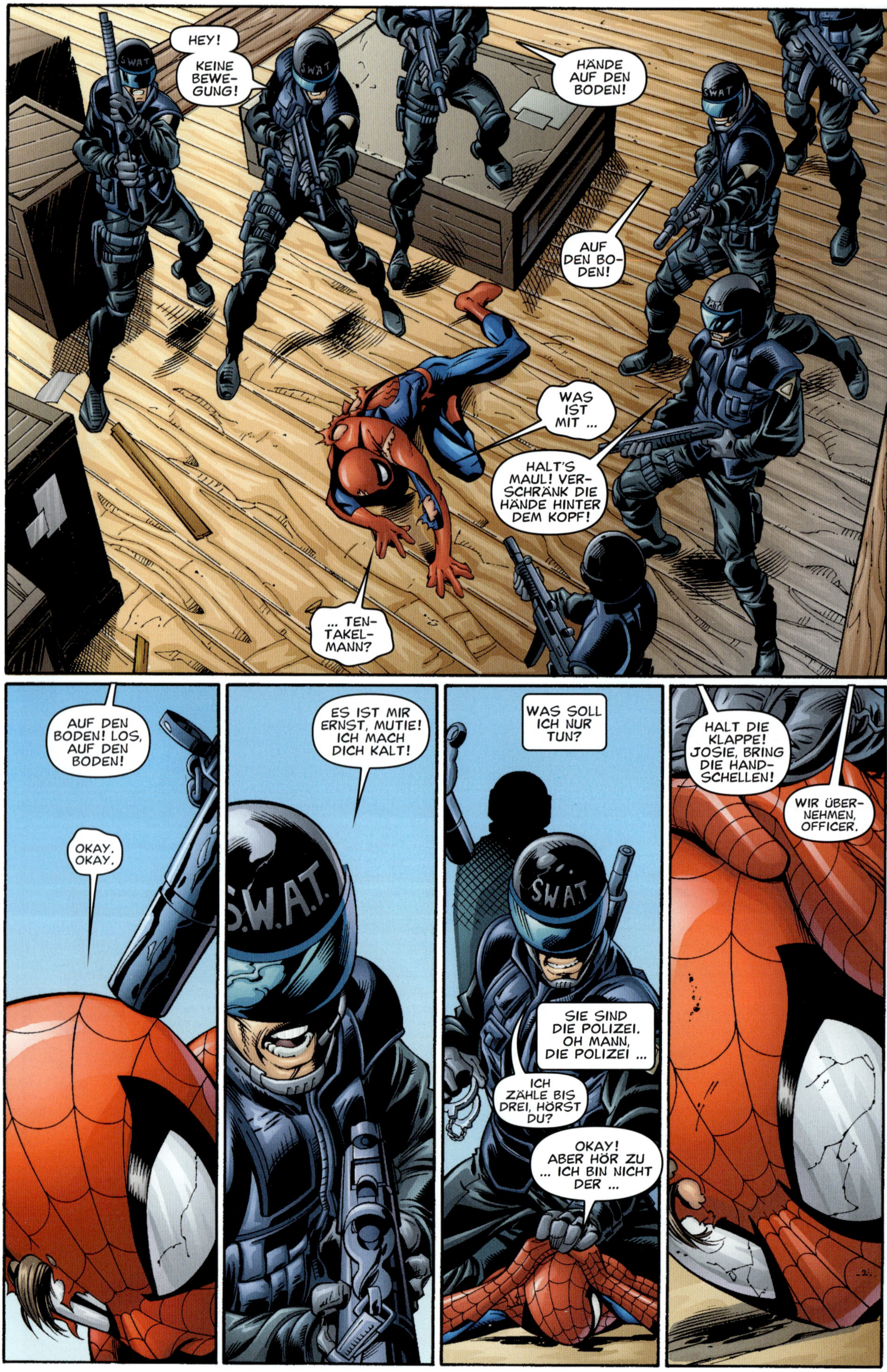

HEY!
KEINE BEWEGUNG!
HÄNDE AUF DEN BODEN!
AUF DEN BODEN!
WAS IST MIT ...
HALT'S MAUL! VERSCHRÄNK DIE HÄNDE HINTER DEM KOPF!
... TENTAKELMANN?

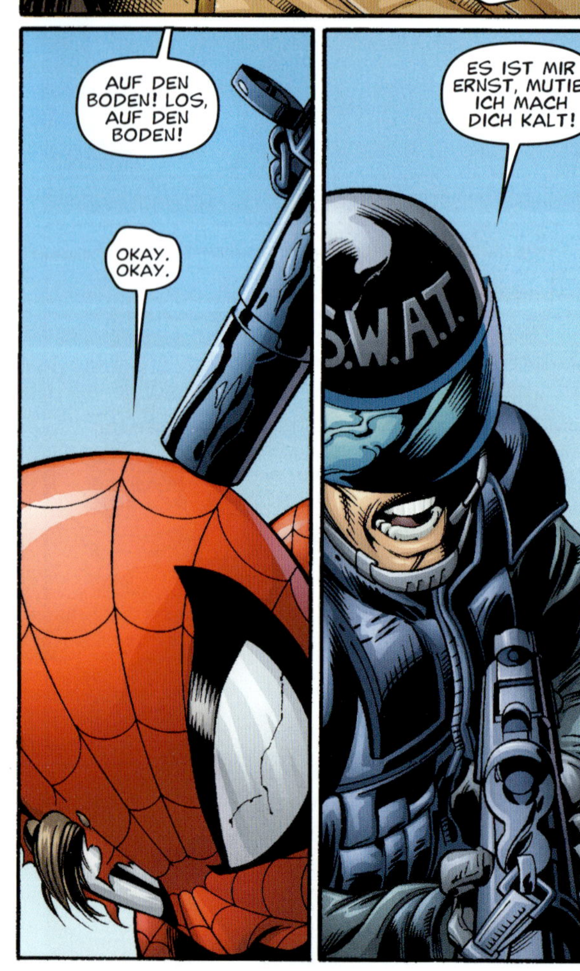

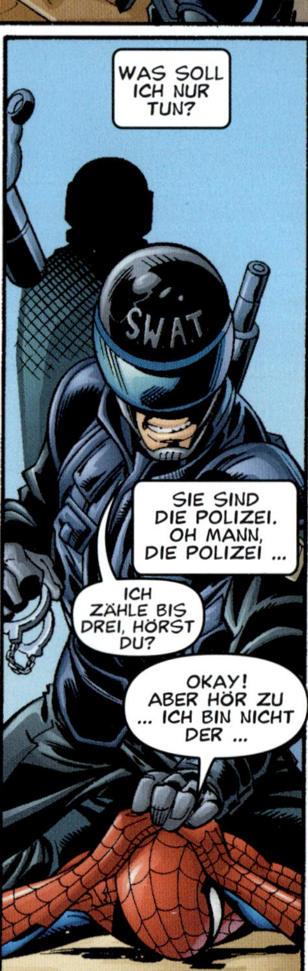

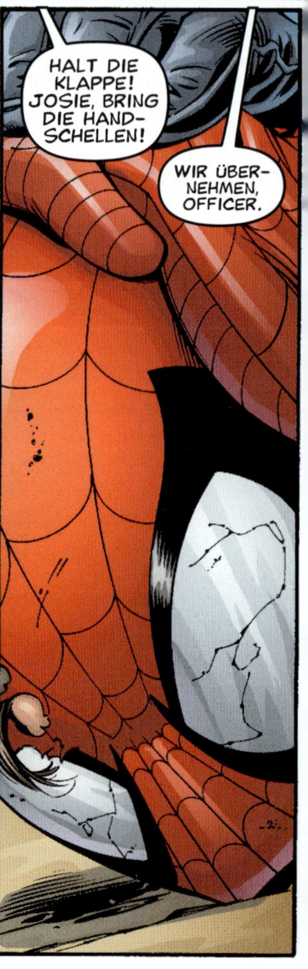

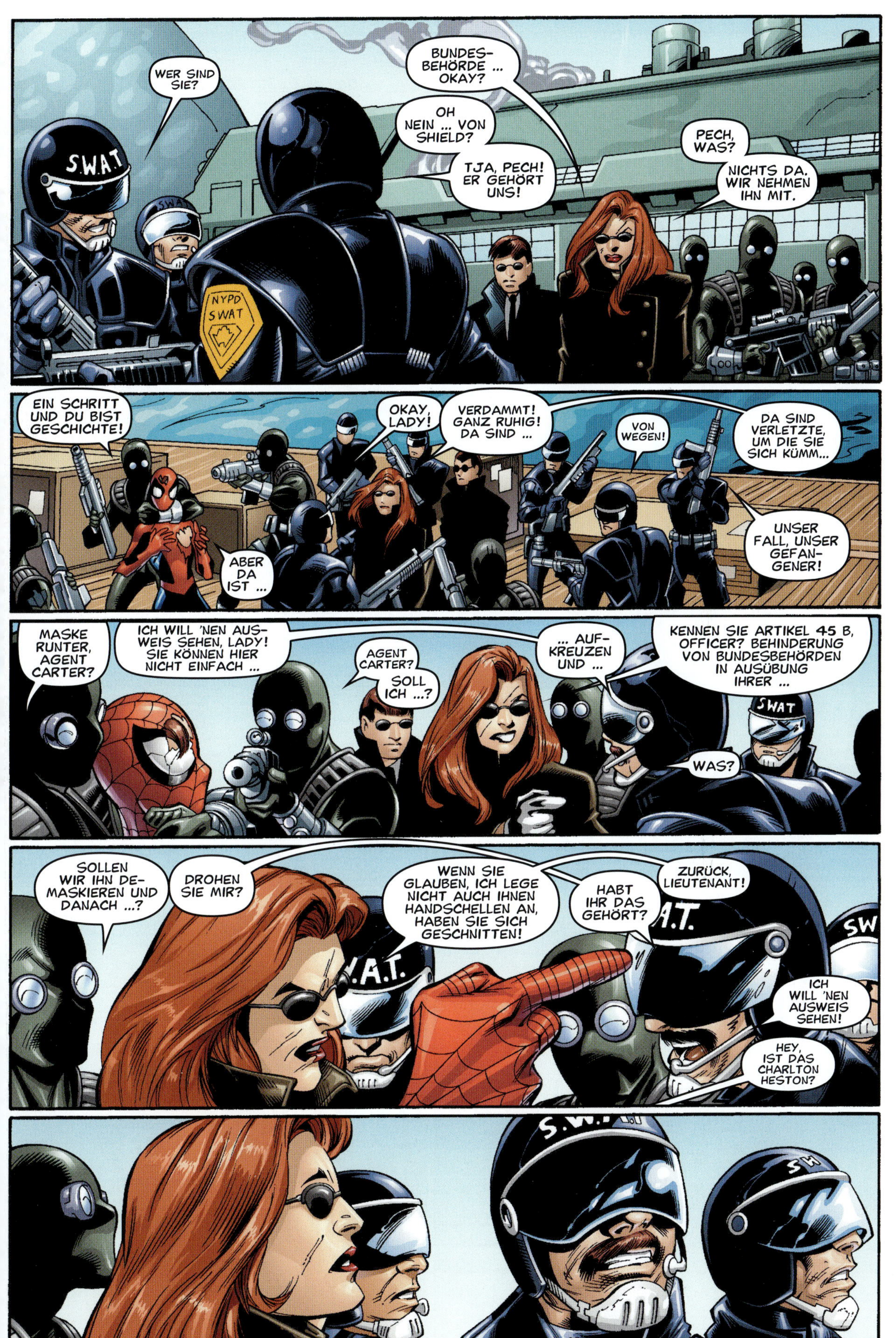
WER SIND SIE?
BUNDES-BEHÖRDE ... OKAY?
OH NEIN ... VON SHIELD?
TJA, PECH! ER GEHÖRT UNS!
PECH, WAS?
NICHTS DA. WIR NEHMEN IHN MIT.
EIN SCHRITT UND DU BIST GESCHICHTE!
OKAY, LADY!
VERDAMMT! GANZ RUHIG! DA SIND ...
VON WEGEN!
DA SIND VERLETZTE, UM DIE SIE SICH KÜMM...
ABER DA IST ...
UNSER FALL, UNSER GEFAN-GENER!
MASKE RUNTER, AGENT CARTER?
ICH WILL 'NEN AUS-WEIS SEHEN, LADY! SIE KÖNNEN HIER NICHT EINFACH ...
AGENT CARTER?
SOLL ICH ...?
... AUF-KREUZEN UND ...
KENNEN SIE ARTIKEL 45 B, OFFICER? BEHINDERUNG VON BUNDESBEHÖRDEN IN AUSÜBUNG IHRER ...
WAS?
SOLLEN WIR IHN DE-MASKIEREN UND DANACH ...?
DROHEN SIE MIR?
WENN SIE GLAUBEN, ICH LEGE NICHT AUCH IHNEN HANDSCHELLEN AN, HABEN SIE SICH GESCHNITTEN!
HABT IHR DAS GEHÖRT?
ZURÜCK, LIEUTENANT!
ICH WILL 'NEN AUSWEIS SEHEN!
HEY, IST DAS CHARLTON HESTON?

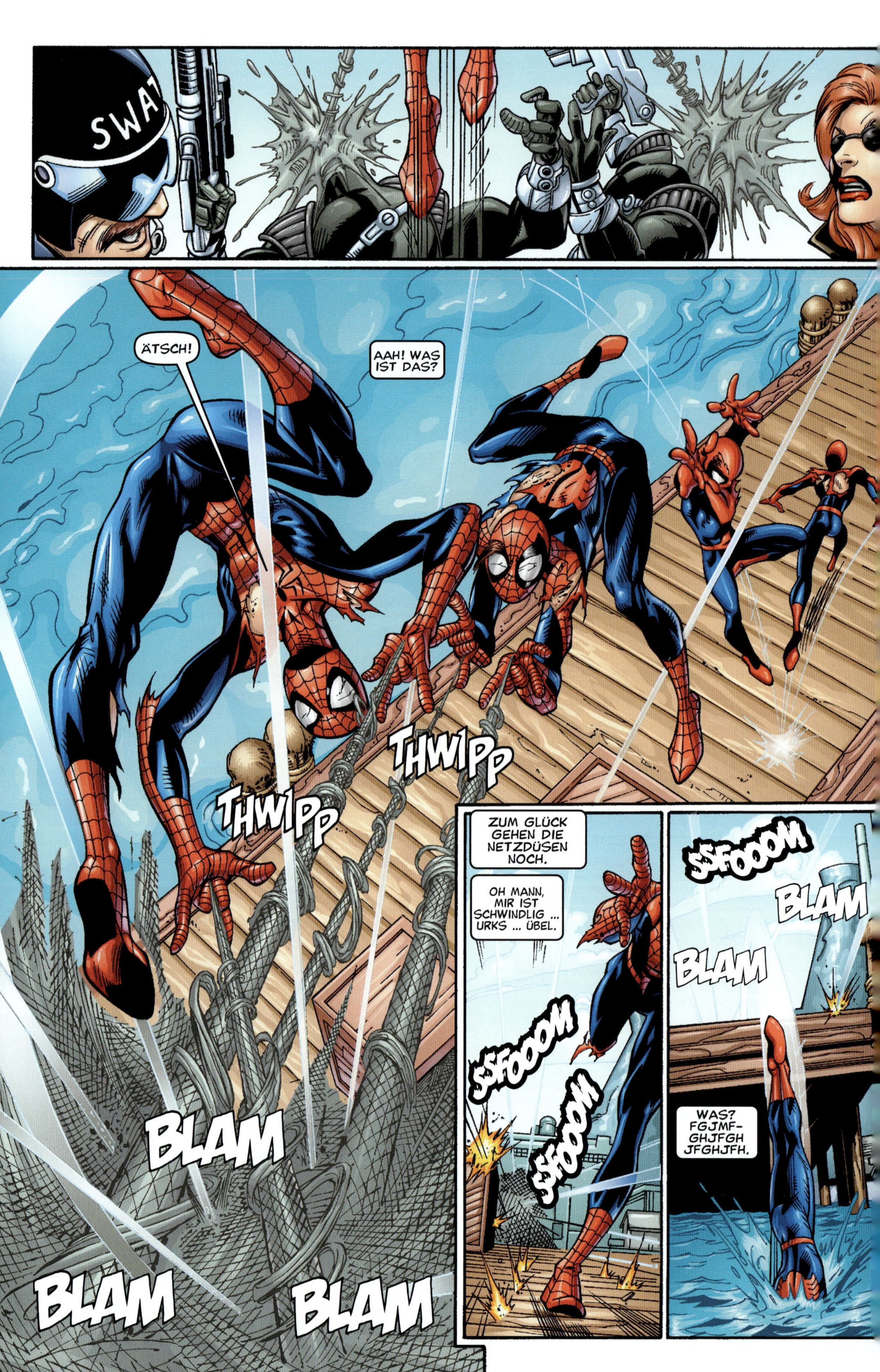
SWAT
ÄTSCH!
AAH! WAS IST DAS?
THWIPP
THWIPP
BLAM
BLAM
BLAM
ZUM GLÜCK GEHEN DIE NETZDÜSEN NOCH.
OH MANN, MIR IST SCHWINDLIG ... URKS ... ÜBEL.
SSFOOOM
SSFOOOM
SSFOOOM
BLAM
BLAM
WAS? FGJMF-GHJFGH JFGHJFH.

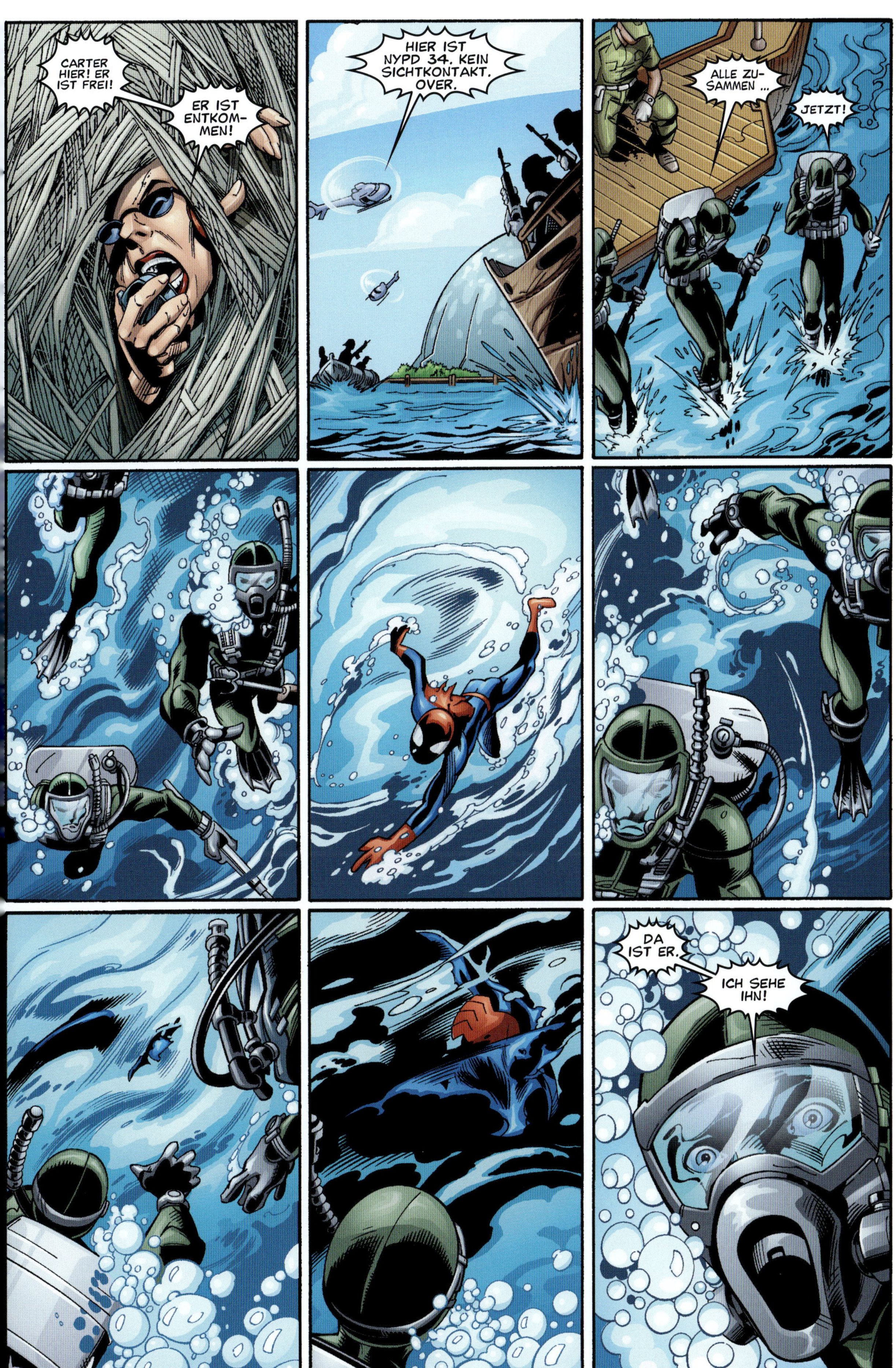
CARTER HIER! ER IST FREI!
ER IST ENTKOMMEN!
HIER IST NYPD 34. KEIN SICHTKONTAKT. OVER.
ALLE ZUSAMMEN ...
JETZT!
DA IST ER.
ICH SEHE IHN!

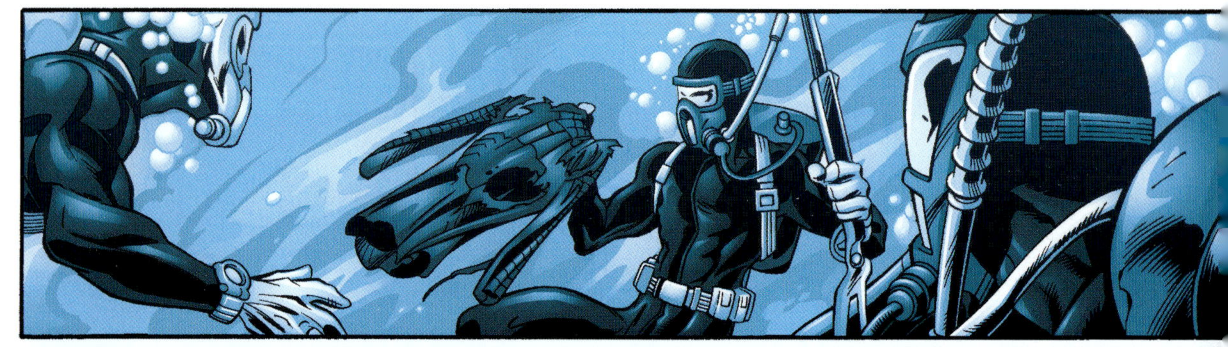

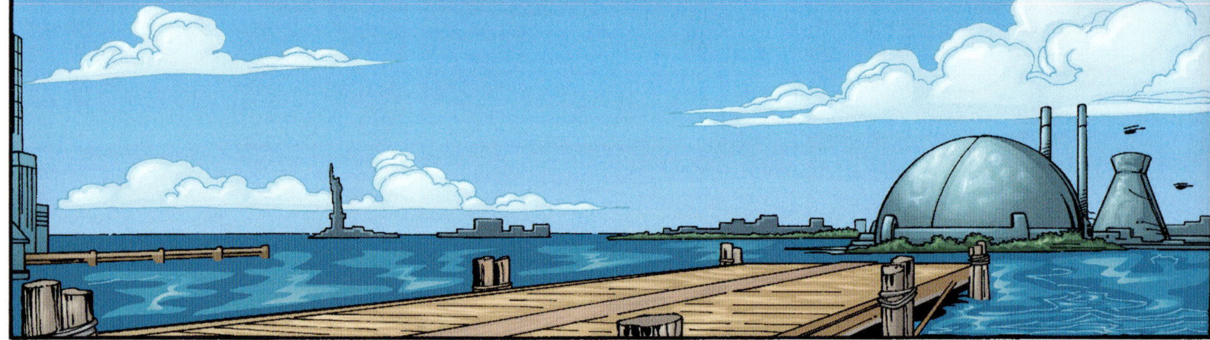

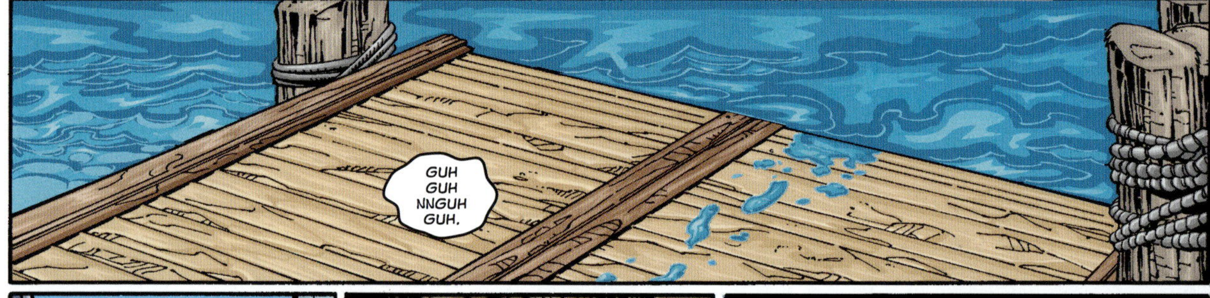
GUH GUH NNGUH GUH.

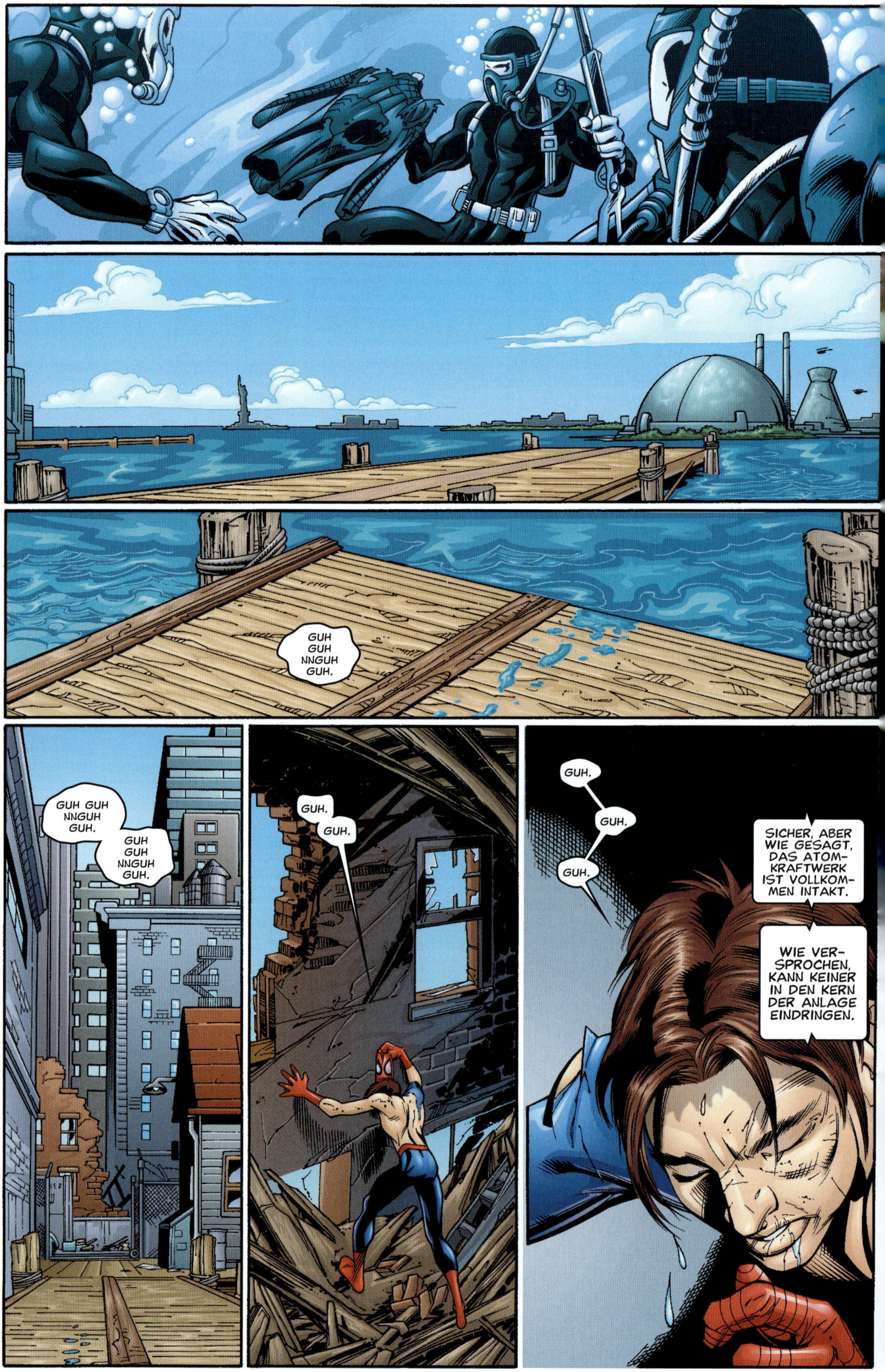

GUH GUH NNGUH GUH.
GUH GUH NNGUH GUH.
GUH.
GUH.
GUH.
GUH.
GUH.
SICHER, ABER WIE GESAGT, DAS ATOM-KRAFTWERK IST VOLLKOM-MEN INTAKT.
WIE VER-SPROCHEN, KANN KEINER IN DEN KERN DER ANLAGE EINDRINGEN.

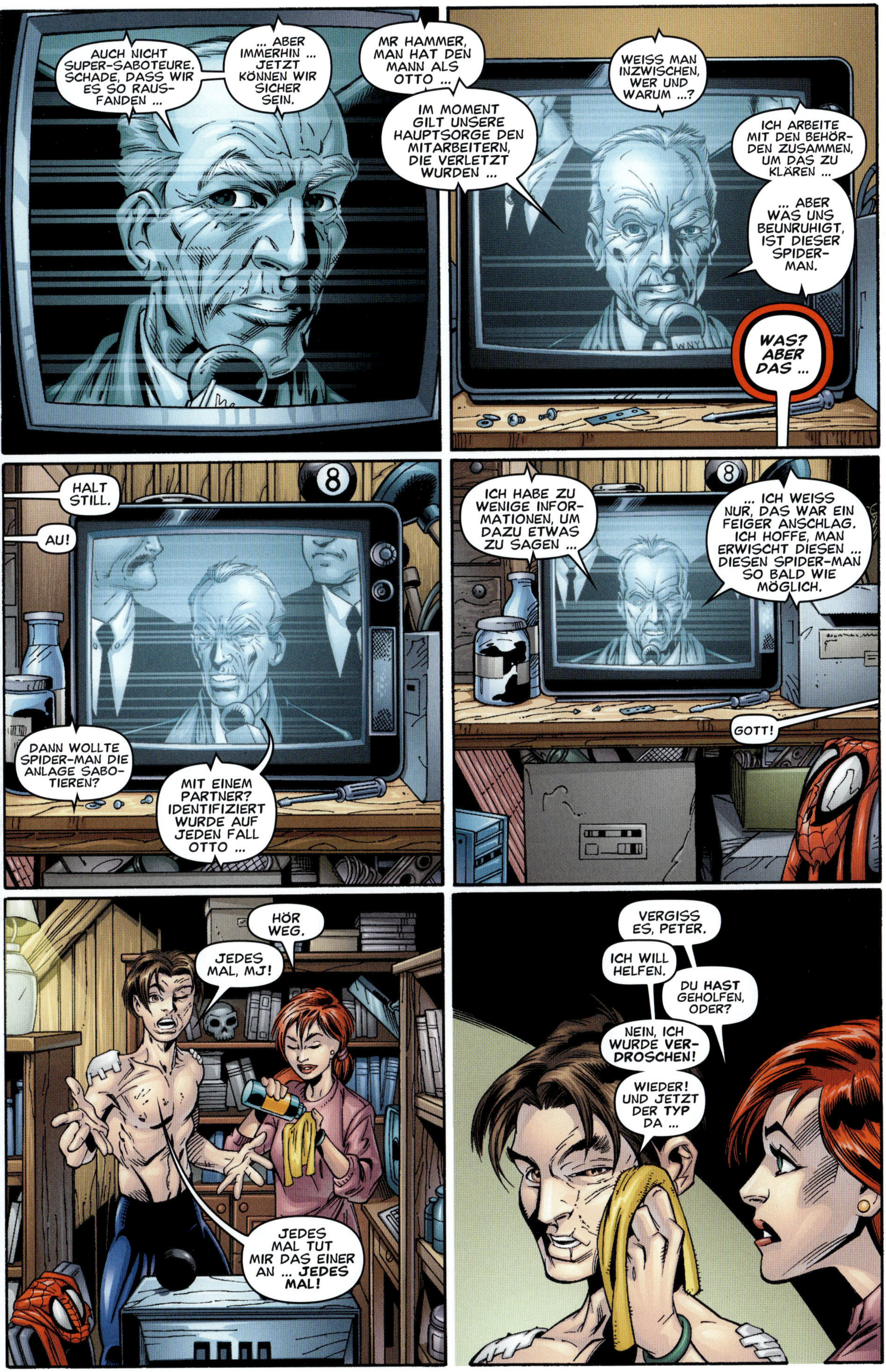

AUCH NICHT SUPER-SABOTEURE. SCHADE, DASS WIR ES SO RAUSFANDEN ...
... ABER IMMERHIN ... JETZT KÖNNEN WIR SICHER SEIN.
MR HAMMER, MAN HAT DEN MANN ALS OTTO ...
IM MOMENT GILT UNSERE HAUPTSORGE DEN MITARBEITERN, DIE VERLETZT WURDEN ...
WEISS MAN INZWISCHEN, WER UND WARUM ...?
ICH ARBEITE MIT DEN BEHÖRDEN ZUSAMMEN, UM DAS ZU KLÄREN ...
... ABER WAS UNS BEUNRUHIGT, IST DIESER SPIDER-MAN.
WAS? ABER DAS ...

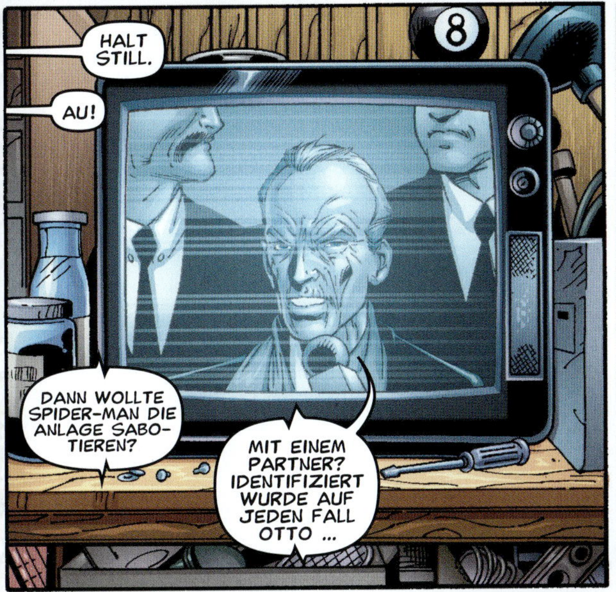

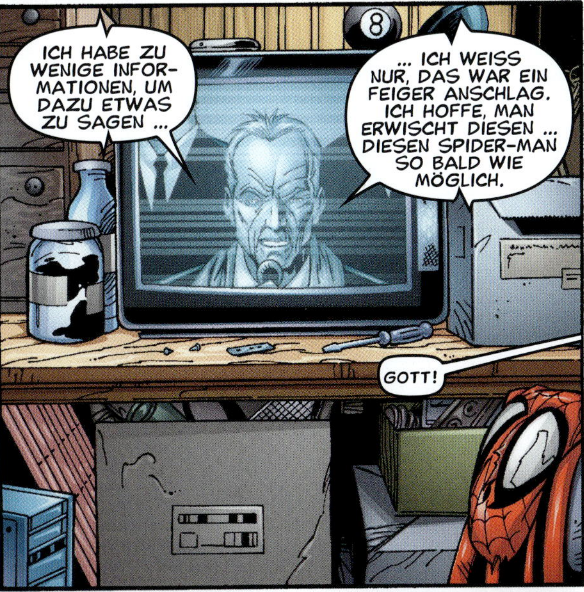

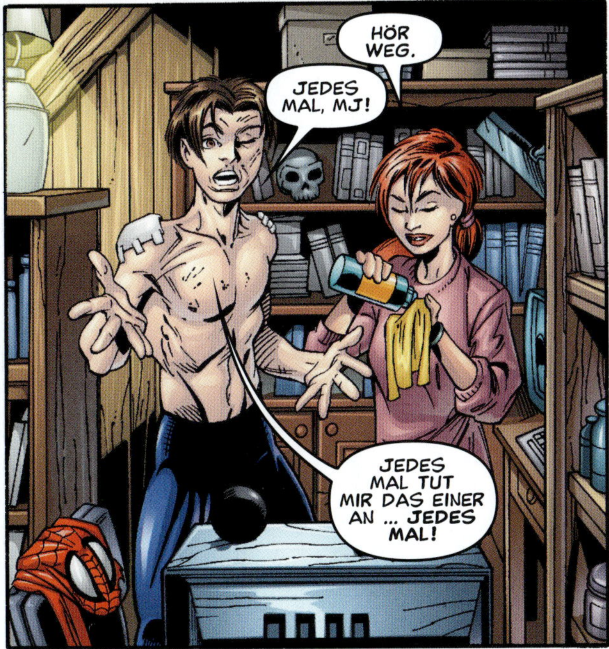

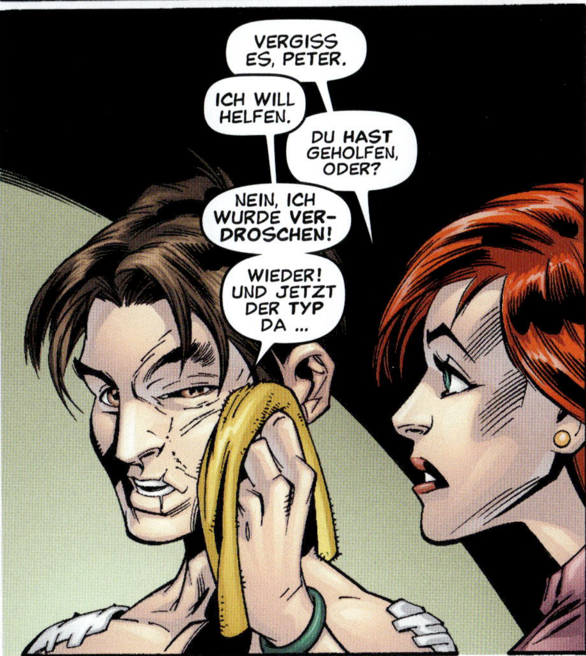

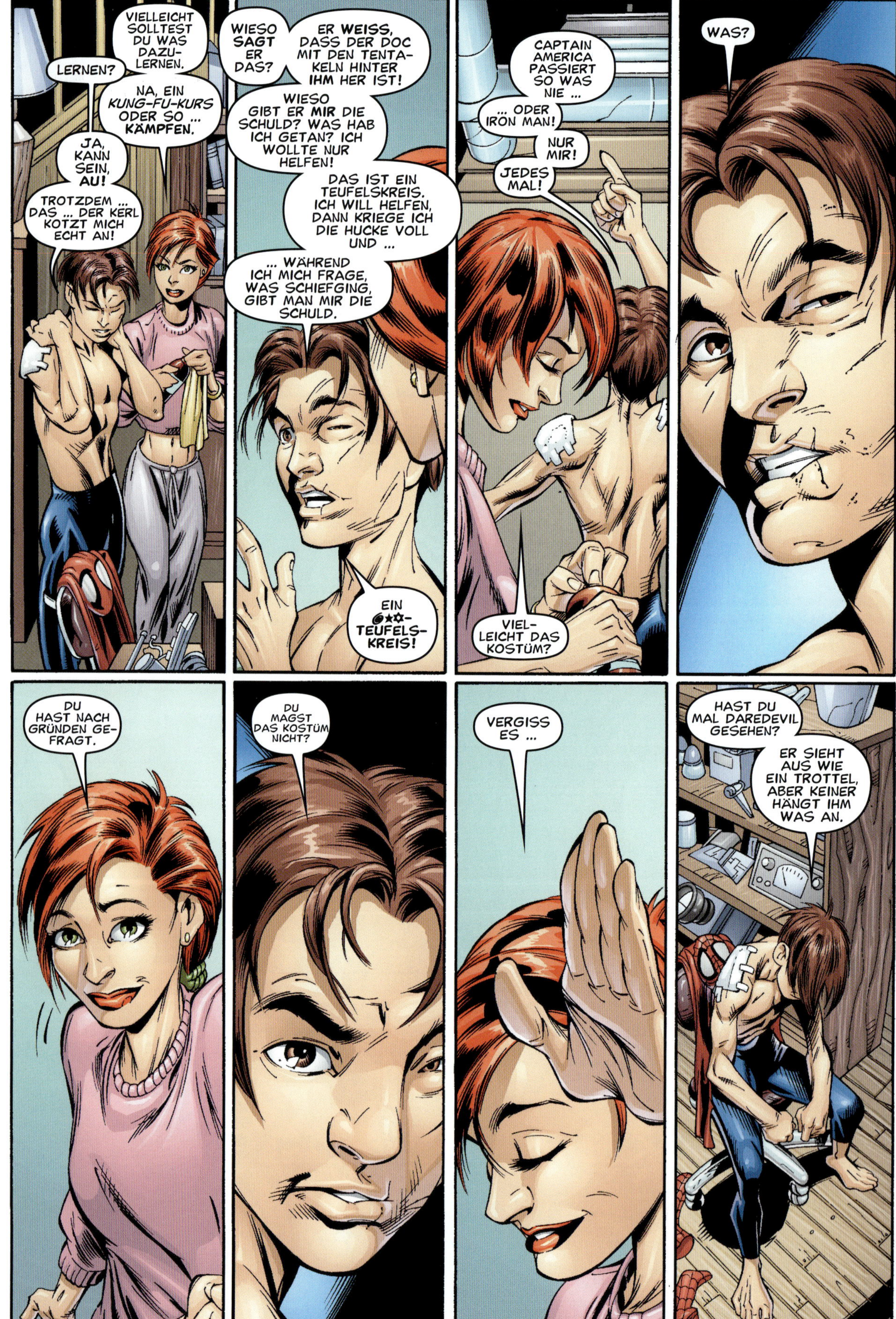
VIELLEICHT SOLLTEST DU WAS DAZU-LERNEN.
LERNEN?
NA, EIN KUNG-FU-KURS ODER SO ... KÄMPFEN.
JA, KANN SEIN, AU!
TROTZDEM ... DAS ... DER KERL KOTZT MICH ECHT AN!
WIESO SAGT ER DAS?
ER WEISS, DASS DER DOC MIT DEN TENTA-KELN HINTER IHM HER IST!
WIESO GIBT ER MIR DIE SCHULD? WAS HAB ICH GETAN? ICH WOLLTE NUR HELFEN!
DAS IST EIN TEUFELSKREIS. ICH WILL HELFEN, DANN KRIEGE ICH DIE HUCKE VOLL UND ...
... WÄHREND ICH MICH FRAGE, WAS SCHIEFGING, GIBT MAN MIR DIE SCHULD.
EIN TEUFELS-KREIS!
CAPTAIN AMERICA PASSIERT SO WAS NIE ...
... ODER IRON MAN!
NUR MIR!
JEDES MAL!
VIEL-LEICHT DAS KOSTÜM?
WAS?
DU HAST NACH GRÜNDEN GE-FRAGT.
DU MAGST DAS KOSTÜM NICHT?
VERGISS ES ...
HAST DU MAL DAREDEVIL GESEHEN?
ER SIEHT AUS WIE EIN TROTTEL, ABER KEINER HÄNGT IHM WAS AN.

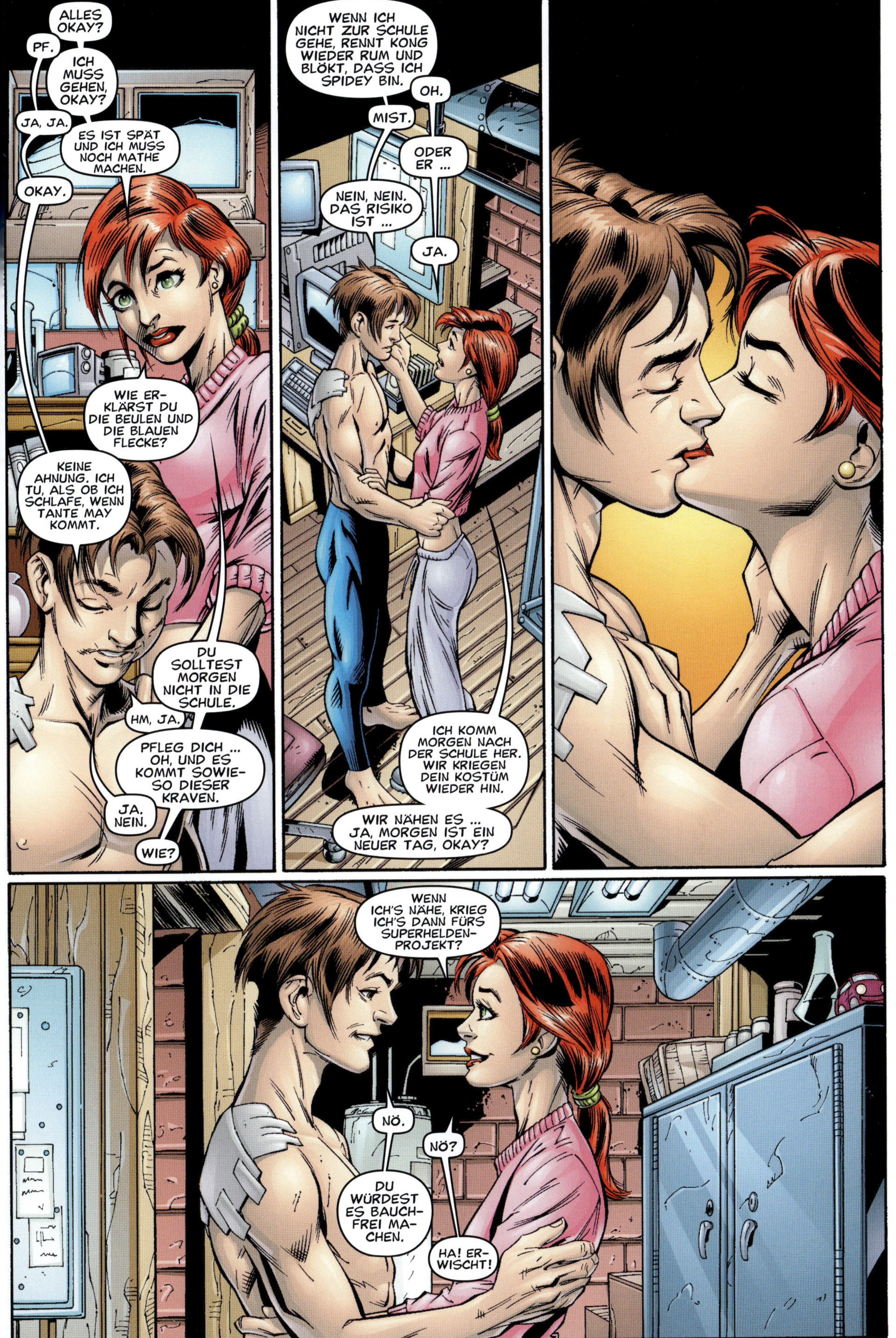
ALLES OKAY?
PF.
ICH MUSS GEHEN, OKAY?
JA, JA.
ES IST SPÄT UND ICH MUSS NOCH MATHE MACHEN.
OKAY.
WIE ERKLÄRST DU DIE BEULEN UND DIE BLAUEN FLECKE?
KEINE AHNUNG. ICH TU, ALS OB ICH SCHLAFE, WENN TANTE MAY KOMMT.
DU SOLLTEST MORGEN NICHT IN DIE SCHULE.
HM, JA.
PFLEG DICH ... OH, UND ES KOMMT SOWIESO DIESER KRAVEN.
JA. NEIN.
WIE?
WENN ICH NICHT ZUR SCHULE GEHE, RENNT KONG WIEDER RUM UND BLÖKT, DASS ICH SPIDEY BIN.
OH.
MIST.
ODER ER ...
NEIN, NEIN. DAS RISIKO IST ...
JA.
ICH KOMM MORGEN NACH DER SCHULE HER. WIR KRIEGEN DEIN KOSTÜM WIEDER HIN.
WIR NÄHEN ES ... JA, MORGEN IST EIN NEUER TAG, OKAY?
WENN ICH'S NÄHE, KRIEG ICH'S DANN FÜRS SUPERHELDEN-PROJEKT?
NÖ.
NÖ?
DU WÜRDEST ES BAUCHFREI MACHEN.
HA! ERWISCHT!

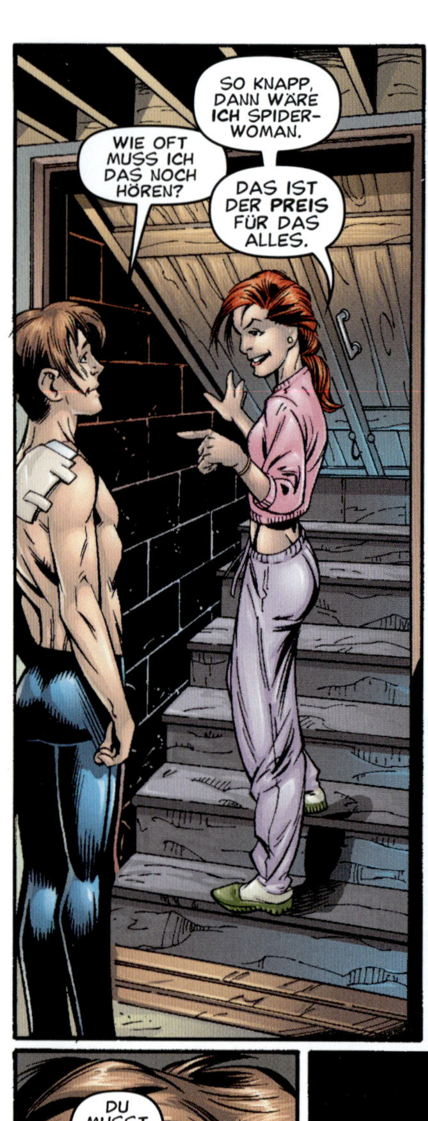
SO KNAPP, DANN WÄRE ICH SPIDER-WOMAN.
WIE OFT MUSS ICH DAS NOCH HÖREN?
DAS IST DER PREIS FÜR DAS ALLES.
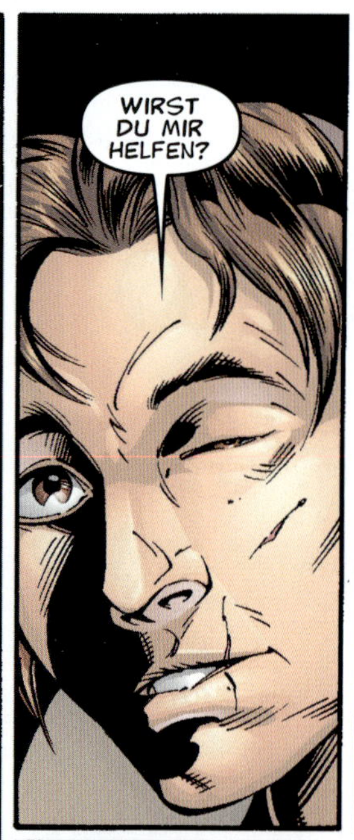
WIRST DU MIR HELFEN?
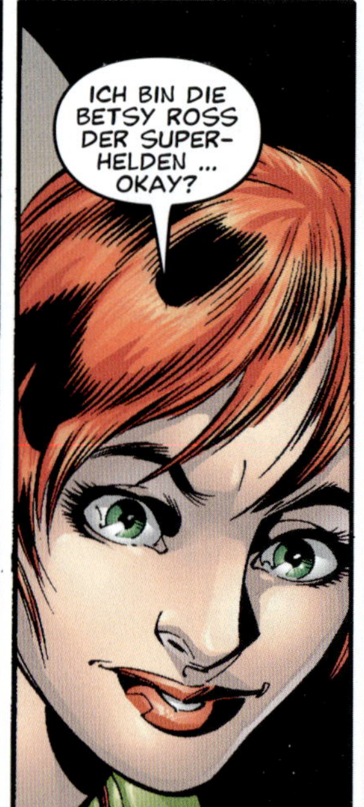
ICH BIN DIE BETSY ROSS DER SUPER-HELDEN ... OKAY?
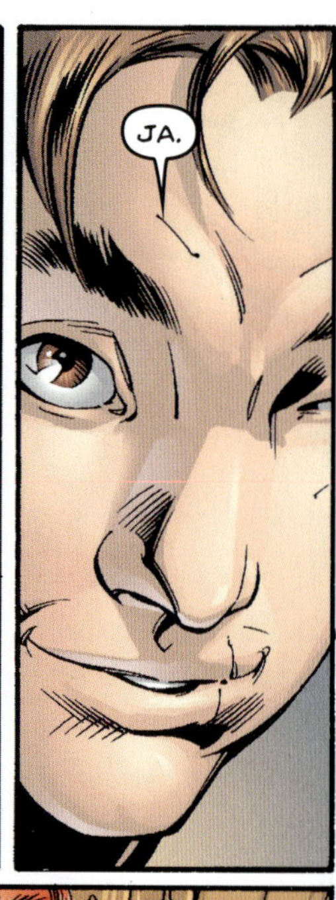
JA.
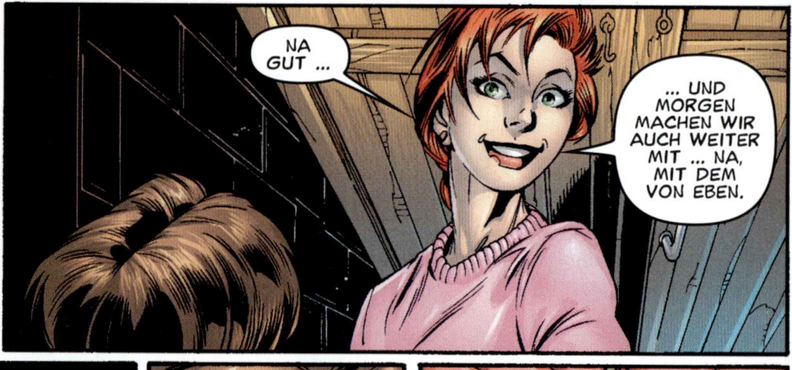
NA GUT ...
... UND MORGEN MACHEN WIR AUCH WEITER MIT ... NA, MIT DEM VON EBEN.
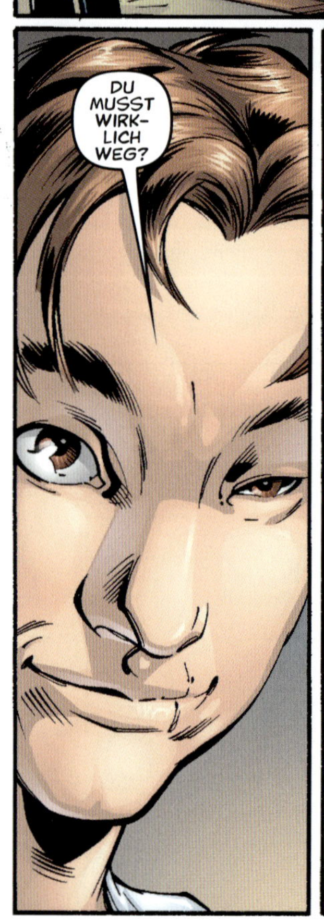
DU MUSST WIRK-LICH WEG?
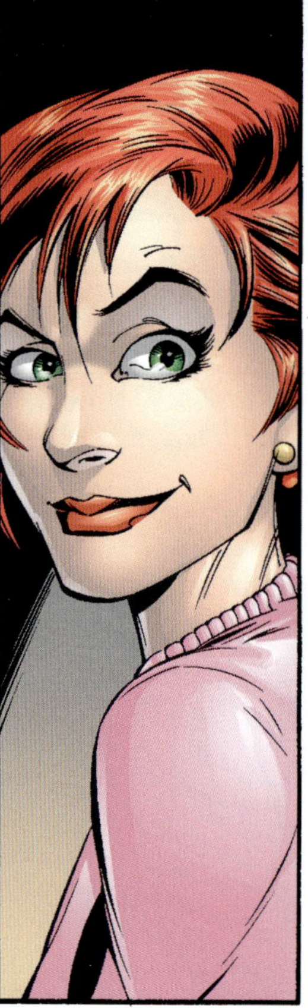
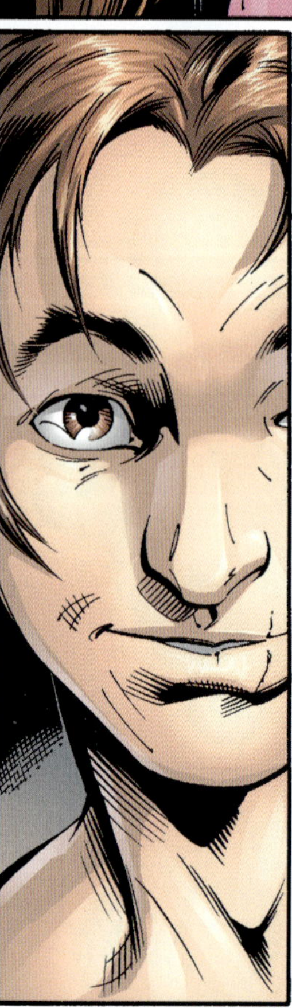
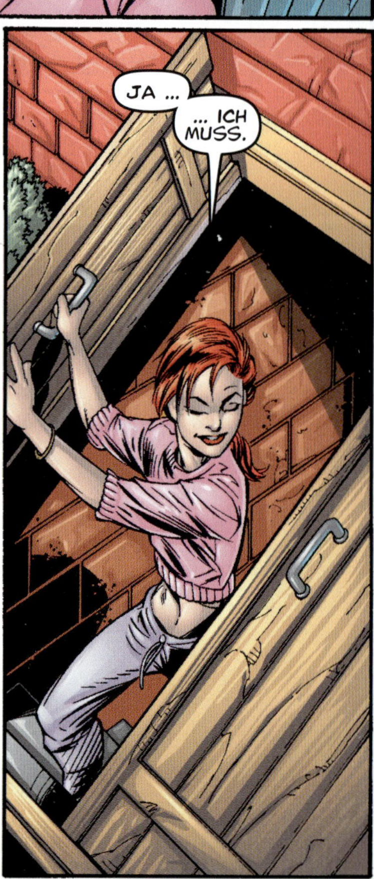
JA ...
... ICH MUSS.

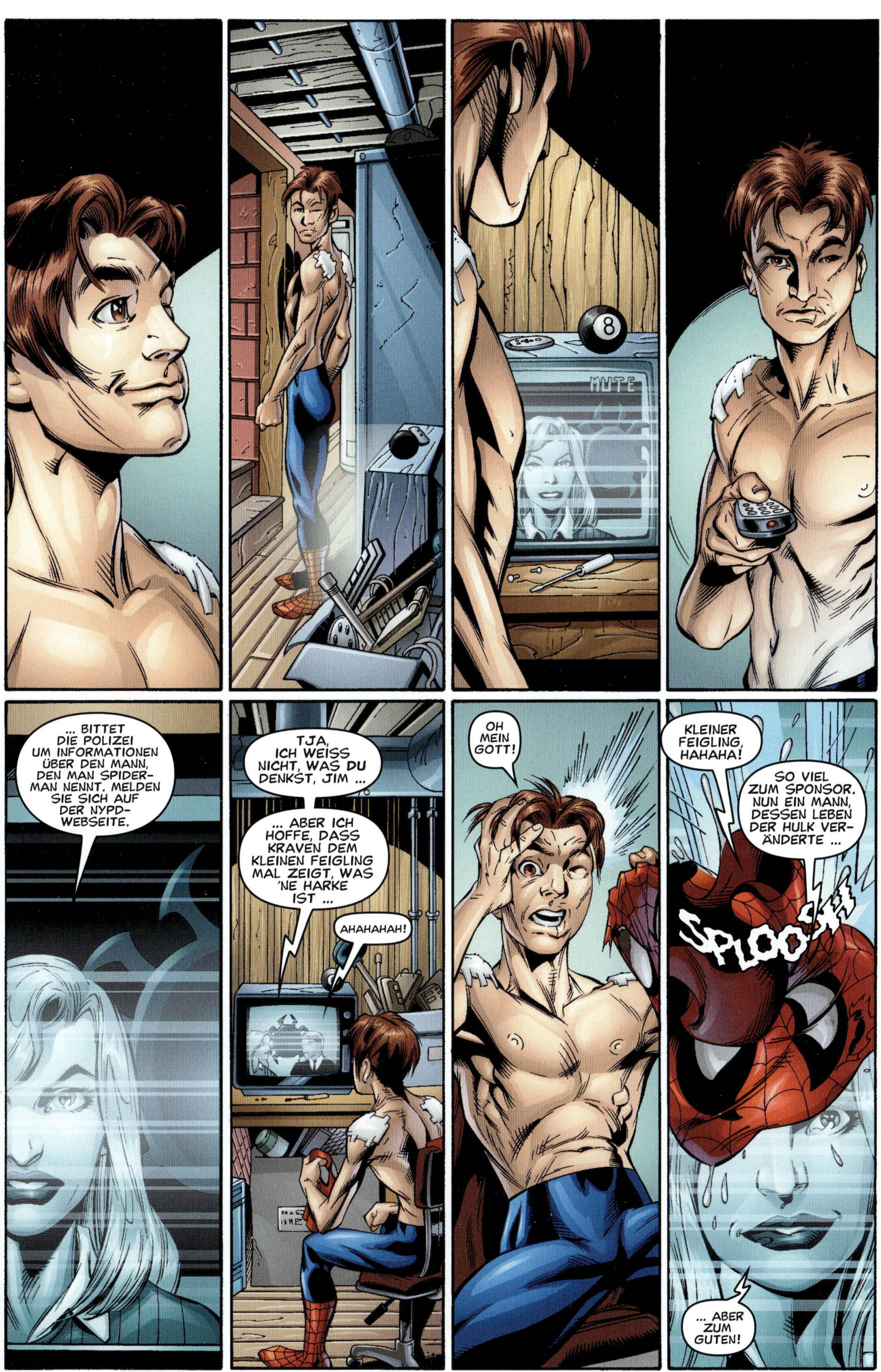
MUTE
... BITTET DIE POLIZEI UM INFORMATIONEN ÜBER DEN MANN, DEN MAN SPIDER-MAN NENNT. MELDEN SIE SICH AUF DER NYPD-WEBSEITE.
TJA, ICH WEISS NICHT, WAS DU DENKST, JIM ...
... ABER ICH HOFFE, DASS KRAVEN DEM KLEINEN FEIGLING MAL ZEIGT, WAS 'NE HARKE IST ...
AHAHAHAH!
OH MEIN GOTT!
KLEINER FEIGLING, HAHAHA!
SO VIEL ZUM SPONSOR. NUN EIN MANN, DESSEN LEBEN DER HULK VERÄNDERTE ...
SPLOOSH!
... ABER ZUM GUTEN!

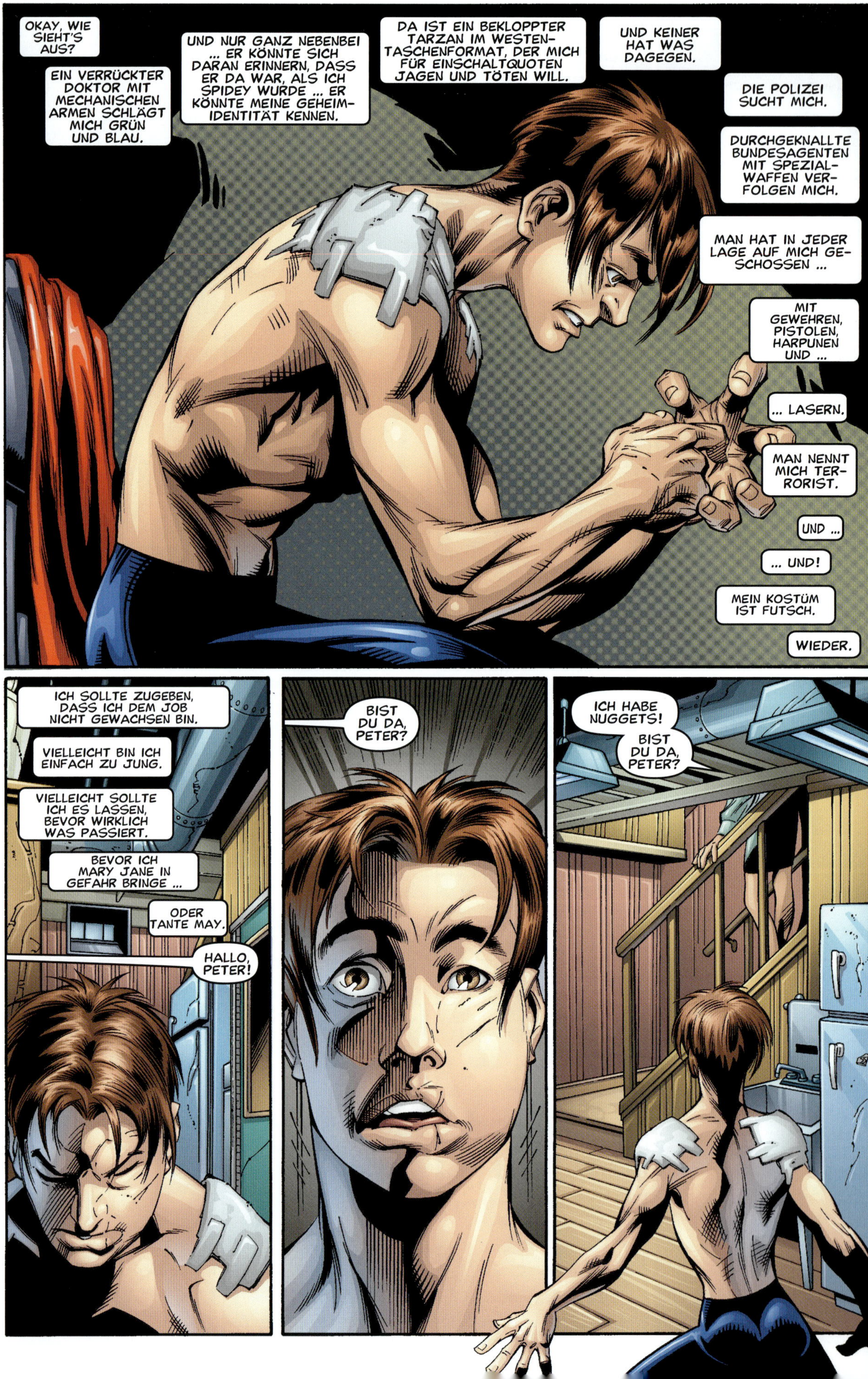

OKAY, WIE SIEHT'S AUS?
EIN VERRÜCKTER DOKTOR MIT MECHANISCHEN ARMEN SCHLÄGT MICH GRÜN UND BLAU.
UND NUR GANZ NEBENBEI ... ER KÖNNTE SICH DARAN ERINNERN, DASS ER DA WAR, ALS ICH SPIDEY WURDE ... ER KÖNNTE MEINE GEHEIMIDENTITÄT KENNEN.
DA IST EIN BEKLOPPTER TARZAN IM WESTENTASCHENFORMAT, DER MICH FÜR EINSCHALTQUOTEN JAGEN UND TÖTEN WILL.
UND KEINER HAT WAS DAGEGEN.
DIE POLIZEI SUCHT MICH.
DURCHGEKNALLTE BUNDESAGENTEN MIT SPEZIALWAFFEN VERFOLGEN MICH.
MAN HAT IN JEDER LAGE AUF MICH GESCHOSSEN ...
MIT GEWEHREN, PISTOLEN, HARPUNEN UND ...
... LASERN.
MAN NENNT MICH TERRORIST.
UND ...
... UND!
MEIN KOSTÜM IST FUTSCH.
WIEDER.

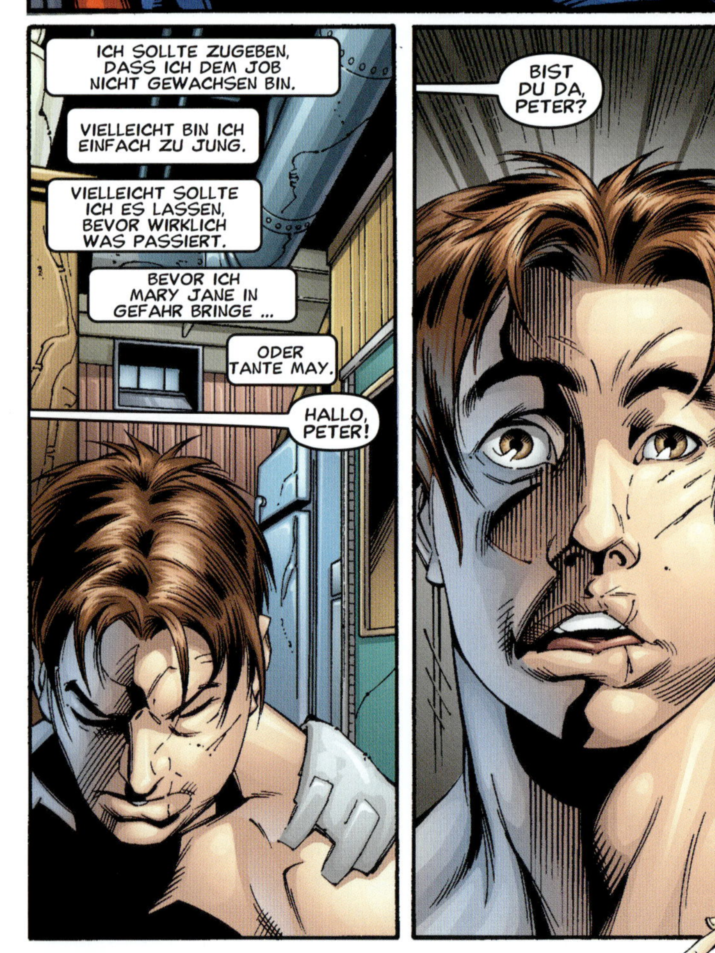

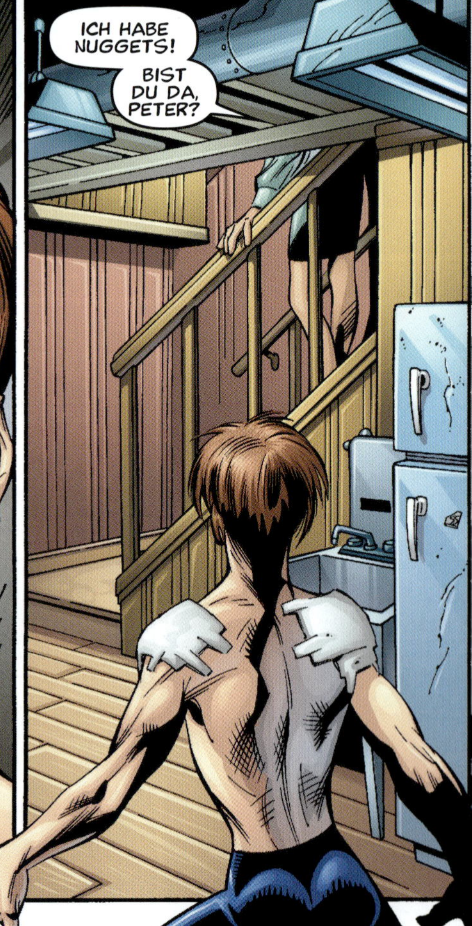

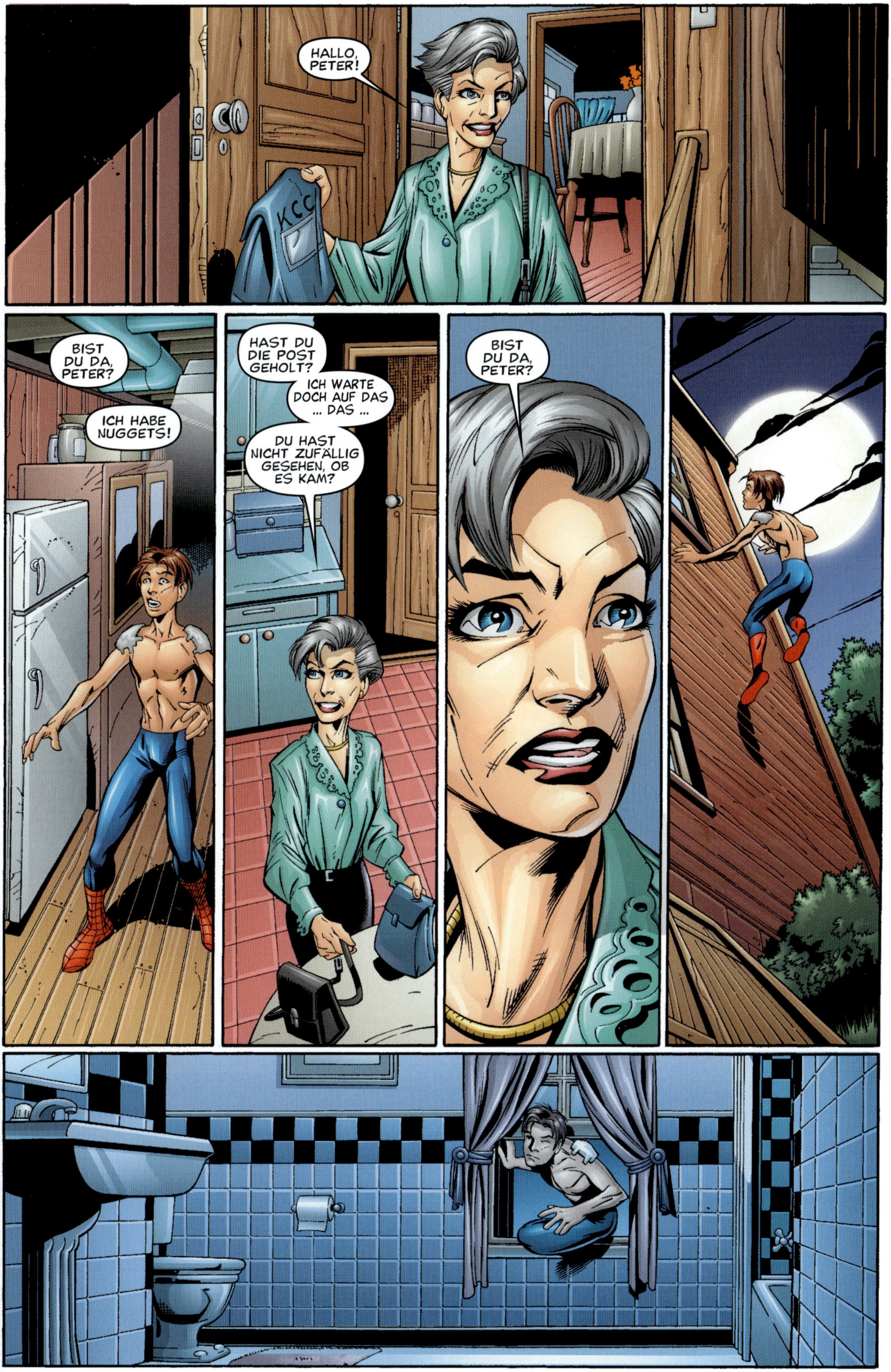

HALLO, PETER!

BIST DU DA, PETER?
ICH HABE NUGGETS!

HAST DU DIE POST GEHOLT?
ICH WARTE DOCH AUF DAS ... DAS ...
DU HAST NICHT ZUFÄLLIG GESEHEN, OB ES KAM?

BIST DU DA, PETER?

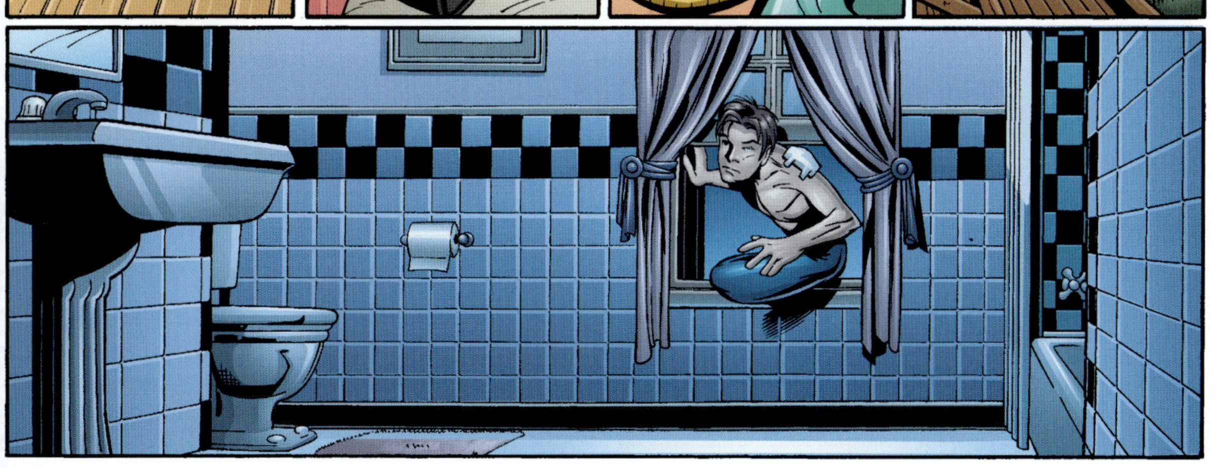

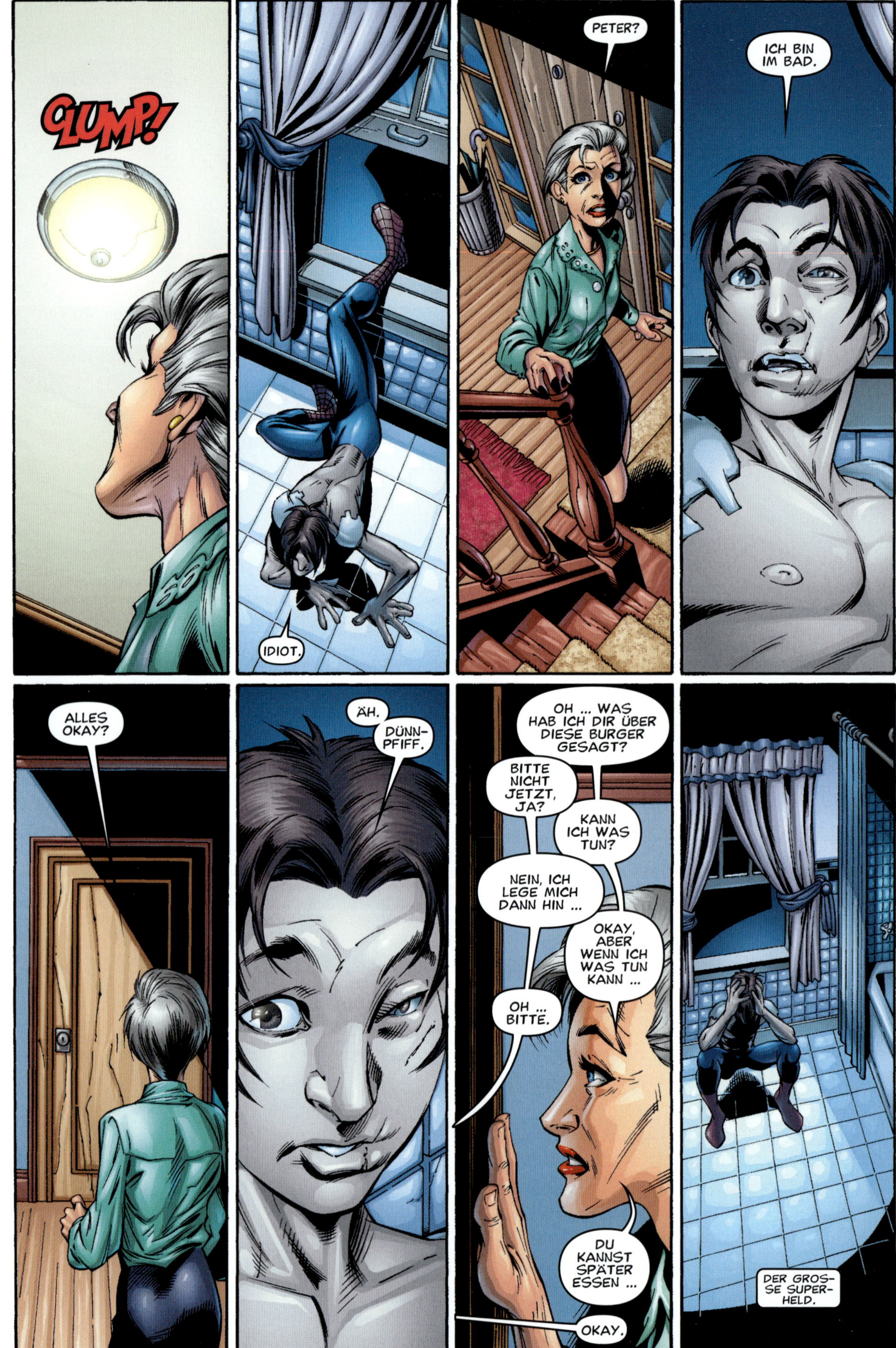
CLUMP!
IDIOT.
PETER?
ICH BIN IM BAD.
ALLES OKAY?
ÄH.
DÜNN-PFIFF.
OH ... WAS HAB ICH DIR ÜBER DIESE BURGER GESAGT?
BITTE NICHT JETZT, JA?
KANN ICH WAS TUN?
NEIN, ICH LEGE MICH DANN HIN ...
OKAY, ABER WENN ICH WAS TUN KANN ...
OH ... BITTE.
DU KANNST SPÄTER ESSEN ...
OKAY.
DER GROS-SE SUPER-HELD.

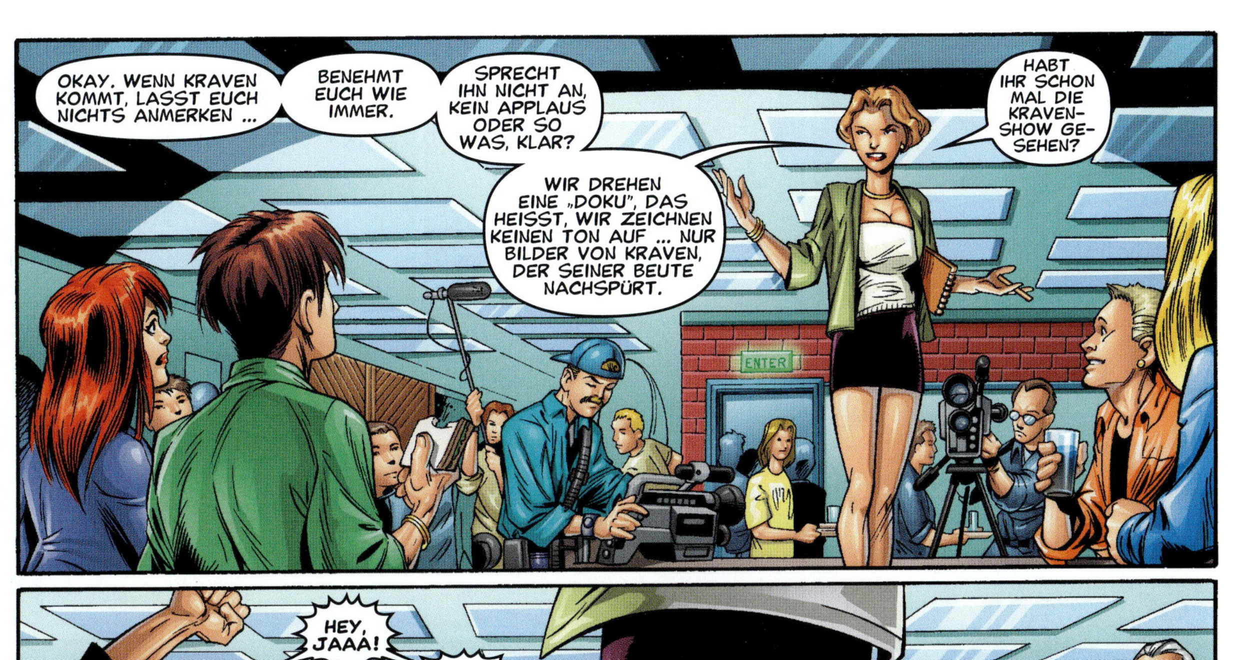

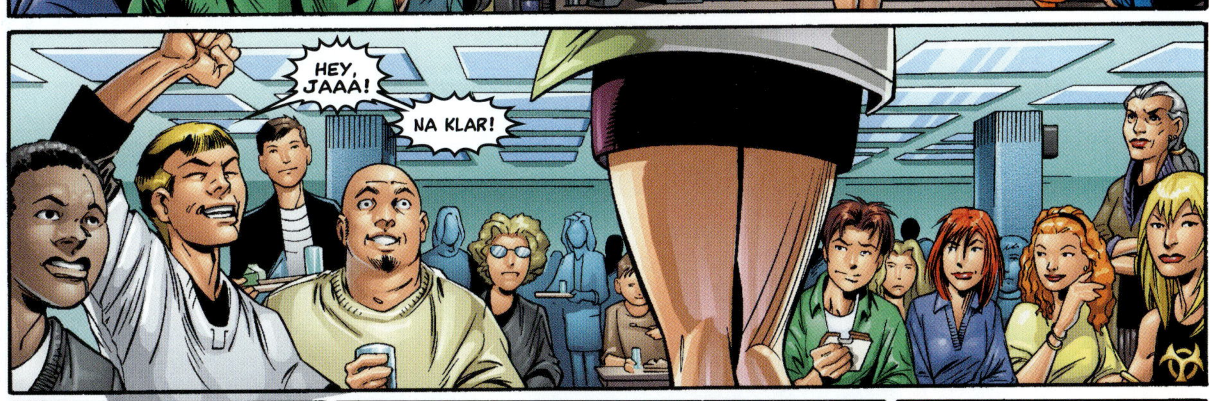

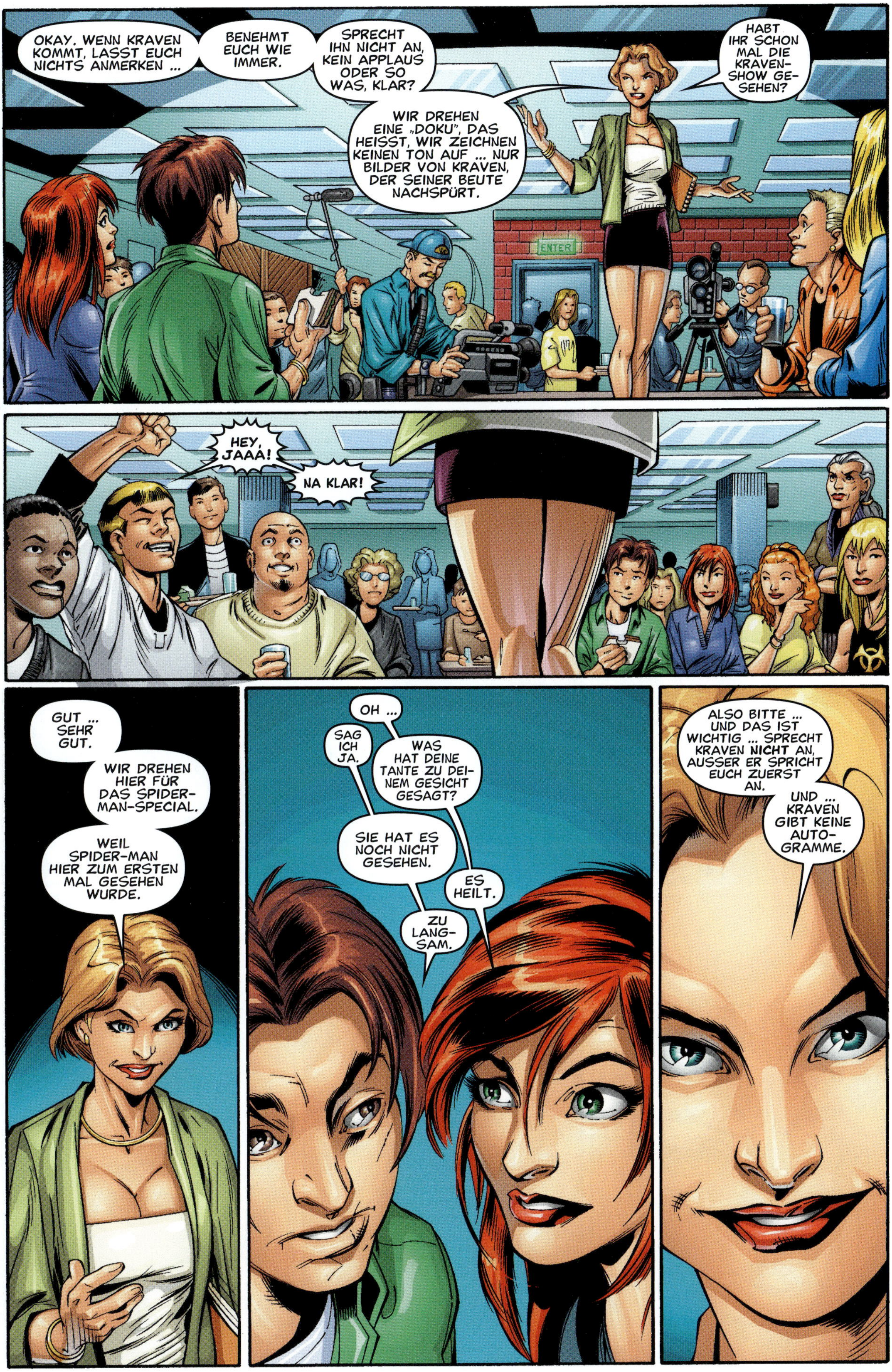

GUT ... SEHR GUT.

WIR DREHEN HIER FÜR DAS SPIDER-MAN-SPECIAL.

WEIL SPIDER-MAN HIER ZUM ERSTEN MAL GESEHEN WURDE.

OH ...

SAG ICH JA.

WAS HAT DEINE TANTE ZU DEINEM GESICHT GESAGT?

SIE HAT ES NOCH NICHT GESEHEN.

ES HEILT.

ZU LANGSAM.

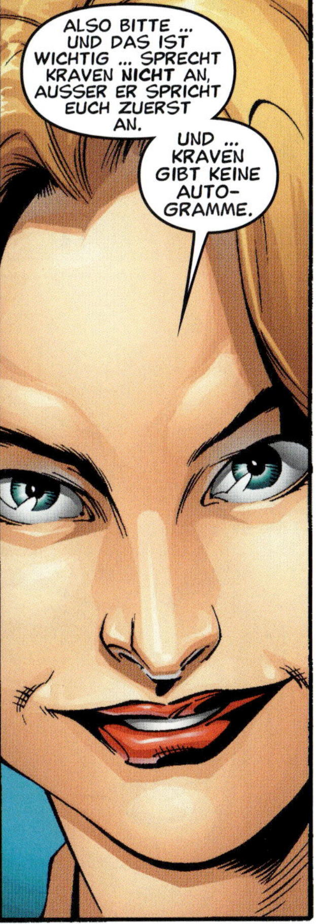

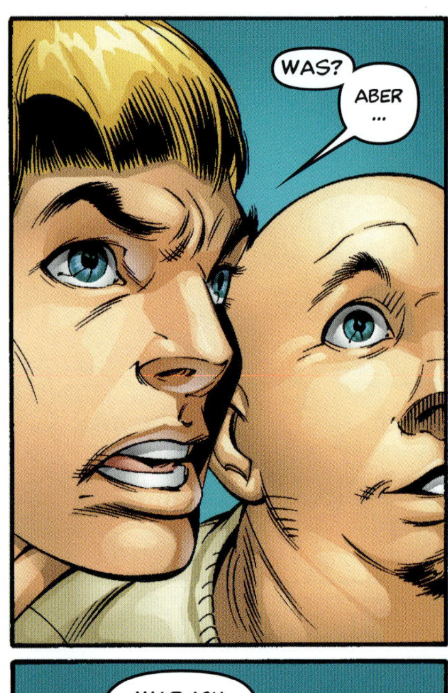

WAS? ABER ...

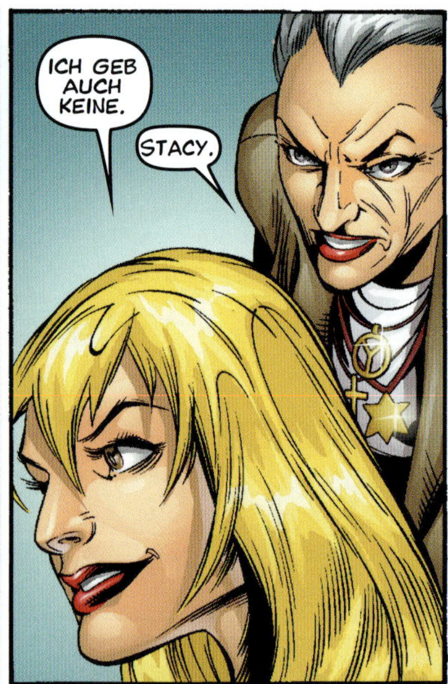

ICH GEB AUCH KEINE.
STACY.

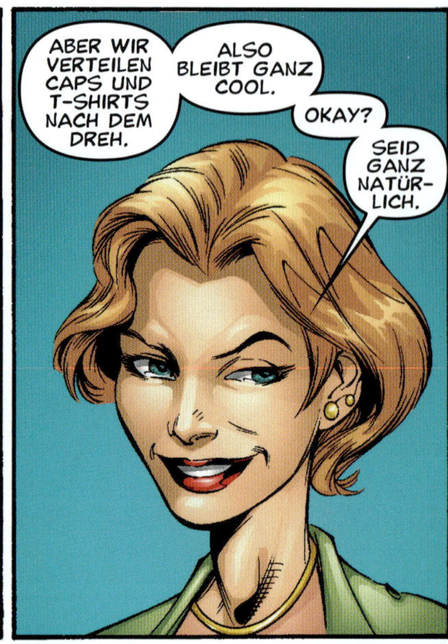

ABER WIR VERTEILEN CAPS UND T-SHIRTS NACH DEM DREH.
ALSO BLEIBT GANZ COOL.
OKAY?
SEID GANZ NATÜR-LICH.

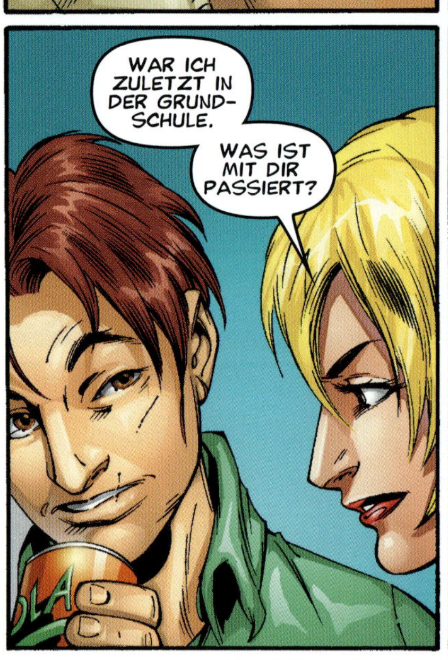

WAR ICH ZULETZT IN DER GRUND-SCHULE.
WAS IST MIT DIR PASSIERT?

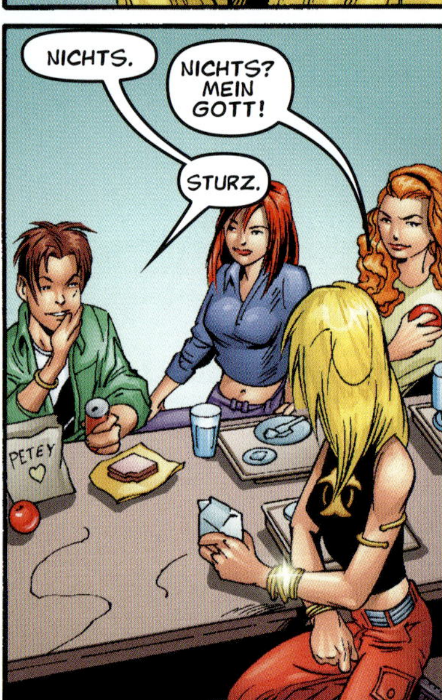

NICHTS.
NICHTS? MEIN GOTT!
STURZ.
PETEY

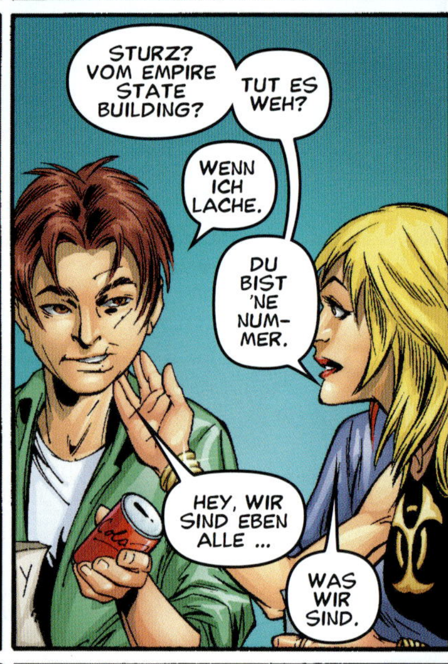

STURZ? VOM EMPIRE STATE BUILDING?
TUT ES WEH?
WENN ICH LACHE.
DU BIST 'NE NUM-MER.
HEY, WIR SIND EBEN ALLE ...
WAS WIR SIND.

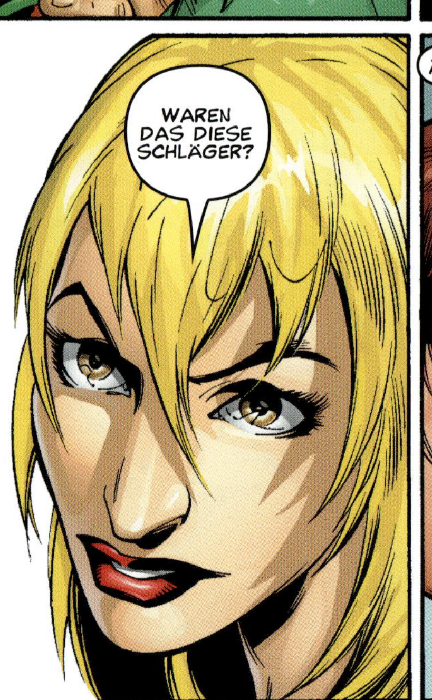

WAREN DAS DIESE SCHLÄGER?

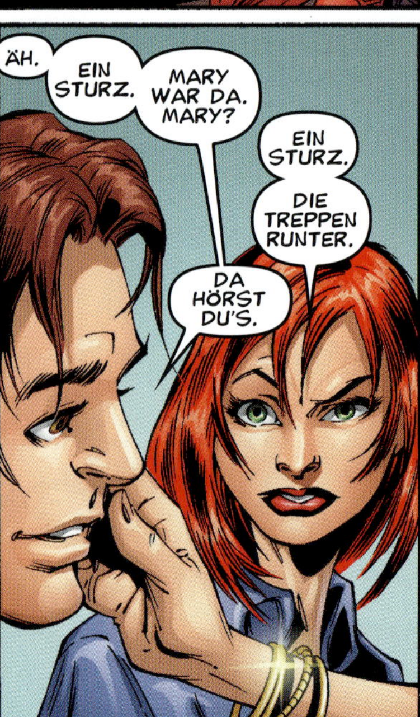

ÄH.
EIN STURZ.
MARY WAR DA. MARY?
EIN STURZ.
DIE TREPPEN RUNTER.
DA HÖRST DU'S.

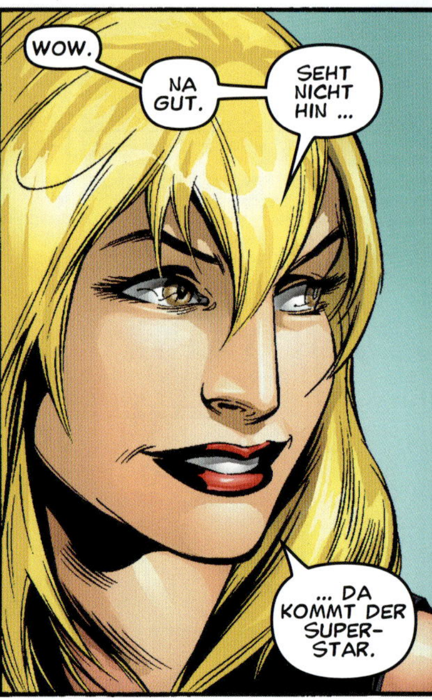

WOW.
NA GUT.
SEHT NICHT HIN ...
... DA KOMMT DER SUPER-STAR.

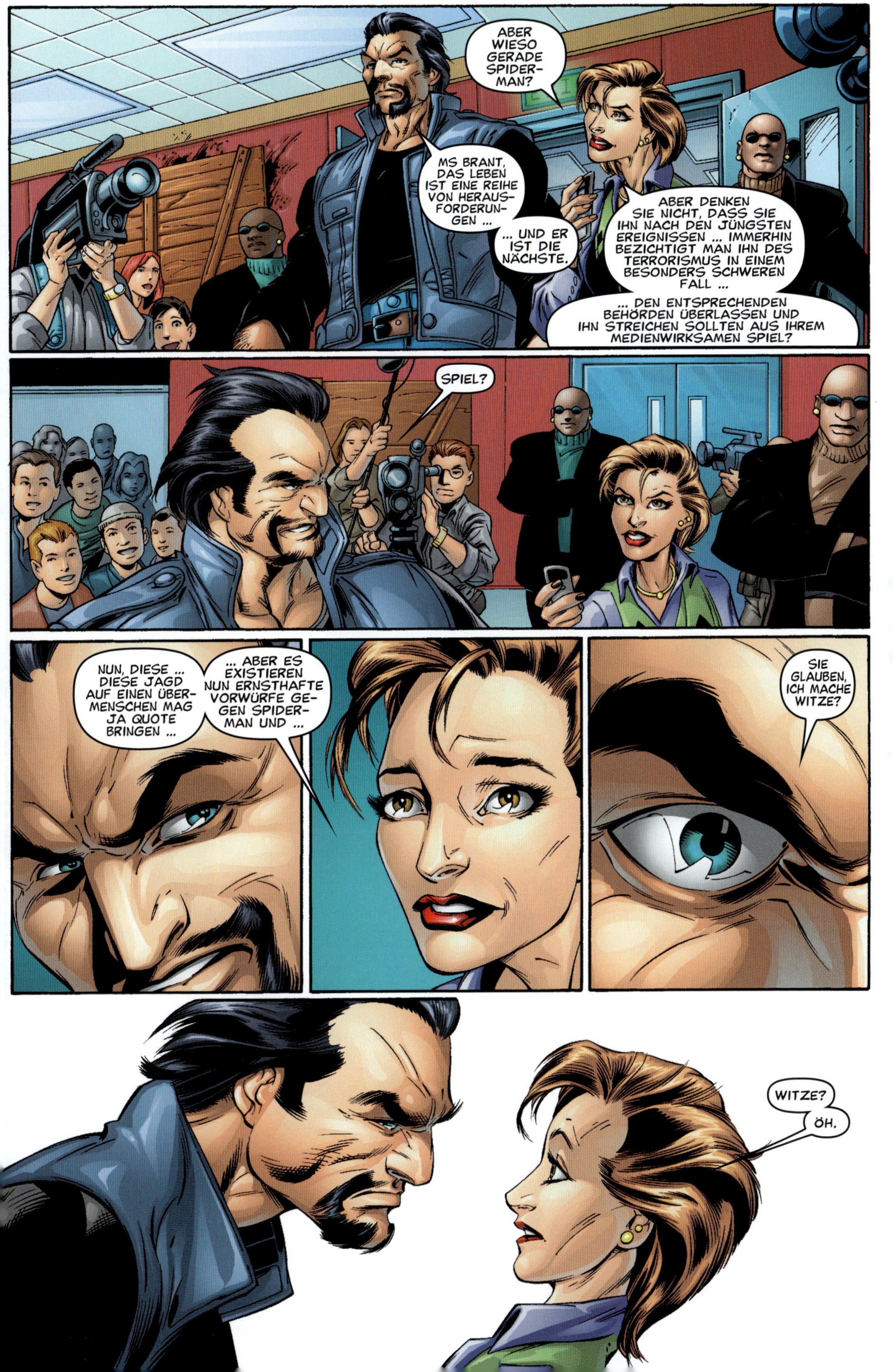

ABER
WIESO
GERADE
SPIDER-
MAN?

MS BRANT,
DAS LEBEN
IST EINE REIHE
VON HERAUS-
FORDERUN-
GEN ...

... UND ER
IST DIE
NÄCHSTE.

ABER DENKEN
SIE NICHT, DASS SIE
IHN NACH DEN JÜNGSTEN
EREIGNISSEN ... IMMERHIN
BEZICHTIGT MAN IHN DES
TERRORISMUS IN EINEM
BESONDERS SCHWEREN
FALL ...

... DEN ENTSPRECHENDEN
BEHÖRDEN ÜBERLASSEN UND
IHN STREICHEN SOLLTEN AUS IHREM
MEDIENWIRKSAMEN SPIEL?

SPIEL?

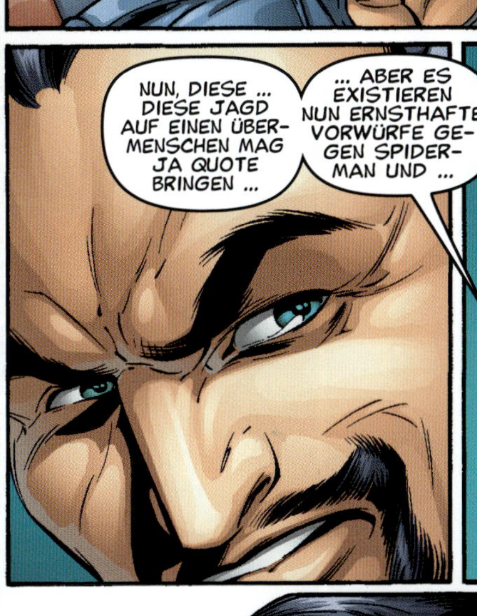

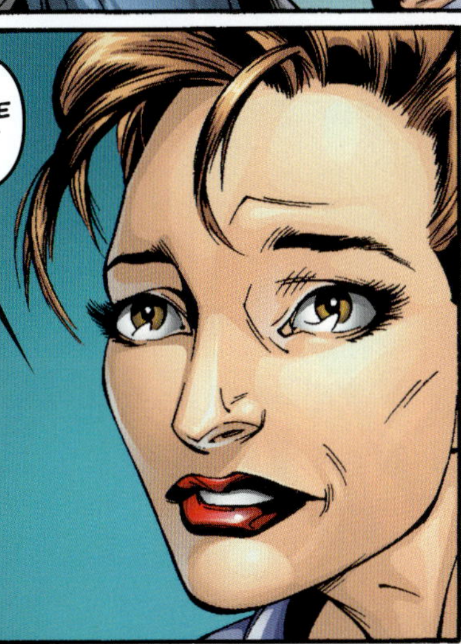

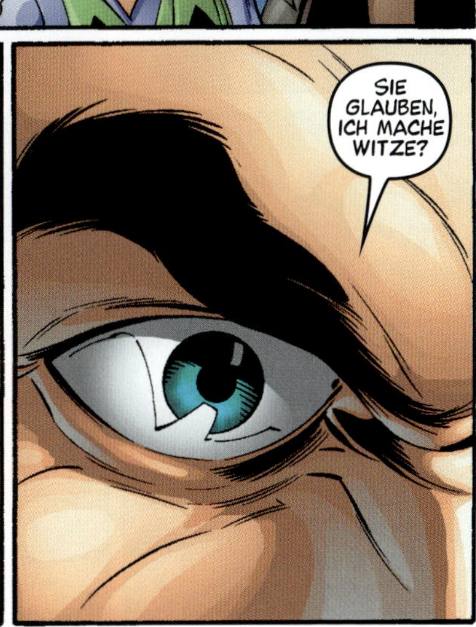

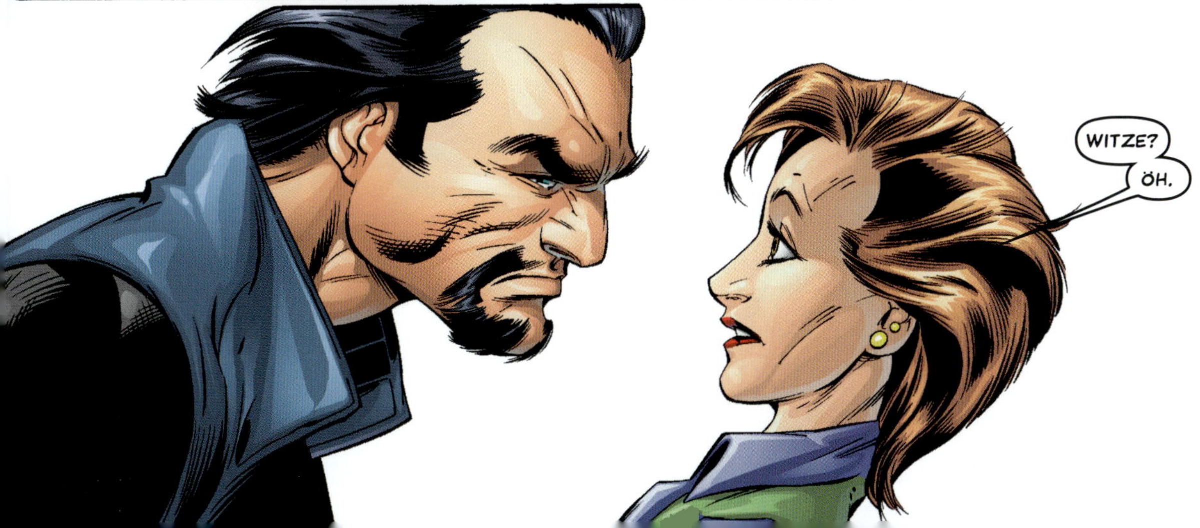

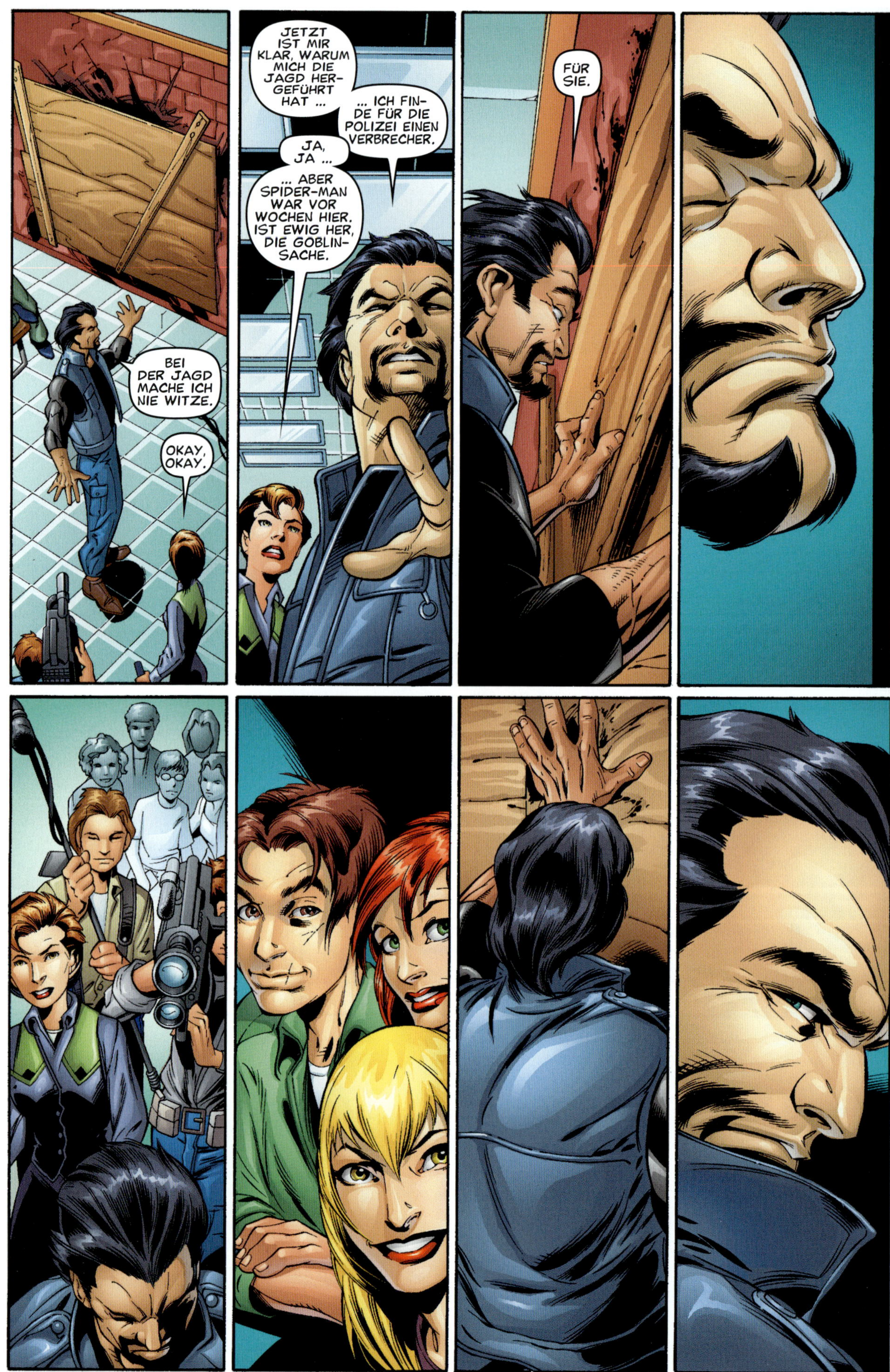
BEI DER JAGD MACHE ICH NIE WITZE.
OKAY, OKAY.
JETZT IST MIR KLAR, WARUM MICH DIE JAGD HERGEFÜHRT HAT ...
... ICH FINDE FÜR DIE POLIZEI EINEN VERBRECHER.
JA, JA ...
... ABER SPIDER-MAN WAR VOR WOCHEN HIER. IST EWIG HER, DIE GOBLIN-SACHE.
FÜR SIE.

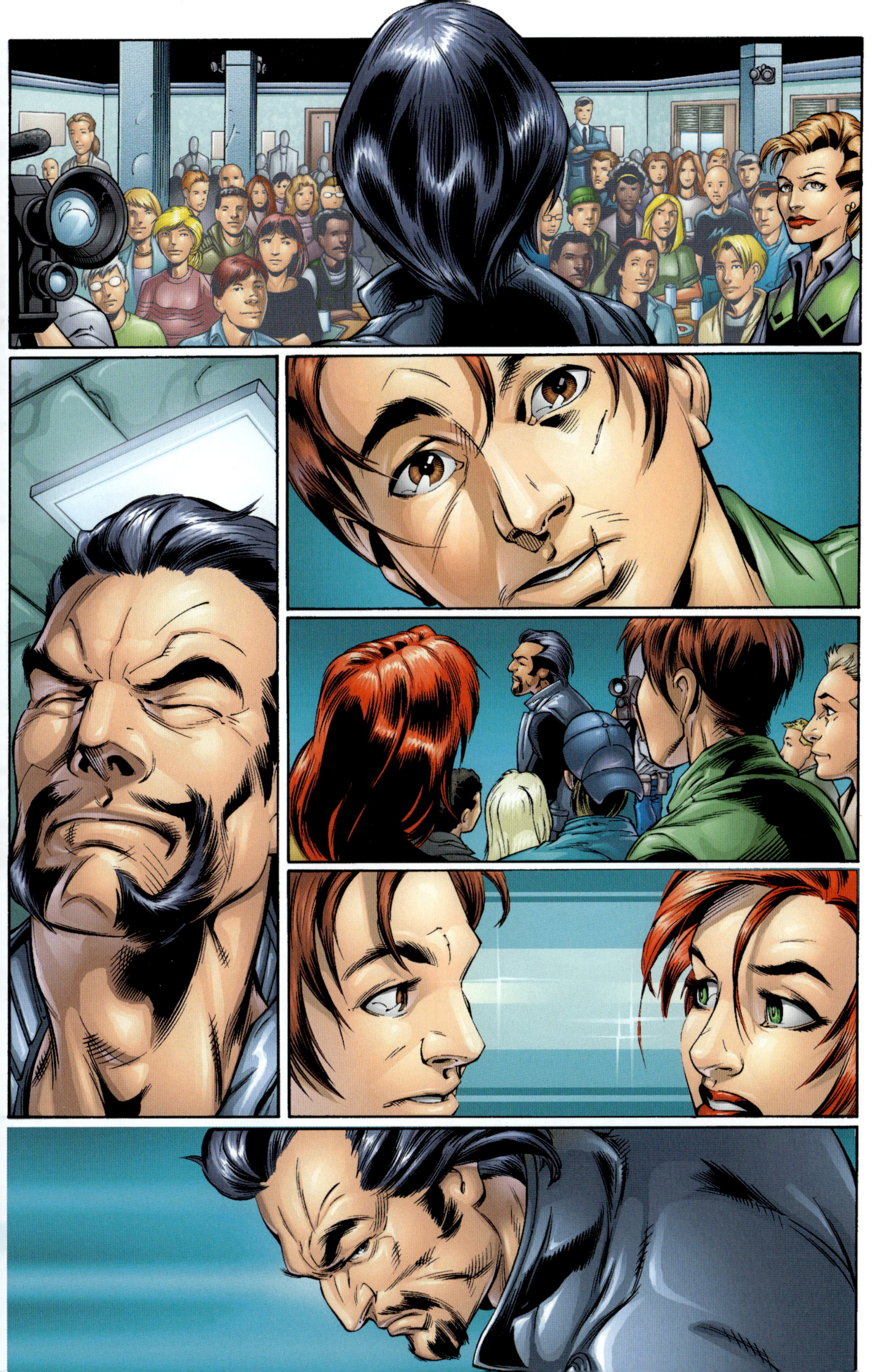

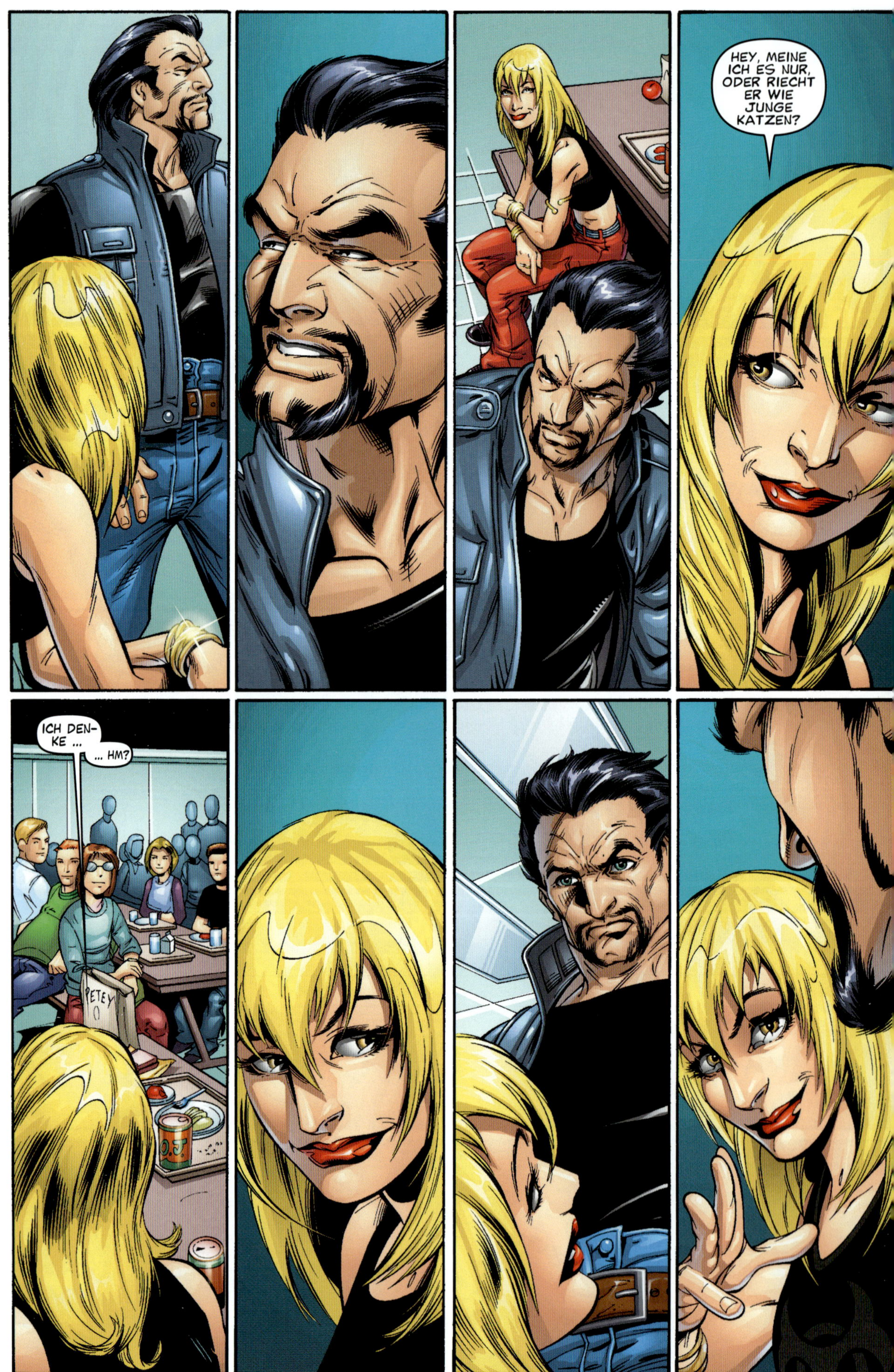
HEY, MEINE ICH ES NUR, ODER RIECHT ER WIE JUNGE KATZEN?
ICH DEN-KE ...
... HM?
PETEY
O.J.

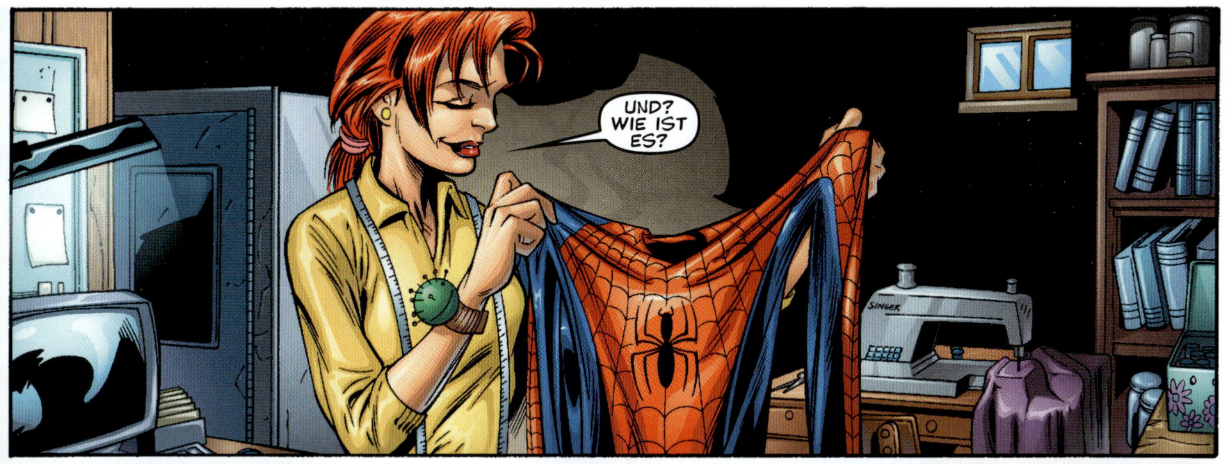
UND? WIE IST ES?

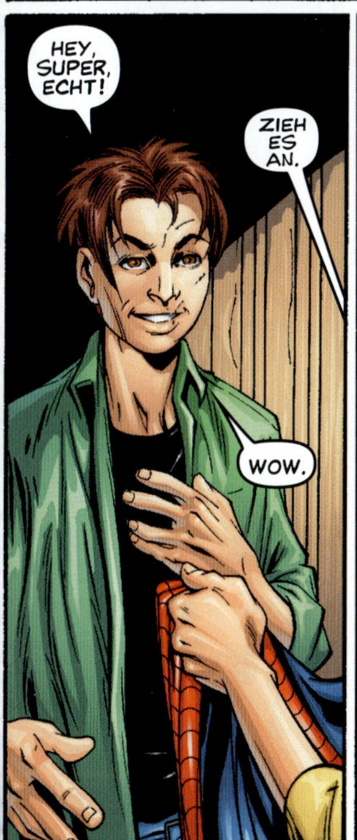
HEY, SUPER, ECHT!
ZIEH ES AN.
WOW.

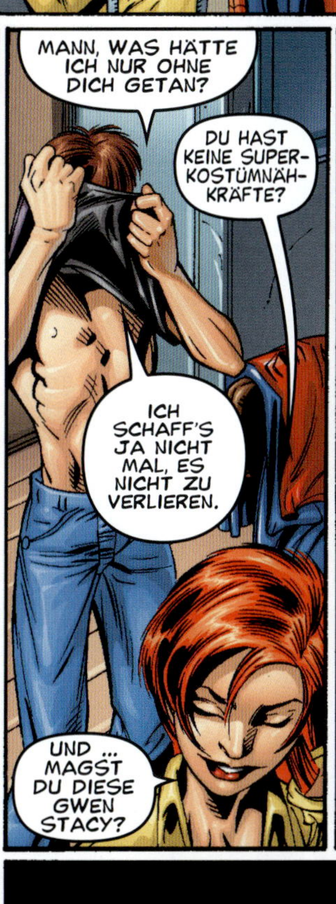
MANN, WAS HÄTTE ICH NUR OHNE DICH GETAN?
DU HAST KEINE SUPER-KOSTÜMNÄH-KRÄFTE?
ICH SCHAFF'S JA NICHT MAL, ES NICHT ZU VERLIEREN.
UND ... MAGST DU DIESE GWEN STACY?

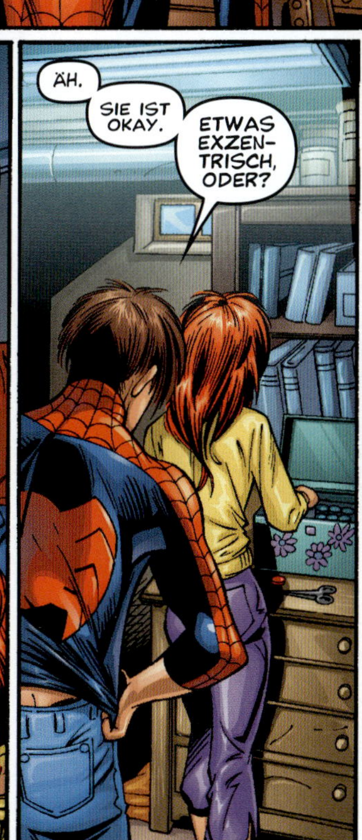
ÄH.
SIE IST OKAY.
ETWAS EXZEN-TRISCH, ODER?

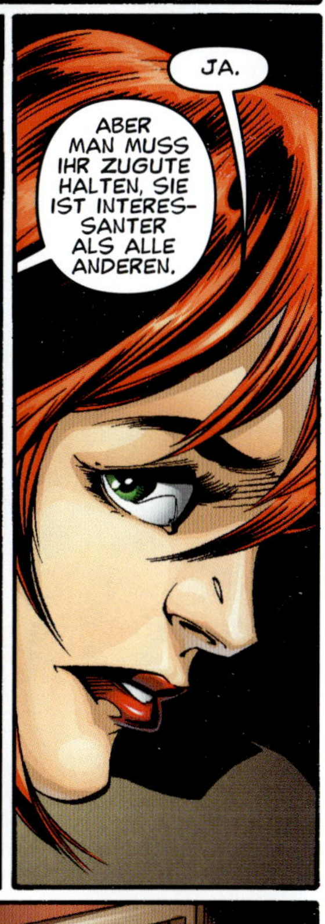
JA.
ABER MAN MUSS IHR ZUGUTE HALTEN, SIE IST INTERES-SANTER ALS ALLE ANDEREN.

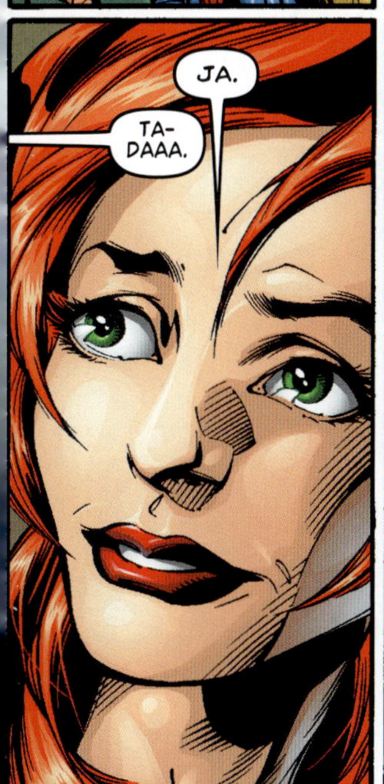
JA.
TA-DAAA.

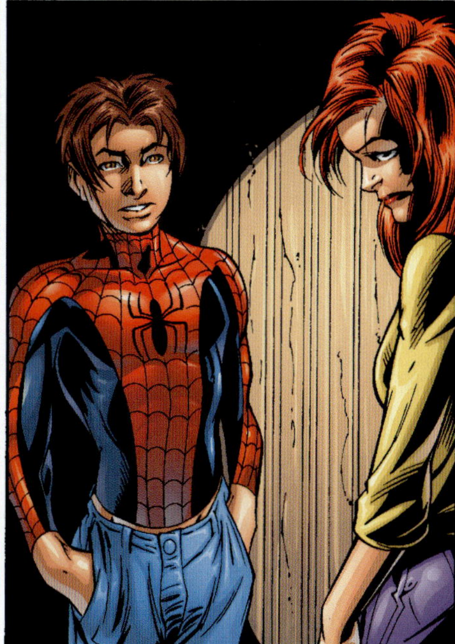

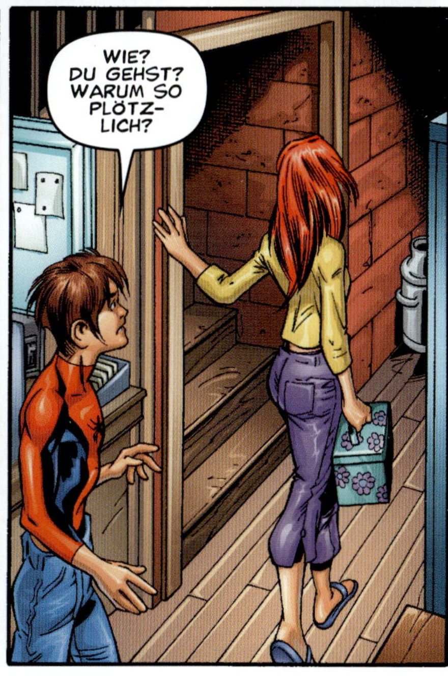
WIE? DU GEHST? WARUM SO PLÖTZ-LICH?

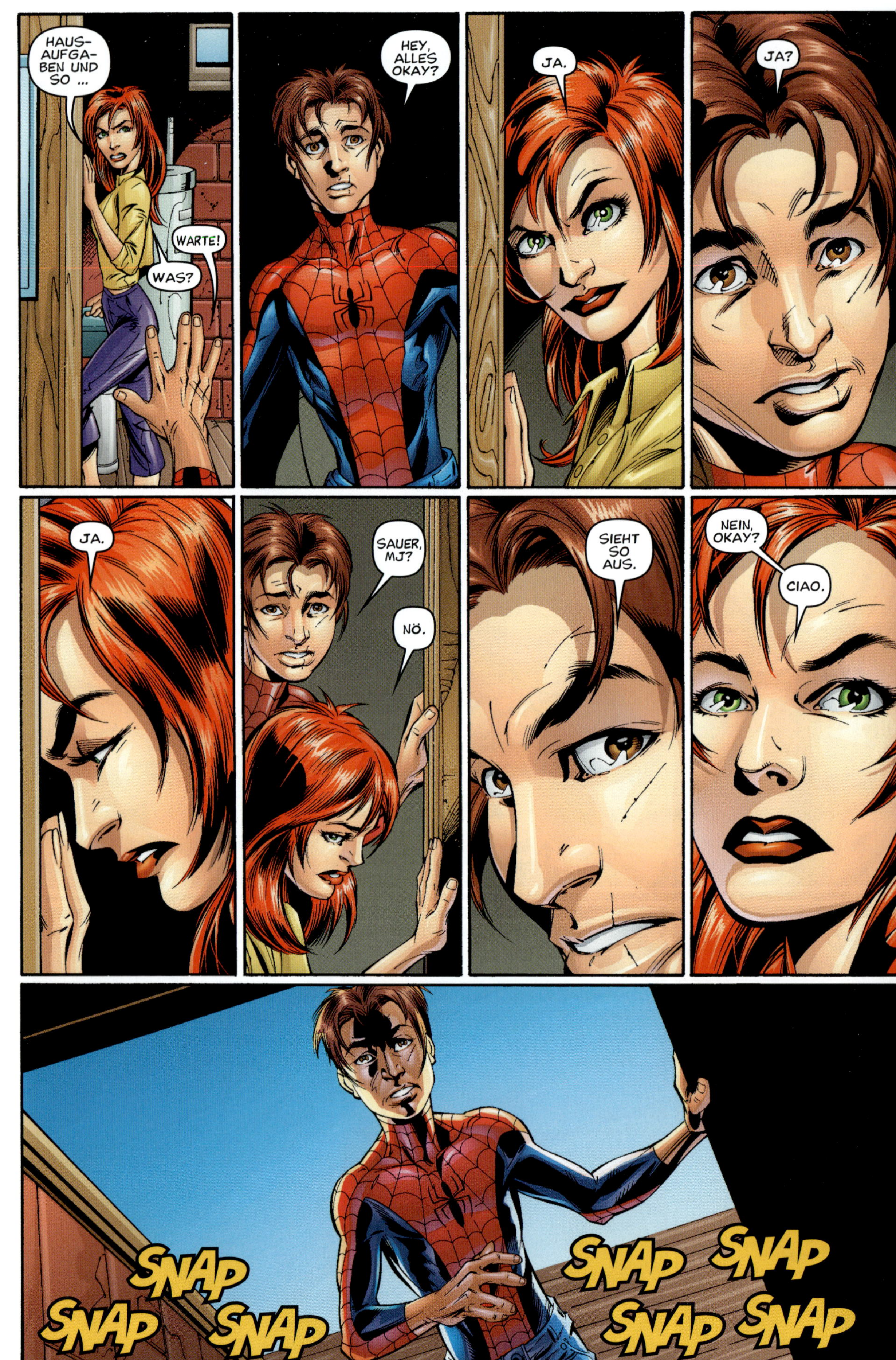
HAUS-
AUFGA-
BEN UND
SO ...
WARTE!
WAS?
HEY,
ALLES
OKAY?
JA.
JA?
JA.
SAUER,
MJ?
NÖ.
SIEHT
SO
AUS.
NEIN,
OKAY?
CIAO.
SNAP
SNAP
SNAP
SNAP
SNAP
SNAP
SNAP

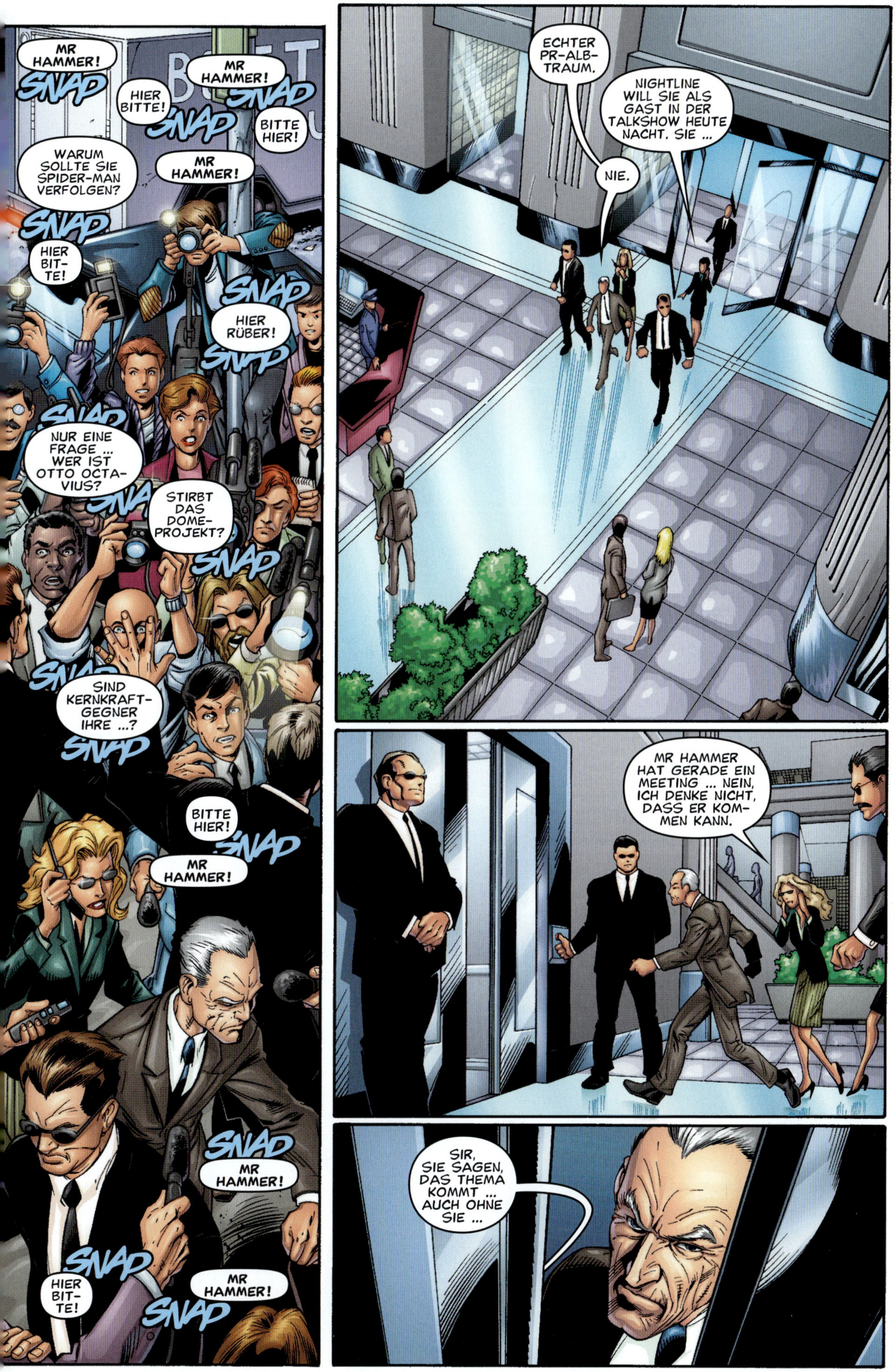

MR HAMMER!
SNAP
HIER BITTE!
MR HAMMER!
SNAP
SNAP
BITTE HIER!
WARUM SOLLTE SIE SPIDER-MAN VERFOLGEN?
MR HAMMER!
SNAP
HIER BITTE!
SNAP
HIER RÜBER!
SNAP
SNAP
NUR EINE FRAGE ... WER IST OTTO OCTAVIUS?
SNAP
STIRBT DAS DOME-PROJEKT?
SNAP
SNAP
SIND KERNKRAFTGEGNER IHRE ...?
SNAP
BITTE HIER!
SNAP
MR HAMMER!
SNAP
MR HAMMER!
SNAP
HIER BITTE!
MR HAMMER!
SNAP

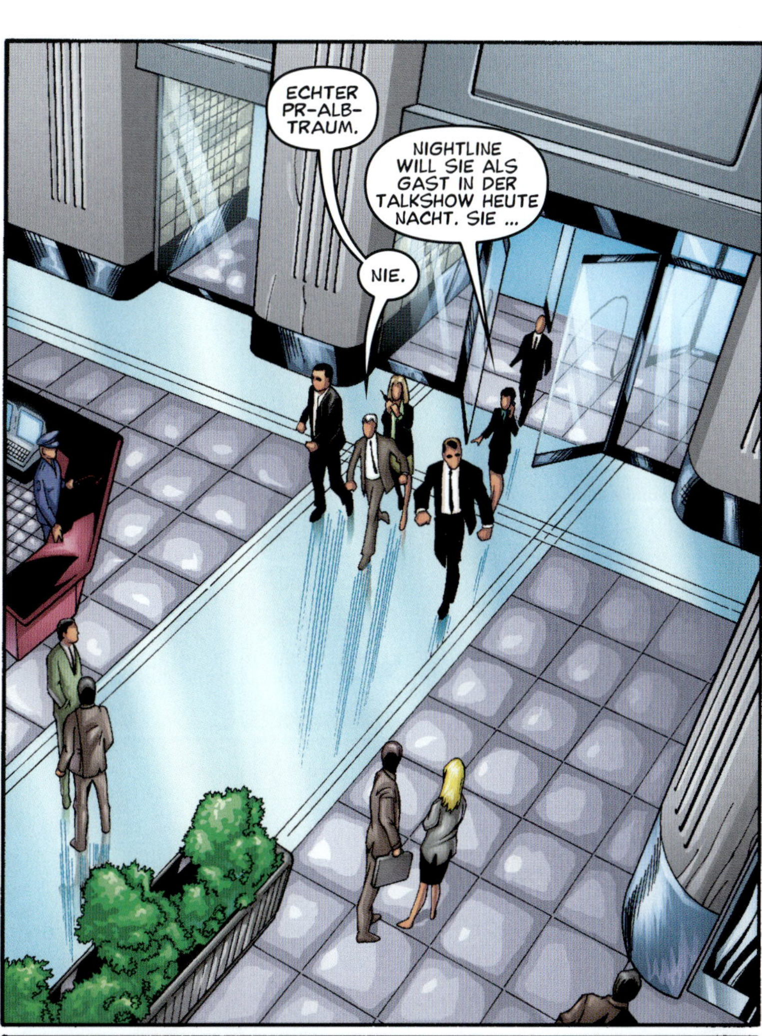

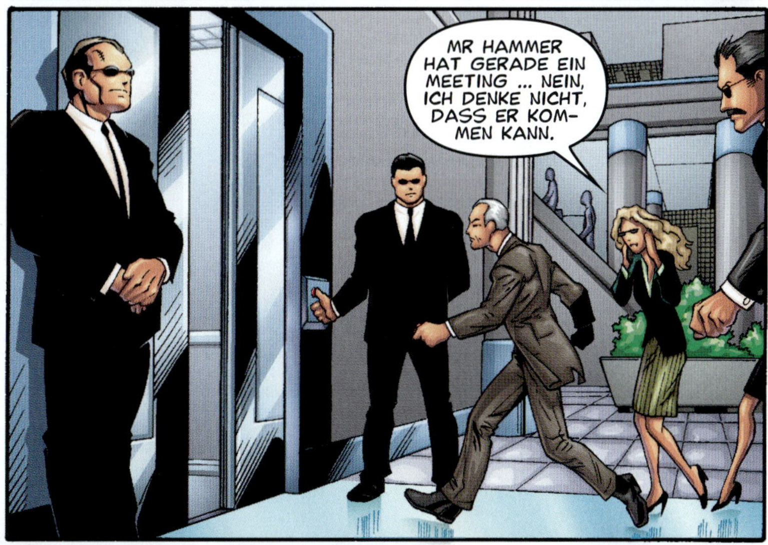

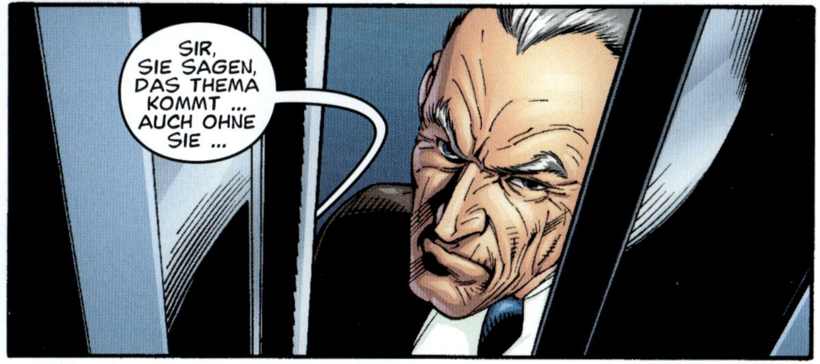

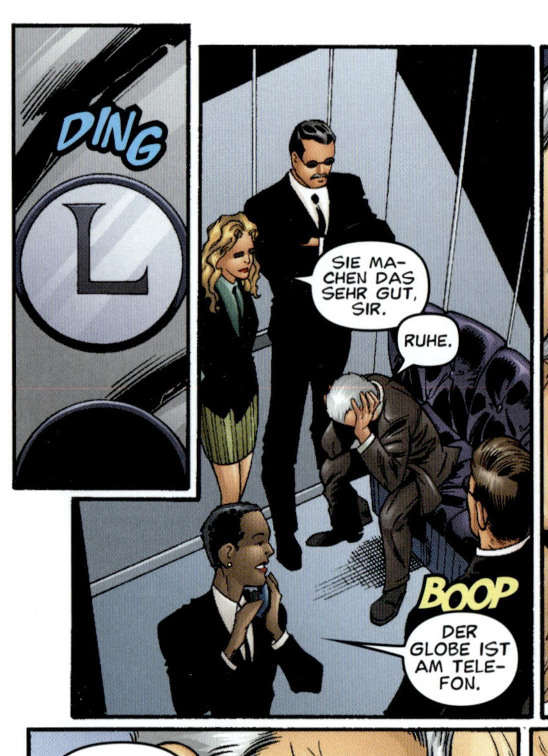
DING
L
SIE MACHEN DAS SEHR GUT, SIR.
RUHE.
BOOP
DER GLOBE IST AM TELEFON.
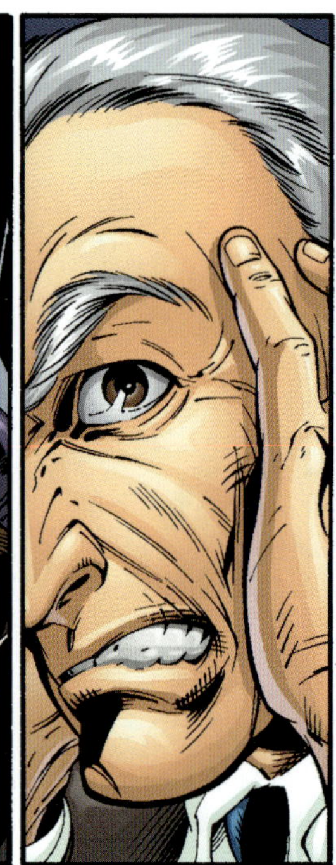
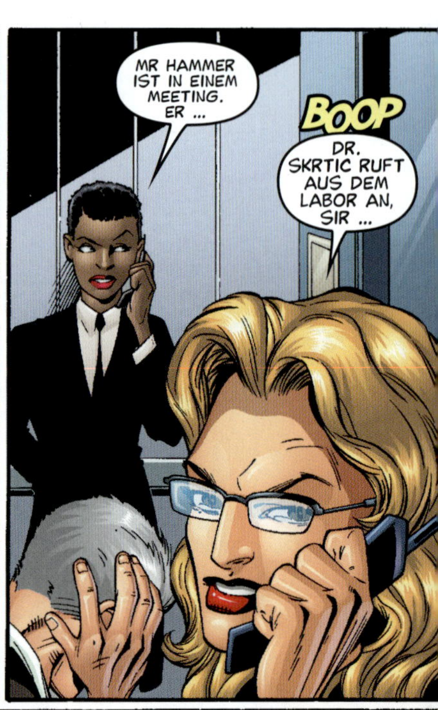
MR HAMMER IST IN EINEM MEETING. ER ...
BOOP
DR. SKRTIC RUFT AUS DEM LABOR AN, SIR ...
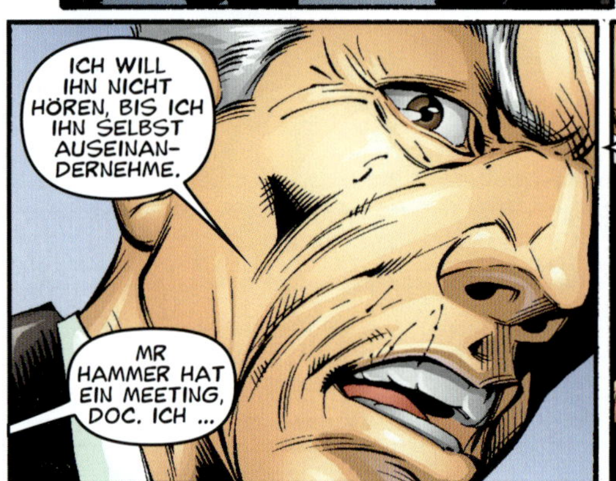
ICH WILL IHN NICHT HÖREN, BIS ICH IHN SELBST AUSEINANDERNEHME.
MR HAMMER HAT EIN MEETING, DOC. ICH ...
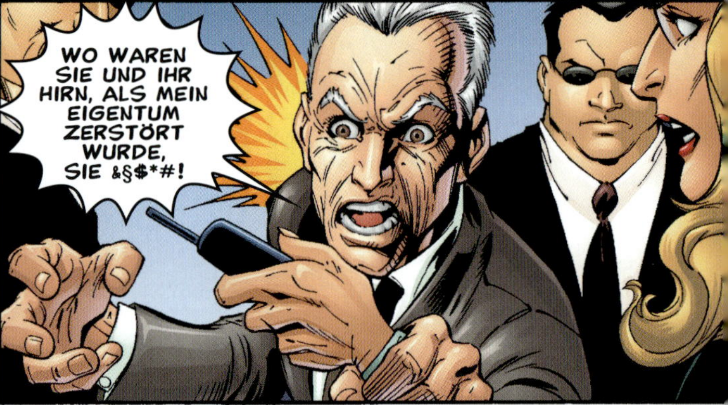
WO WAREN SIE UND IHR HIRN, ALS MEIN EIGENTUM ZERSTÖRT WURDE, SIE &§$*#!
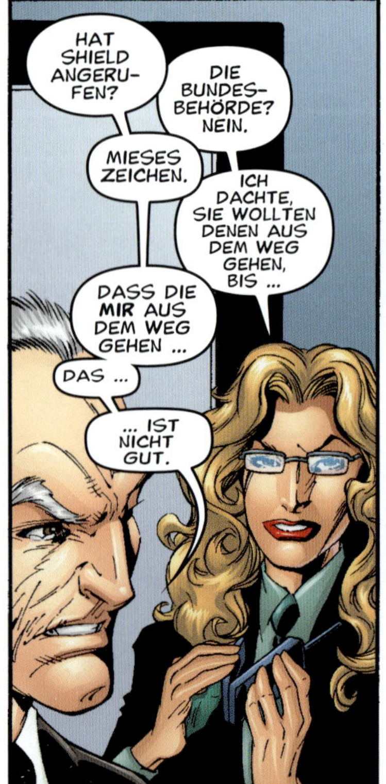
HAT SHIELD ANGERUFEN?
DIE BUNDESBEHÖRDE? NEIN.
MIESES ZEICHEN.
ICH DACHTE, SIE WOLLTEN DENEN AUS DEM WEG GEHEN, BIS ...
DASS DIE MIR AUS DEM WEG GEHEN ...
DAS ...
... IST NICHT GUT.
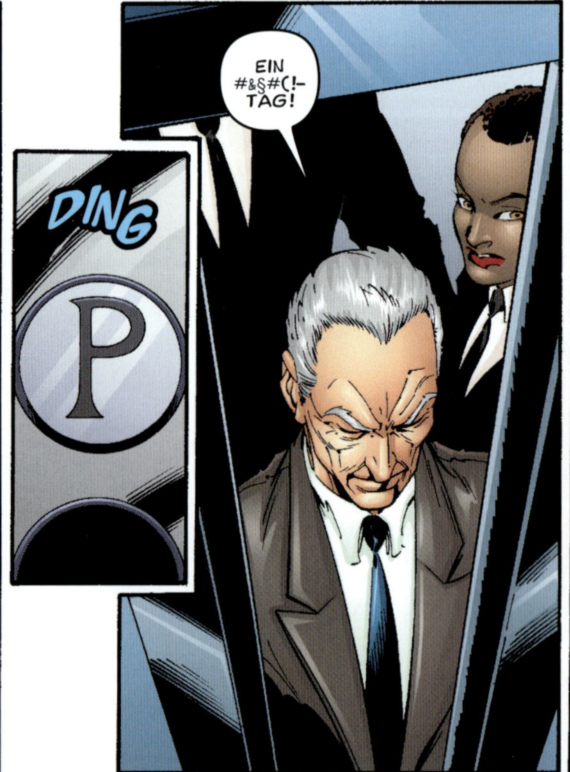
DING
P
EIN #&§#(!-TAG!
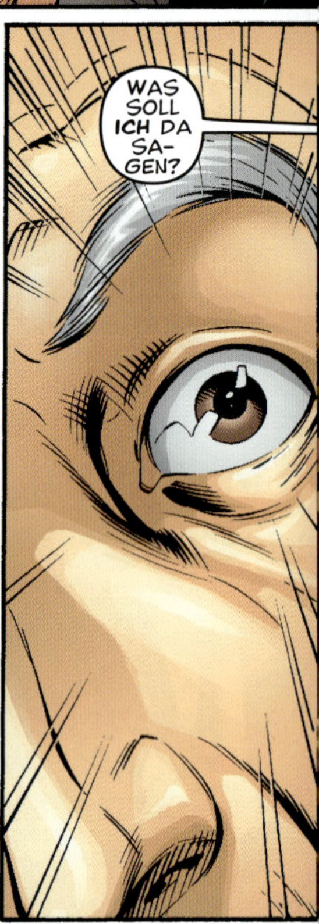
WAS SOLL ICH DA SAGEN?

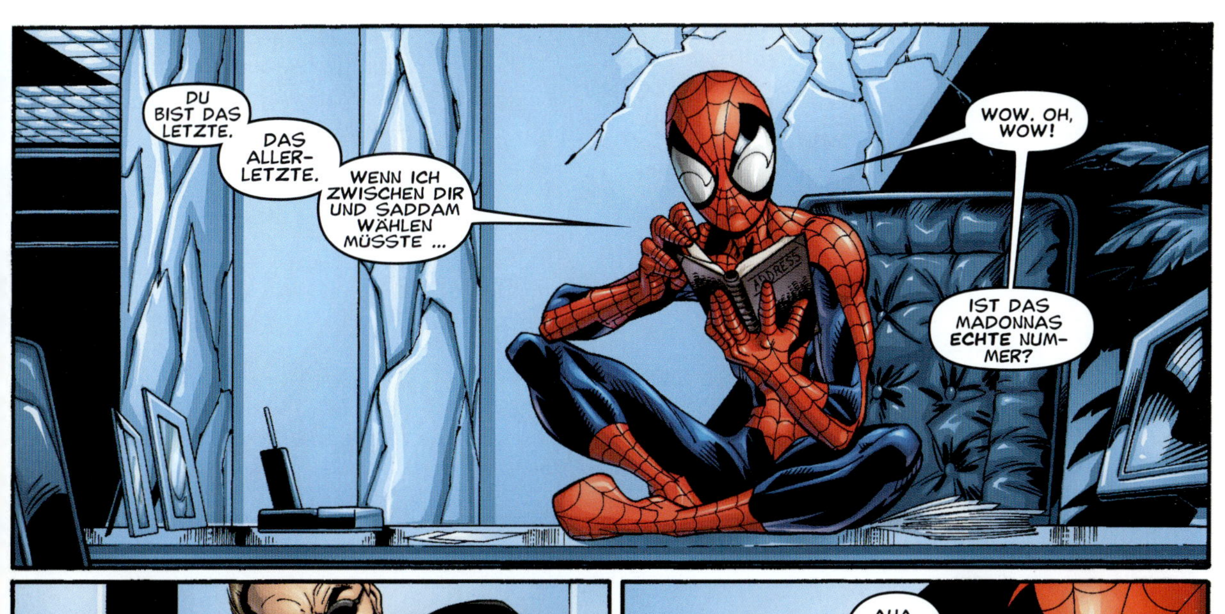
DU BIST DAS LETZTE.
DAS ALLER-LETZTE.
WENN ICH ZWISCHEN DIR UND SADDAM WÄHLEN MÜSSTE ...
WOW. OH, WOW!
IST DAS MADONNAS ECHTE NUMMER?
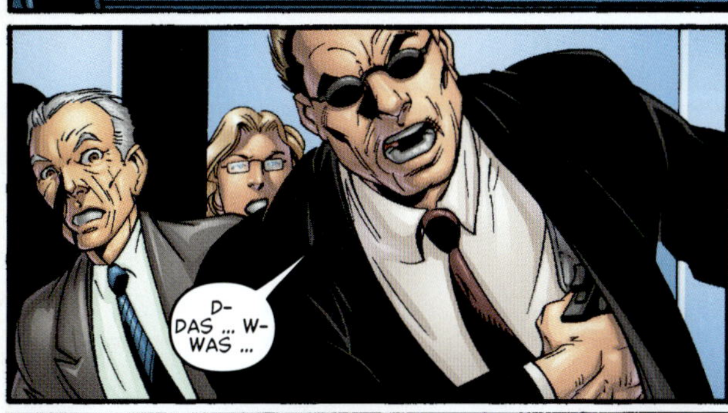
D-DAS ... W-WAS ...
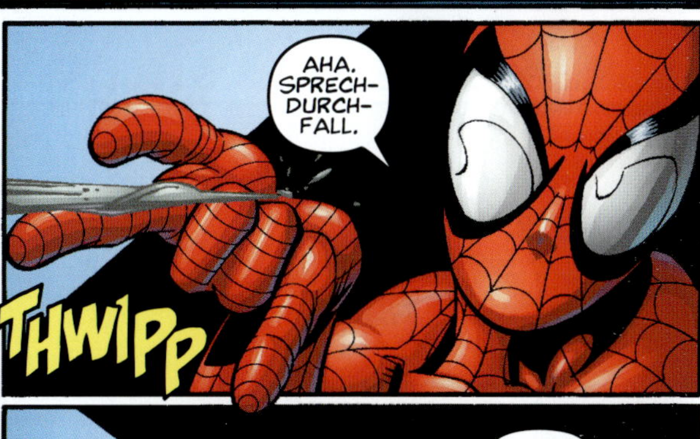
AHA. SPRECH-DURCH-FALL.
THWIPP
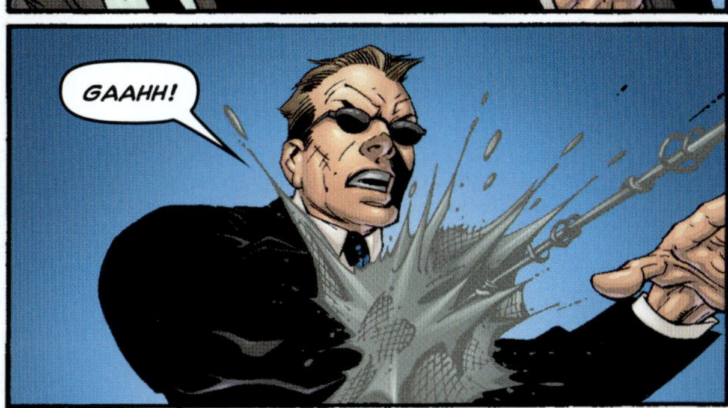
GAAHH!
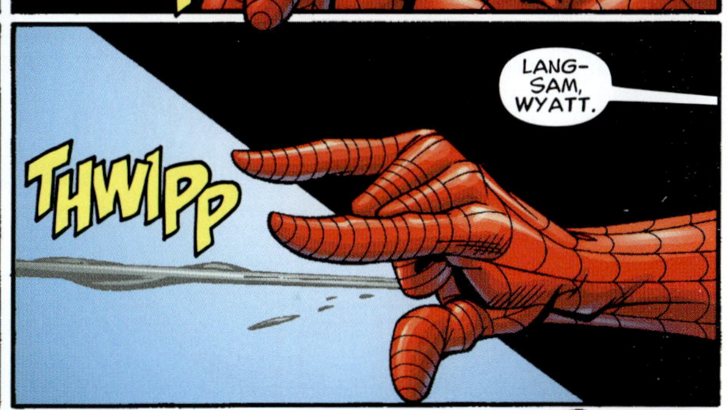
LANG-SAM, WYATT.
THWIPP
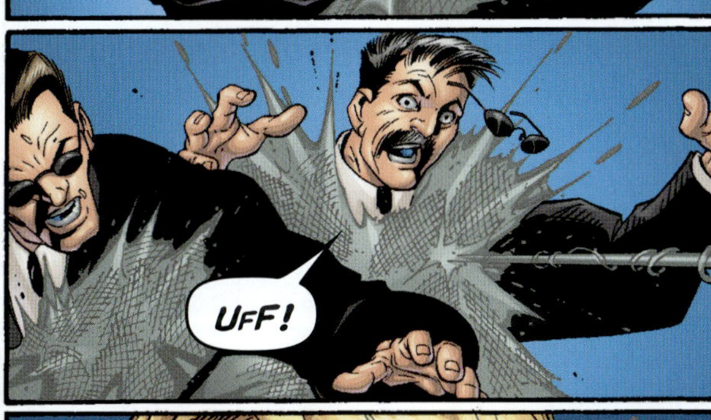
UFF!
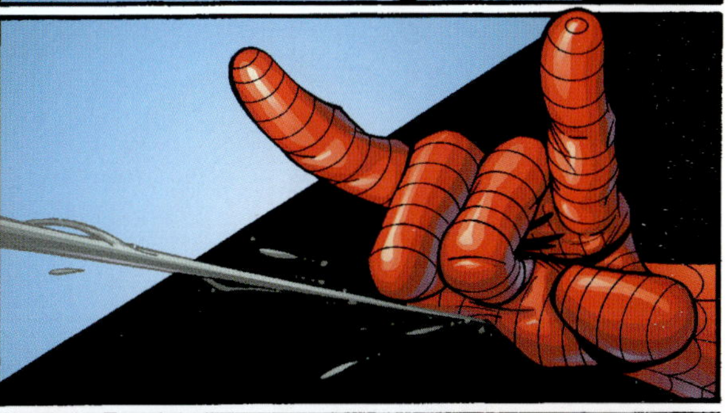
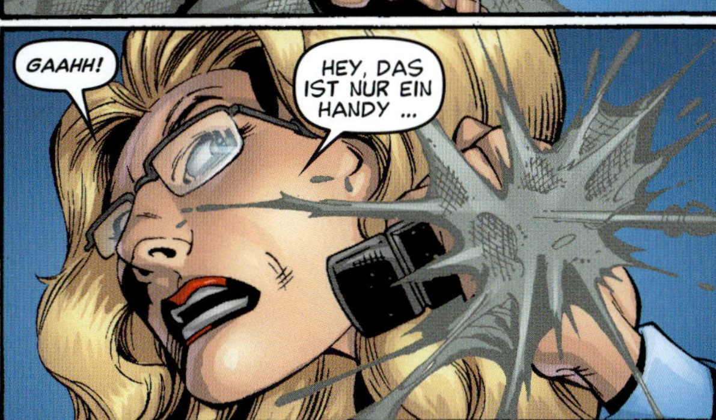
GAAHH!
HEY, DAS IST NUR EIN HANDY ...
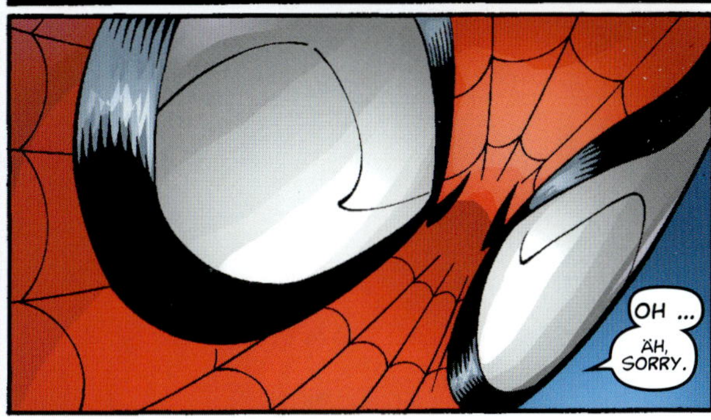
OH ...
ÄH, SORRY.

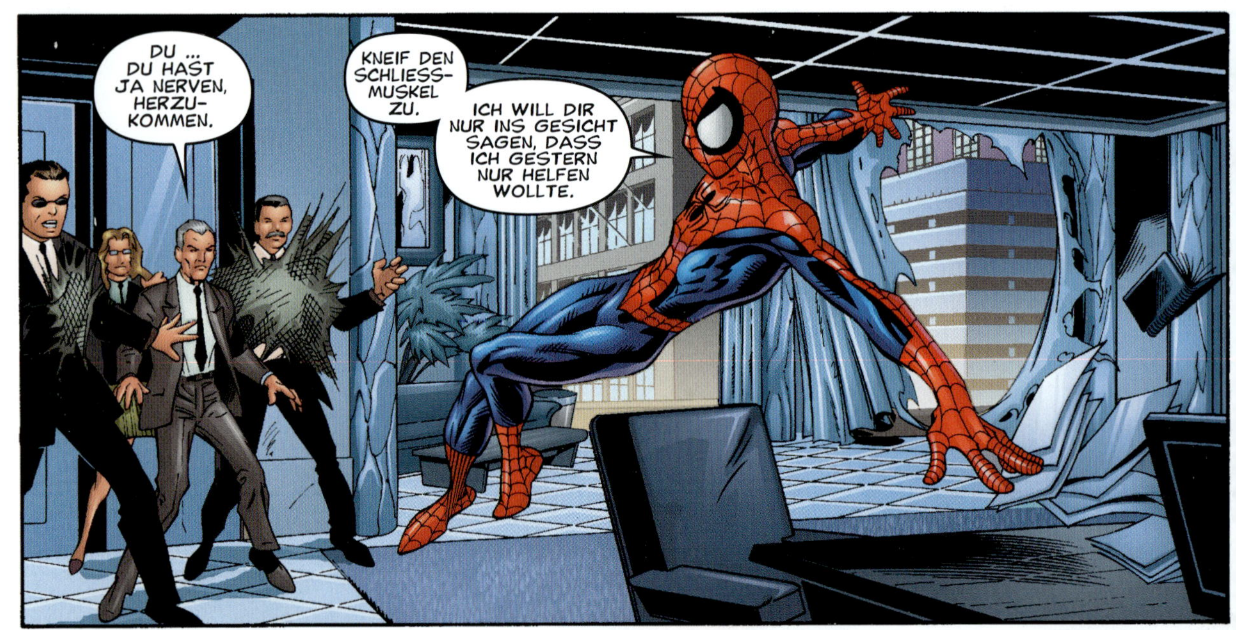

DU ... DU HAST JA NERVEN, HERZUKOMMEN.
KNEIF DEN SCHLIESS-MUSKEL ZU.
ICH WILL DIR NUR INS GESICHT SAGEN, DASS ICH GESTERN NUR HELFEN WOLLTE.

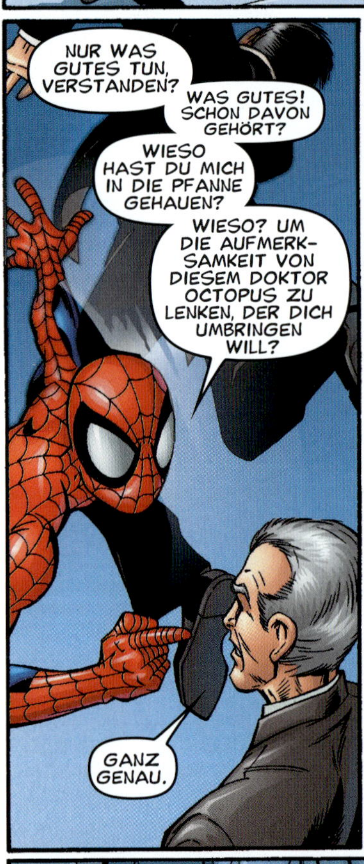

NUR WAS GUTES TUN, VERSTANDEN?
WAS GUTES! SCHON DAVON GEHÖRT?
WIESO HAST DU MICH IN DIE PFANNE GEHAUEN?
WIESO? UM DIE AUFMERK-SAMKEIT VON DIESEM DOKTOR OCTOPUS ZU LENKEN, DER DICH UMBRINGEN WILL?
GANZ GENAU.

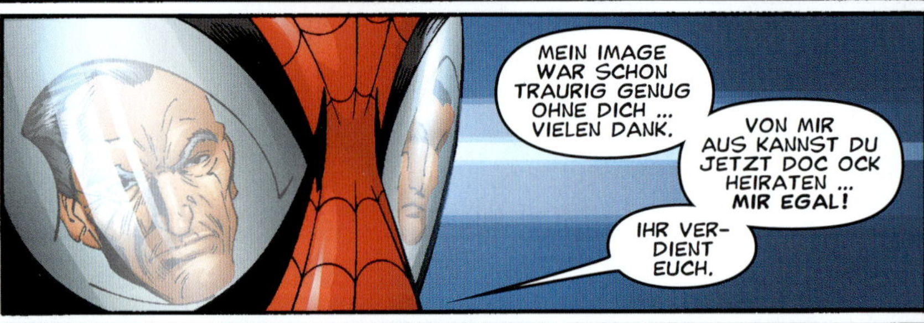

MEIN IMAGE WAR SCHON TRAURIG GENUG OHNE DICH ... VIELEN DANK.
VON MIR AUS KANNST DU JETZT DOC OCK HEIRATEN ... MIR EGAL!
IHR VER-DIENT EUCH.

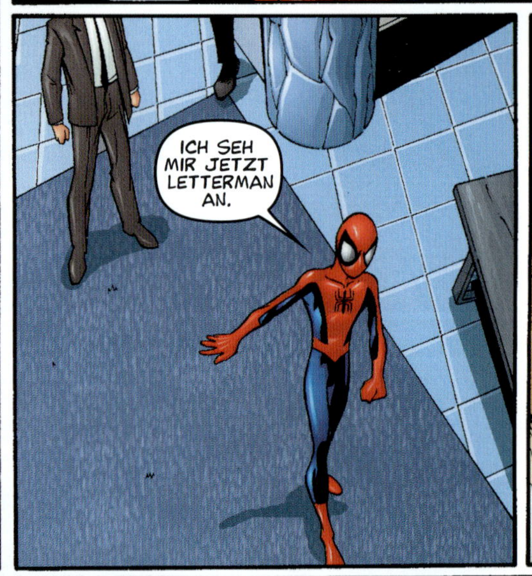

ICH SEH MIR JETZT LETTERMAN AN.

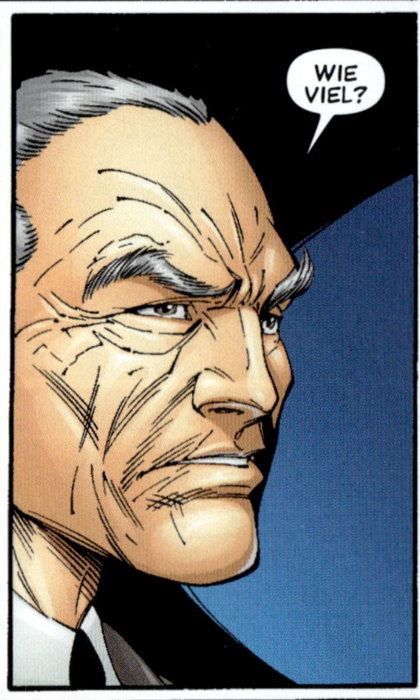

WIE VIEL?

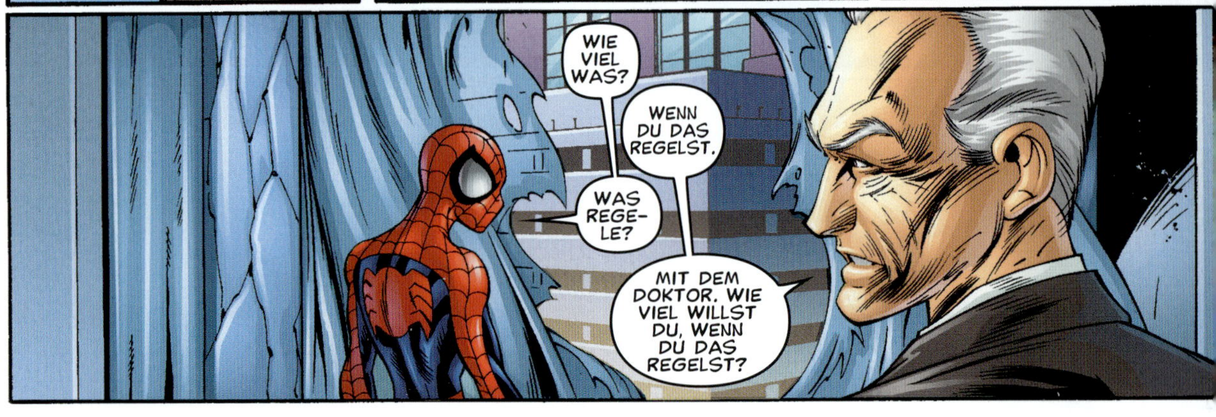

WIE VIEL WAS?
WENN DU DAS REGELST.
WAS REGE-LE?
MIT DEM DOKTOR. WIE VIEL WILLST DU, WENN DU DAS REGELST?

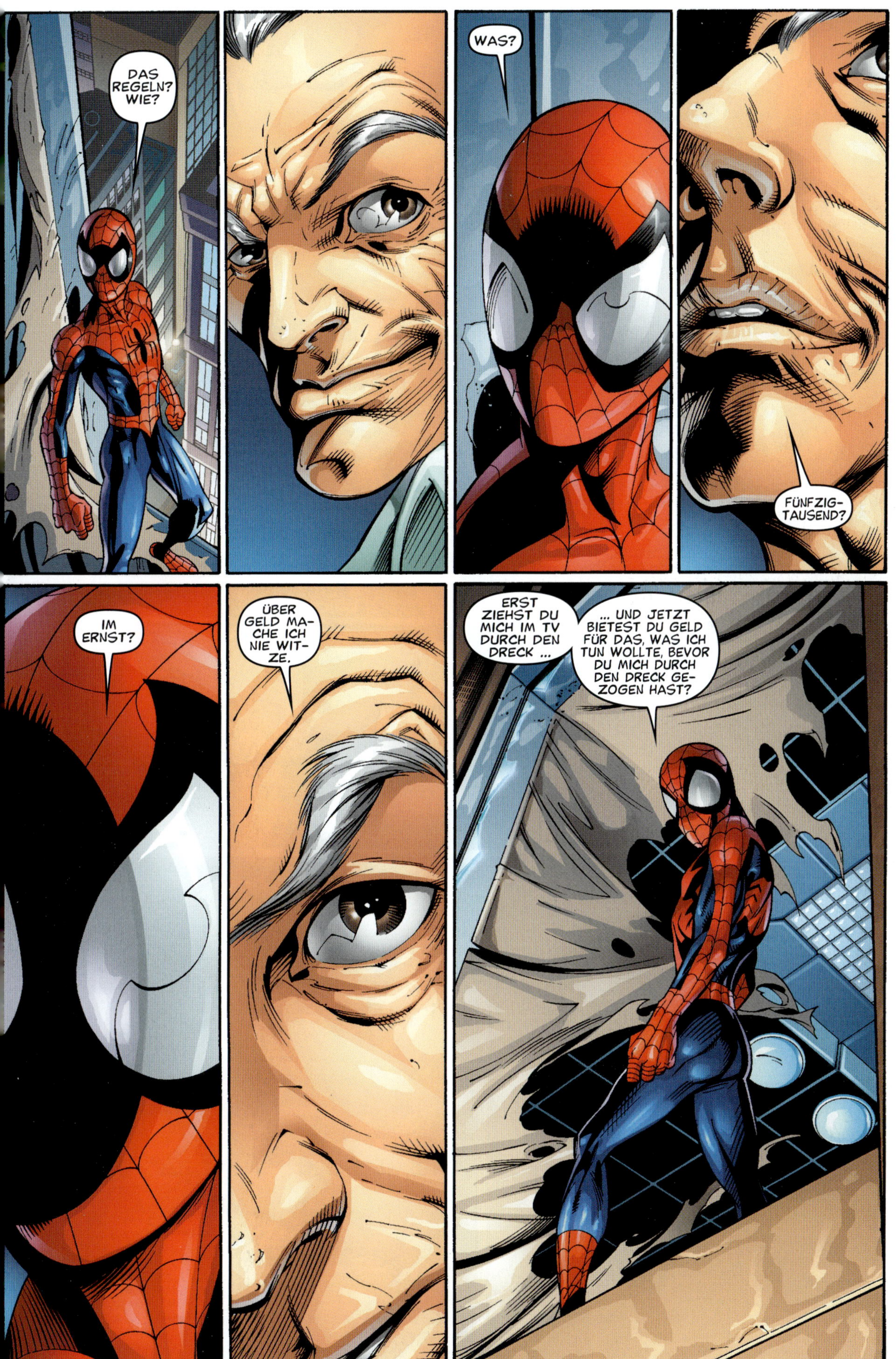
DAS REGELN? WIE?
WAS?
FÜNFZIG-TAUSEND?
IM ERNST?
ÜBER GELD MA-CHE ICH NIE WIT-ZE.
ERST ZIEHST DU MICH IM TV DURCH DEN DRECK ...
... UND JETZT BIETEST DU GELD FÜR DAS, WAS ICH TUN WOLLTE, BEVOR DU MICH DURCH DEN DRECK GE-ZOGEN HAST?

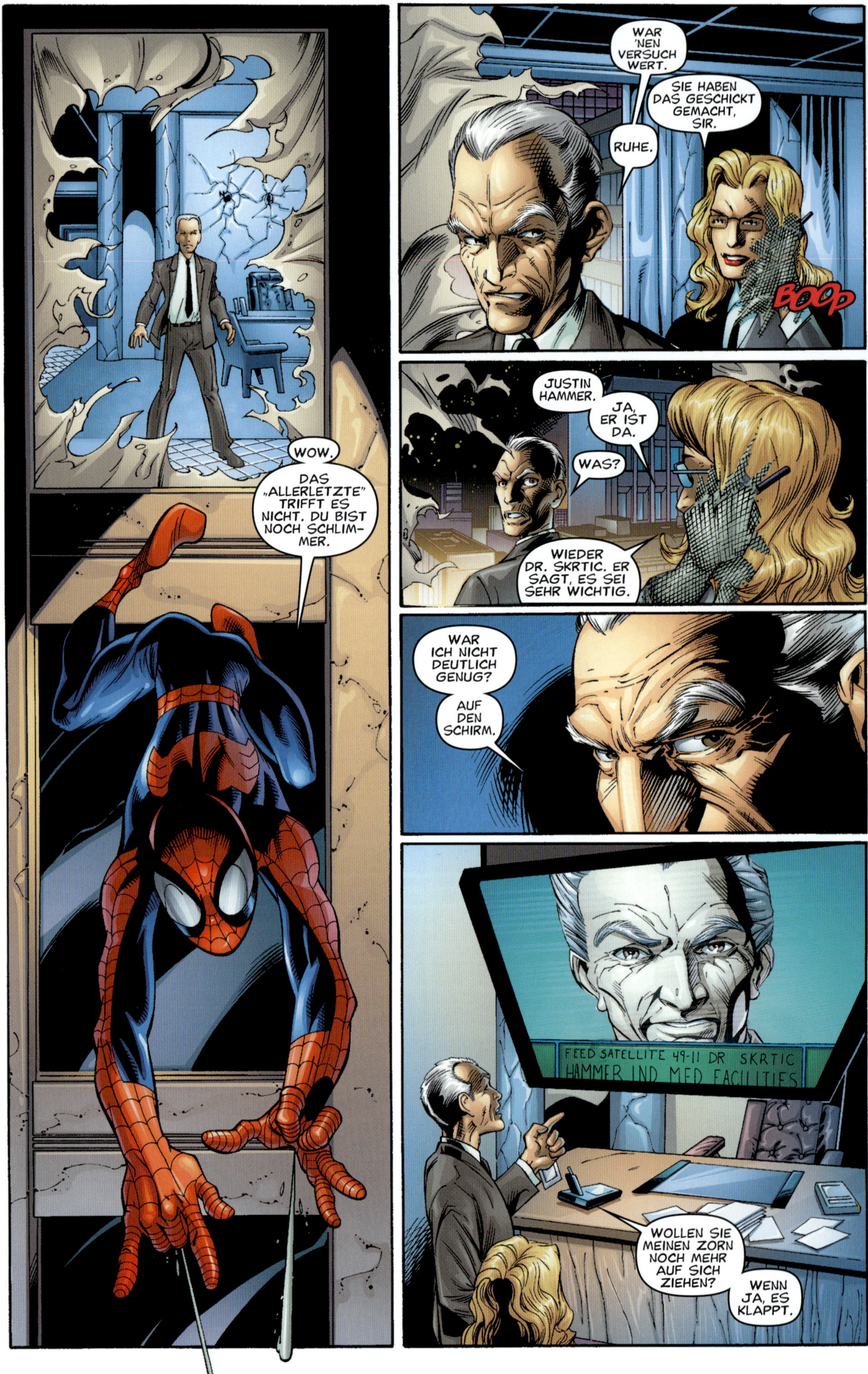

WOW.
DAS „ALLERLETZTE" TRIFFT ES NICHT. DU BIST NOCH SCHLIMMER.

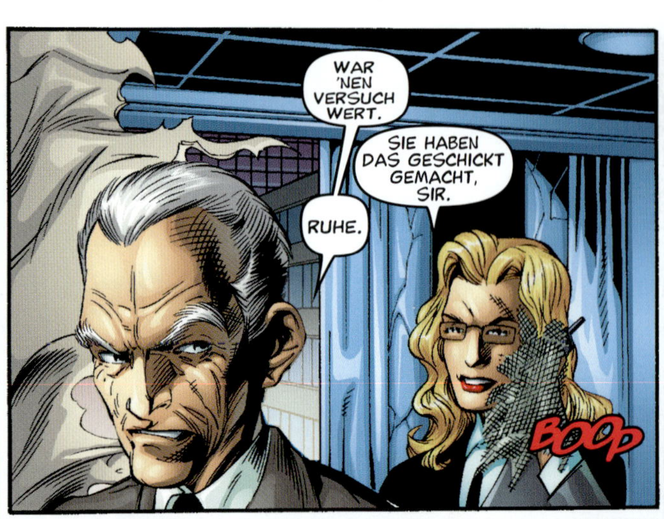

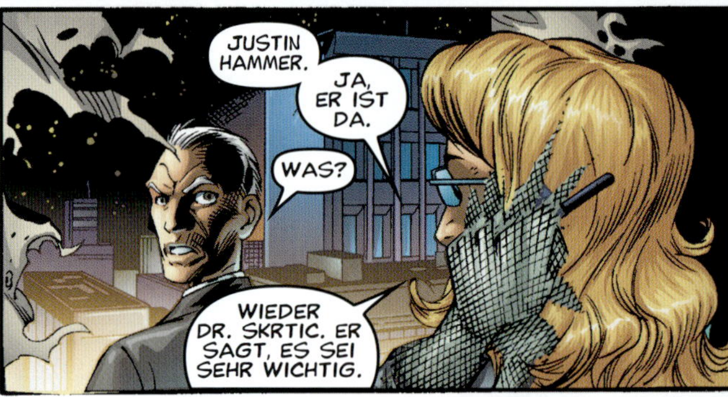

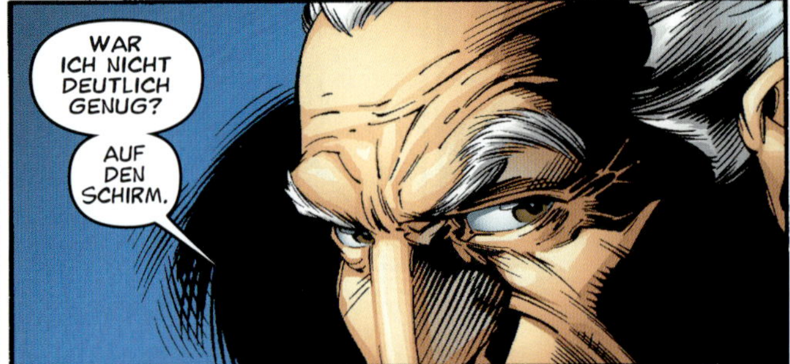

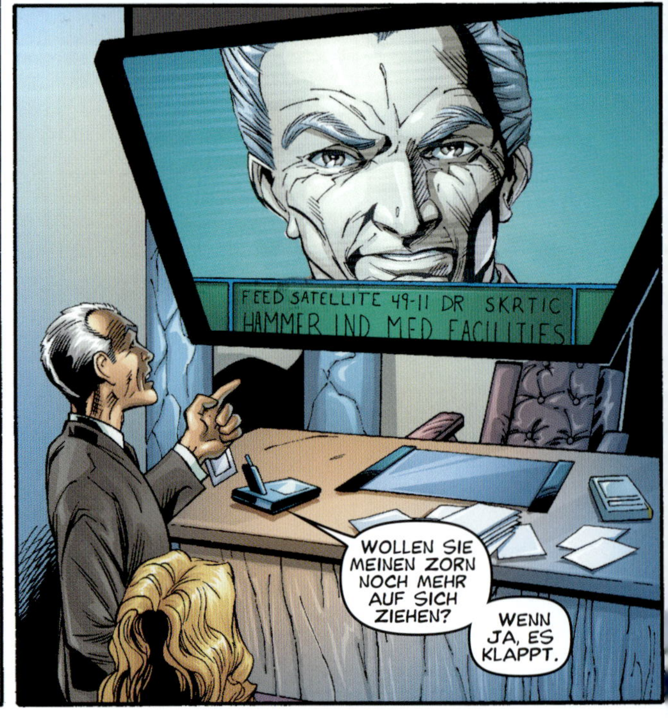

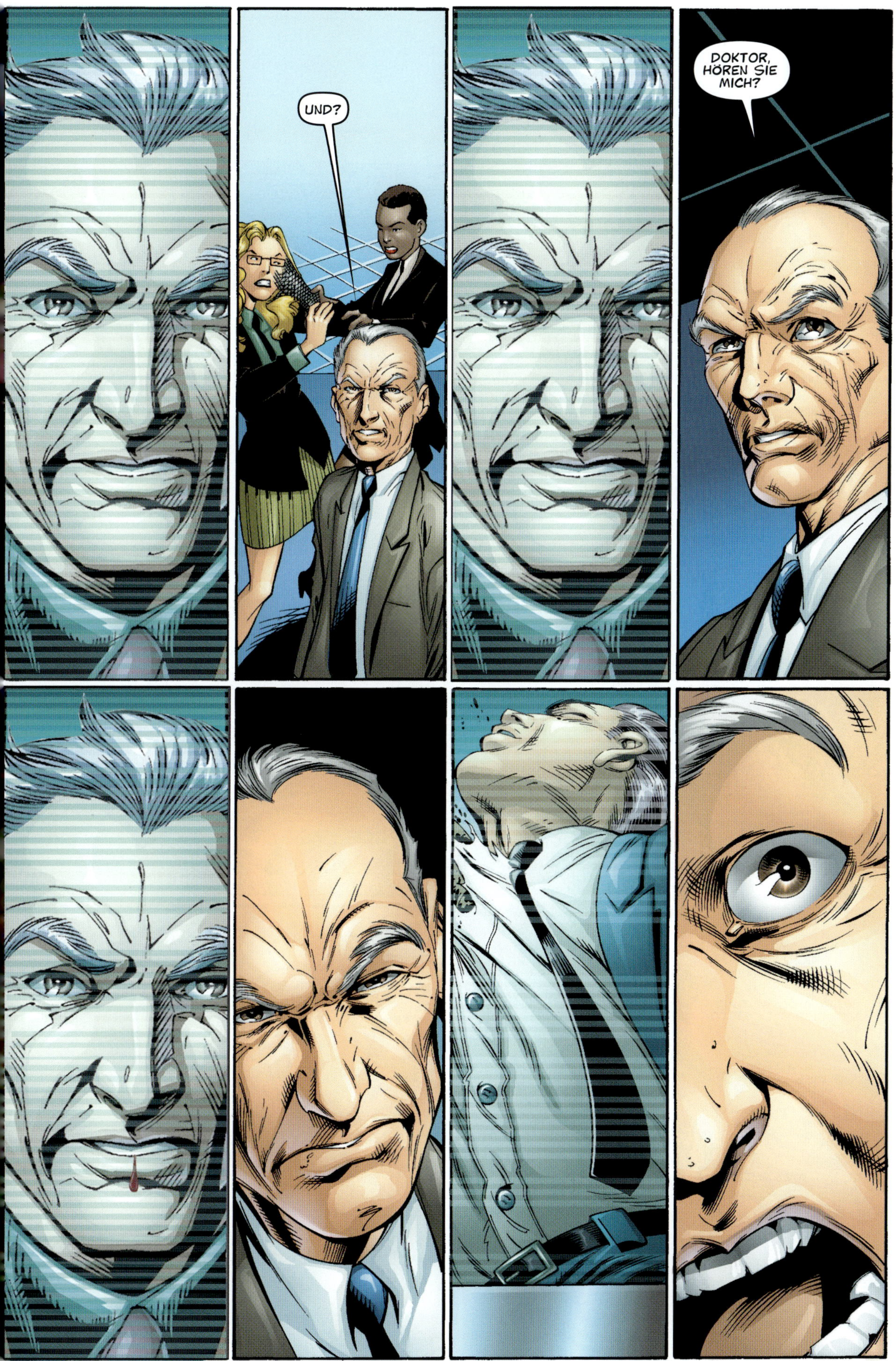
UND?
DOKTOR, HÖREN SIE MICH?

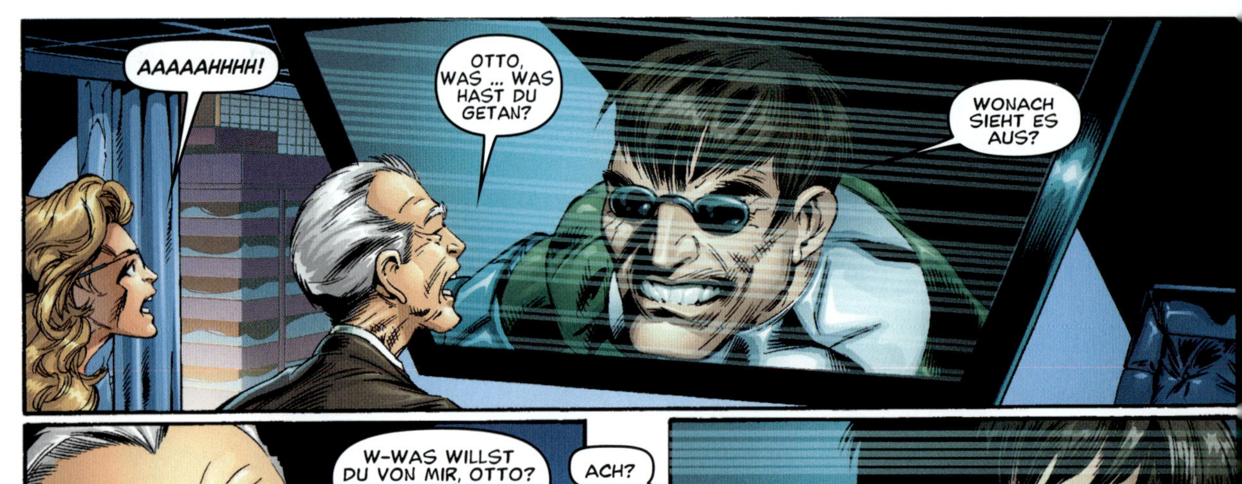
AAAAAHHHH!
OTTO, WAS ... WAS HAST DU GETAN?
WONACH SIEHT ES AUS?

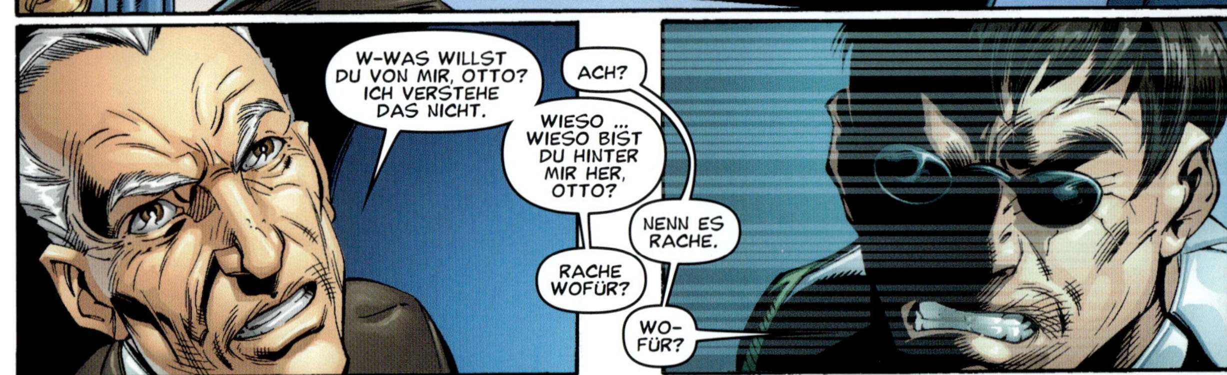
W-WAS WILLST DU VON MIR, OTTO? ICH VERSTEHE DAS NICHT.
ACH?
WIESO ... WIESO BIST DU HINTER MIR HER, OTTO?
NENN ES RACHE.
RACHE WOFÜR?
WO-FÜR?

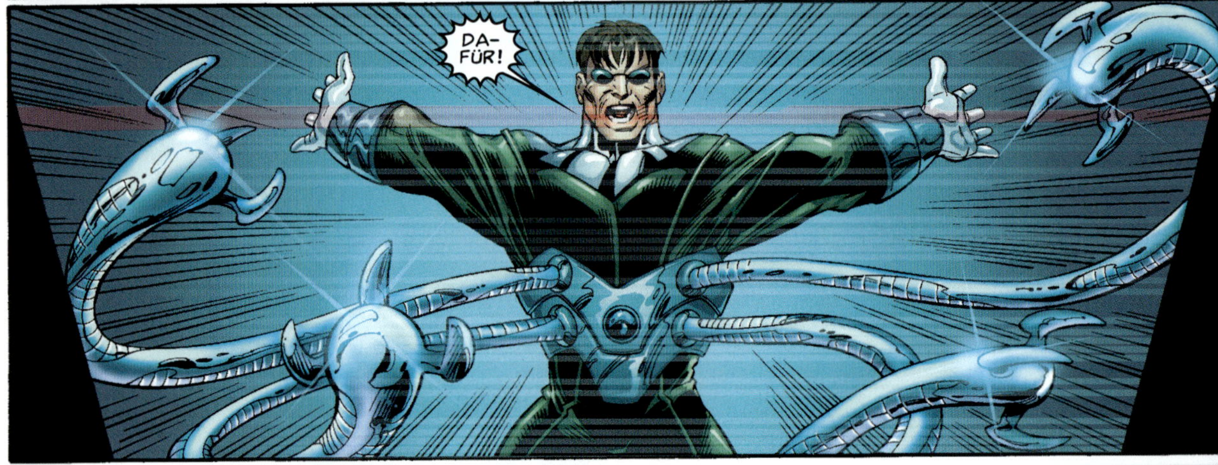
DA-FÜR!

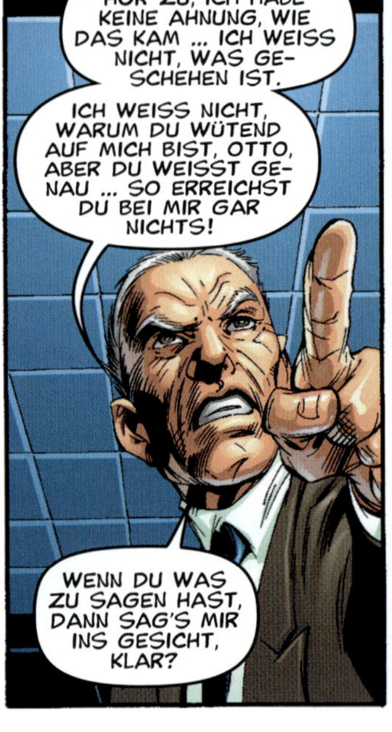
HÖR ZU, ICH HABE KEINE AHNUNG, WIE DAS KAM ... ICH WEISS NICHT, WAS GE-SCHEHEN IST.
ICH WEISS NICHT, WARUM DU WÜTEND AUF MICH BIST, OTTO, ABER DU WEISST GE-NAU ... SO ERREICHST DU BEI MIR GAR NICHTS!
WENN DU WAS ZU SAGEN HAST, DANN SAG'S MIR INS GESICHT, KLAR?

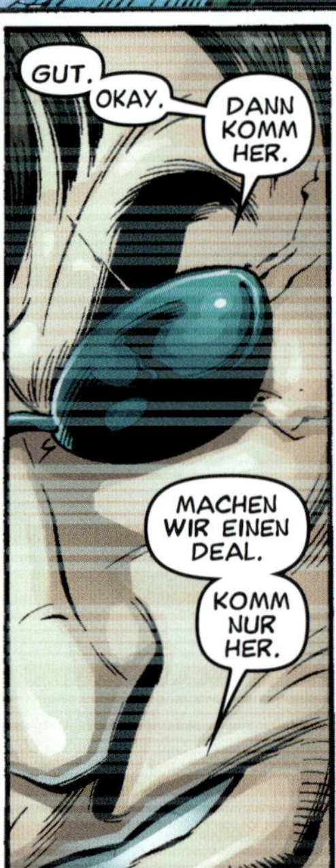
GUT.
OKAY.
DANN KOMM HER.
MACHEN WIR EINEN DEAL.
KOMM NUR HER.

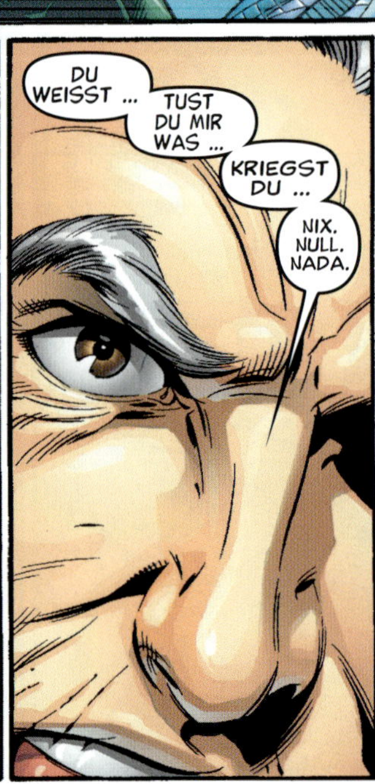
DU WEISST ...
TUST DU MIR WAS ...
KRIEGST DU ...
NIX. NULL. NADA.

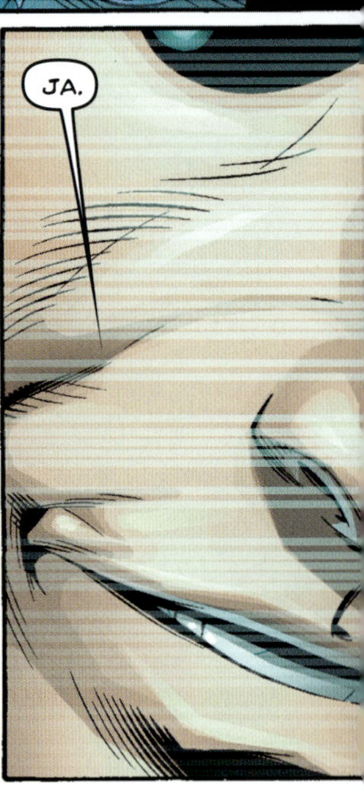
JA.

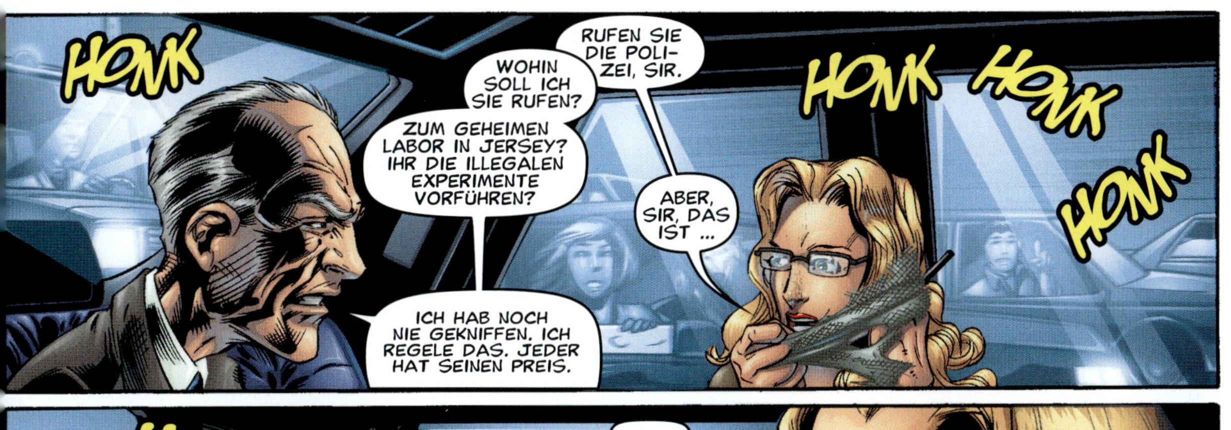
HONK
WOHIN SOLL ICH SIE RUFEN?
ZUM GEHEIMEN LABOR IN JERSEY? IHR DIE ILLEGALEN EXPERIMENTE VORFÜHREN?
ICH HAB NOCH NIE GEKNIFFEN. ICH REGELE DAS. JEDER HAT SEINEN PREIS.
RUFEN SIE DIE POLIZEI, SIR.
ABER, SIR, DAS IST ...
HONK HONK
HONK
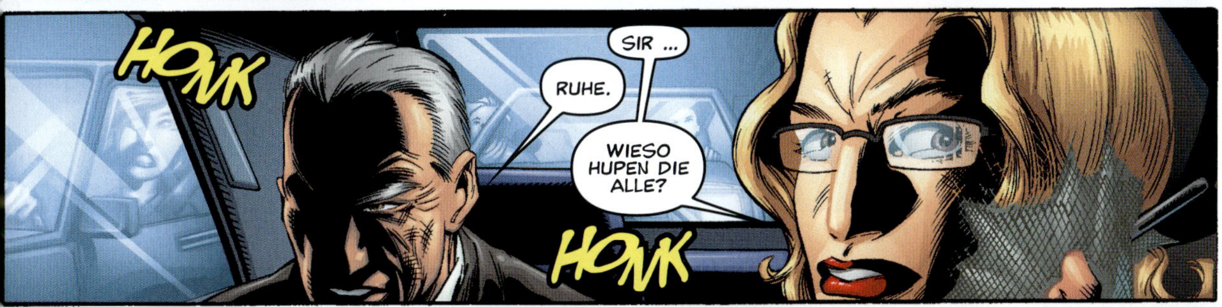
HONK
SIR ...
RUHE.
WIESO HUPEN DIE ALLE?
HONK
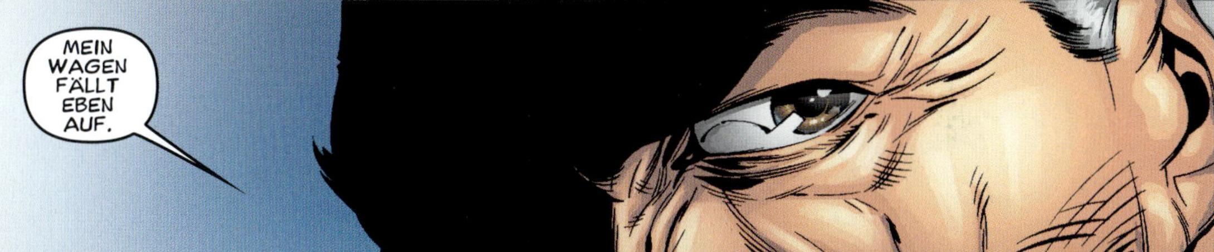
MEIN WAGEN FÄLLT EBEN AUF.
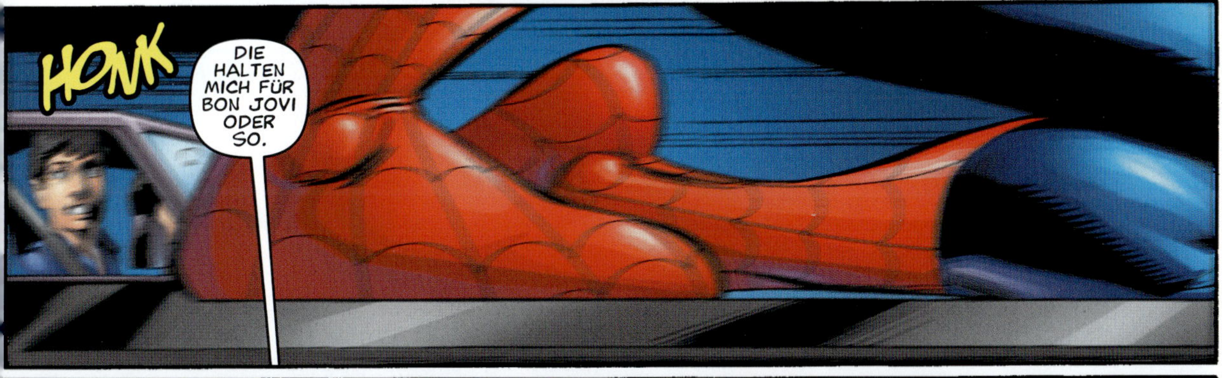
HONK
DIE HALTEN MICH FÜR BON JOVI ODER SO.
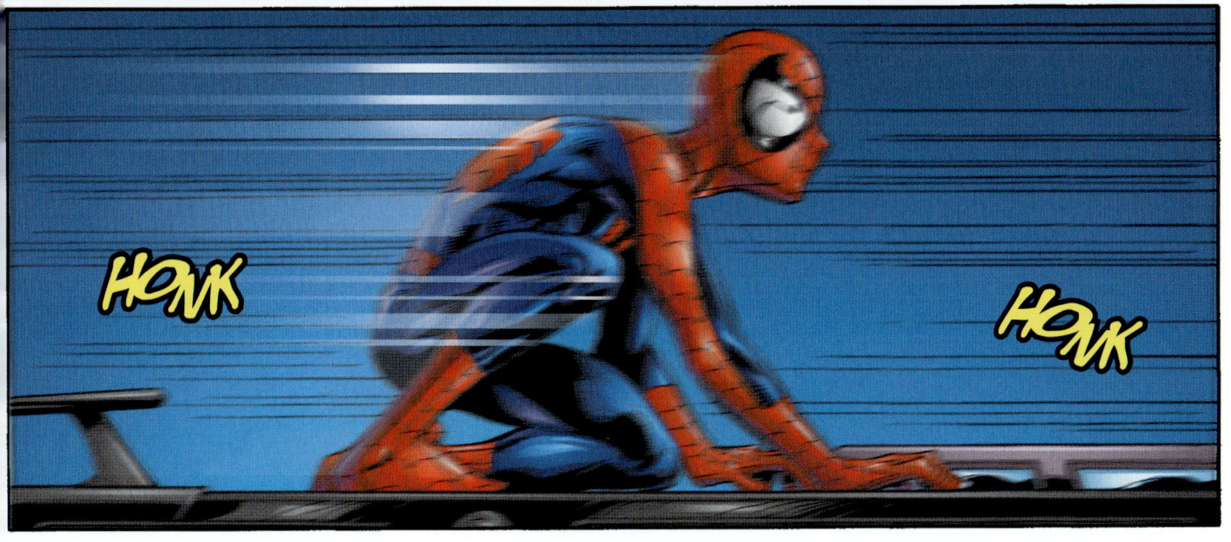
HONK
HONK

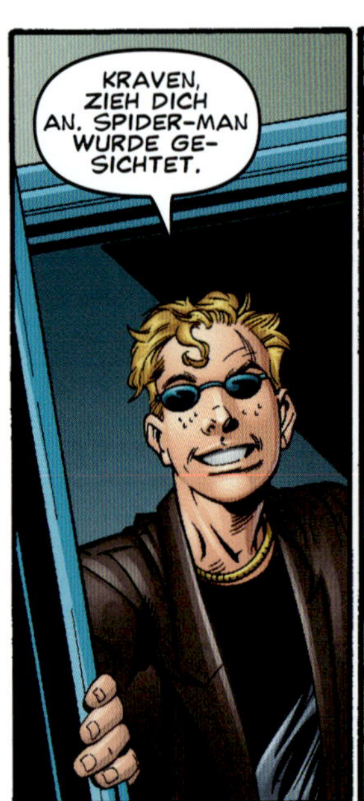
KRAVEN, ZIEH DICH AN. SPIDER-MAN WURDE GESICHTET.

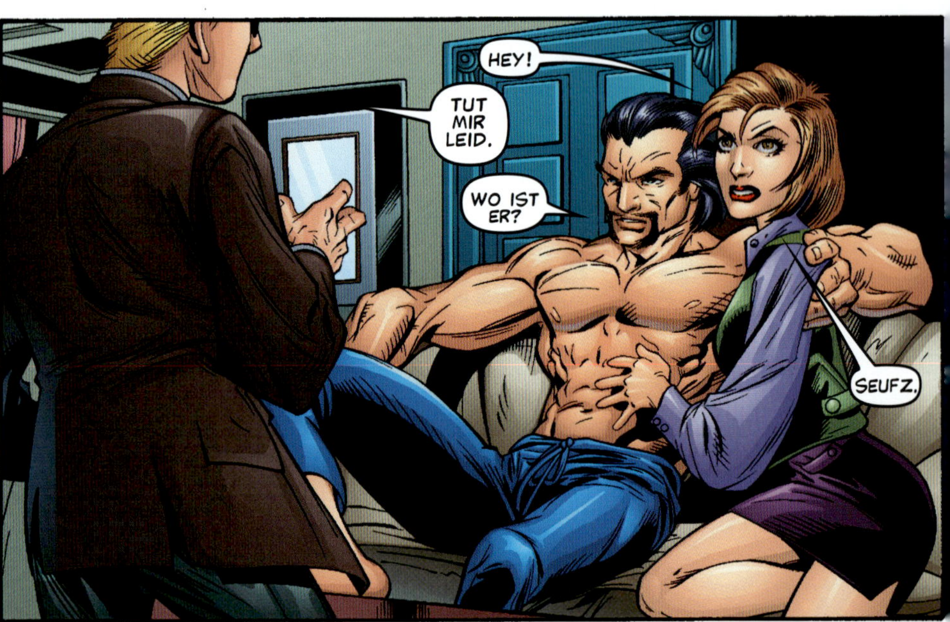
TUT MIR LEID.
HEY!
WO IST ER?
SEUFZ.

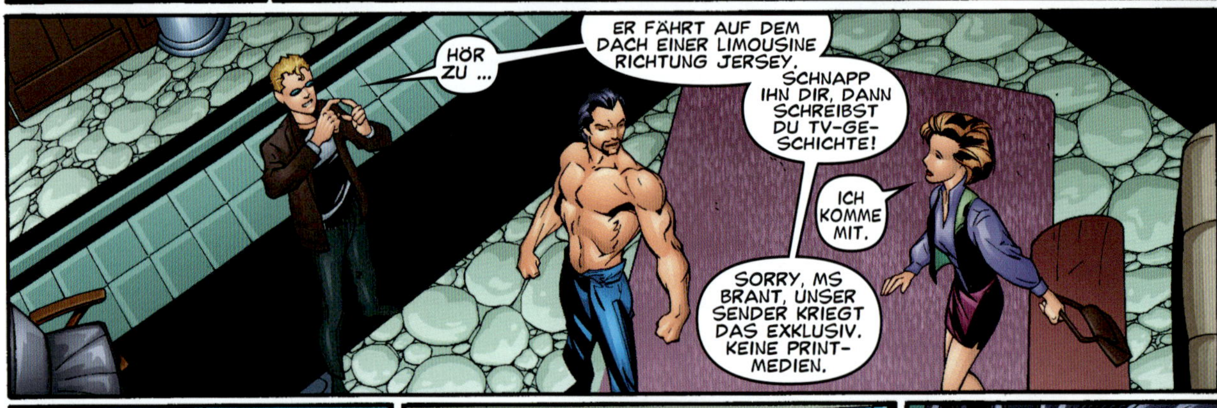
HÖR ZU ...
ER FÄHRT AUF DEM DACH EINER LIMOUSINE RICHTUNG JERSEY.
SCHNAPP IHN DIR, DANN SCHREIBST DU TV-GESCHICHTE!
ICH KOMME MIT.
SORRY, MS BRANT, UNSER SENDER KRIEGT DAS EXKLUSIV. KEINE PRINTMEDIEN.

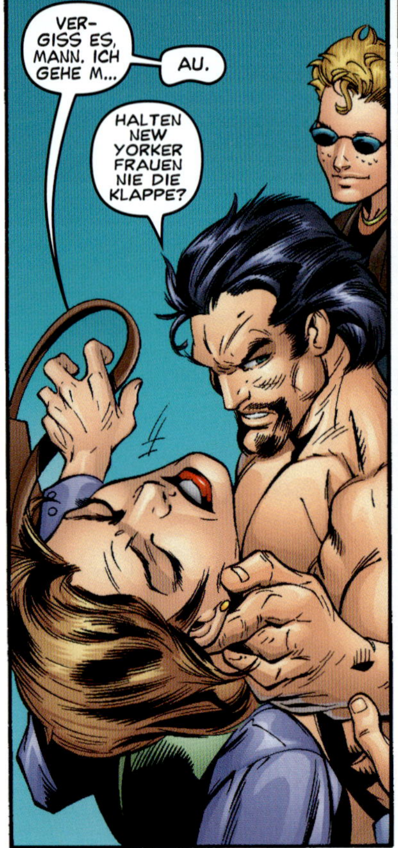
VERGISS ES, MANN. ICH GEHE M...
AU.
HALTEN NEW YORKER FRAUEN NIE DIE KLAPPE?

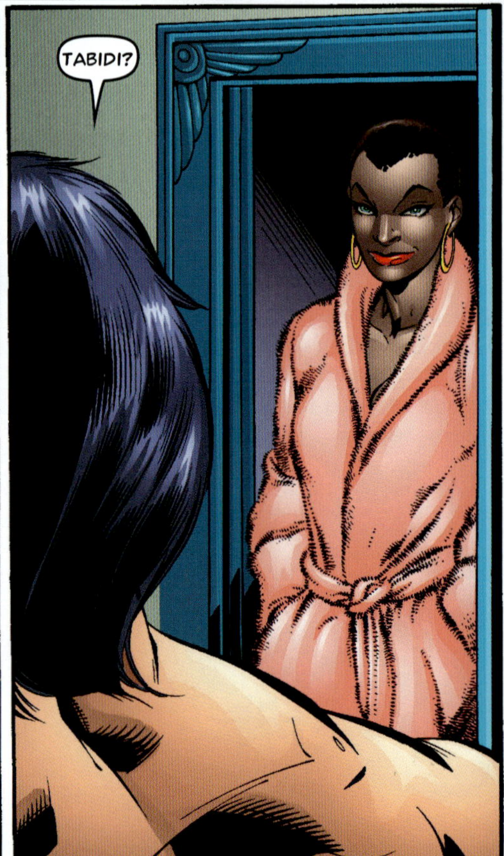
TABIDI?

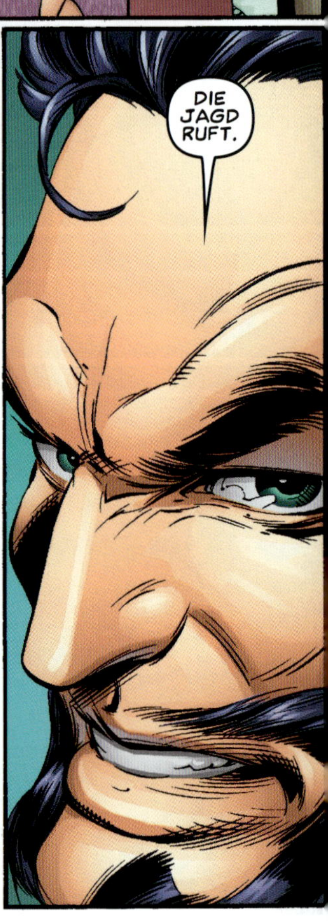
DIE JAGD RUFT.

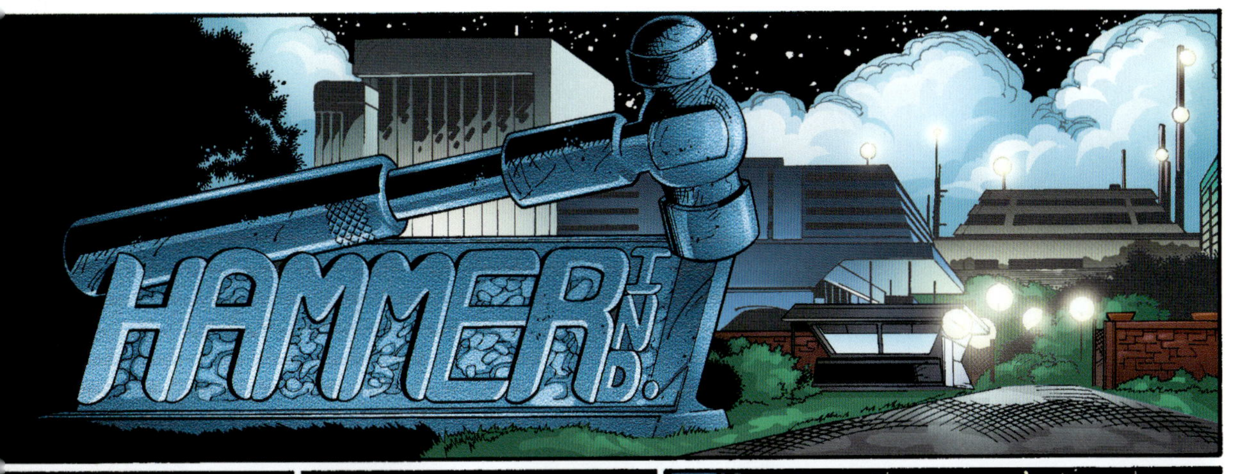
HAMMER IND.
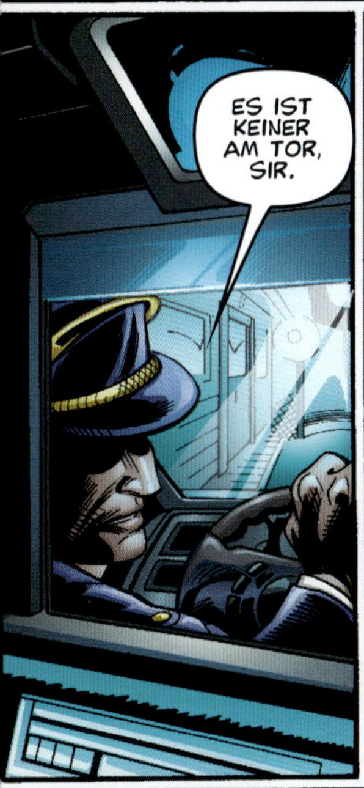
ES IST KEINER AM TOR, SIR.
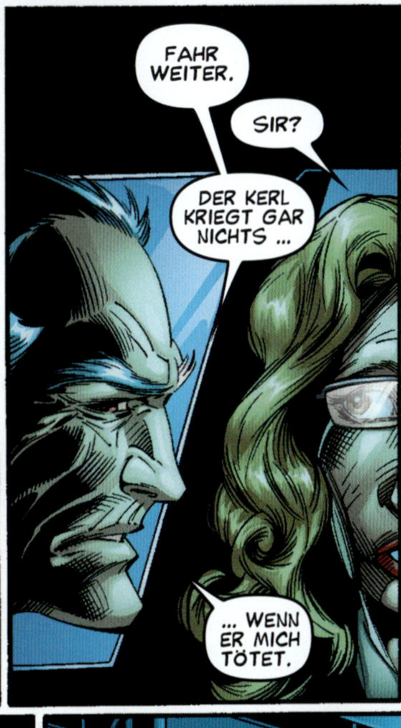
FAHR WEITER.
SIR?
DER KERL KRIEGT GAR NICHTS ...
... WENN ER MICH TÖTET.
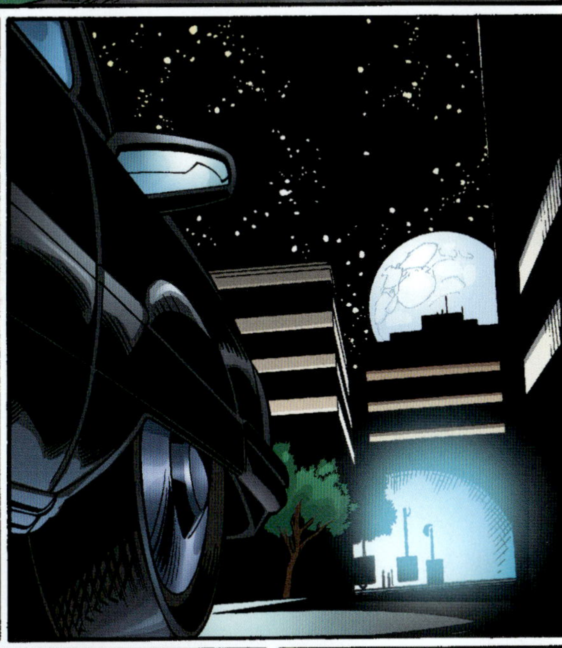
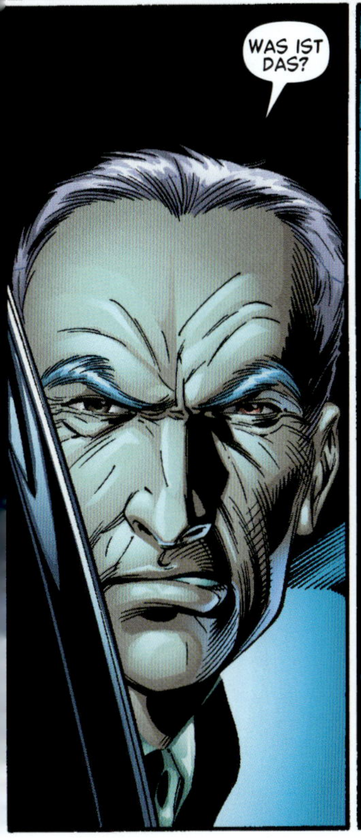
WAS IST DAS?
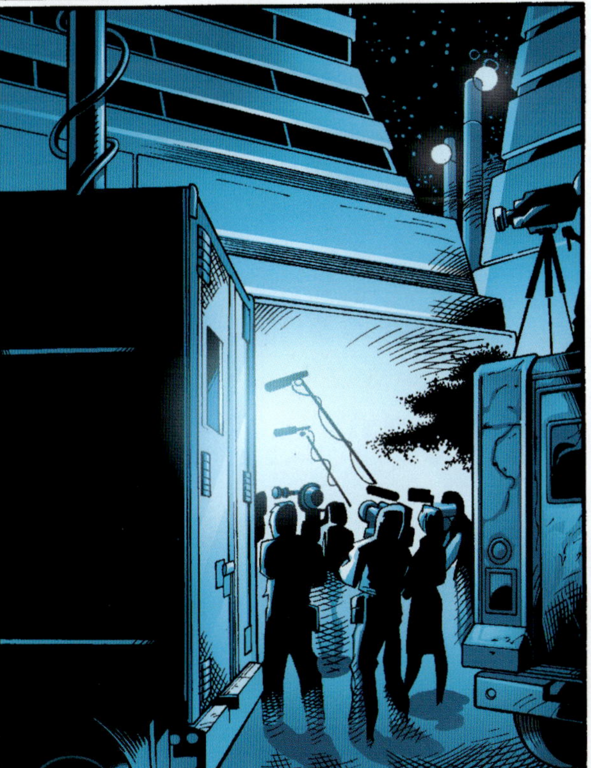
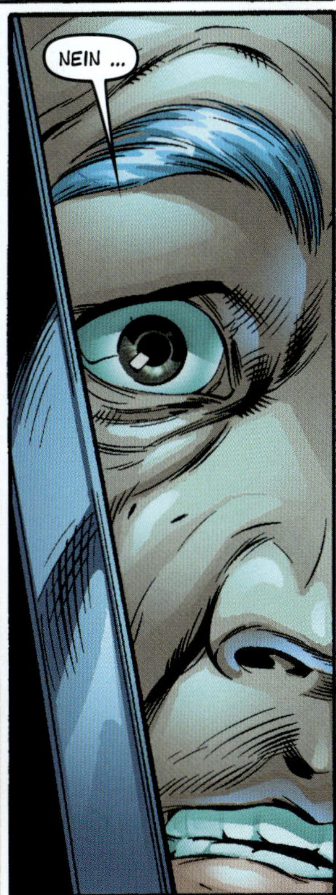
NEIN ...

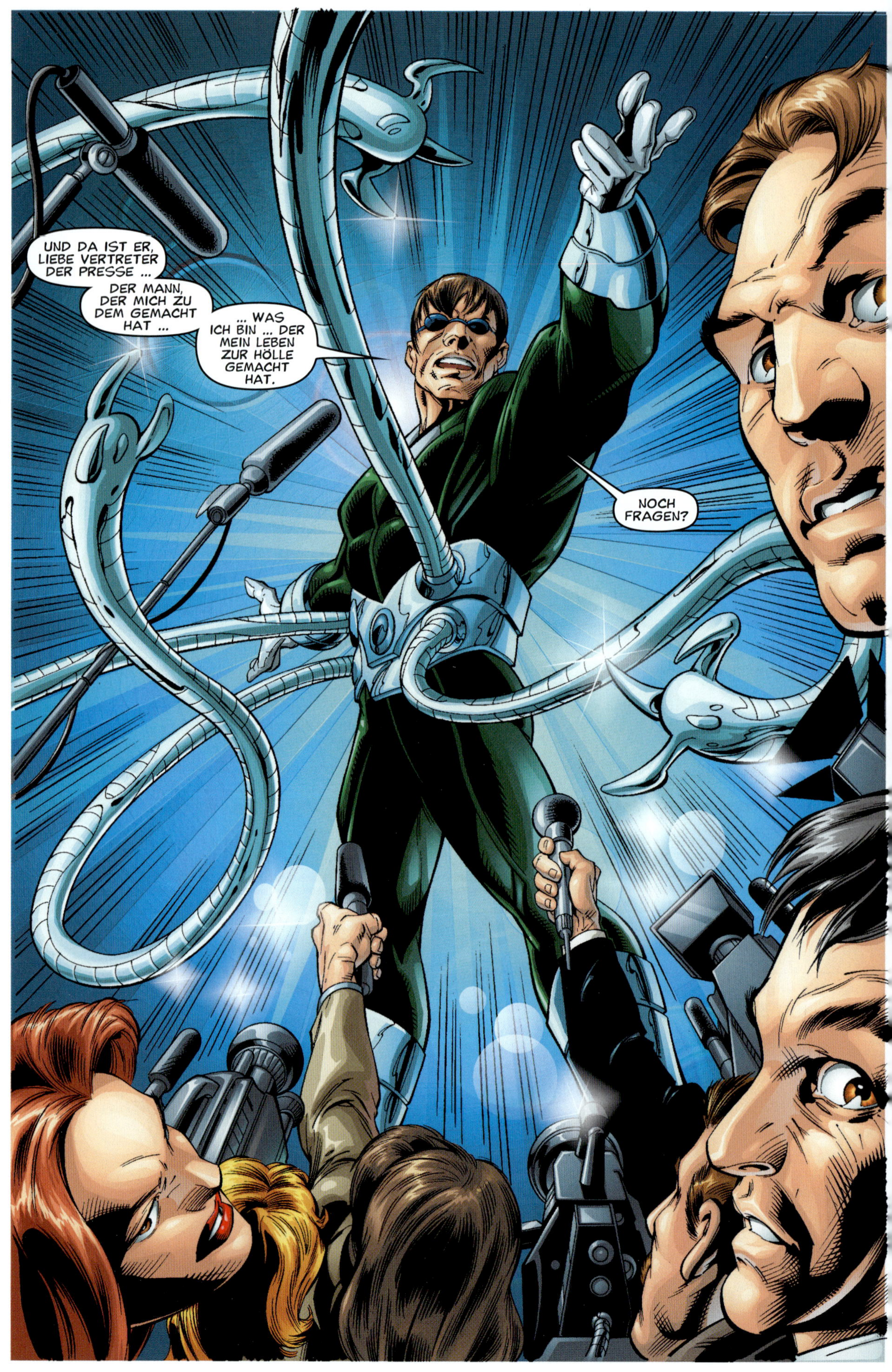
UND DA IST ER, LIEBE VERTRETER DER PRESSE ...
DER MANN, DER MICH ZU DEM GEMACHT HAT ...
... WAS ICH BIN ... DER MEIN LEBEN ZUR HÖLLE GEMACHT HAT.
NOCH FRAGEN?

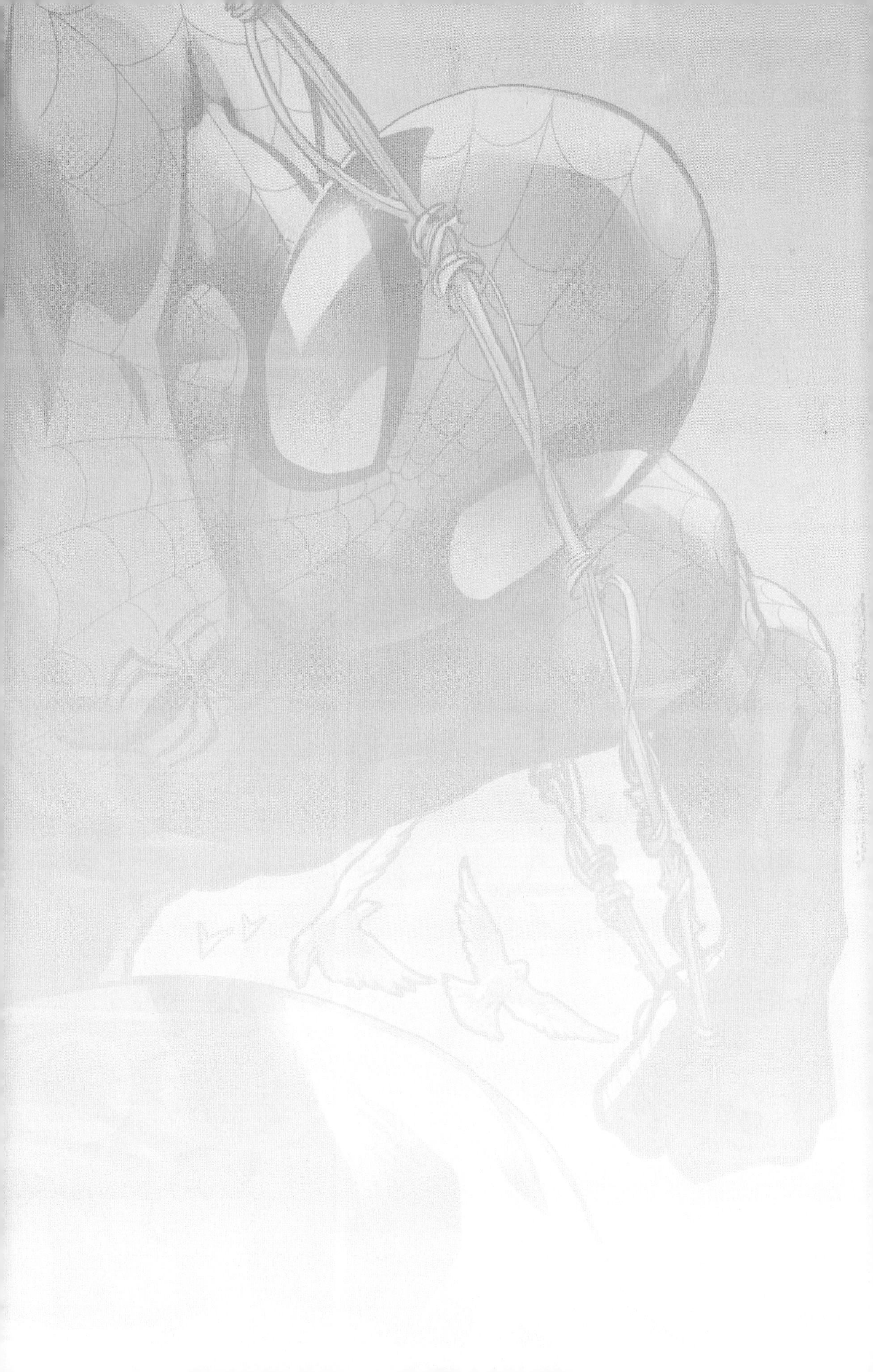

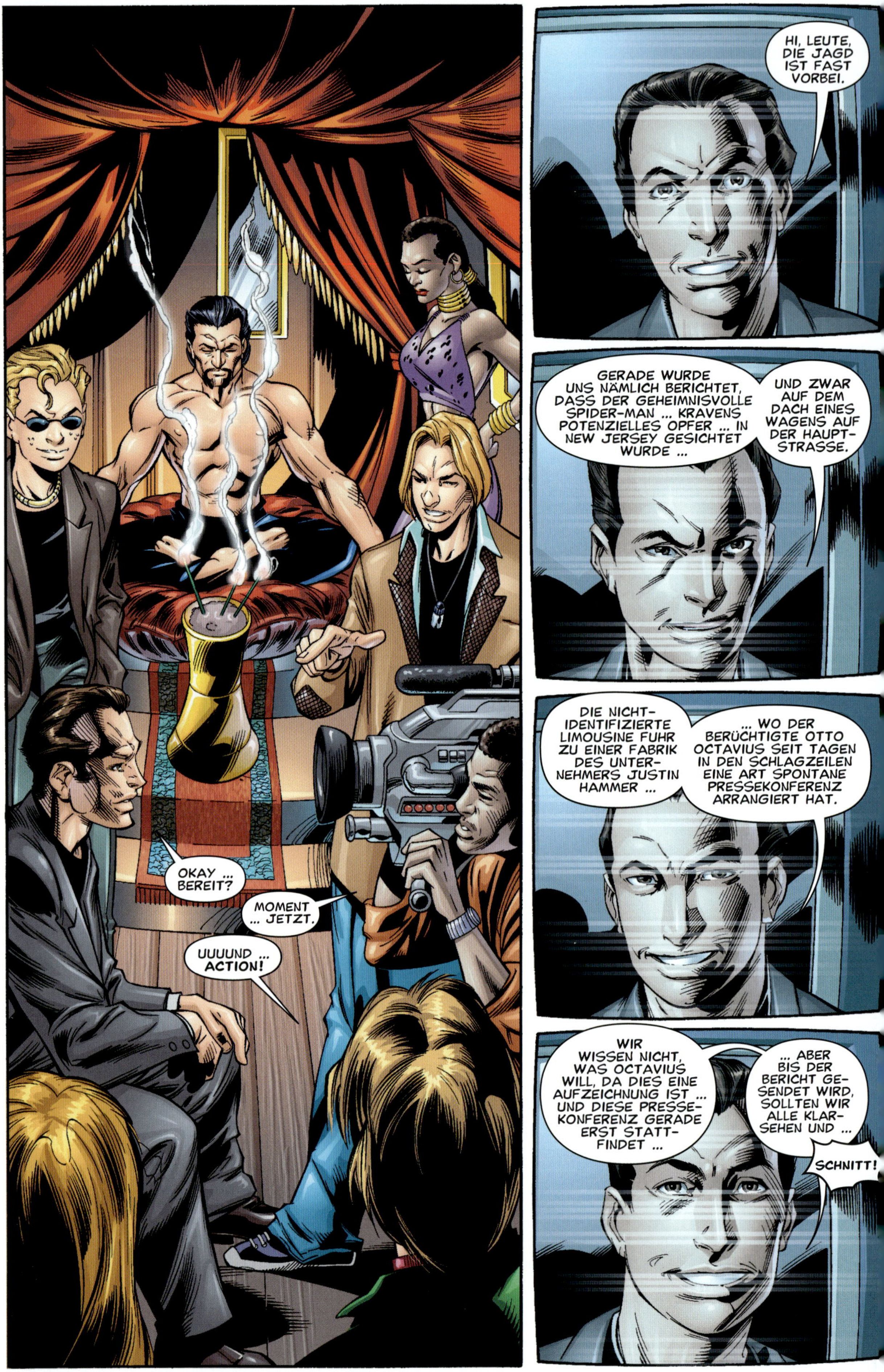

OKAY ... BEREIT?
MOMENT ... JETZT.
UUUUND ... ACTION!

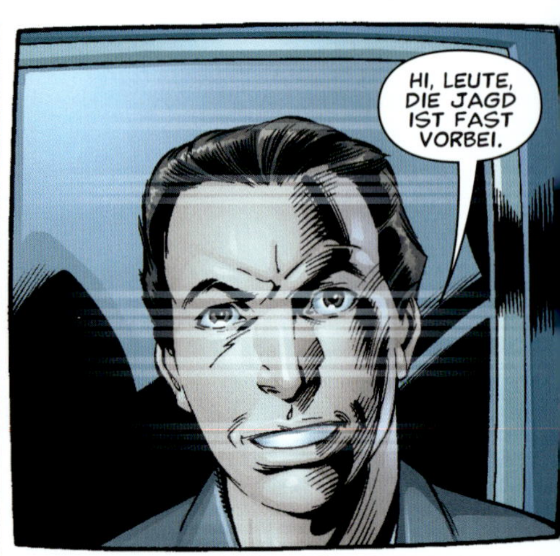

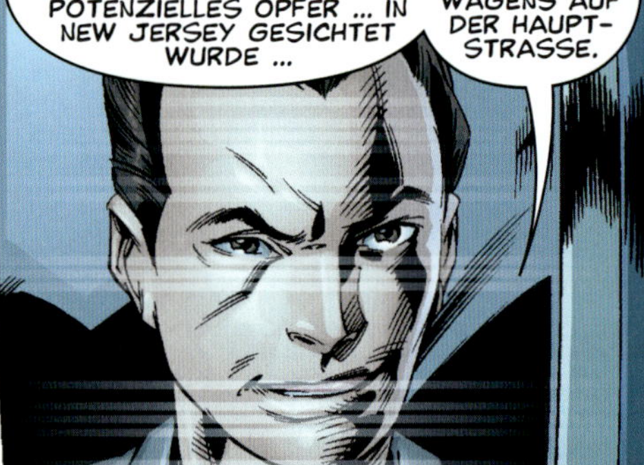

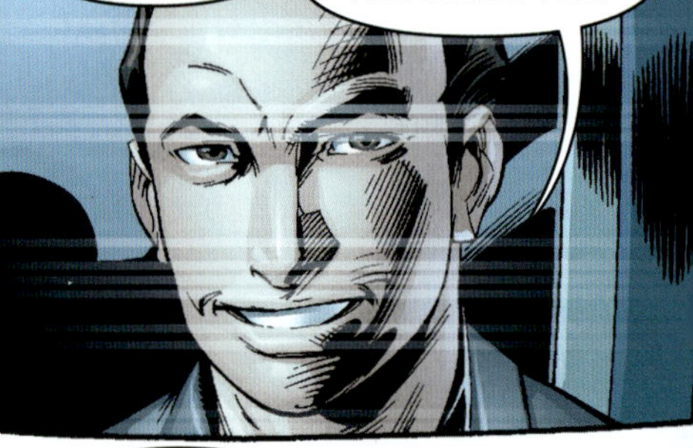

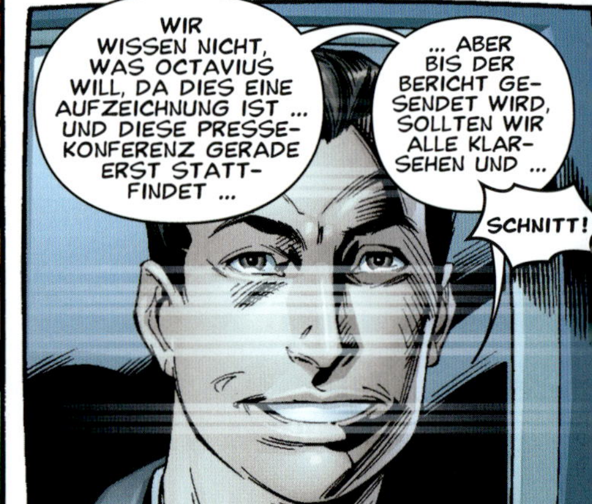

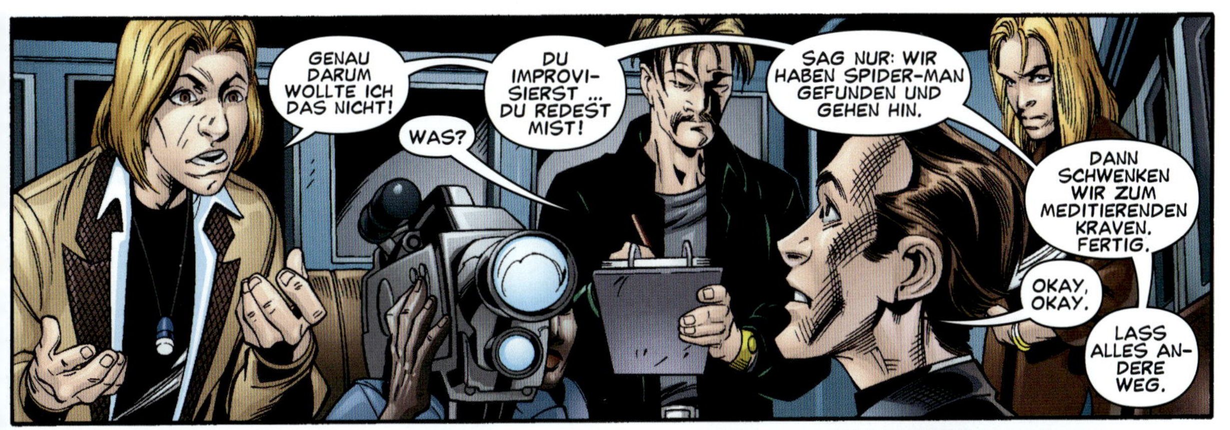
GENAU DARUM WOLLTE ICH DAS NICHT!
WAS?
DU IMPROVISIERST ... DU REDEST MIST!
SAG NUR: WIR HABEN SPIDER-MAN GEFUNDEN UND GEHEN HIN.
DANN SCHWENKEN WIR ZUM MEDITIERENDEN KRAVEN. FERTIG.
OKAY, OKAY.
LASS ALLES ANDERE WEG.

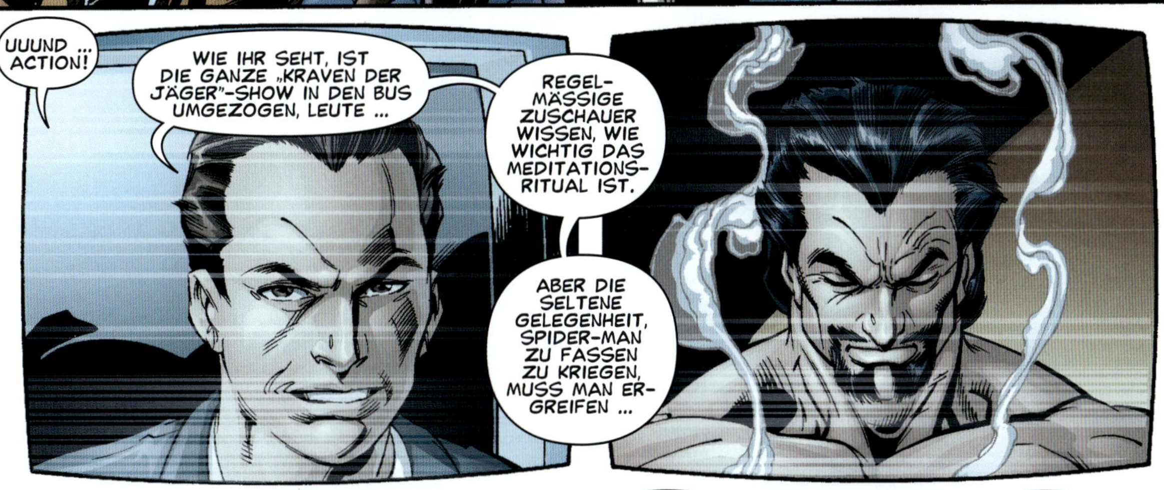
UUUND ... ACTION!
WIE IHR SEHT, IST DIE GANZE „KRAVEN DER JÄGER"-SHOW IN DEN BUS UMGEZOGEN, LEUTE ...
REGELMÄSSIGE ZUSCHAUER WISSEN, WIE WICHTIG DAS MEDITATIONSRITUAL IST.
ABER DIE SELTENE GELEGENHEIT, SPIDER-MAN ZU FASSEN ZU KRIEGEN, MUSS MAN ERGREIFEN ...

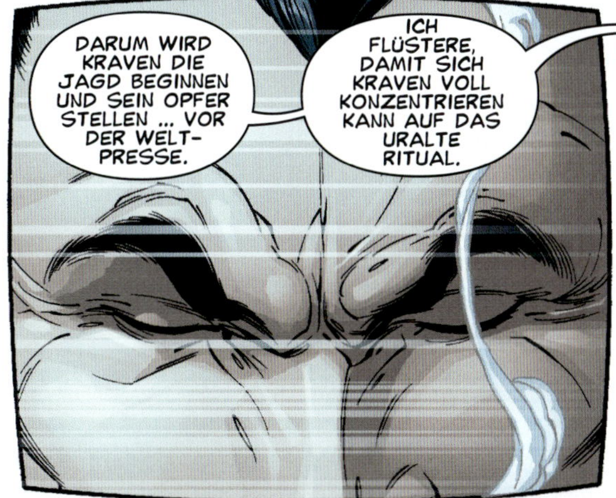
DARUM WIRD KRAVEN DIE JAGD BEGINNEN UND SEIN OPFER STELLEN ... VOR DER WELTPRESSE.
ICH FLÜSTERE, DAMIT SICH KRAVEN VOLL KONZENTRIEREN KANN AUF DAS URALTE RITUAL.

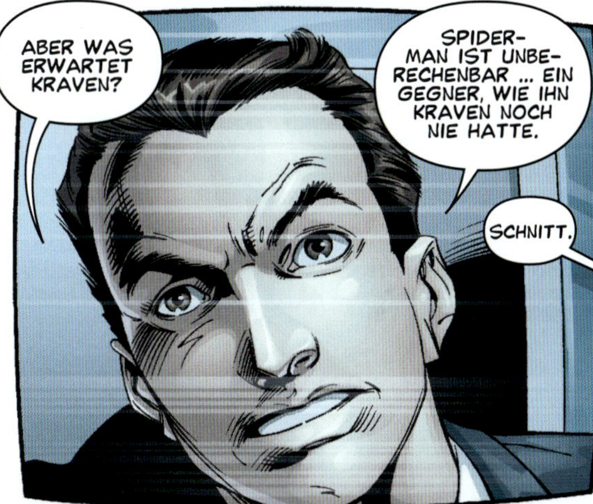
ABER WAS ERWARTET KRAVEN?
SPIDER-MAN IST UNBERECHENBAR ... EIN GEGNER, WIE IHN KRAVEN NOCH NIE HATTE.
SCHNITT.

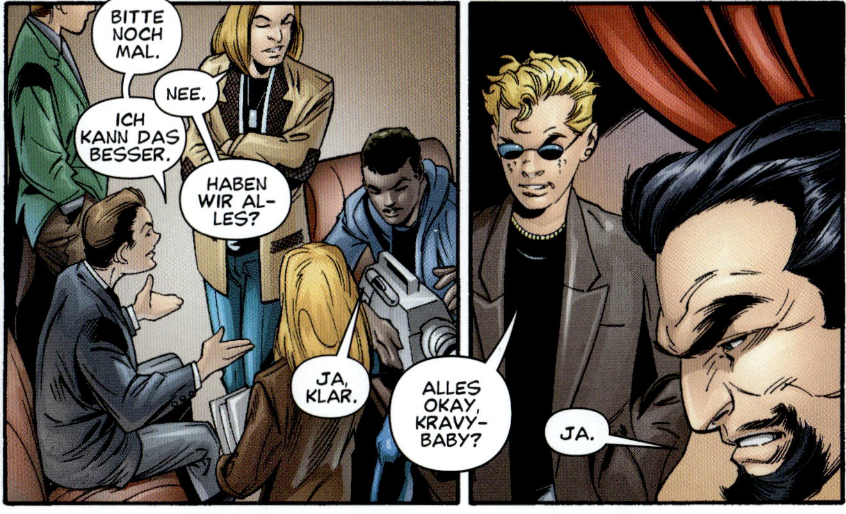
BITTE NOCH MAL.
NEE.
ICH KANN DAS BESSER.
HABEN WIR ALLES?
JA, KLAR.
ALLES OKAY, KRAVY-BABY?
JA.

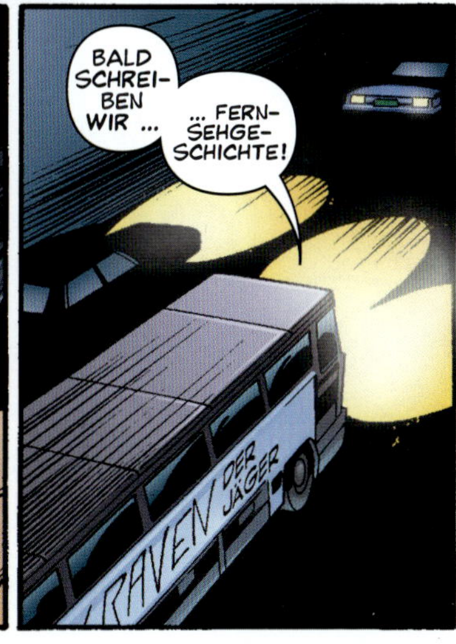
BALD SCHREIBEN WIR ...
... FERNSEHGESCHICHTE!
KRAVEN DER JÄGER

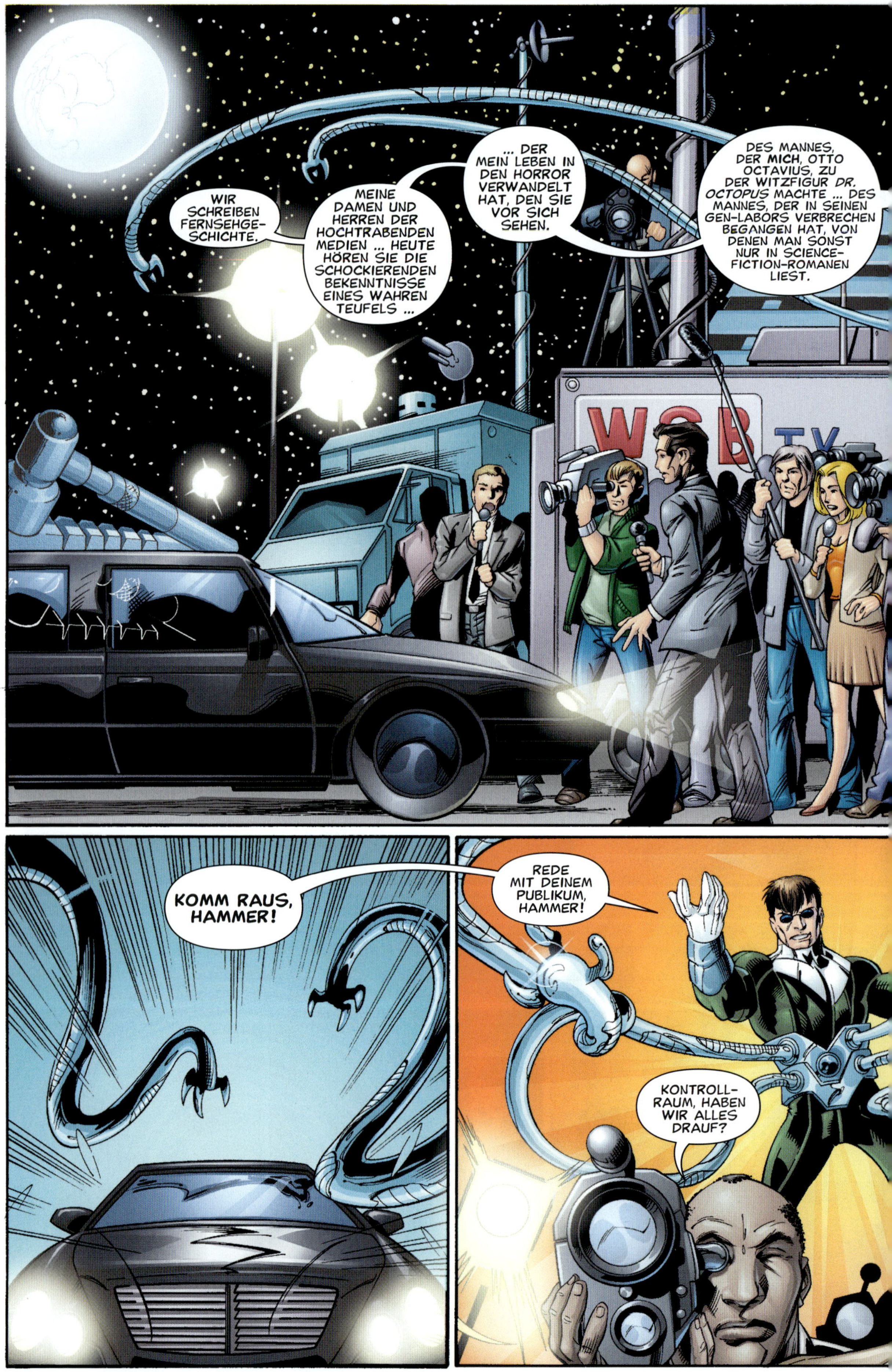

WIR SCHREIBEN FERNSEHGE-SCHICHTE.

MEINE DAMEN UND HERREN DER HOCHTRABENDEN MEDIEN ... HEUTE HÖREN SIE DIE SCHOCKIERENDEN BEKENNTNISSE EINES WAHREN TEUFELS ...

... DER MEIN LEBEN IN DEN HORROR VERWANDELT HAT, DEN SIE VOR SICH SEHEN.

DES MANNES, DER **MICH**, OTTO OCTAVIUS, ZU DER WITZFIGUR *DR. OCTOPUS* MACHTE ... DES MANNES, DER IN SEINEN GEN-LABORS VERBRECHEN BEGANGEN HAT, VON DENEN MAN SONST NUR IN SCIENCE-FICTION-ROMANEN LIEST.

KOMM RAUS, HAMMER!

REDE MIT DEINEM PUBLIKUM, HAMMER!

KONTROLL-RAUM, HABEN WIR ALLES DRAUF?

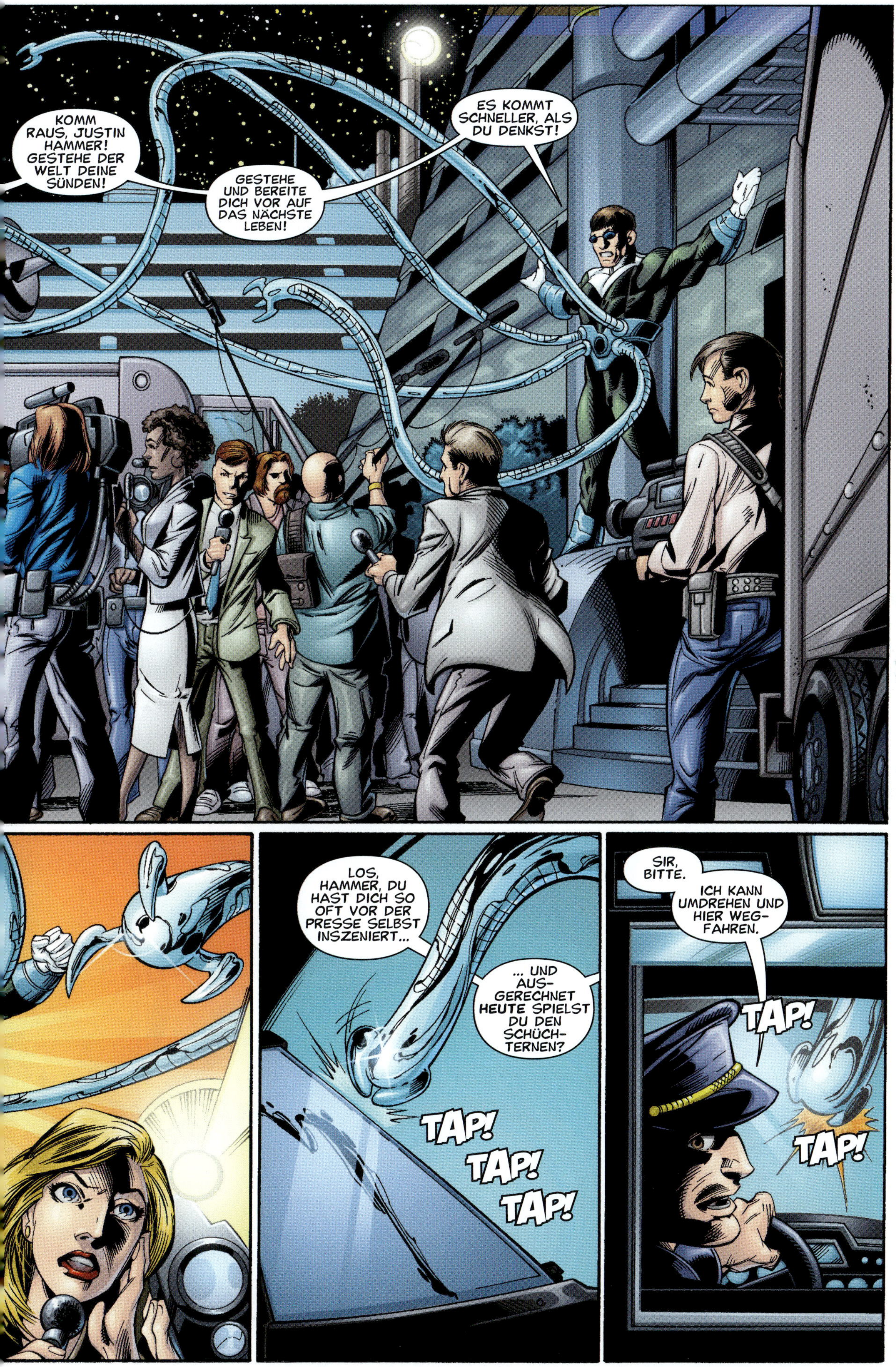

KOMM RAUS, JUSTIN HAMMER! GESTEHE DER WELT DEINE SÜNDEN!
GESTEHE UND BEREITE DICH VOR AUF DAS NÄCHSTE LEBEN!
ES KOMMT SCHNELLER, ALS DU DENKST!

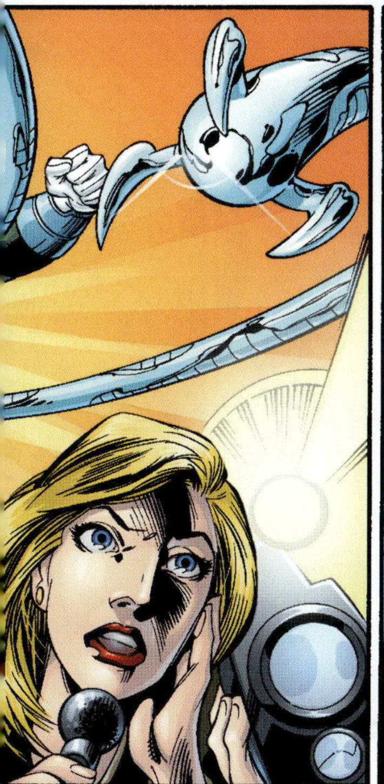

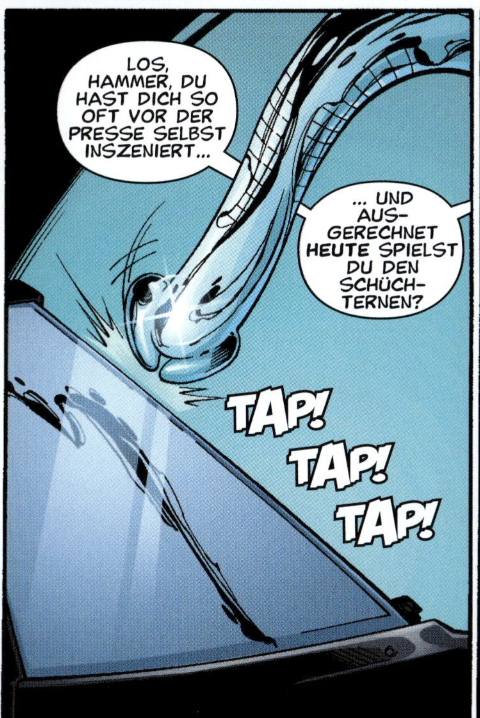
LOS, HAMMER, DU HAST DICH SO OFT VOR DER PRESSE SELBST INSZENIERT...
... UND AUSGERECHNET **HEUTE** SPIELST DU DEN SCHÜCHTERNEN?
TAP! TAP! TAP!

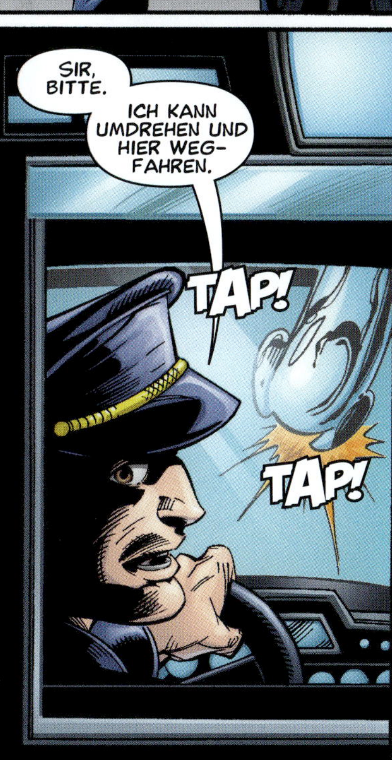
SIR, BITTE.
ICH KANN UMDREHEN UND HIER WEGFAHREN.
TAP!
TAP!

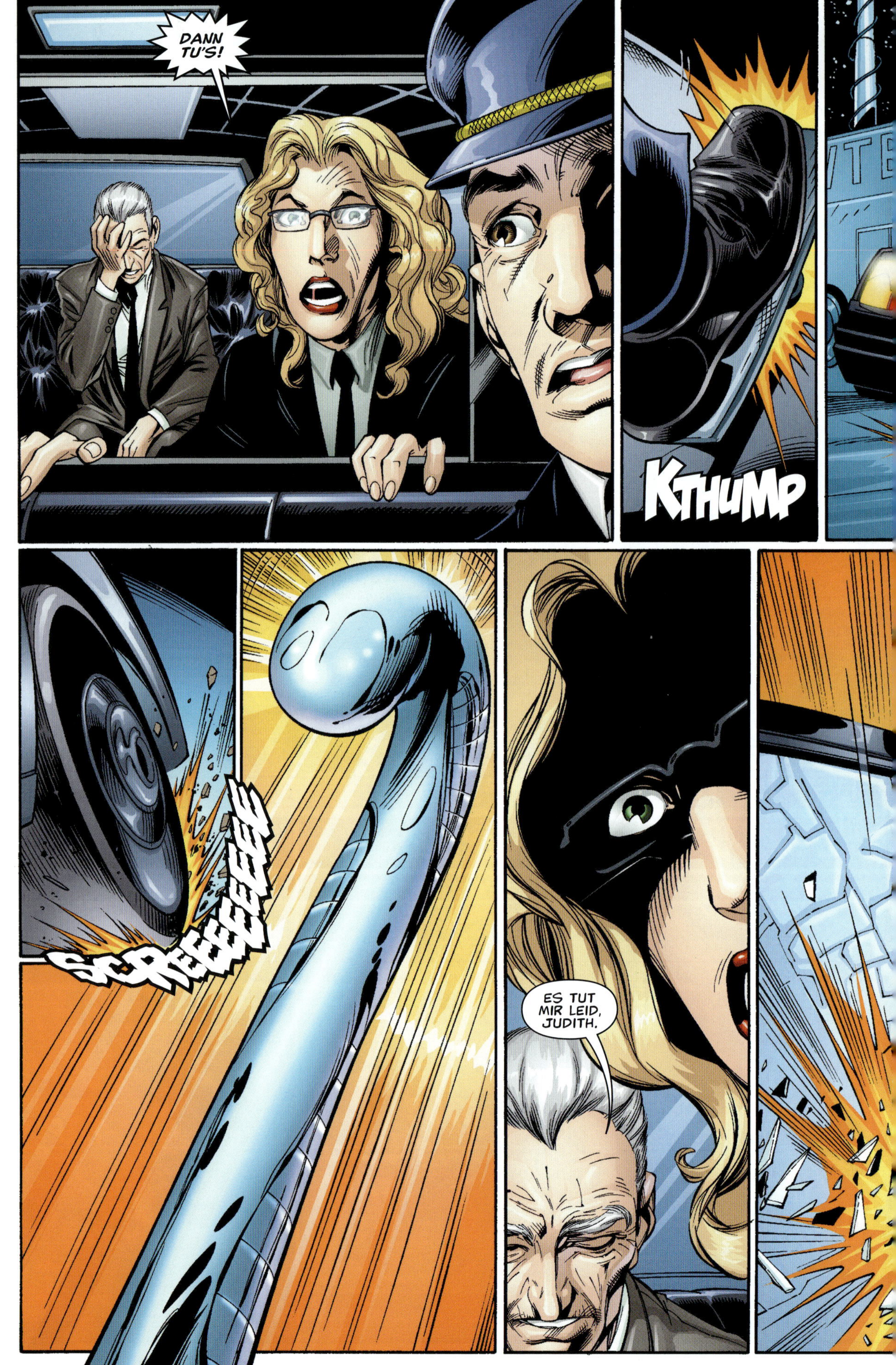
DANN TU'S!
KTHUMP
SCREEEEEEE
ES TUT MIR LEID, JUDITH.

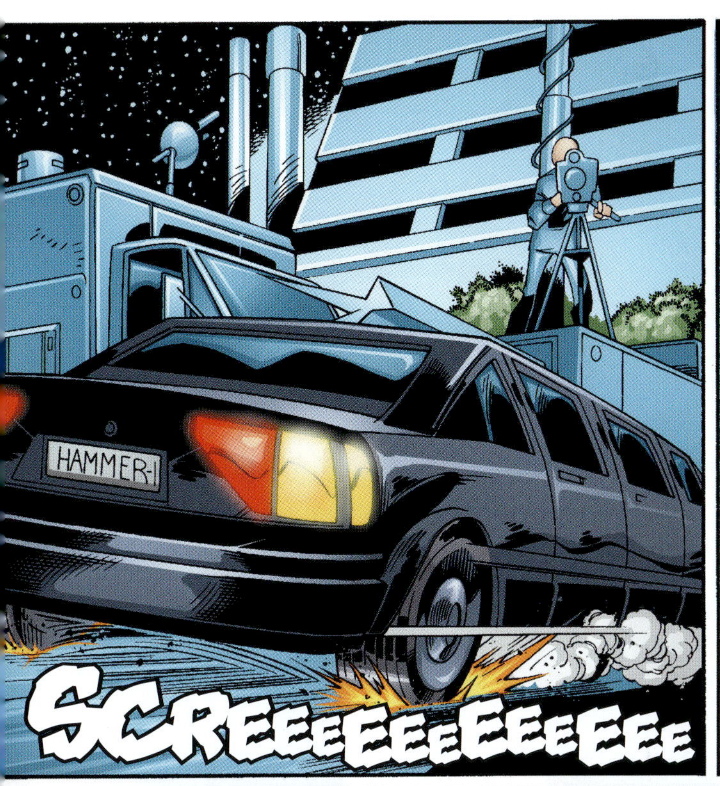
HAMMER-1
SCREEEEEEEEEEEEE
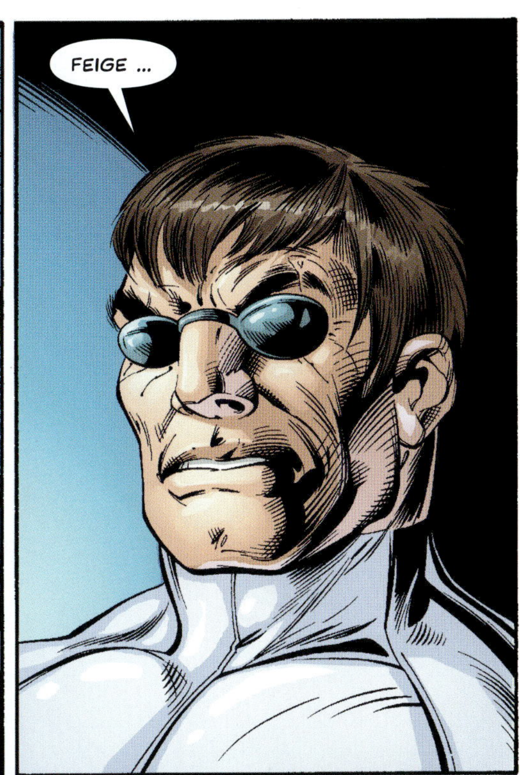
FEIGE ...
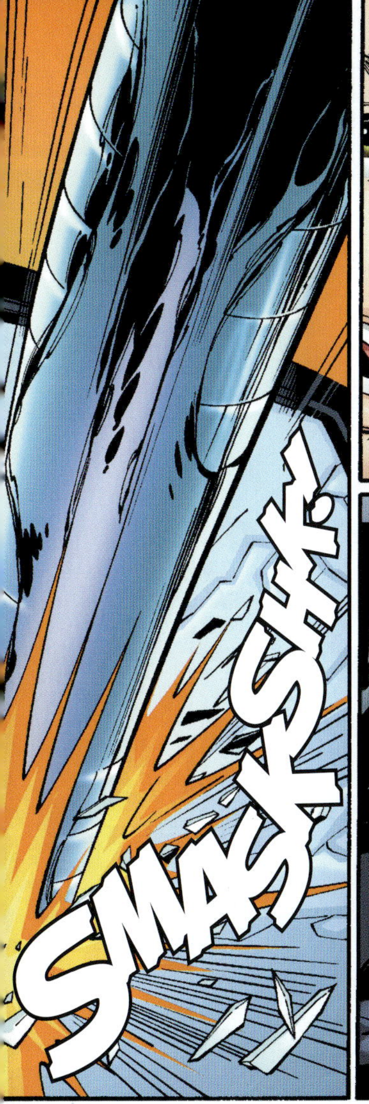
SMASHSH!
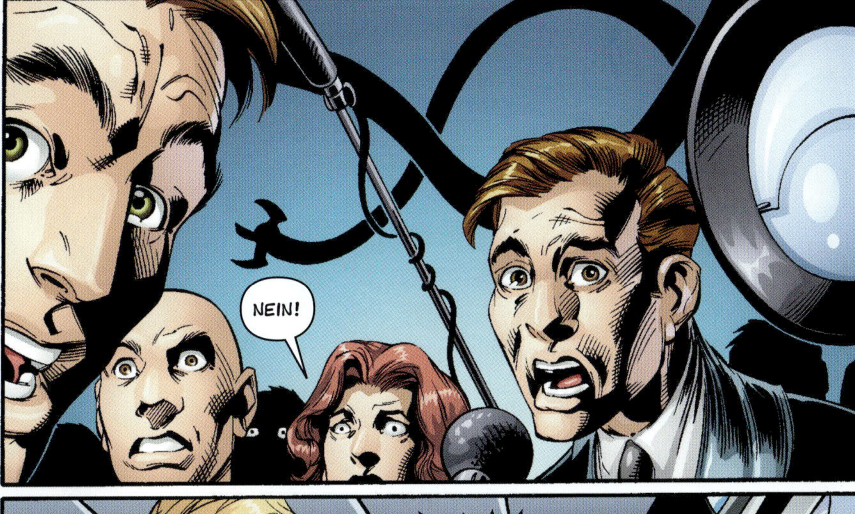
NEIN!
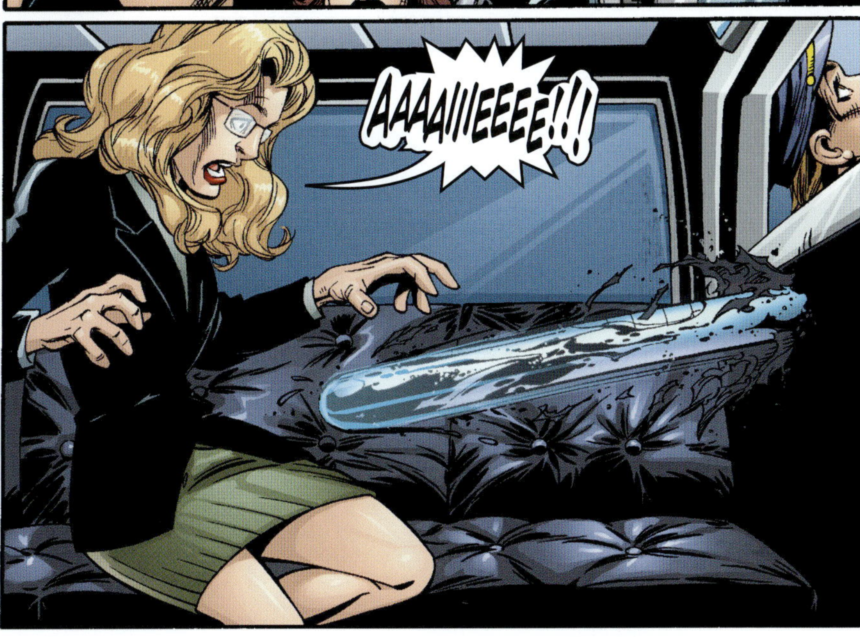
AAAAIIIEEEE!!!

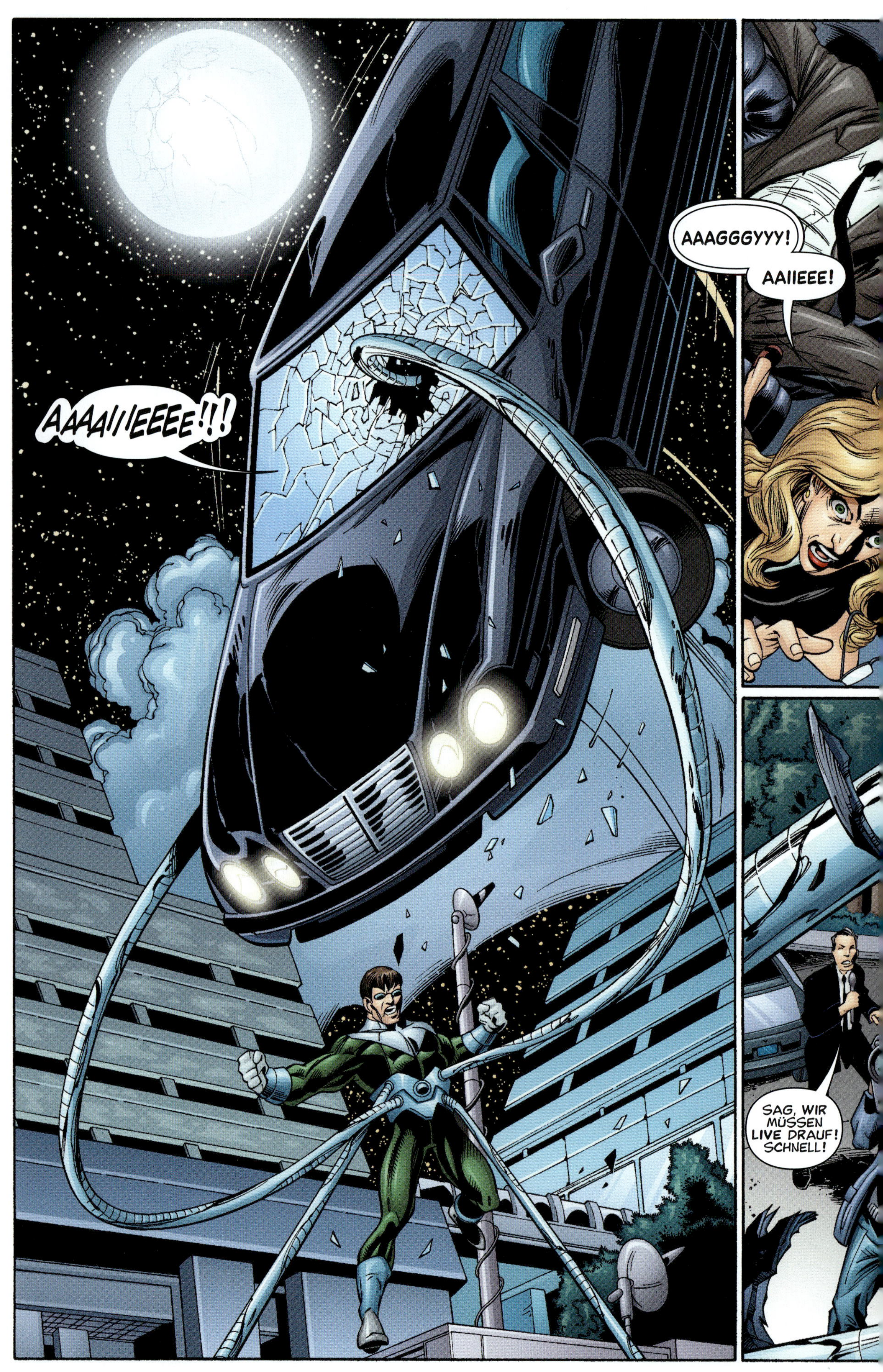
AAAAIIIEEEE!!!
AAAGGGYYY!
AAIIEEE!
SAG, WIR MÜSSEN LIVE DRAUF! SCHNELL!

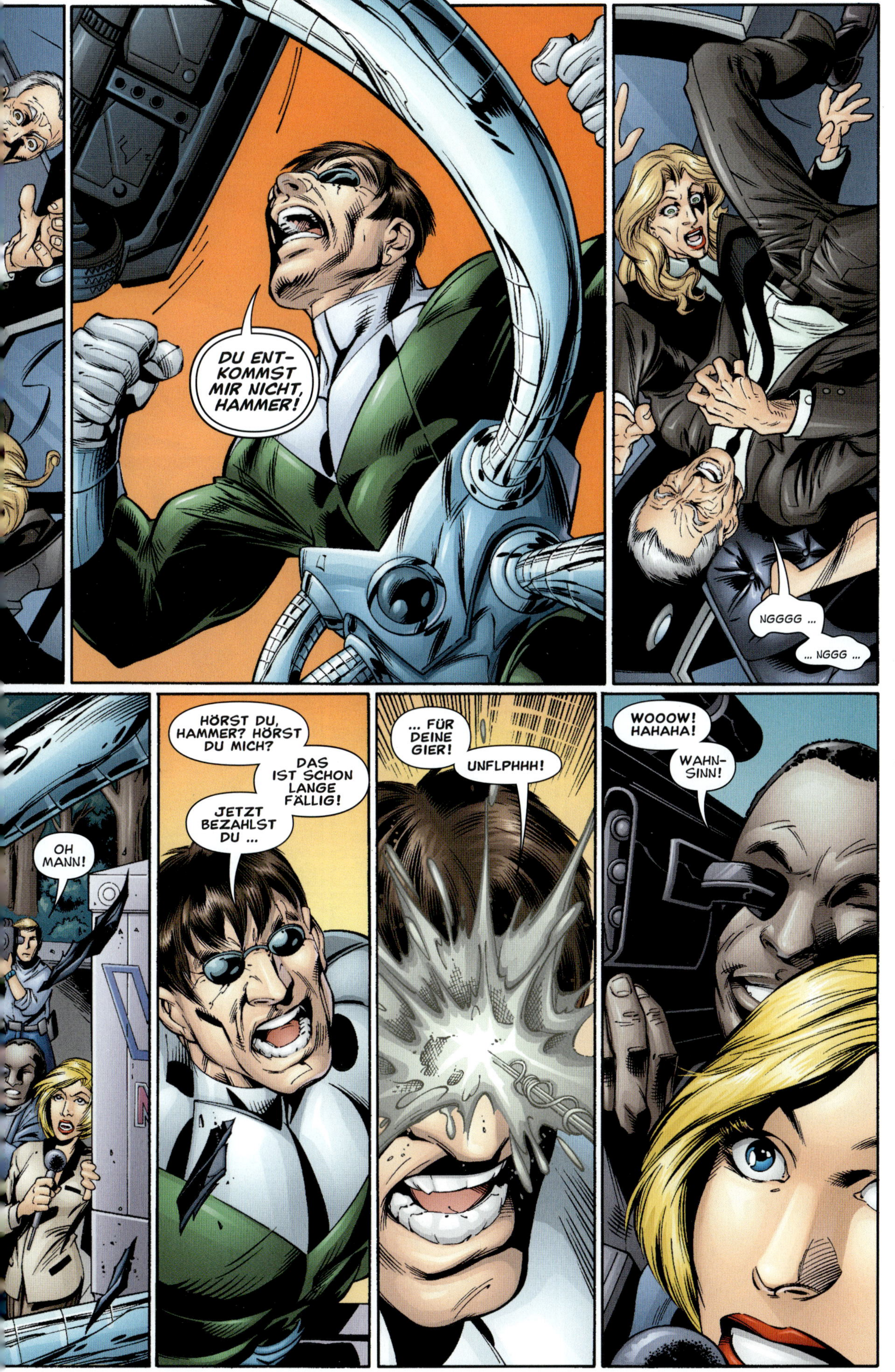
DU ENT-
KOMMST
MIR NICHT,
HAMMER!
NGGGG ...
... NGGG ...
OH
MANN!
HÖRST DU,
HAMMER? HÖRST
DU MICH?
DAS
IST SCHON
LANGE
FÄLLIG!
JETZT
BEZAHLST
DU ...
... FÜR
DEINE
GIER!
UNFLPHHH!
WOOOW!
HAHAHA!
WAHN-
SINN!

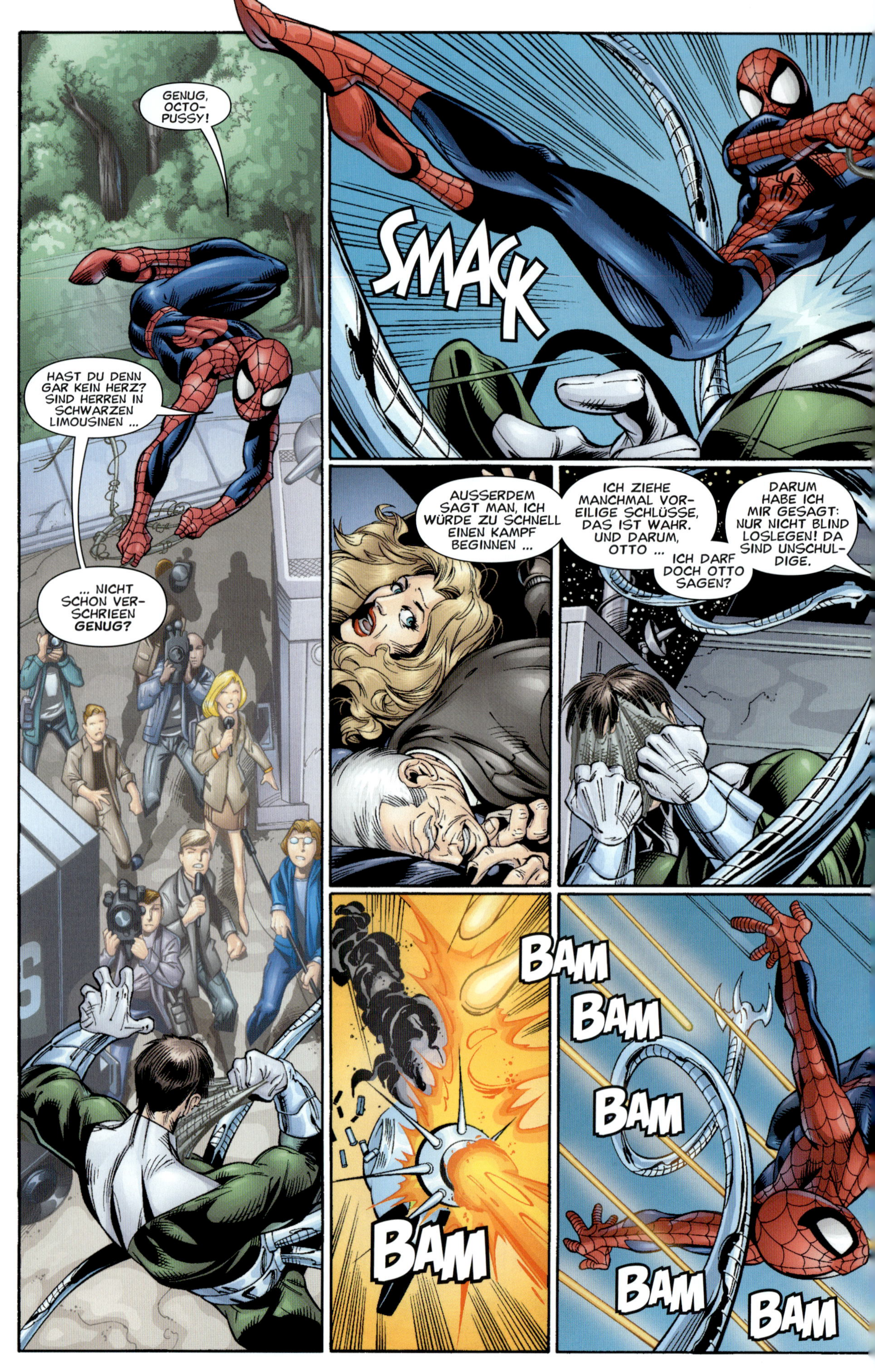
GENUG, OCTO-PUSSY!
HAST DU DENN GAR KEIN HERZ? SIND HERREN IN SCHWARZEN LIMOUSINEN ...
... NICHT SCHON VERSCHRIEEN GENUG?
SMACK
AUSSERDEM SAGT MAN, ICH WÜRDE ZU SCHNELL EINEN KAMPF BEGINNEN ...
ICH ZIEHE MANCHMAL VOREILIGE SCHLÜSSE, DAS IST WAHR. UND DARUM, OTTO ...
ICH DARF DOCH OTTO SAGEN?
DARUM HABE ICH MIR GESAGT: NUR NICHT BLIND LOSLEGEN! DA SIND UNSCHULDIGE.
BAM
BAM
BAM
BAM
BAM
BAM

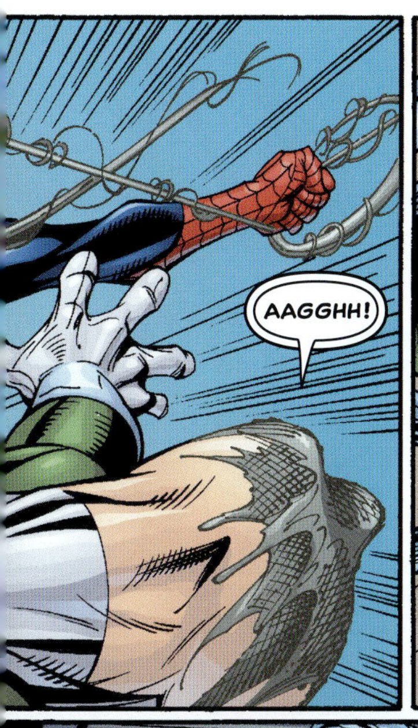
AAGGHH!

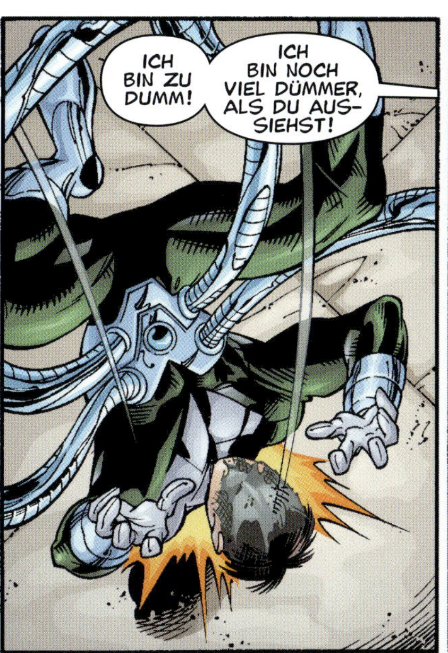
ICH BIN ZU DUMM!
ICH BIN NOCH VIEL DÜMMER, ALS DU AUS-SIEHST!

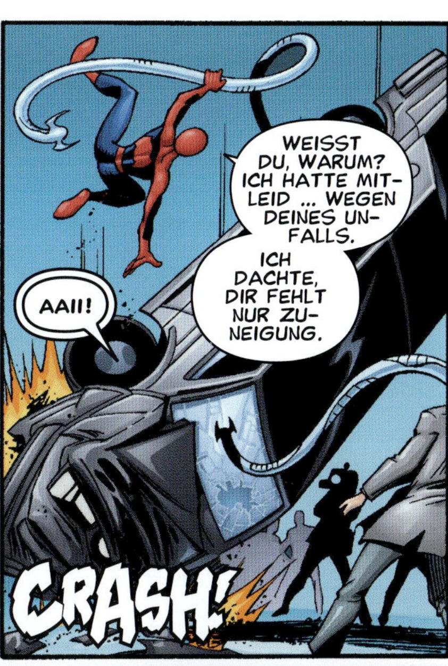
WEISST DU, WARUM? ICH HATTE MIT-LEID ... WEGEN DEINES UN-FALLS.
ICH DACHTE, DIR FEHLT NUR ZU-NEIGUNG.
AAI!
CRASH!

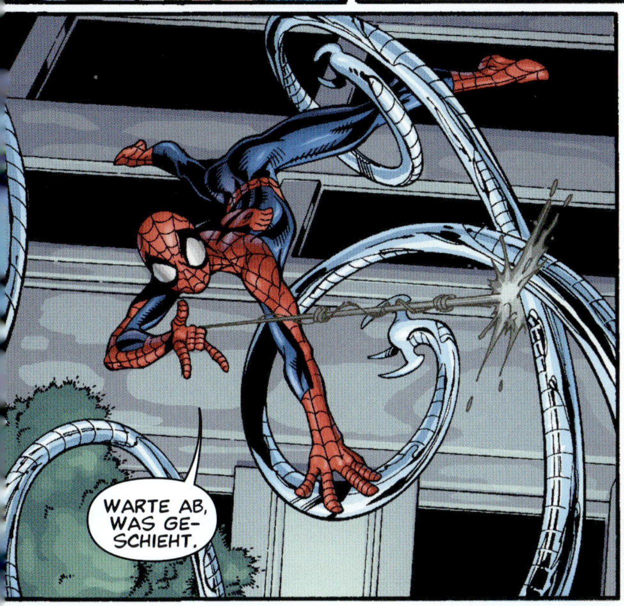
WARTE AB, WAS GE-SCHIEHT.

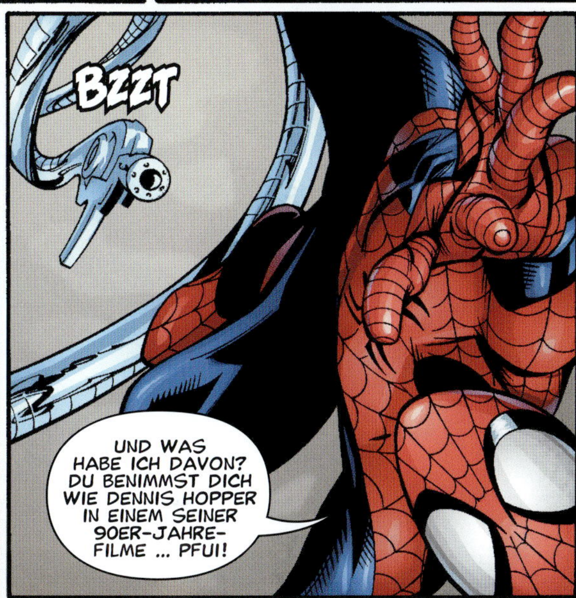
BZZT
UND WAS HABE ICH DAVON? DU BENIMMST DICH WIE DENNIS HOPPER IN EINEM SEINER 90ER-JAHRE-FILME ... PFUI!

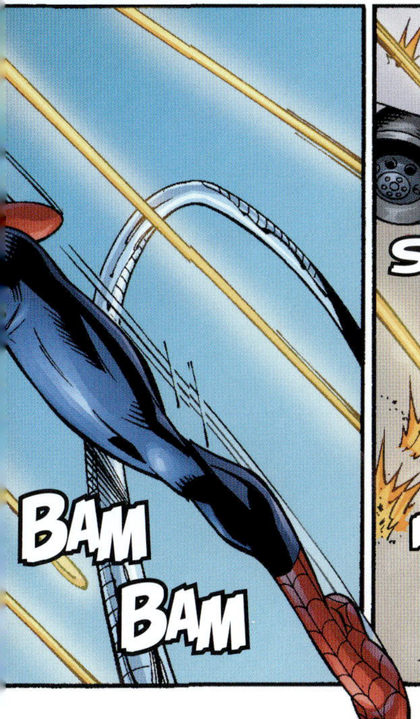
BAM
BAM

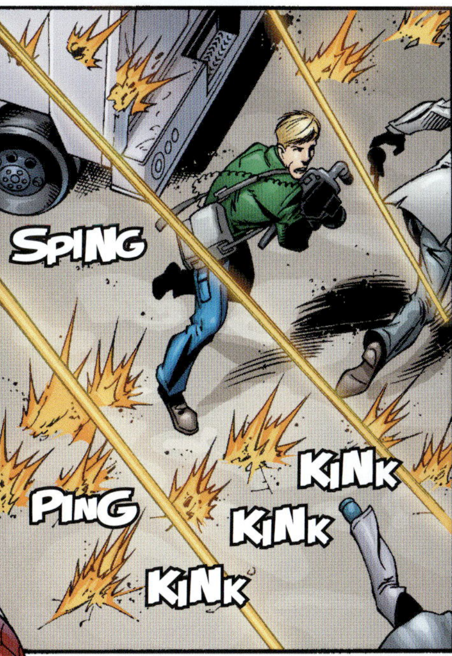
SPING
PING
KINK
KINK
KINK

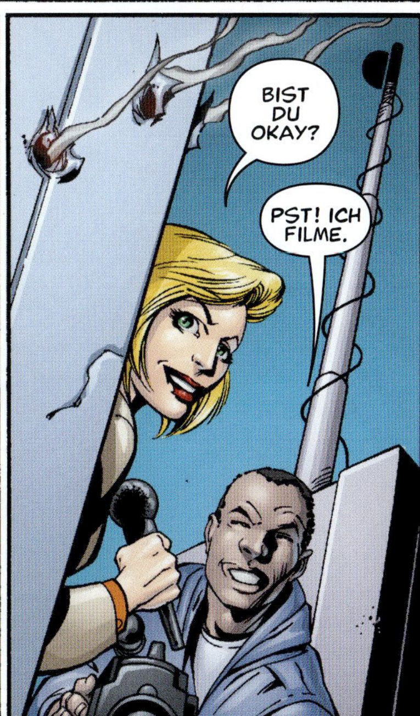
BIST DU OKAY?
PST! ICH FILME.

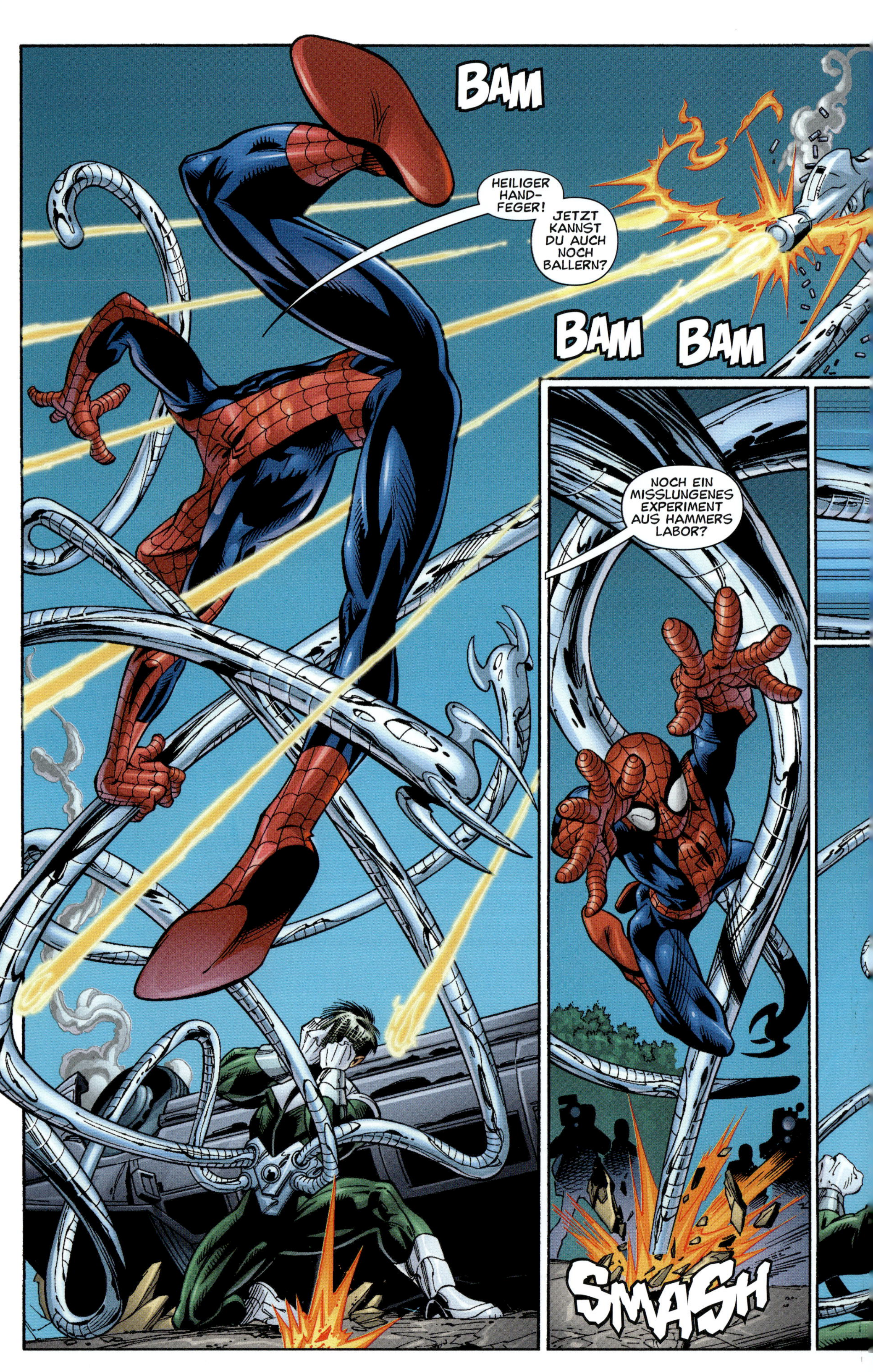
BAM
HEILIGER HAND-FEGER!
JETZT KANNST DU AUCH NOCH BALLERN?
BAM BAM
NOCH EIN MISSLUNGENES EXPERIMENT AUS HAMMERS LABOR?
SMASH

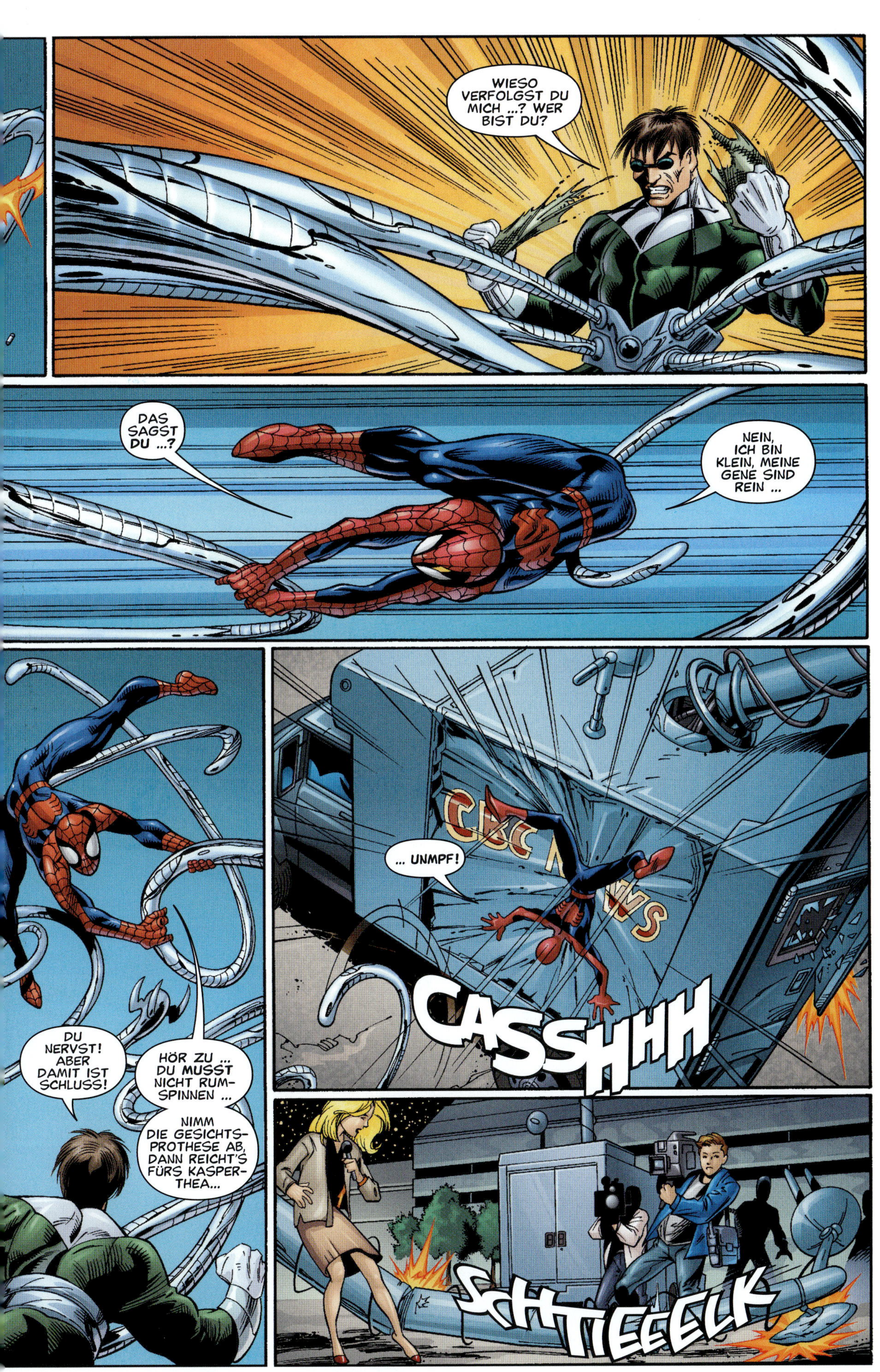
WIESO VERFOLGST DU MICH ...? WER BIST DU?
DAS SAGST DU ...?
NEIN, ICH BIN KLEIN, MEINE GENE SIND REIN ...
DU NERVST! ABER DAMIT IST SCHLUSS!
HÖR ZU ... DU MUSST NICHT RUMSPINNEN ...
NIMM DIE GESICHTSPROTHESE AB, DANN REICHT'S FÜRS KASPERTHEA...
... UNMPF!
CBC NEWS
CASSHHH
SCHTIEEEELK

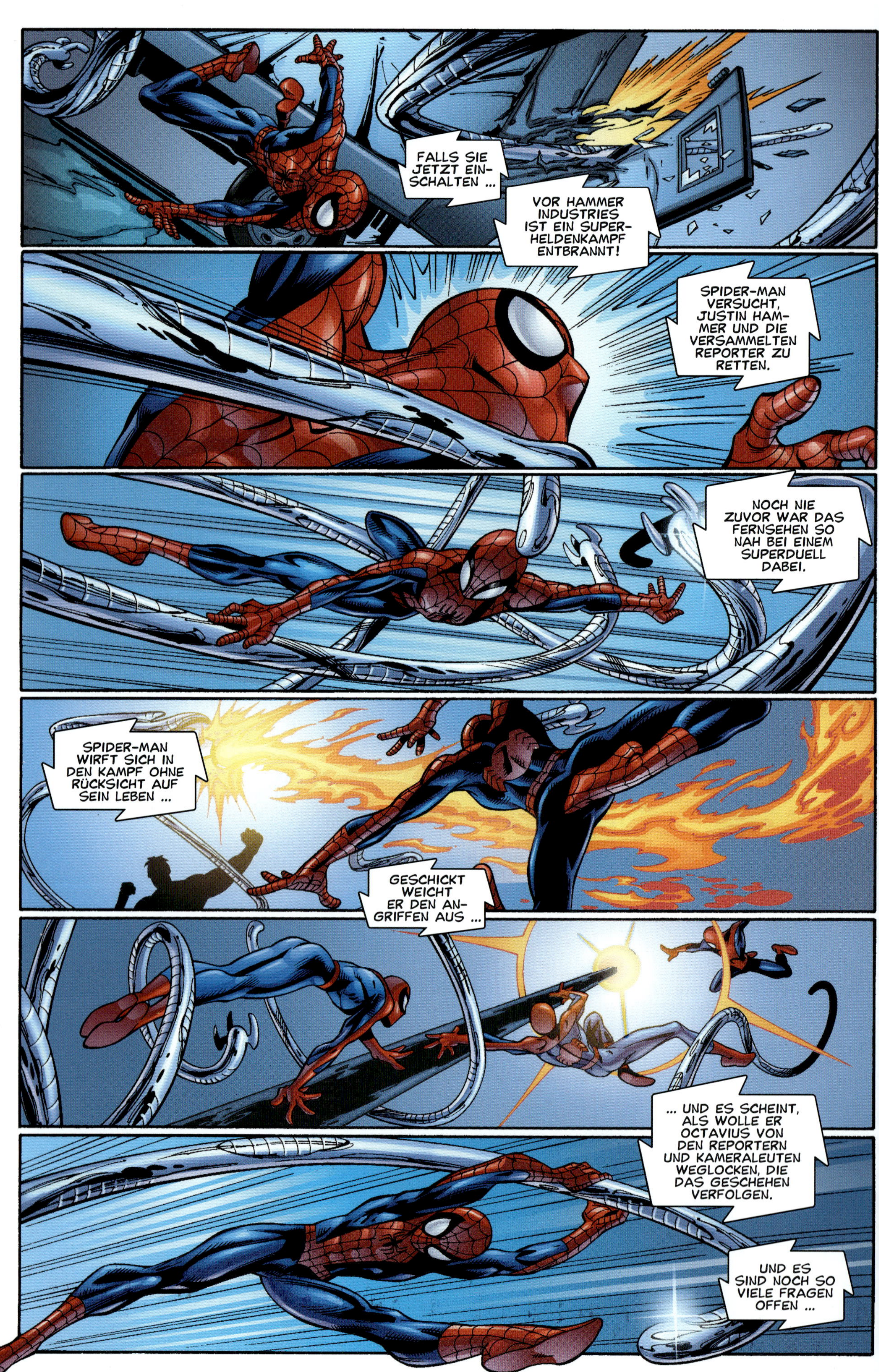
FALLS SIE JETZT EIN-SCHALTEN ...
VOR HAMMER INDUSTRIES IST EIN SUPER-HELDENKAMPF ENTBRANNT!
SPIDER-MAN VERSUCHT, JUSTIN HAM-MER UND DIE VERSAMMELTEN REPORTER ZU RETTEN.
NOCH NIE ZUVOR WAR DAS FERNSEHEN SO NAH BEI EINEM SUPERDUELL DABEI.
SPIDER-MAN WIRFT SICH IN DEN KAMPF OHNE RÜCKSICHT AUF SEIN LEBEN ...
GESCHICKT WEICHT ER DEN AN-GRIFFEN AUS ...
... UND ES SCHEINT, ALS WOLLE ER OCTAVIUS VON DEN REPORTERN UND KAMERALEUTEN WEGLOCKEN, DIE DAS GESCHEHEN VERFOLGEN.
UND ES SIND NOCH SO VIELE FRAGEN OFFEN ...

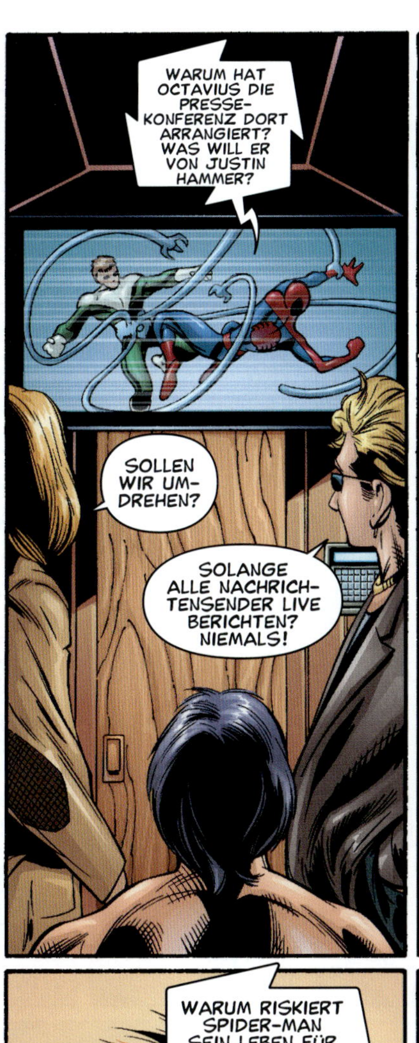
WARUM HAT OCTAVIUS DIE PRESSE-KONFERENZ DORT ARRANGIERT? WAS WILL ER VON JUSTIN HAMMER?
SOLLEN WIR UM-DREHEN?
SOLANGE ALLE NACHRICH-TENSENDER LIVE BERICHTEN? NIEMALS!

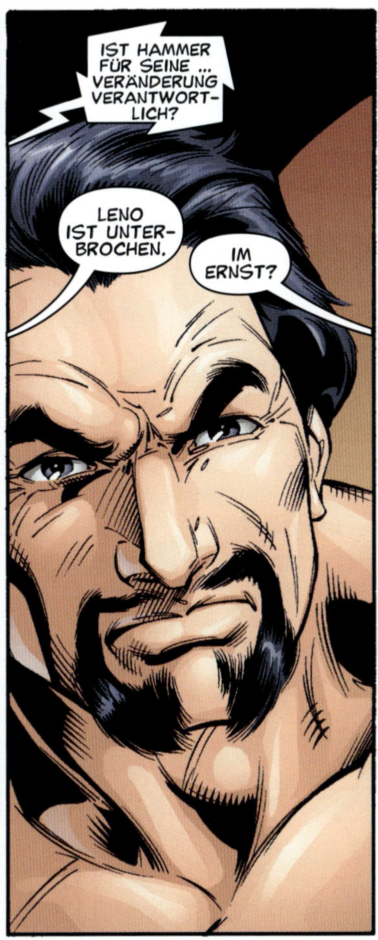
IST HAMMER FÜR SEINE ... VERÄNDERUNG VERANTWORT-LICH?
LENO IST UNTER-BROCHEN.
IM ERNST?

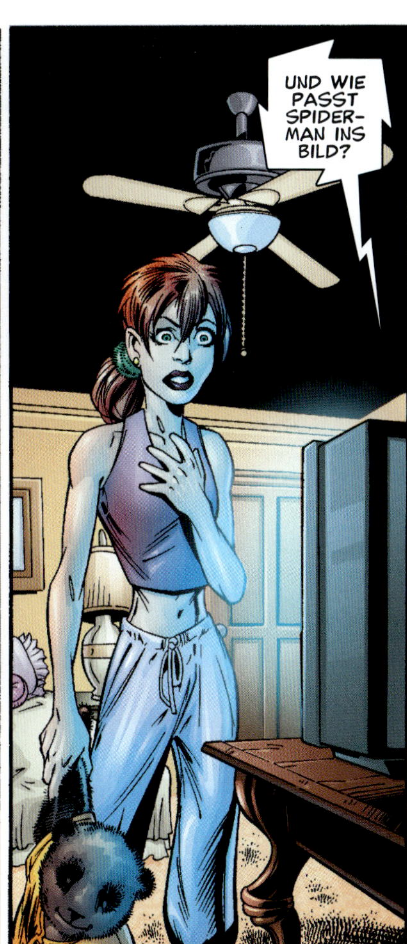
UND WIE PASST SPIDER-MAN INS BILD?

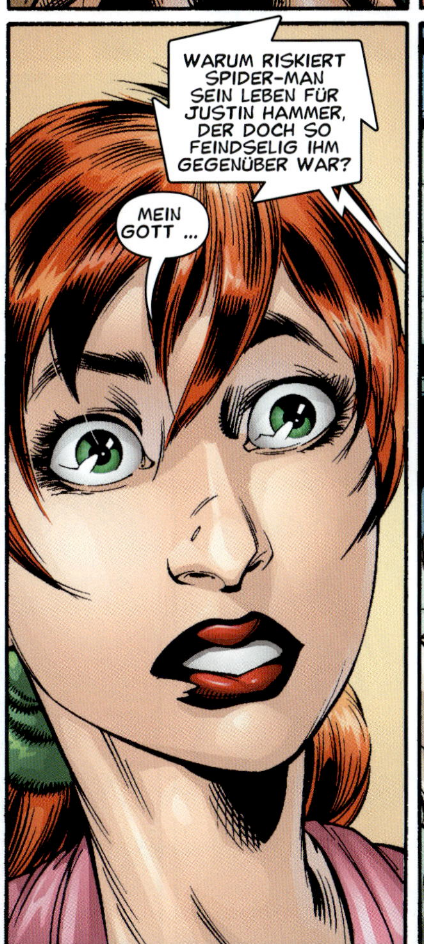
WARUM RISKIERT SPIDER-MAN SEIN LEBEN FÜR JUSTIN HAMMER, DER DOCH SO FEINDSELIG IHM GEGENÜBER WAR?
MEIN GOTT ...

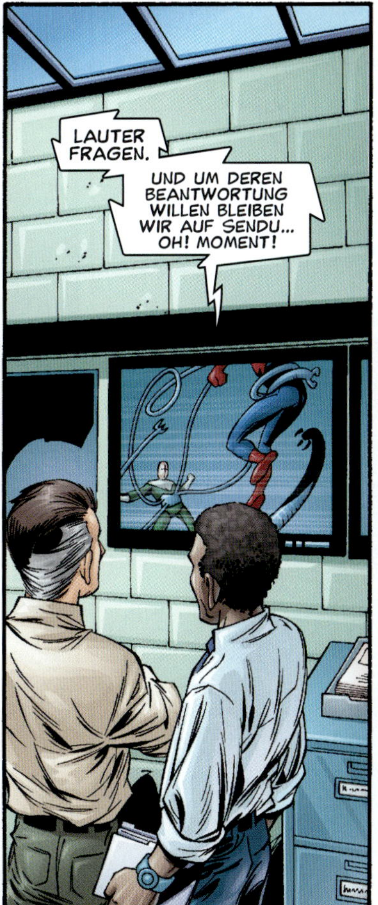
LAUTER FRAGEN.
UND UM DEREN BEANTWORTUNG WILLEN BLEIBEN WIR AUF SENDU... OH! MOMENT!

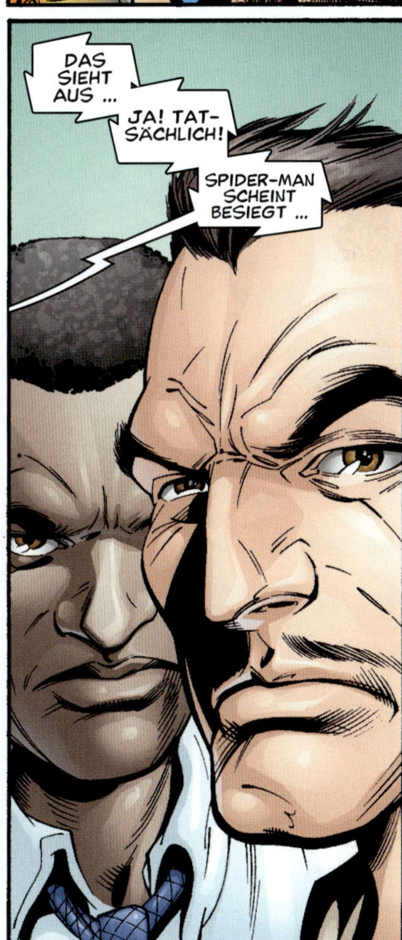
DAS SIEHT AUS ...
JA! TAT-SÄCHLICH!
SPIDER-MAN SCHEINT BESIEGT ...

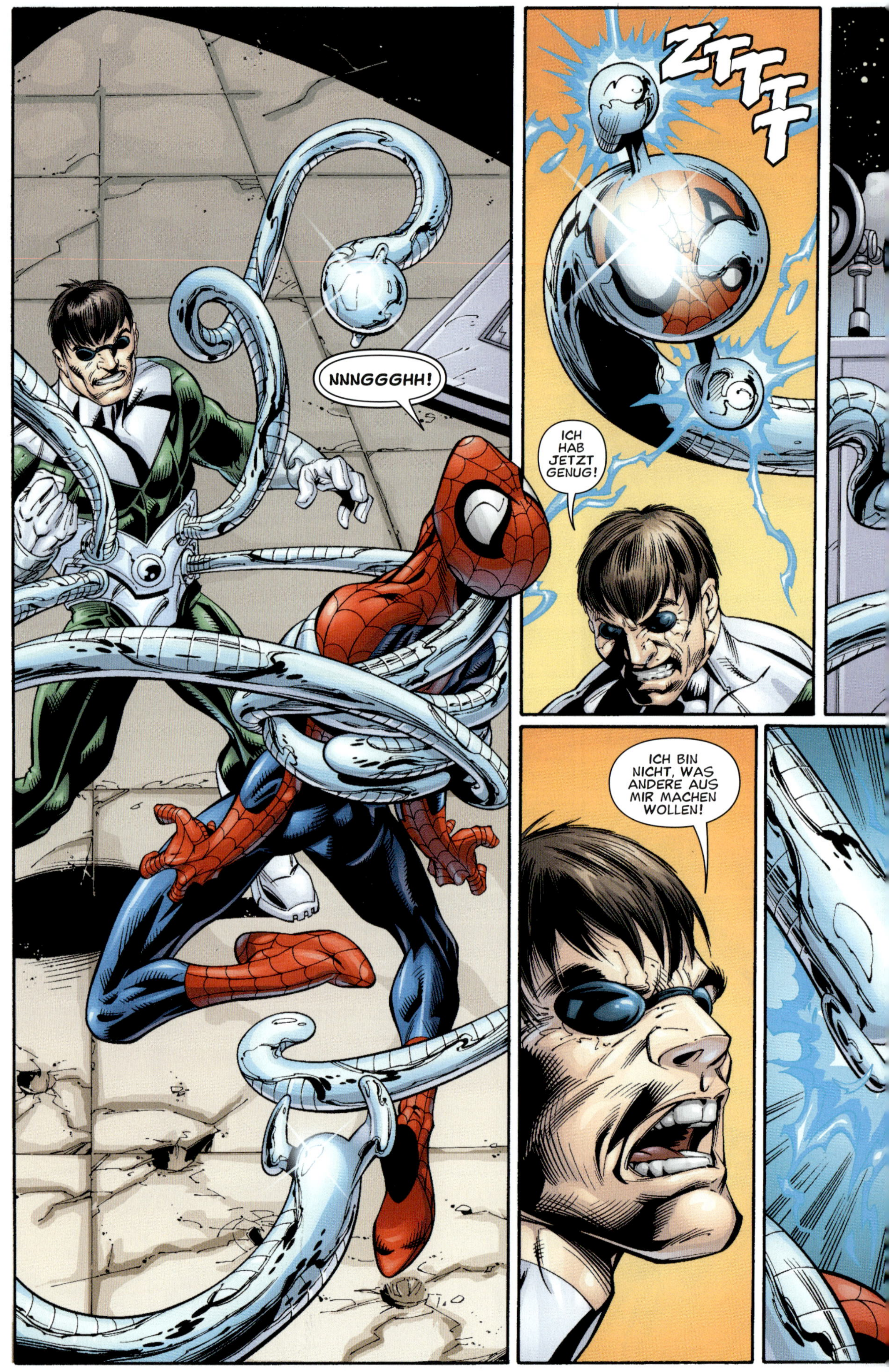
NNNGGGHH!
ZTTTT
ICH HAB JETZT GENUG!
ICH BIN NICHT, WAS ANDERE AUS MIR MACHEN WOLLEN!

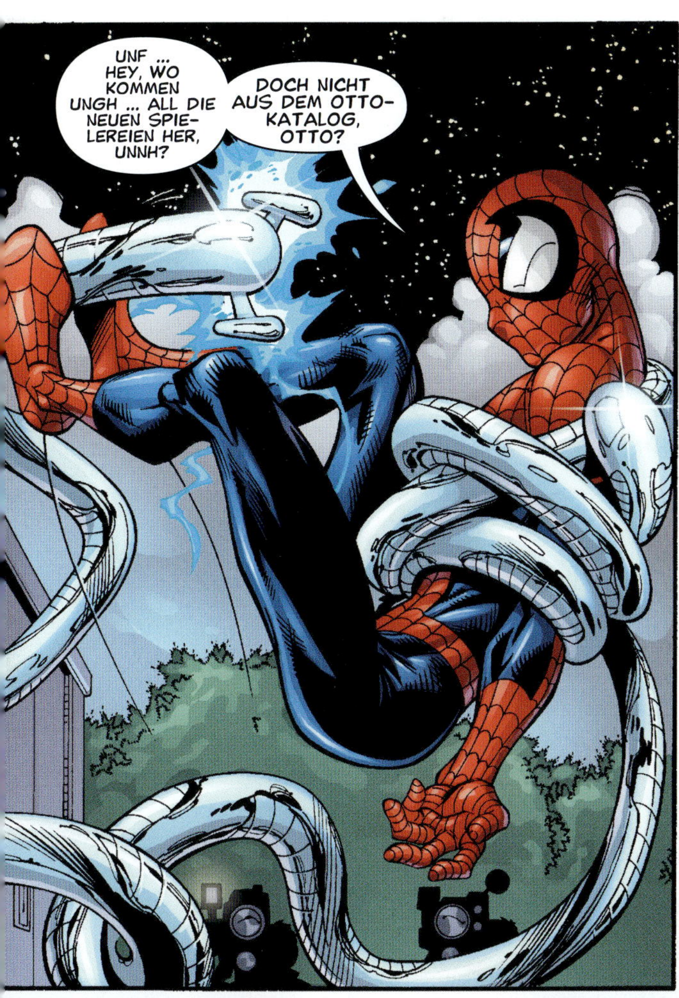
UNF ... HEY, WO KOMMEN UNGH ... ALL DIE NEUEN SPIE-LEREIEN HER, UNNH?
DOCH NICHT AUS DEM OTTO-KATALOG, OTTO?

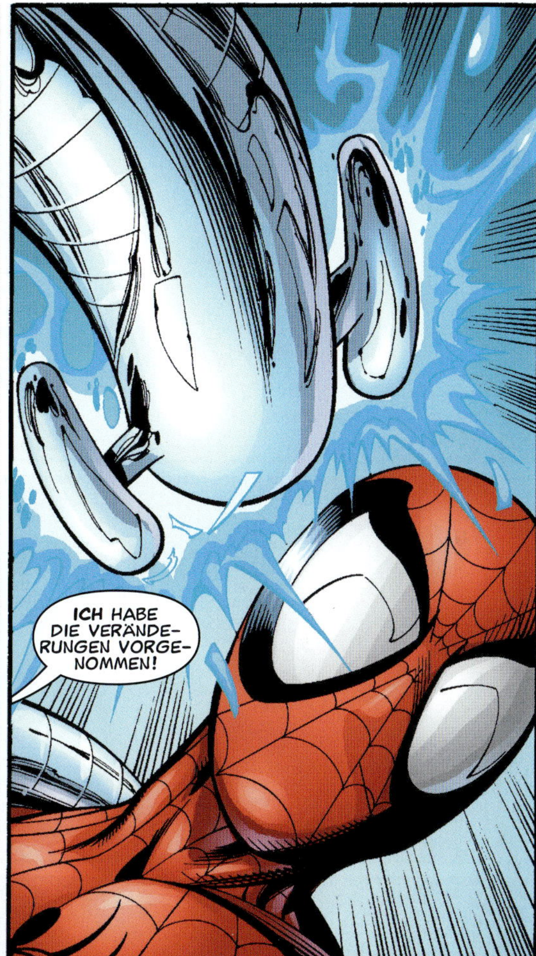
ICH HABE DIE VERÄNDE-RUNGEN VORGE-NOMMEN!

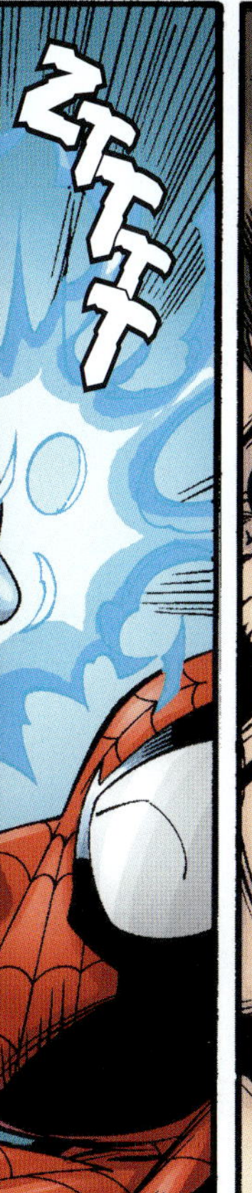
ZZTTT

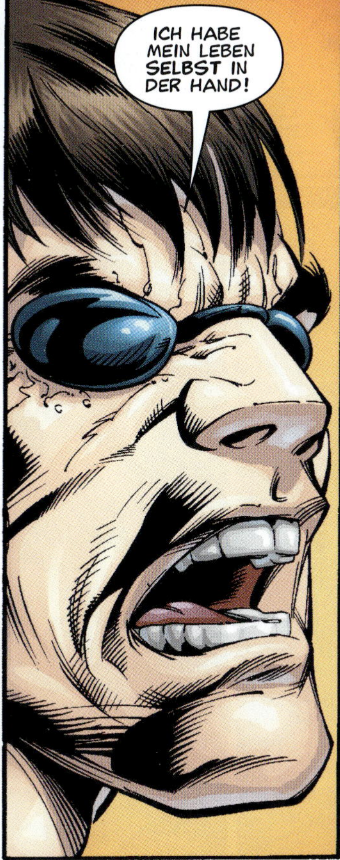
ICH HABE MEIN LEBEN SELBST IN DER HAND!

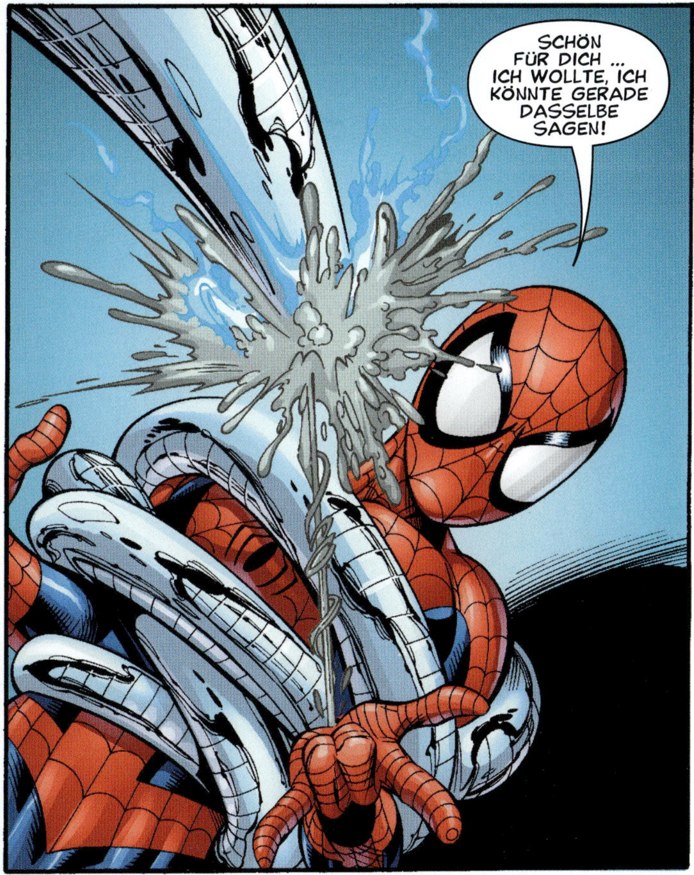
SCHÖN FÜR DICH ... ICH WOLLTE, ICH KÖNNTE GERADE DASSELBE SAGEN!

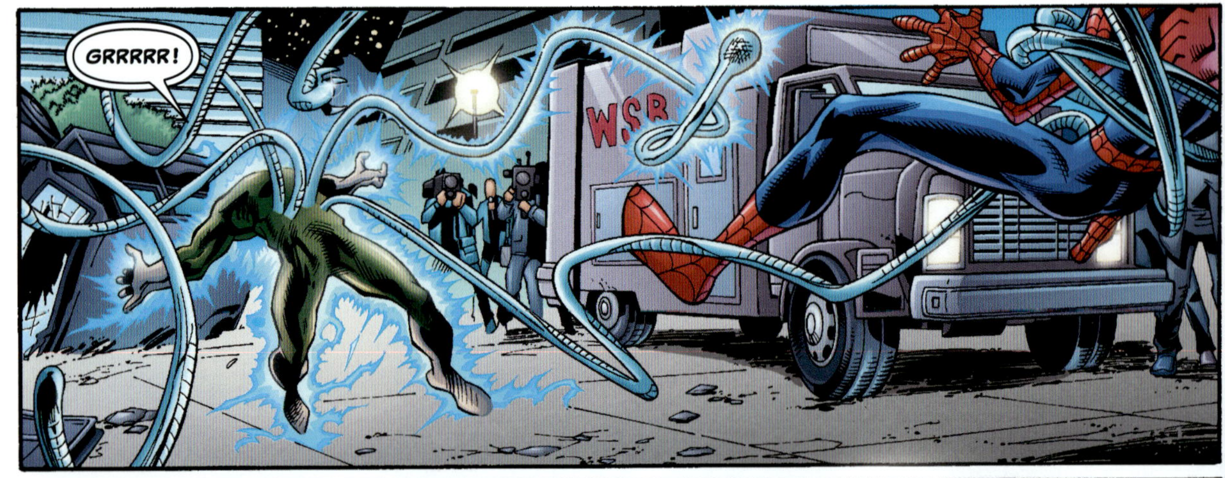
GRRRRR!
W.S.B
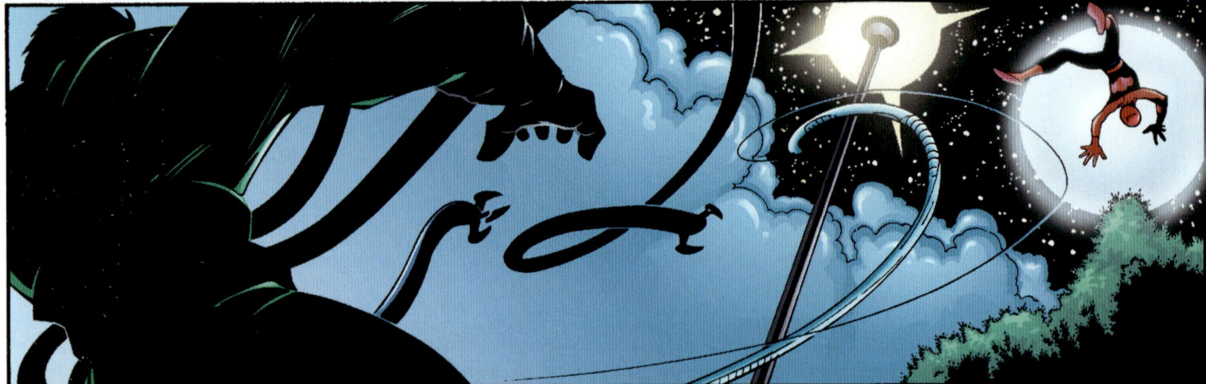
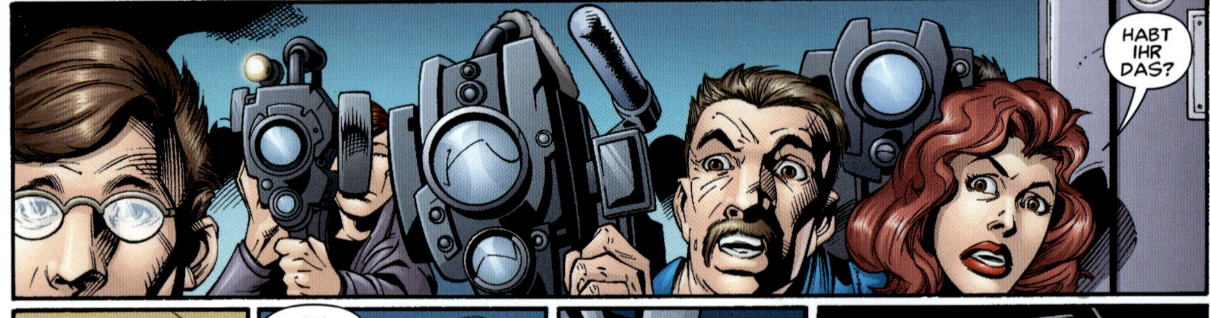
HABT IHR DAS?
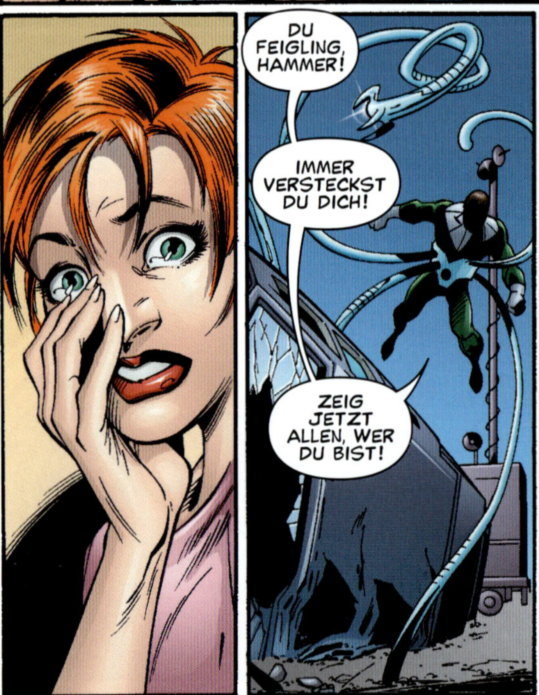
DU FEIGLING, HAMMER!
IMMER VERSTECKST DU DICH!
ZEIG JETZT ALLEN, WER DU BIST!
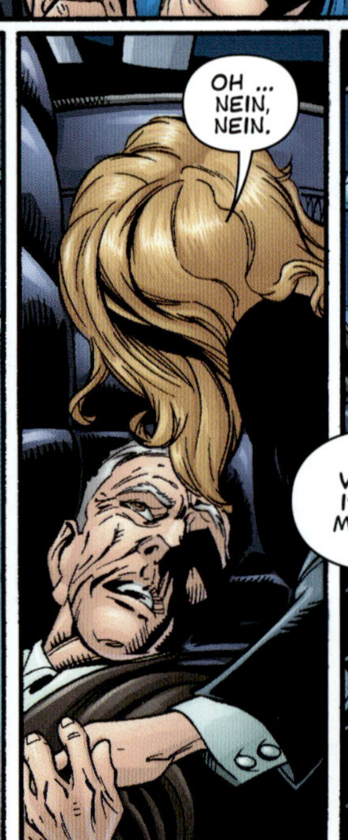
OH ... NEIN, NEIN.
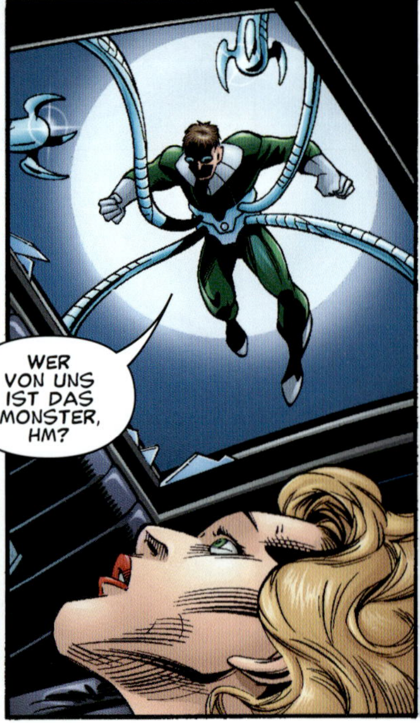
WER VON UNS IST DAS MONSTER, HM?

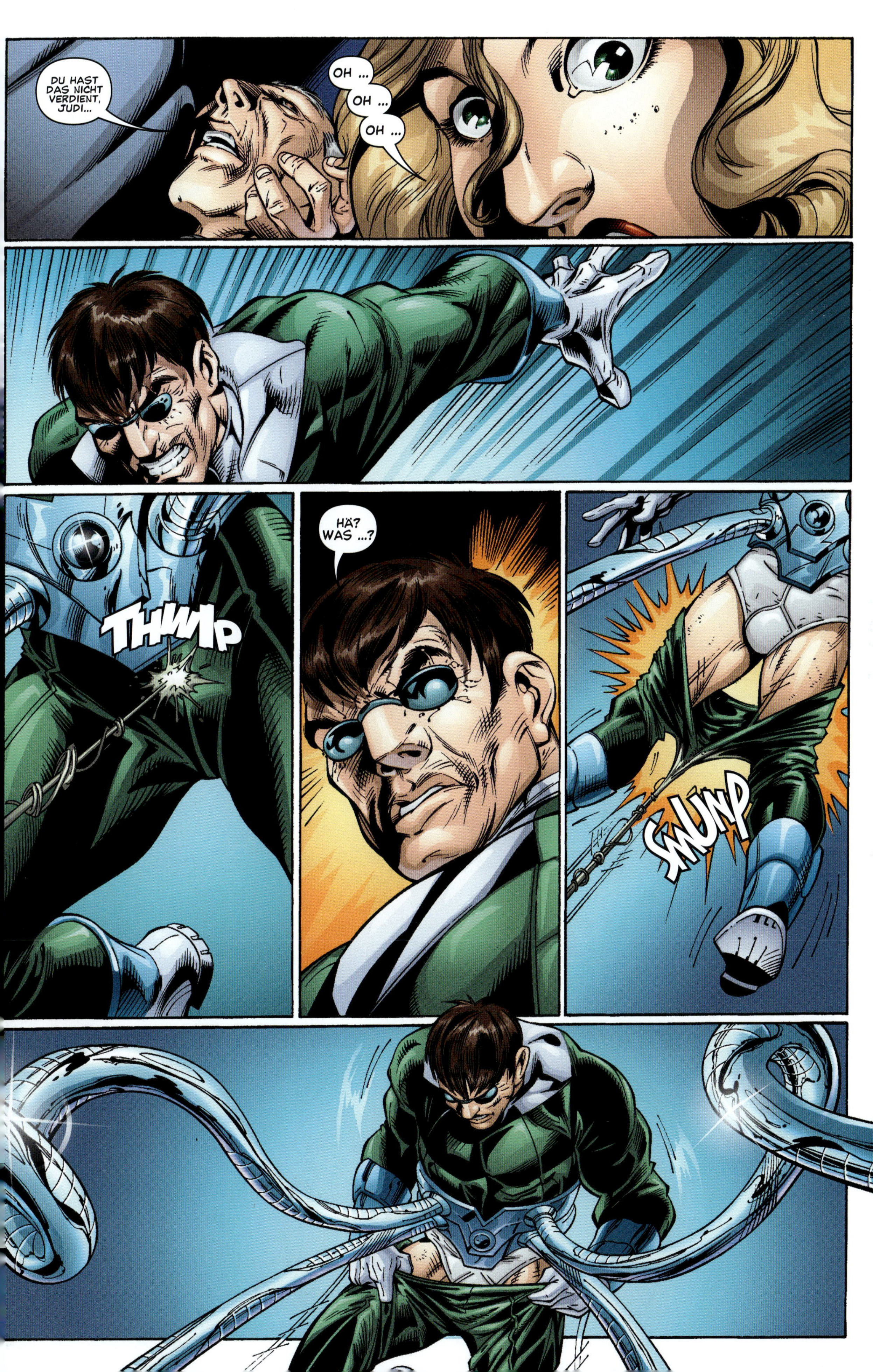
DU HAST DAS NICHT VERDIENT, JUDI ...
OH ...
OH ...
OH ...
THWIP
HÄ? WAS ...?
SHUNP

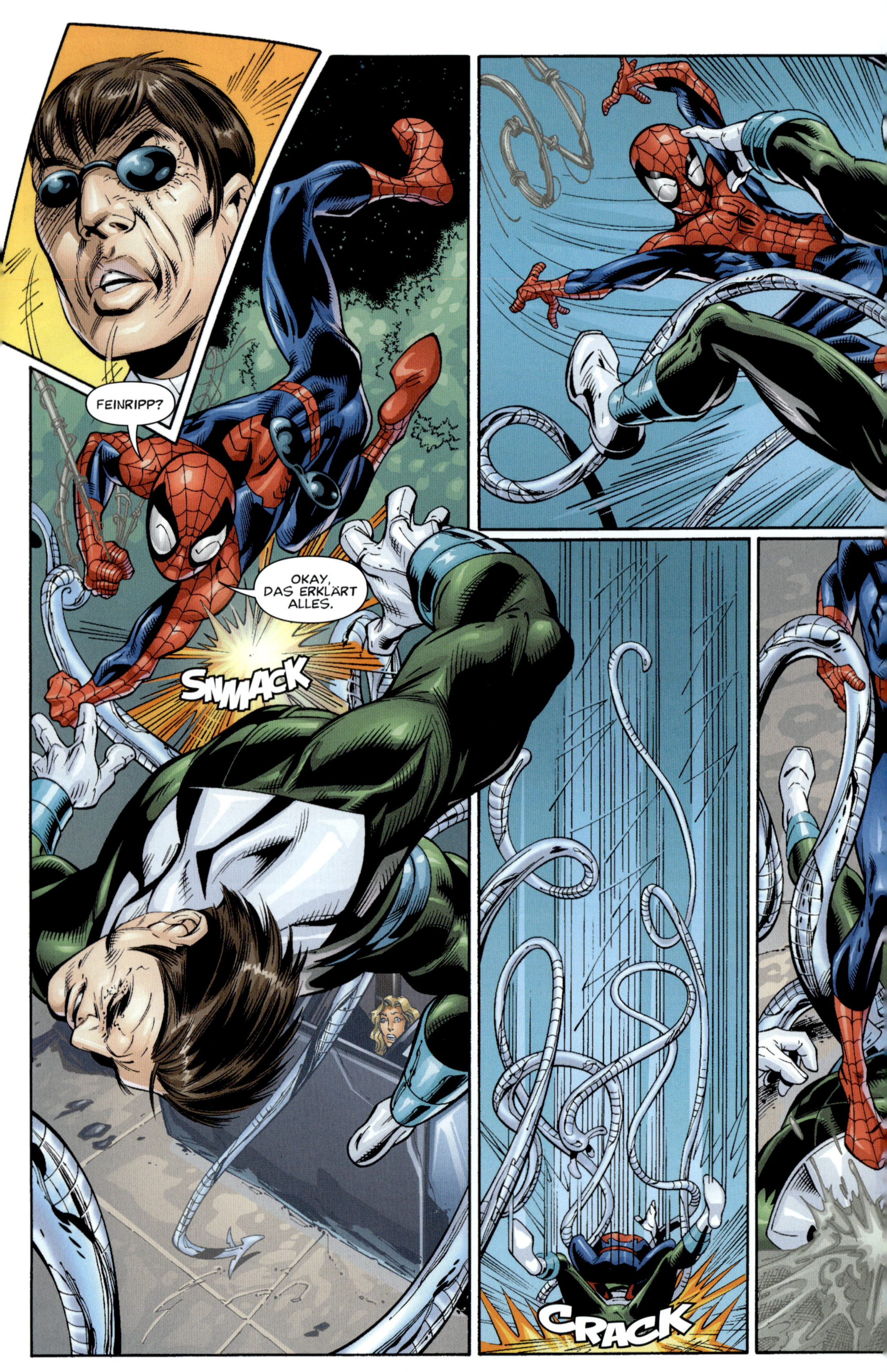
FEINRIPP?
OKAY, DAS ERKLÄRT ALLES.
SNMACK
CRACK

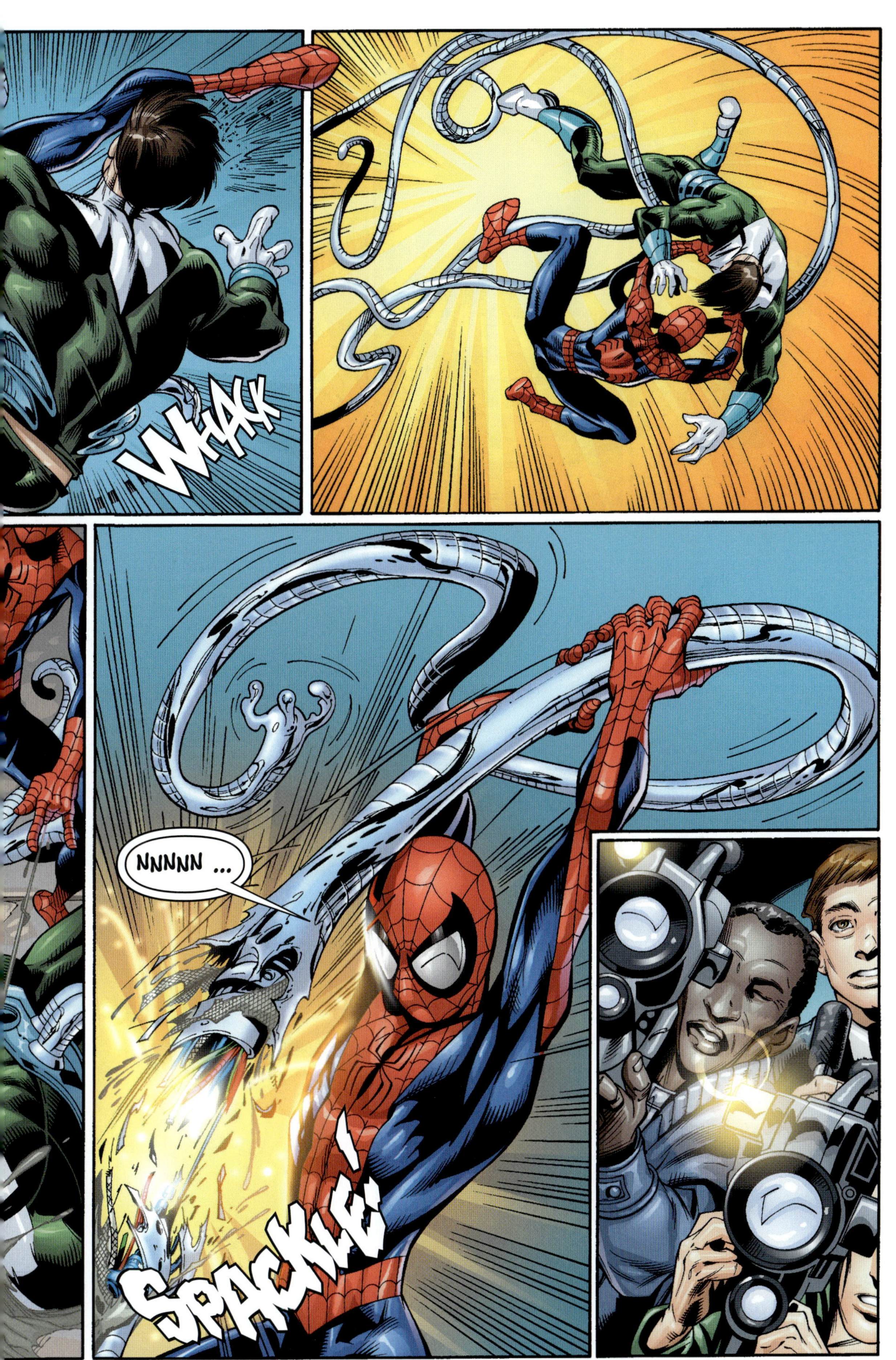
WHACK
NNNNN ...
SPACKLE!

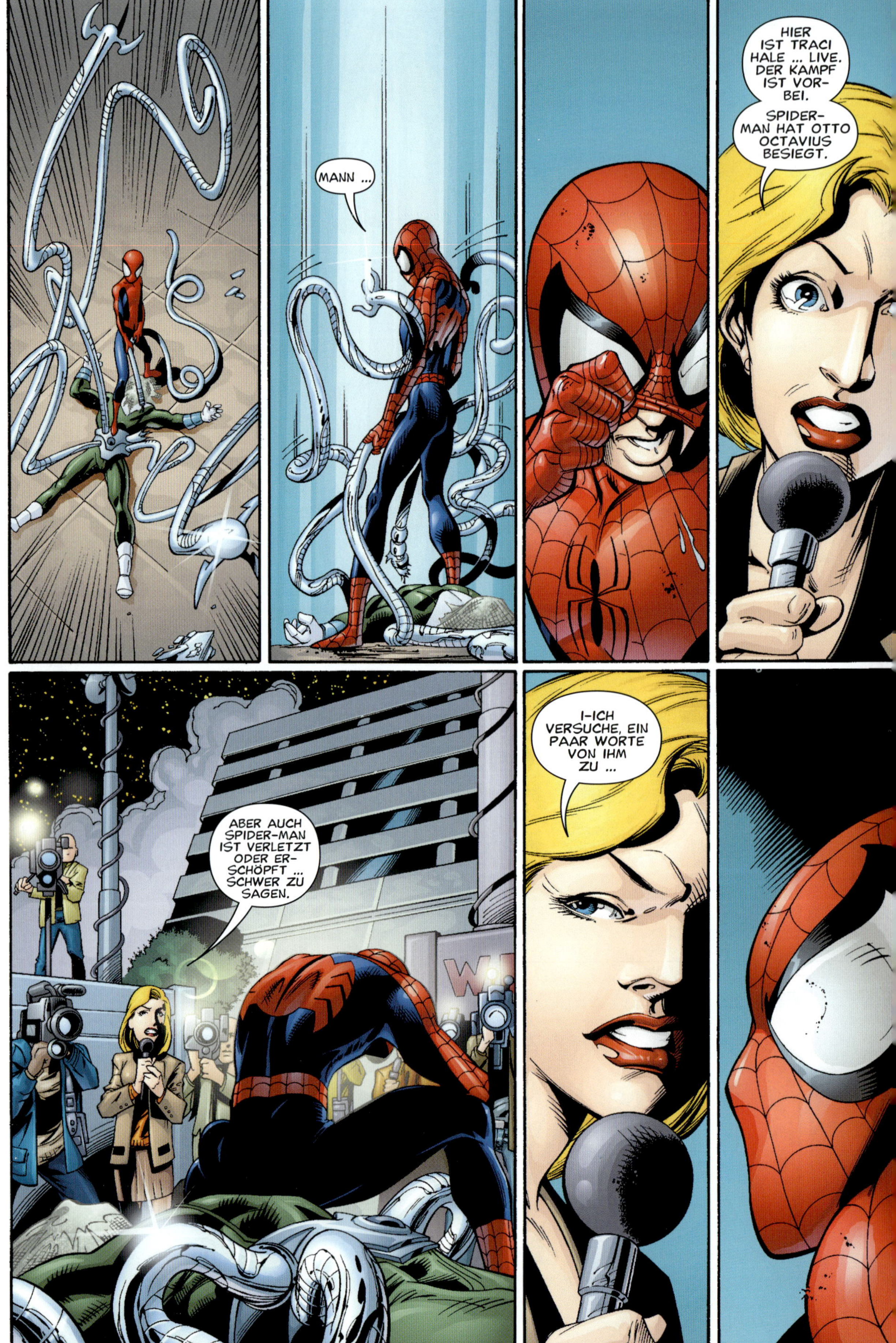
MANN ...
HIER IST TRACI HALE ... LIVE. DER KAMPF IST VORBEI.
SPIDER-MAN HAT OTTO OCTAVIUS BESIEGT.
ABER AUCH SPIDER-MAN IST VERLETZT ODER ERSCHÖPFT ... SCHWER ZU SAGEN.
I-ICH VERSUCHE, EIN PAAR WORTE VON IHM ZU ...

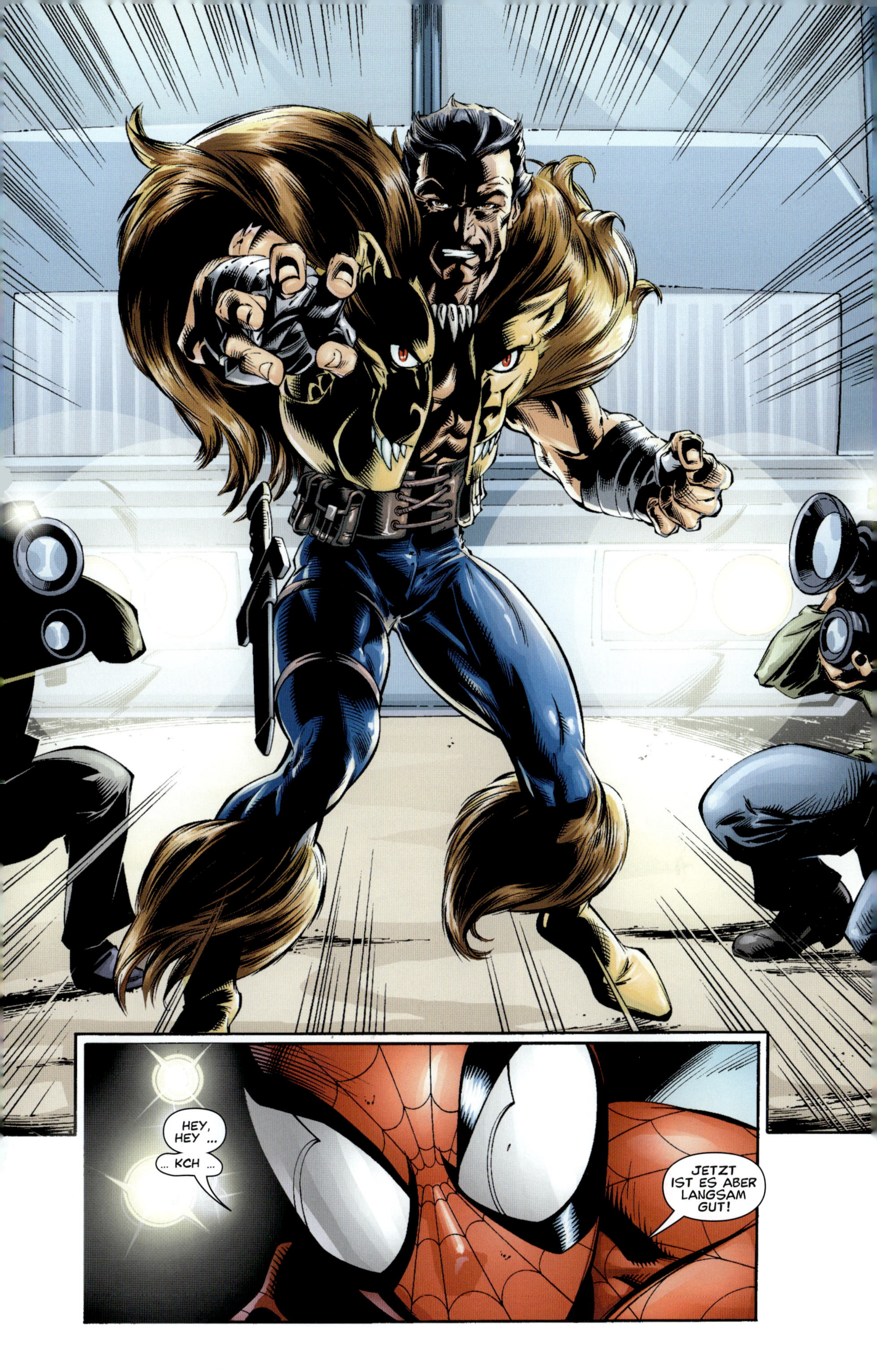
HEY, HEY ...
... KCH ...
JETZT IST ES ABER LANGSAM GUT!

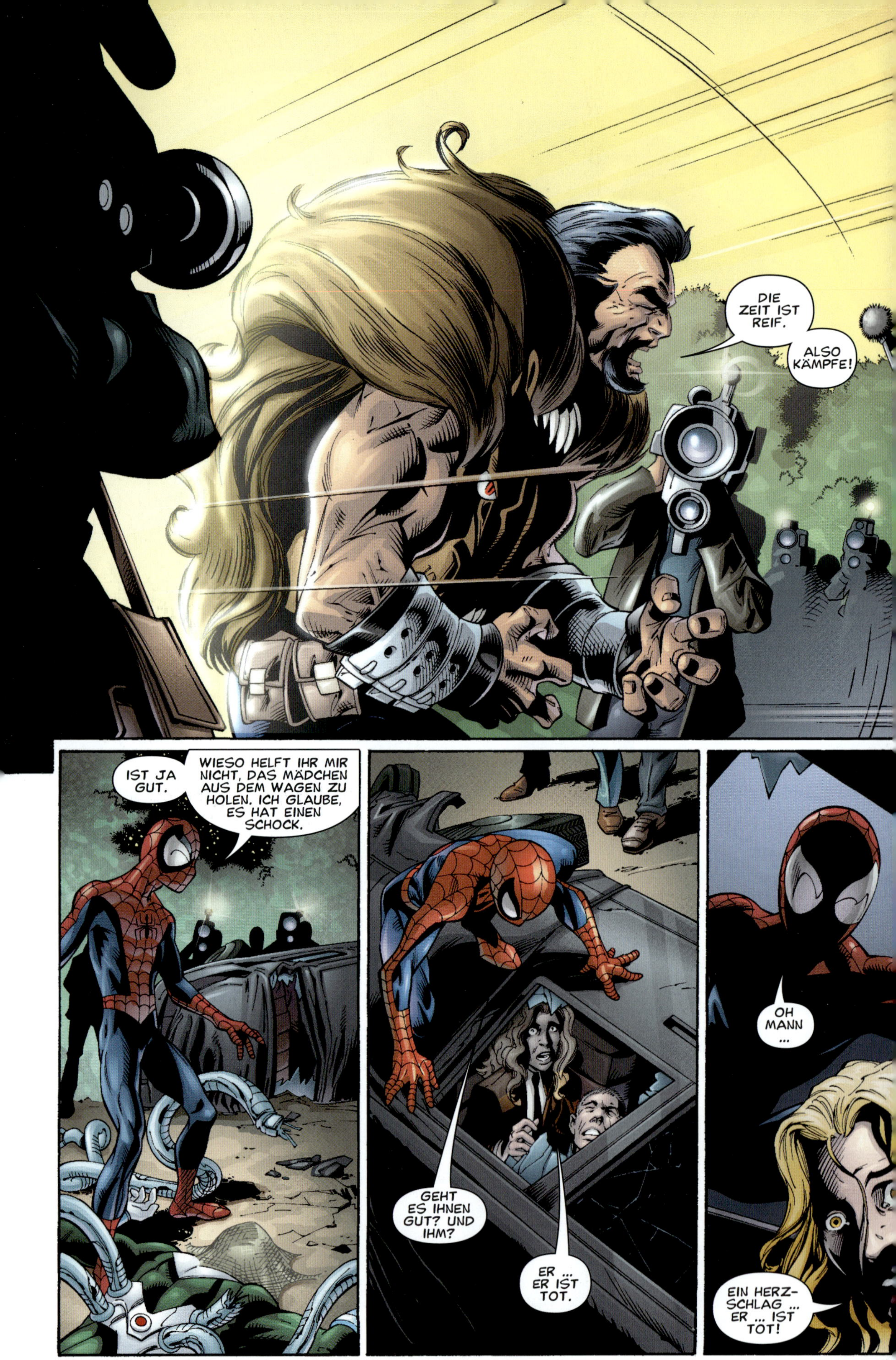

DIE ZEIT IST REIF.
ALSO KÄMPFE!

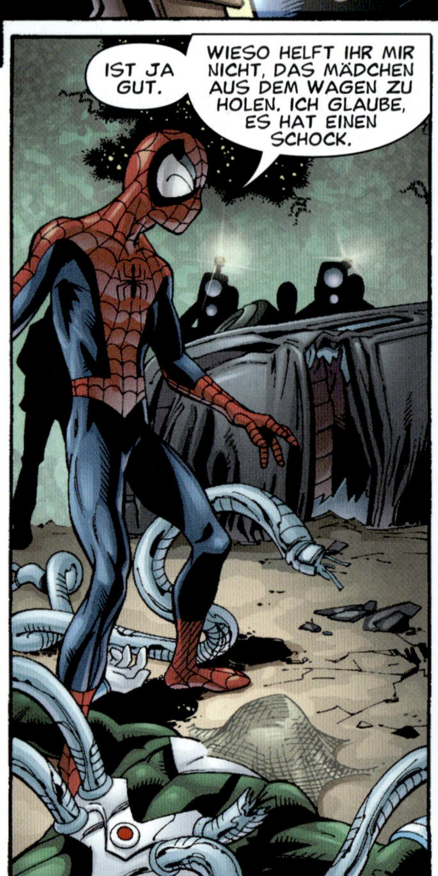
IST JA GUT.
WIESO HELFT IHR MIR NICHT, DAS MÄDCHEN AUS DEM WAGEN ZU HOLEN. ICH GLAUBE, ES HAT EINEN SCHOCK.

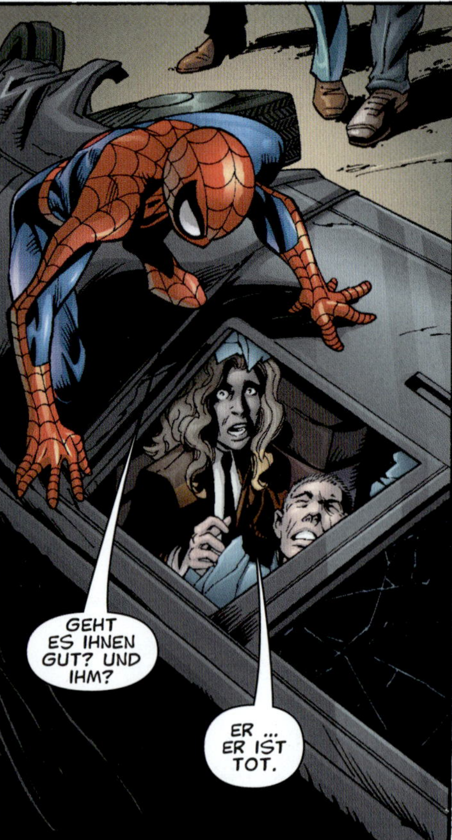
GEHT ES IHNEN GUT? UND IHM?
ER ... ER IST TOT.

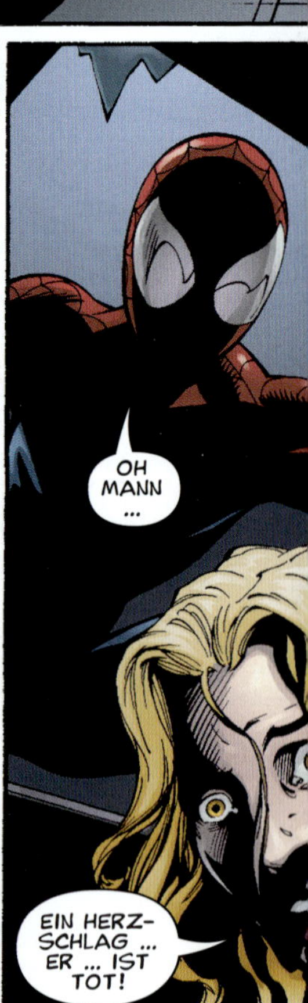
OH MANN ...
EIN HERZSCHLAG ... ER ... IST TOT!

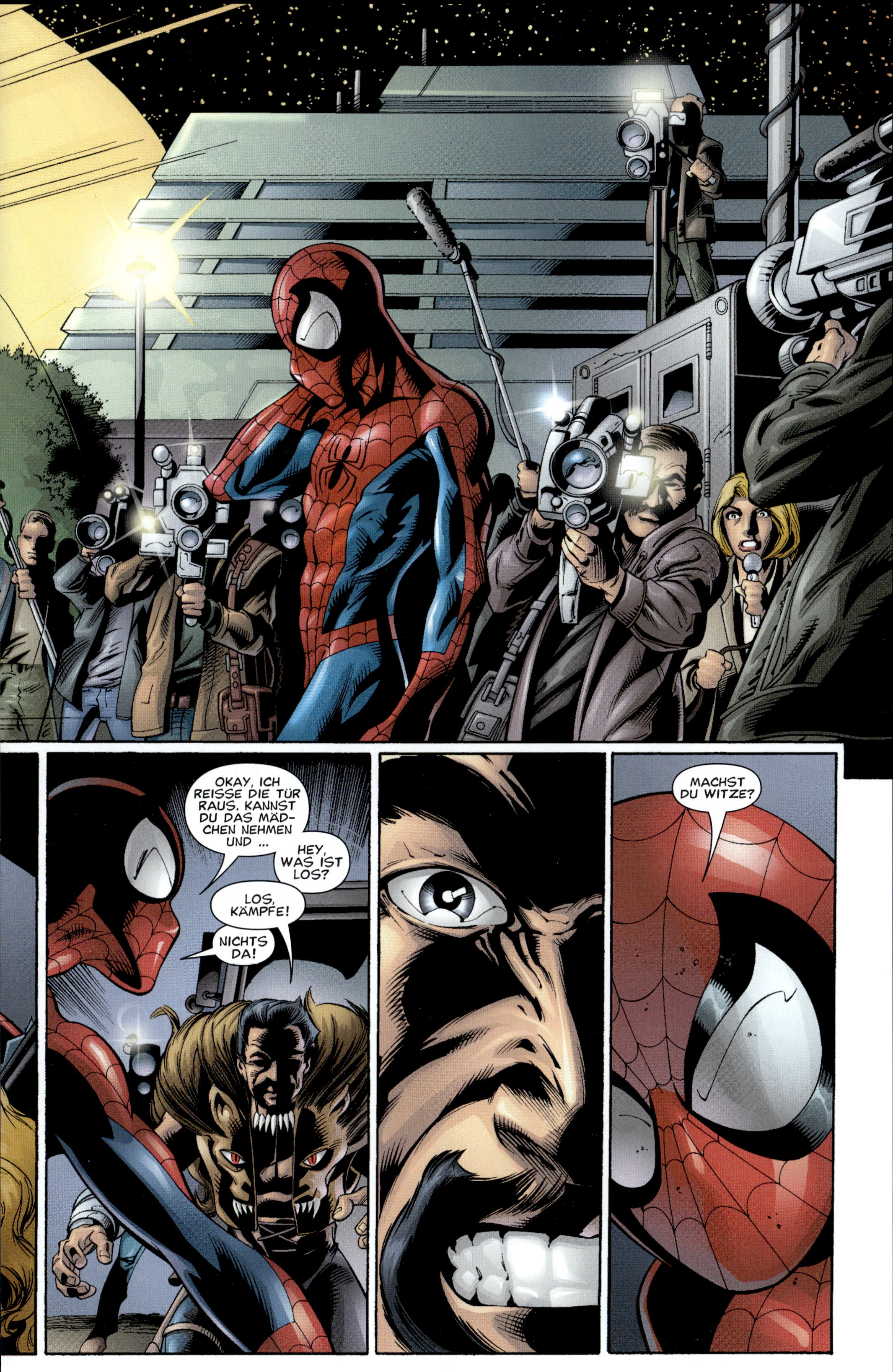

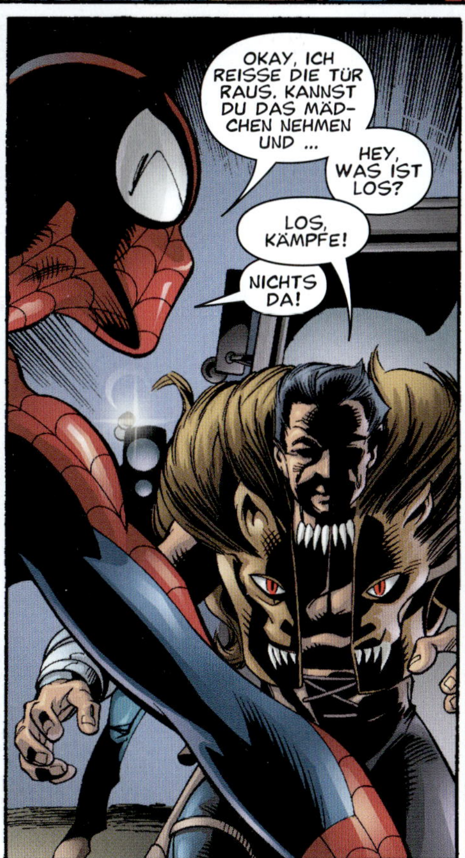
OKAY, ICH REISSE DIE TÜR RAUS. KANNST DU DAS MÄDCHEN NEHMEN UND ...
HEY, WAS IST LOS?
LOS, KÄMPFE!
NICHTS DA!

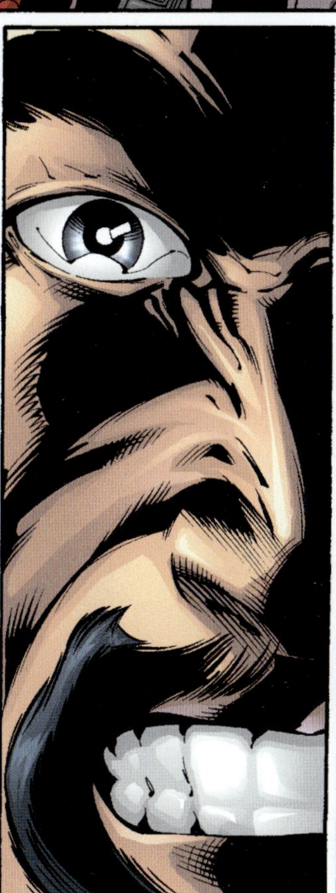

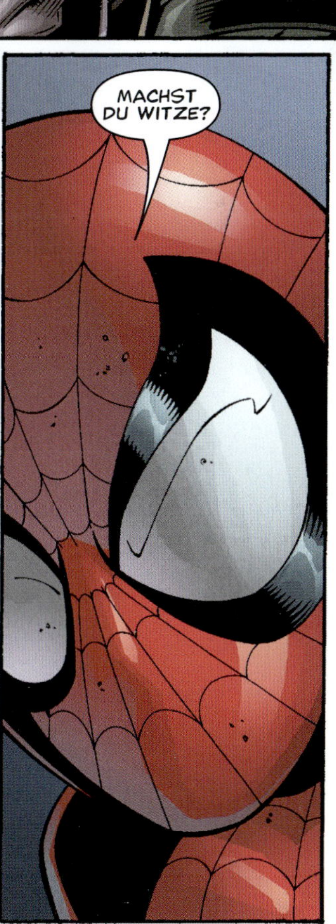
MACHST DU WITZE?

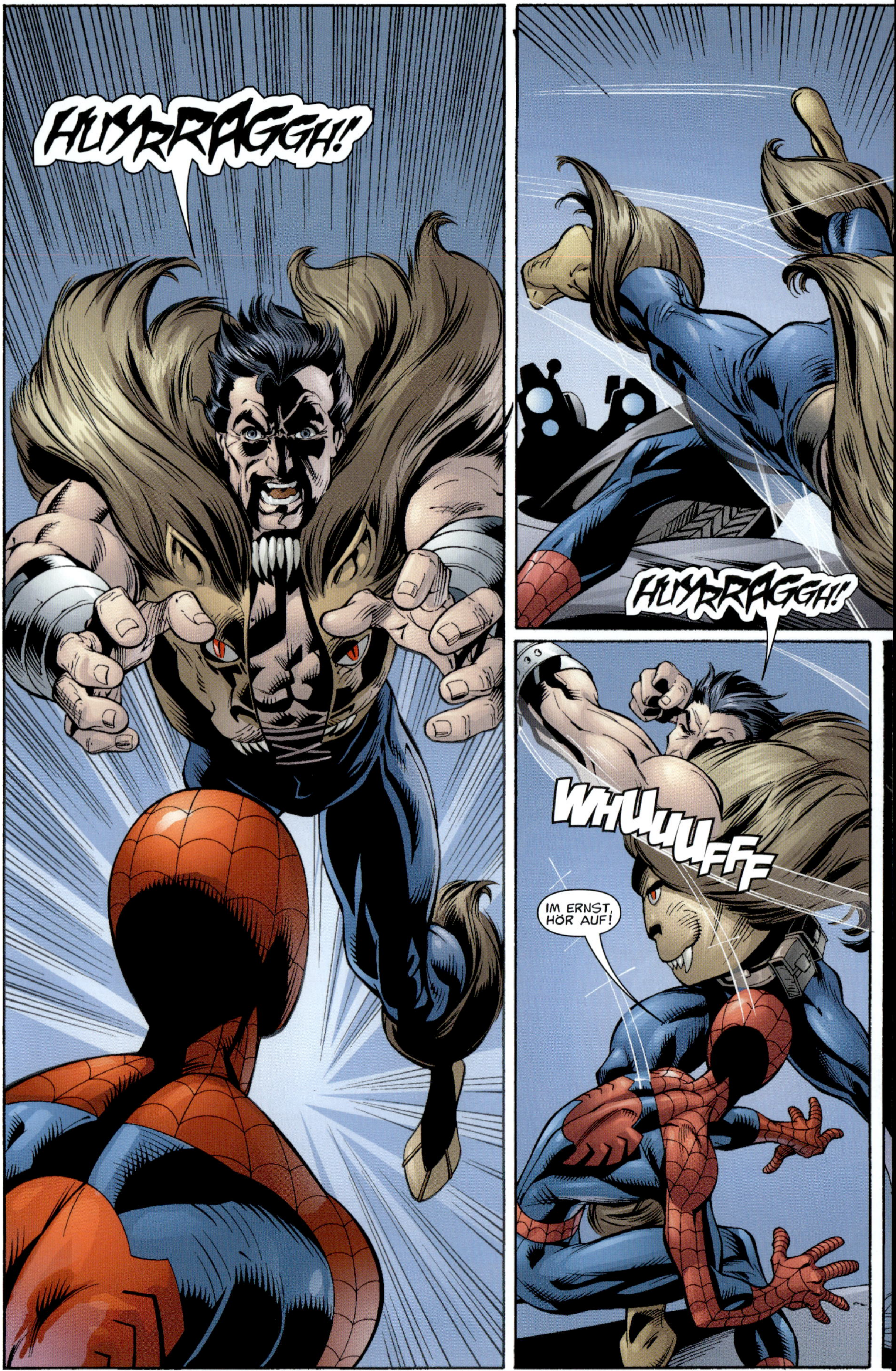

HUYRRAGGH!

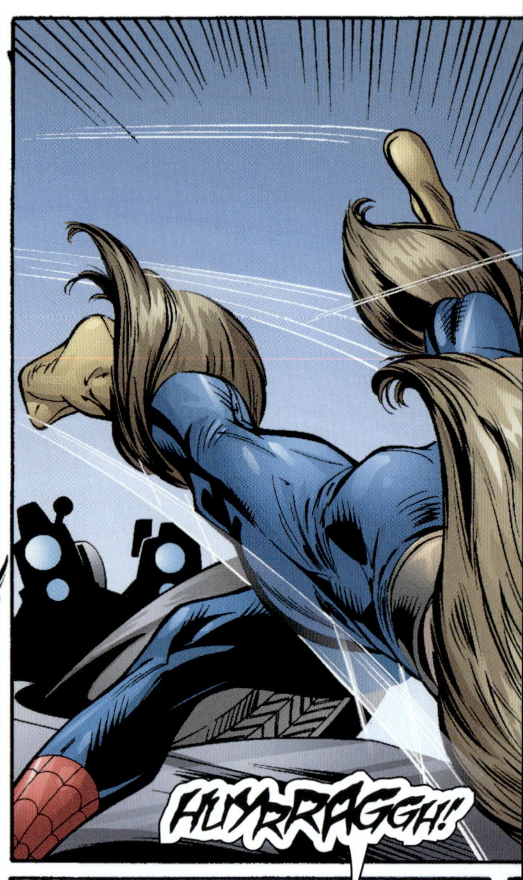

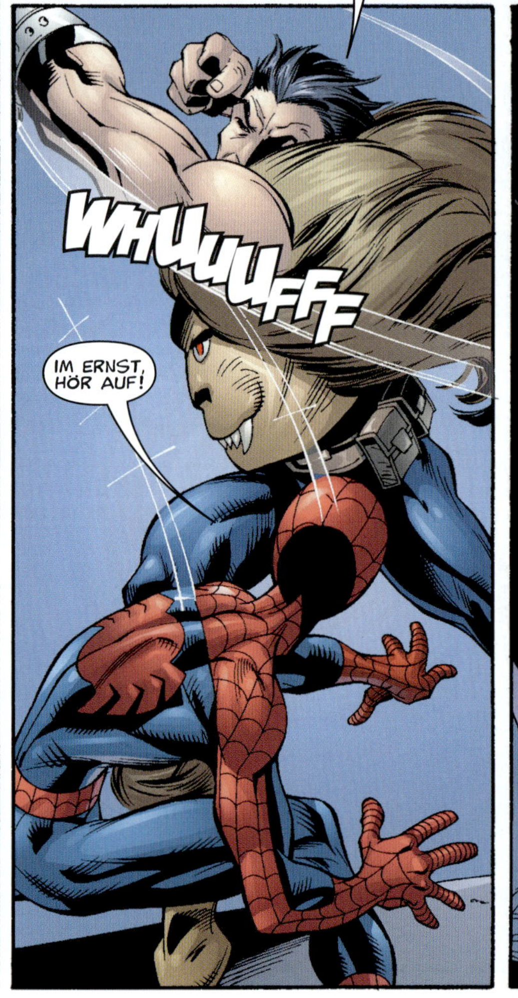

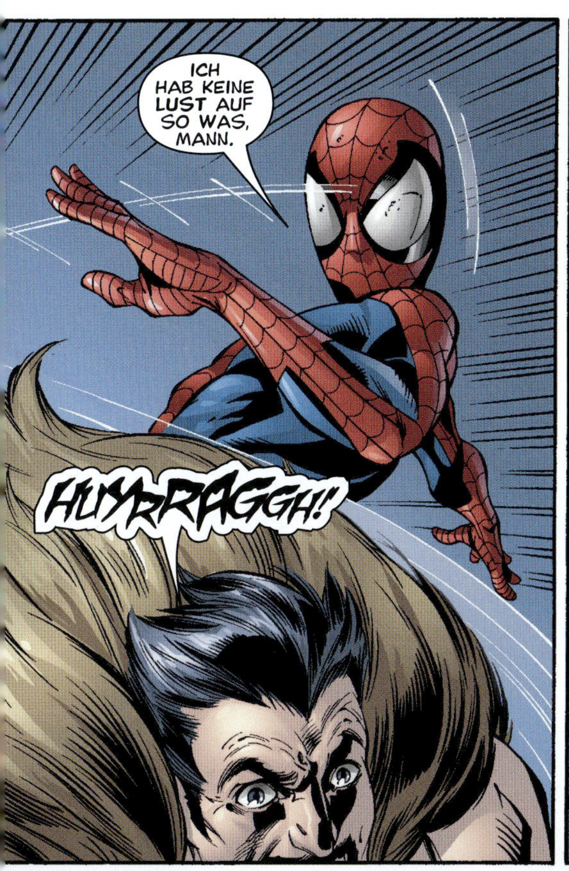
ICH HAB KEINE LUST AUF SO WAS, MANN.
HUYRRAGGH!

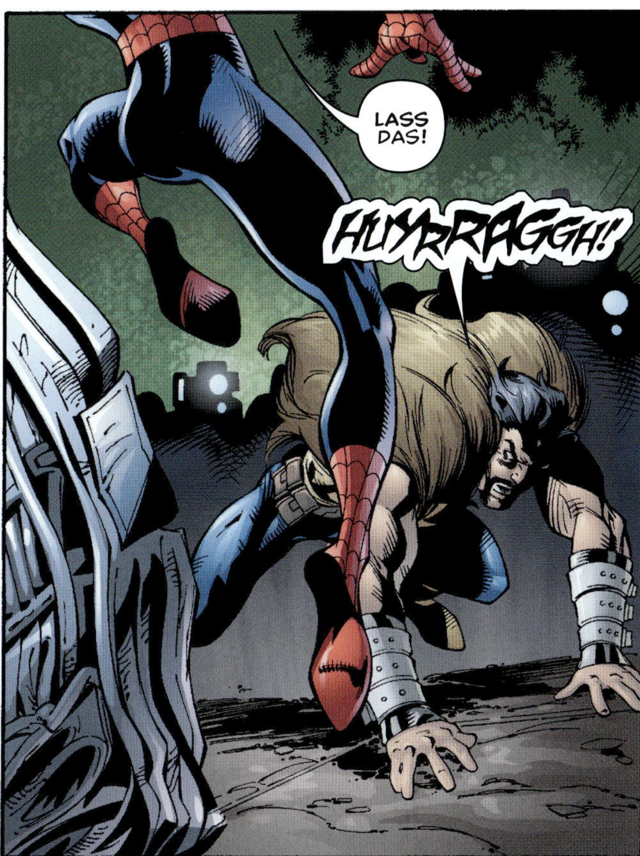
LASS DAS!
HUYRRAGGH!

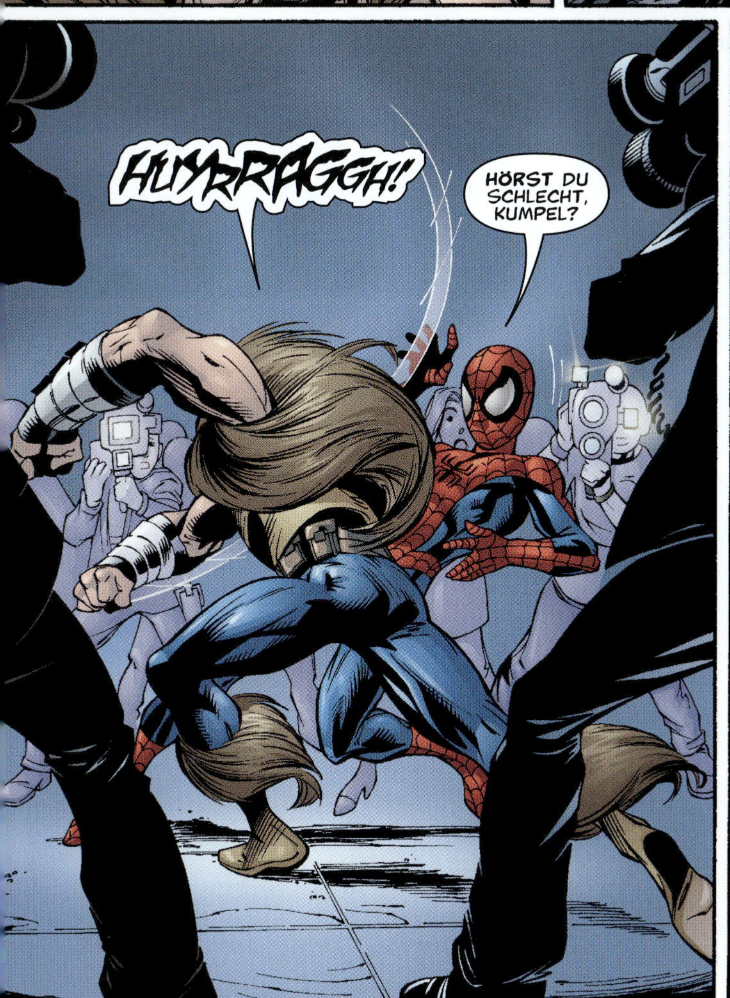
HUYRRAGGH!
HÖRST DU SCHLECHT, KUMPEL?

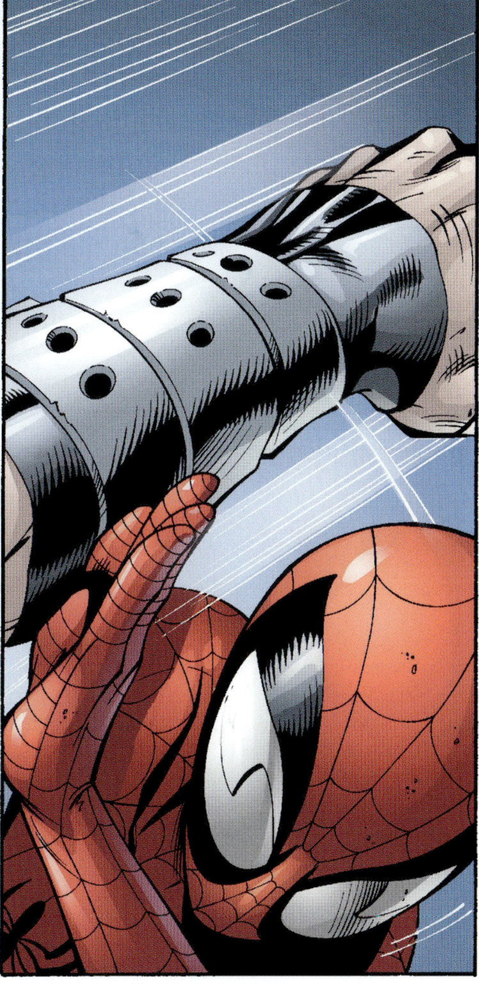

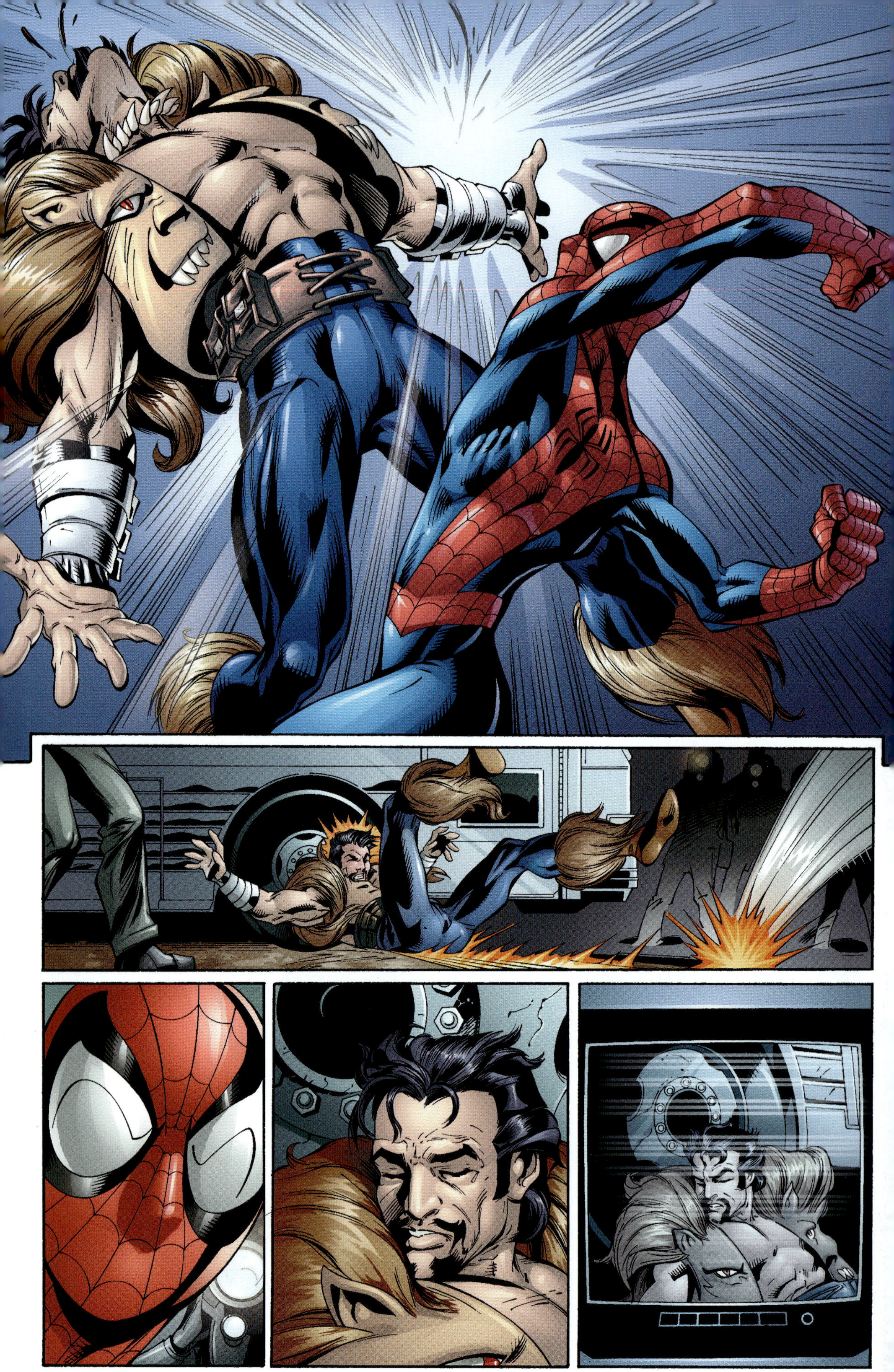

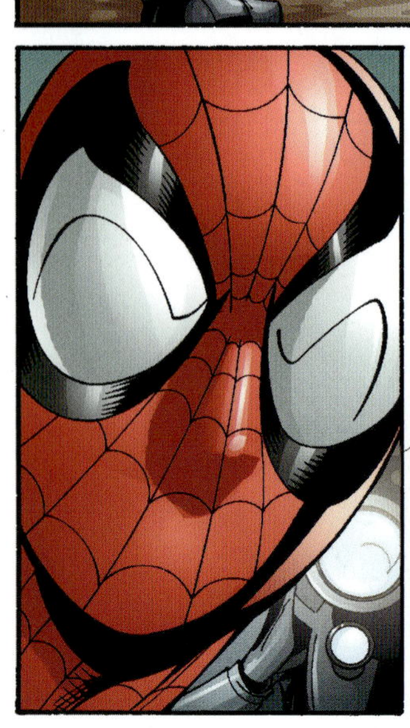
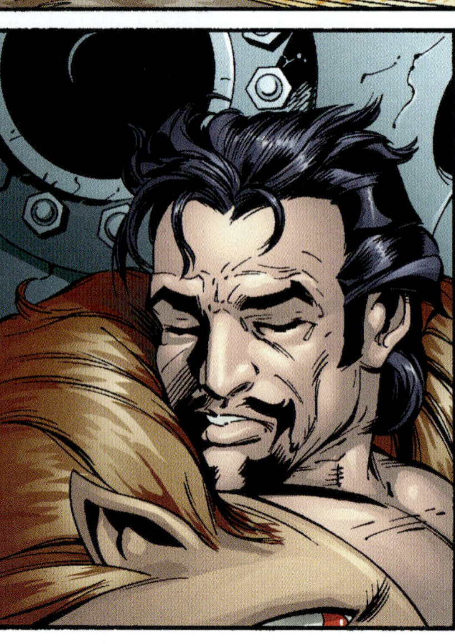
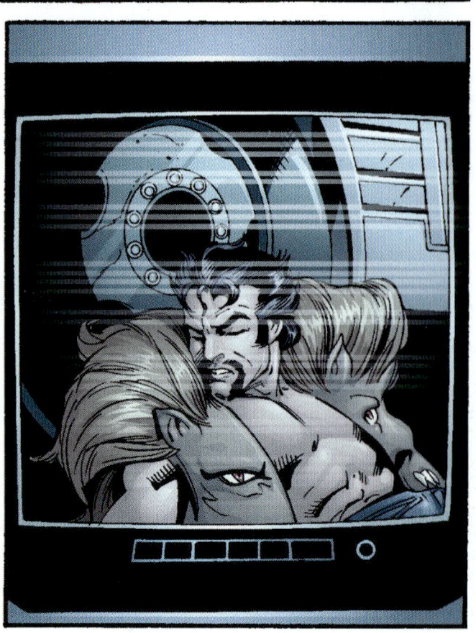

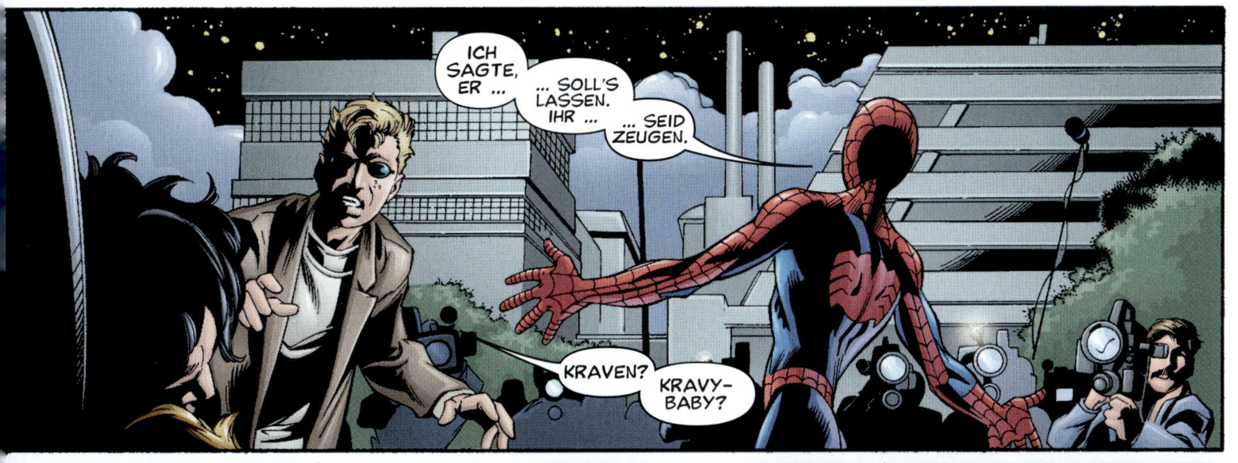
ICH SAGTE, ER ...
... SOLL'S LASSEN. IHR ...
... SEID ZEUGEN.
KRAVEN?
KRAVY-BABY?

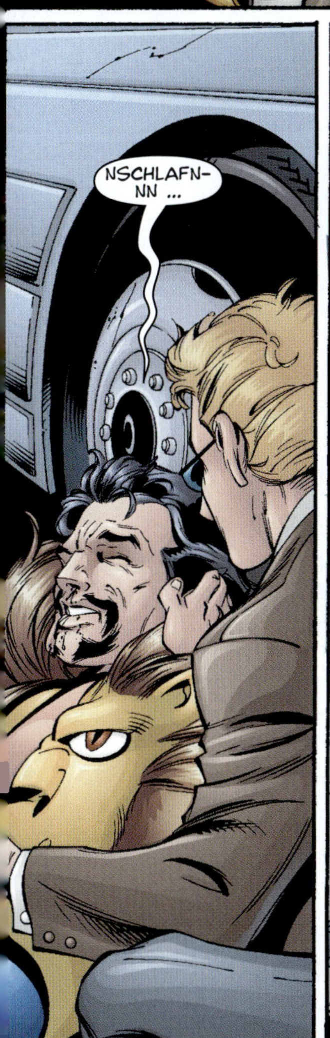
NSCHLAFN-NN ...

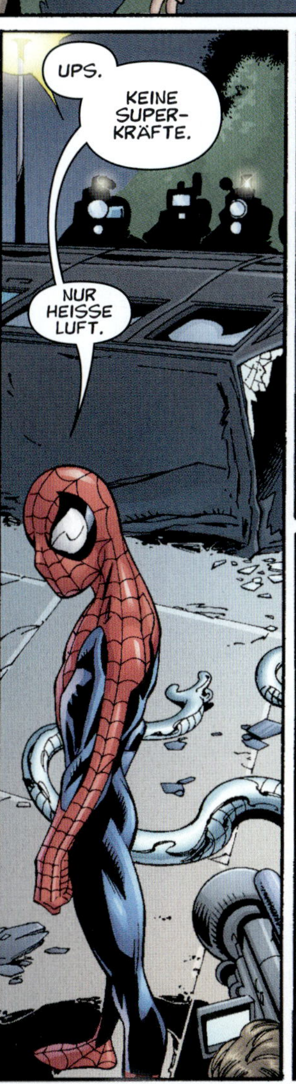
UPS.
KEINE SUPER-KRÄFTE.
NUR HEISSE LUFT.

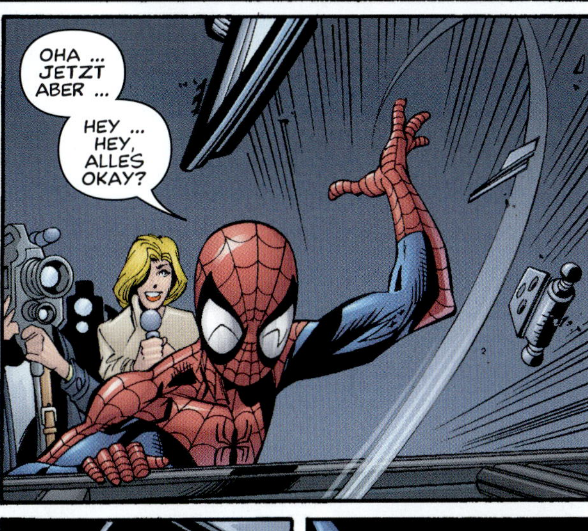
OHA ... JETZT ABER ...
HEY ... HEY, ALLES OKAY?

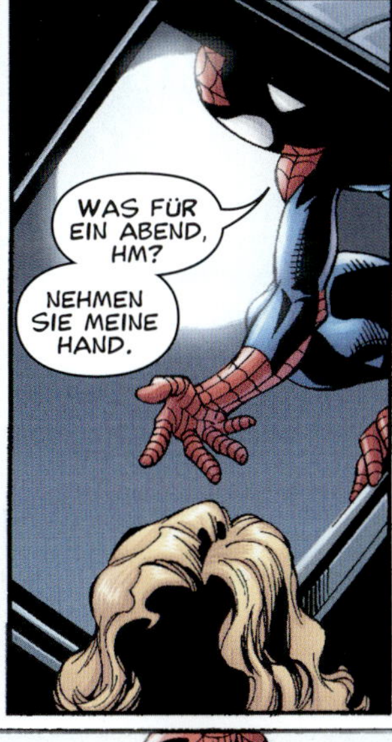
WAS FÜR EIN ABEND, HM?
NEHMEN SIE MEINE HAND.

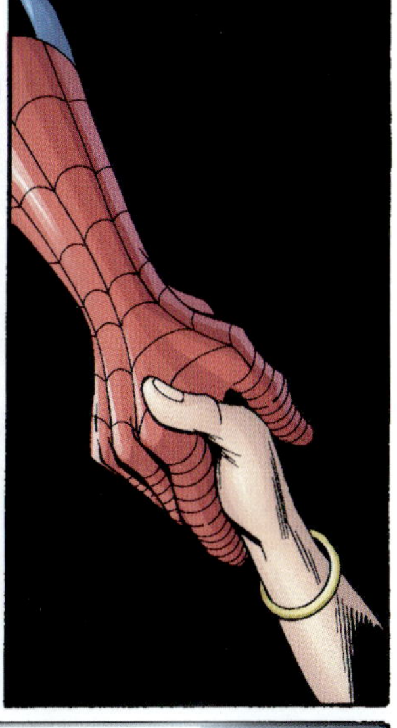

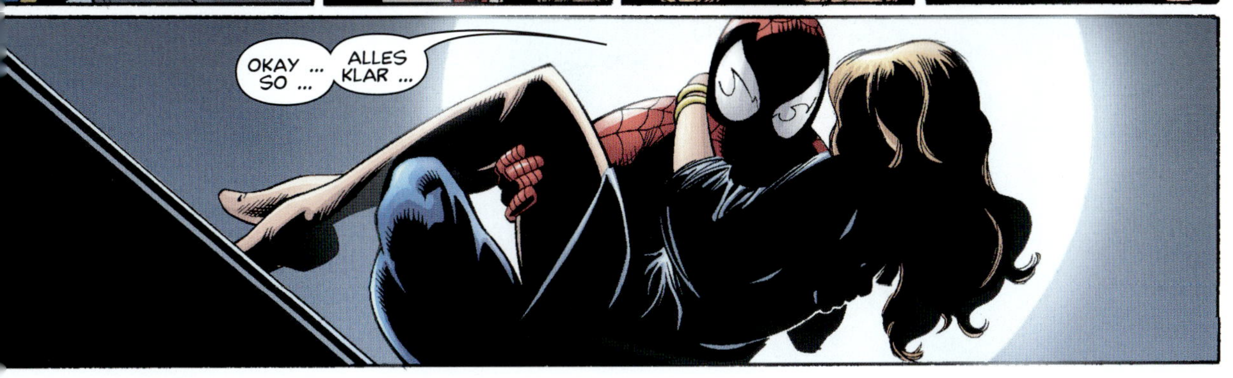
OKAY ... SO ...
ALLES KLAR ...

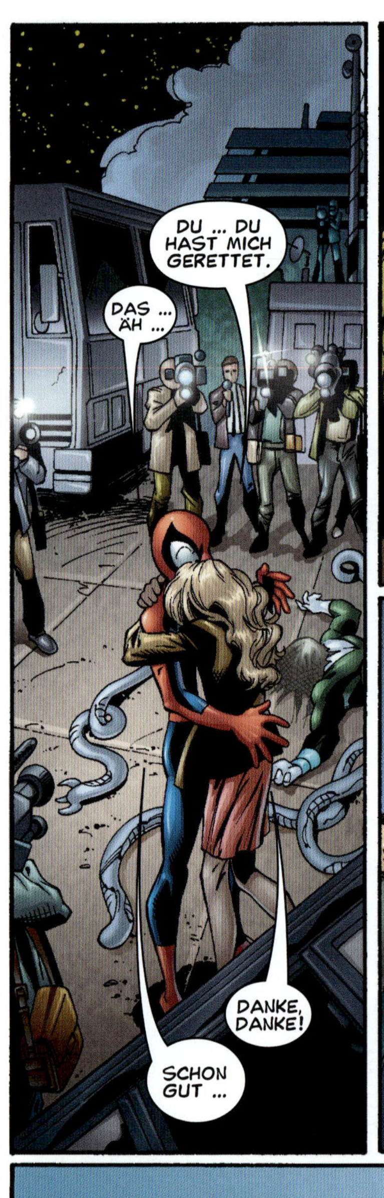
DU ... DU HAST MICH GERETTET.
DAS ... ÄH ...
DANKE, DANKE!
SCHON GUT ...
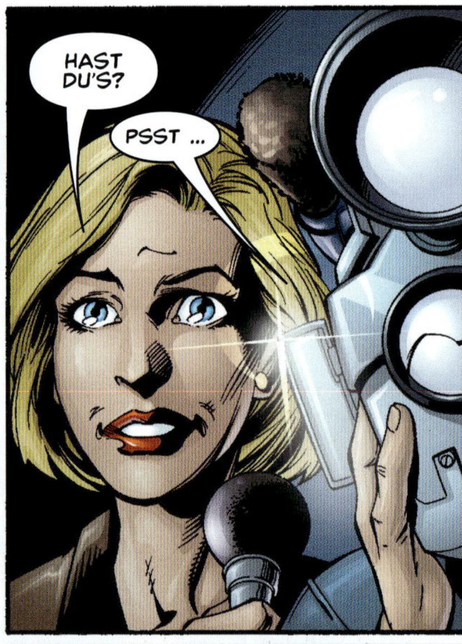
HAST DU'S?
PSST ...
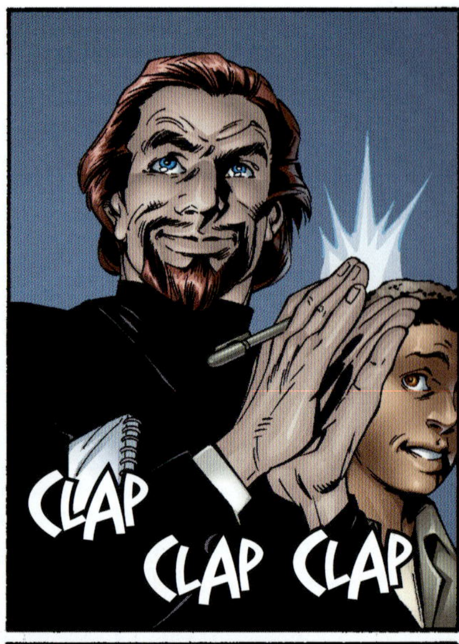
CLAP
CLAP
CLAP
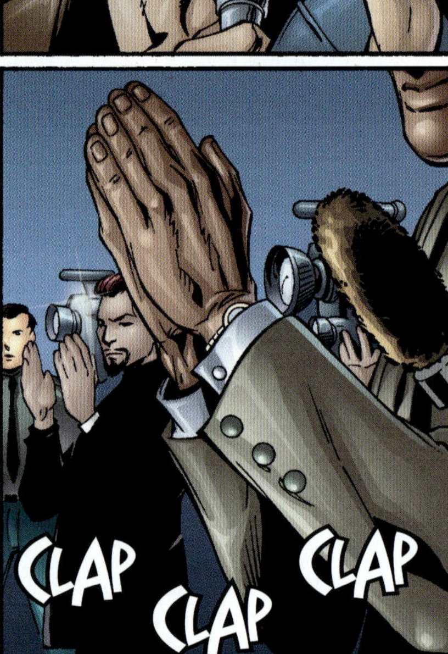
CLAP
CLAP
CLAP
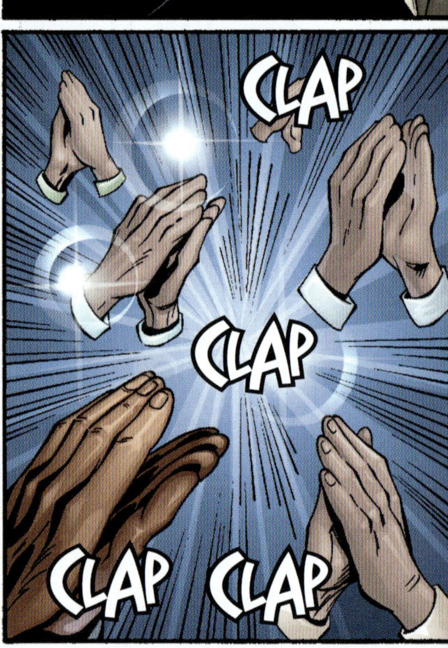
CLAP
CLAP
CLAP
CLAP
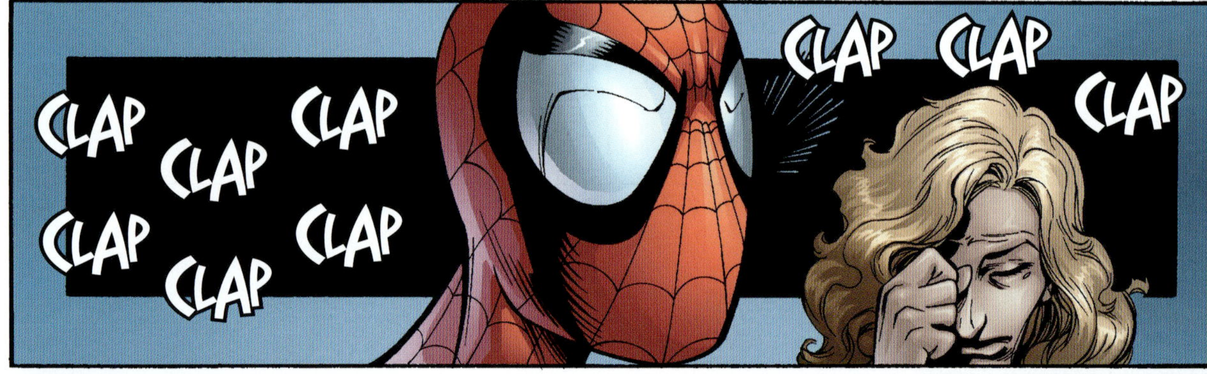
CLAP
CLAP
CLAP
CLAP
CLAP
CLAP
CLAP
CLAP
CLAP
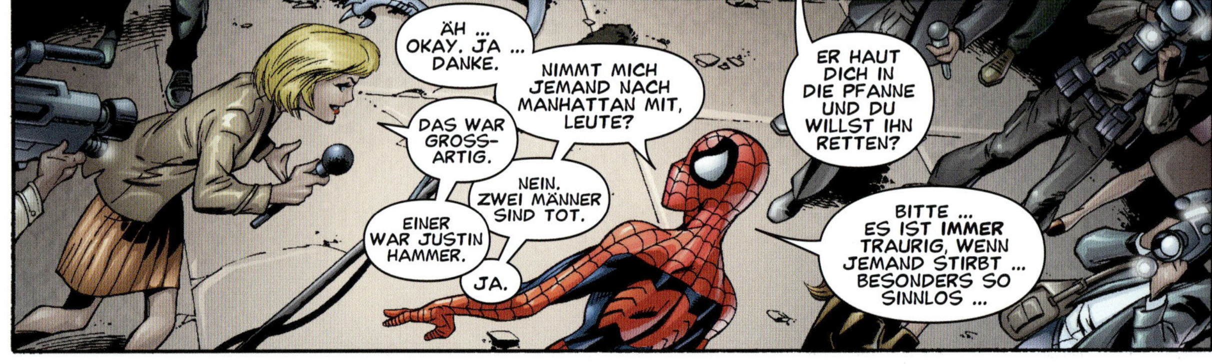
ÄH ... OKAY. JA ... DANKE.
DAS WAR GROSS-ARTIG.
EINER WAR JUSTIN HAMMER.
JA.
NEIN. ZWEI MÄNNER SIND TOT.
NIMMT MICH JEMAND NACH MANHATTAN MIT, LEUTE?
ER HAUT DICH IN DIE PFANNE UND DU WILLST IHN RETTEN?
BITTE ... ES IST IMMER TRAURIG, WENN JEMAND STIRBT ... BESONDERS SO SINNLOS ...

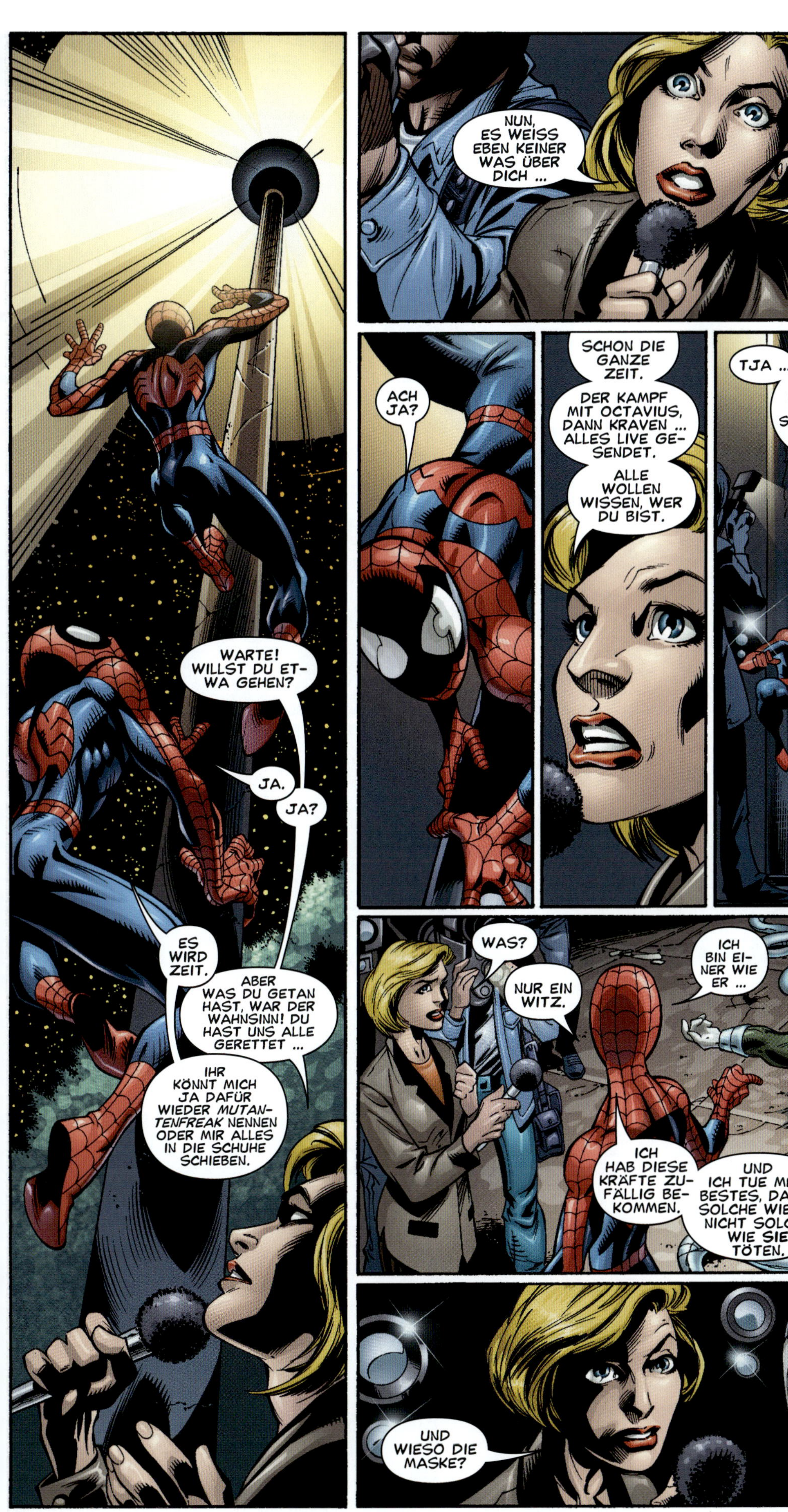
WARTE! WILLST DU ETWA GEHEN?
JA.
JA?
ES WIRD ZEIT.
ABER WAS DU GETAN HAST, WAR DER WAHNSINN! DU HAST UNS ALLE GERETTET ...
IHR KÖNNT MICH JA DAFÜR WIEDER *MUTANTENFREAK* NENNEN ODER MIR ALLES IN DIE SCHUHE SCHIEBEN.
NUN, ES WEISS EBEN KEINER WAS ÜBER DICH ...
VIELLEICHT, WENN DU MIT UNS **REDEN** WÜRDEST.
WIR SIND LIVE AUF SENDUNG.
ACH JA?
SCHON DIE GANZE ZEIT.
DER KAMPF MIT OCTAVIUS, DANN KRAVEN ... ALLES LIVE GESENDET.
ALLE WOLLEN WISSEN, WER DU BIST.
TJA ...
ICH BIN VON EINEM FERNEN STERN, WO SPINNEN UND MENSCHEN SICH KREUZEN UND ZUSAMMENLEBEN.
WAS?
NUR EIN WITZ.
ICH BIN EINER WIE ER ...
ICH HAB DIESE KRÄFTE ZUFÄLLIG BEKOMMEN.
UND ICH TUE MEIN BESTES, DAMIT SOLCHE WIE **ER** NICHT SOLCHE WIE **SIE** TÖTEN.
UND WIESO DIE MASKE?

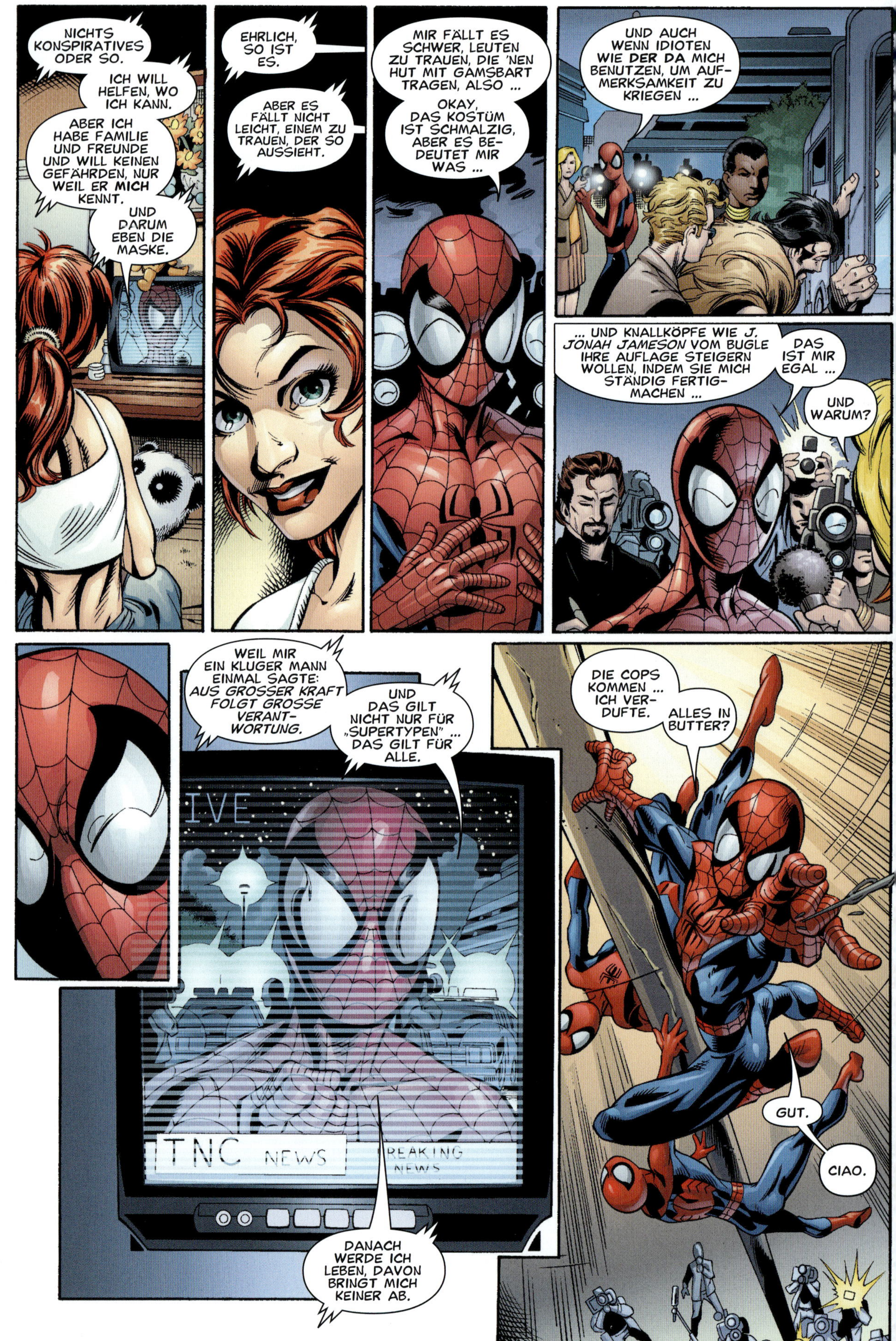
NICHTS KONSPIRATIVES ODER SO.
ICH WILL HELFEN, WO ICH KANN.
ABER ICH HABE FAMILIE UND FREUNDE UND WILL KEINEN GEFÄHRDEN, NUR WEIL ER MICH KENNT.
UND DARUM EBEN DIE MASKE.
EHRLICH, SO IST ES.
ABER ES FÄLLT NICHT LEICHT, EINEM ZU TRAUEN, DER SO AUSSIEHT.
MIR FÄLLT ES SCHWER, LEUTEN ZU TRAUEN, DIE 'NEN HUT MIT GAMSBART TRAGEN, ALSO ...
OKAY, DAS KOSTÜM IST SCHMALZIG, ABER ES BEDEUTET MIR WAS ...
UND AUCH WENN IDIOTEN WIE DER DA MICH BENUTZEN, UM AUFMERKSAMKEIT ZU KRIEGEN ...
... UND KNALLKÖPFE WIE J. JONAH JAMESON VOM BUGLE IHRE AUFLAGE STEIGERN WOLLEN, INDEM SIE MICH STÄNDIG FERTIGMACHEN ...
DAS IST MIR EGAL ...
UND WARUM?
WEIL MIR EIN KLUGER MANN EINMAL SAGTE: AUS GROSSER KRAFT FOLGT GROSSE VERANTWORTUNG.
UND DAS GILT NICHT NUR FÜR „SUPERTYPEN" ... DAS GILT FÜR ALLE.
IVE
TNC NEWS
REAKING NEWS
DANACH WERDE ICH LEBEN, DAVON BRINGT MICH KEINER AB.
DIE COPS KOMMEN ... ICH VERDUFTE.
ALLES IN BUTTER?
GUT.
CIAO.

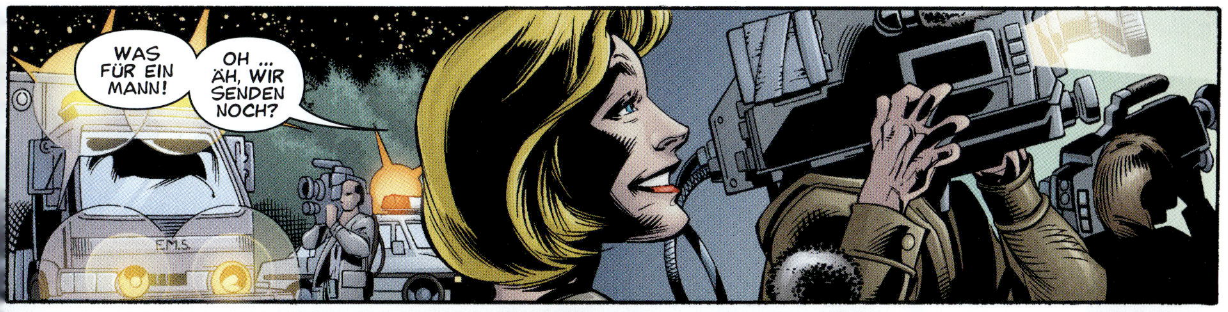
WAS FÜR EIN MANN!
OH ... ÄH, WIR SENDEN NOCH?

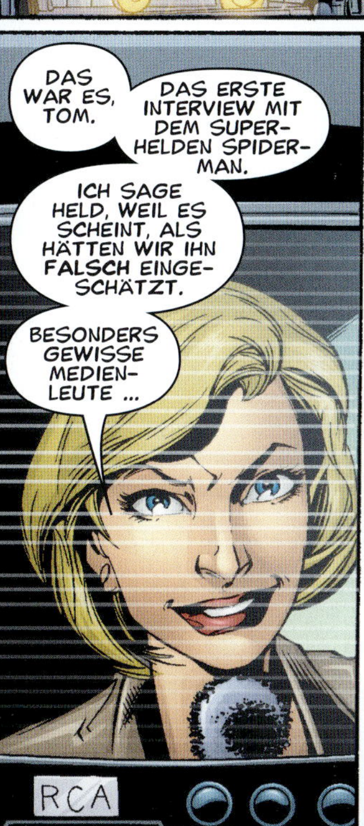
DAS WAR ES, TOM.
DAS ERSTE INTERVIEW MIT DEM SUPER-HELDEN SPIDER-MAN.
ICH SAGE HELD, WEIL ES SCHEINT, ALS HÄTTEN WIR IHN FALSCH EINGE-SCHÄTZT.
BESONDERS GEWISSE MEDIEN-LEUTE ...
RCA

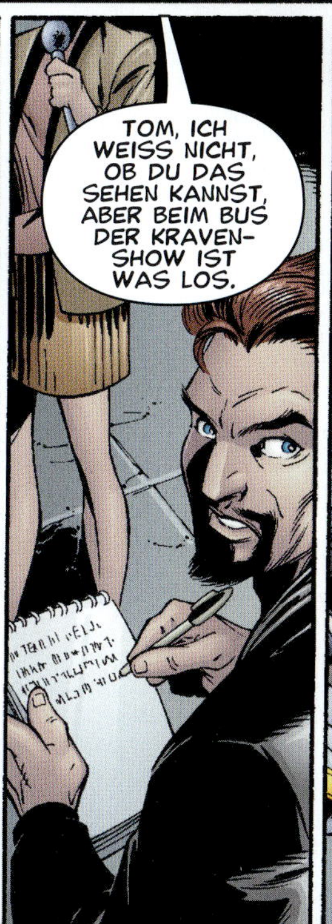
TOM, ICH WEISS NICHT, OB DU DAS SEHEN KANNST, ABER BEIM BUS DER KRAVEN-SHOW IST WAS LOS.

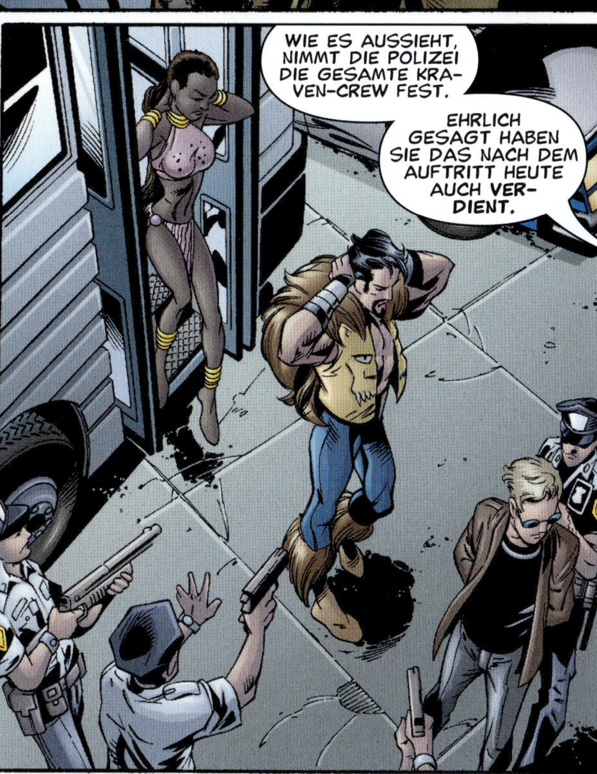
WIE ES AUSSIEHT, NIMMT DIE POLIZEI DIE GESAMTE KRA-VEN-CREW FEST.
EHRLICH GESAGT HABEN SIE DAS NACH DEM AUFTRITT HEUTE AUCH VER-DIENT.

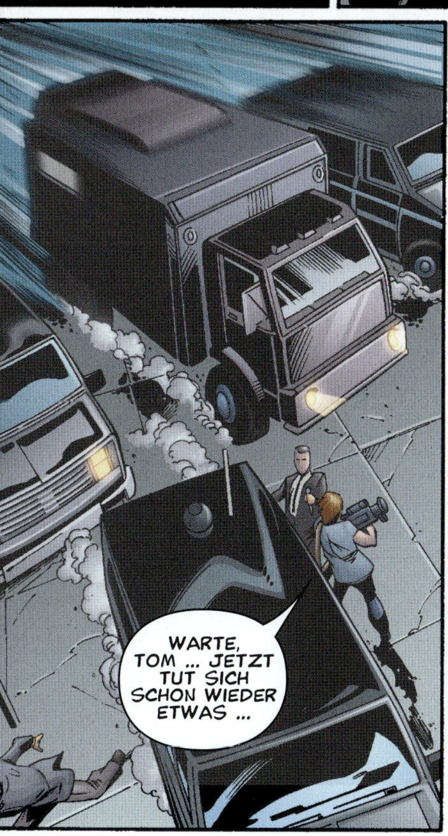
WARTE, TOM ... JETZT TUT SICH SCHON WIEDER ETWAS ...

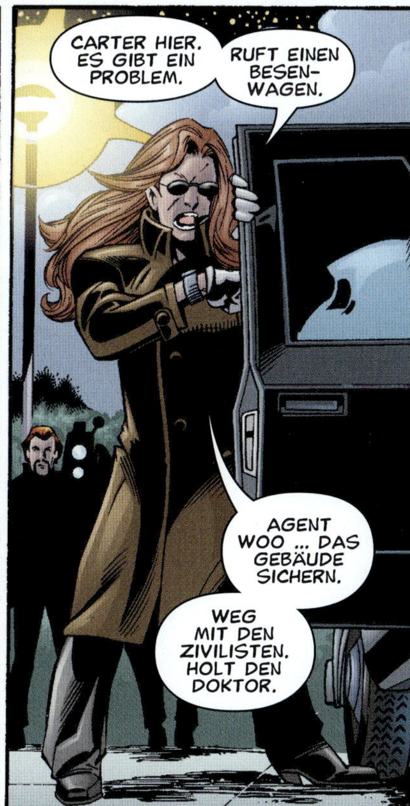
CARTER HIER. ES GIBT EIN PROBLEM.
RUFT EINEN BESEN-WAGEN.
AGENT WOO ... DAS GEBÄUDE SICHERN.
WEG MIT DEN ZIVILISTEN. HOLT DEN DOKTOR.

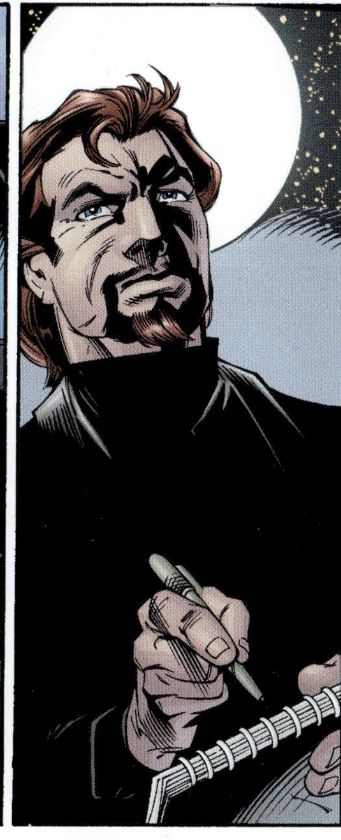

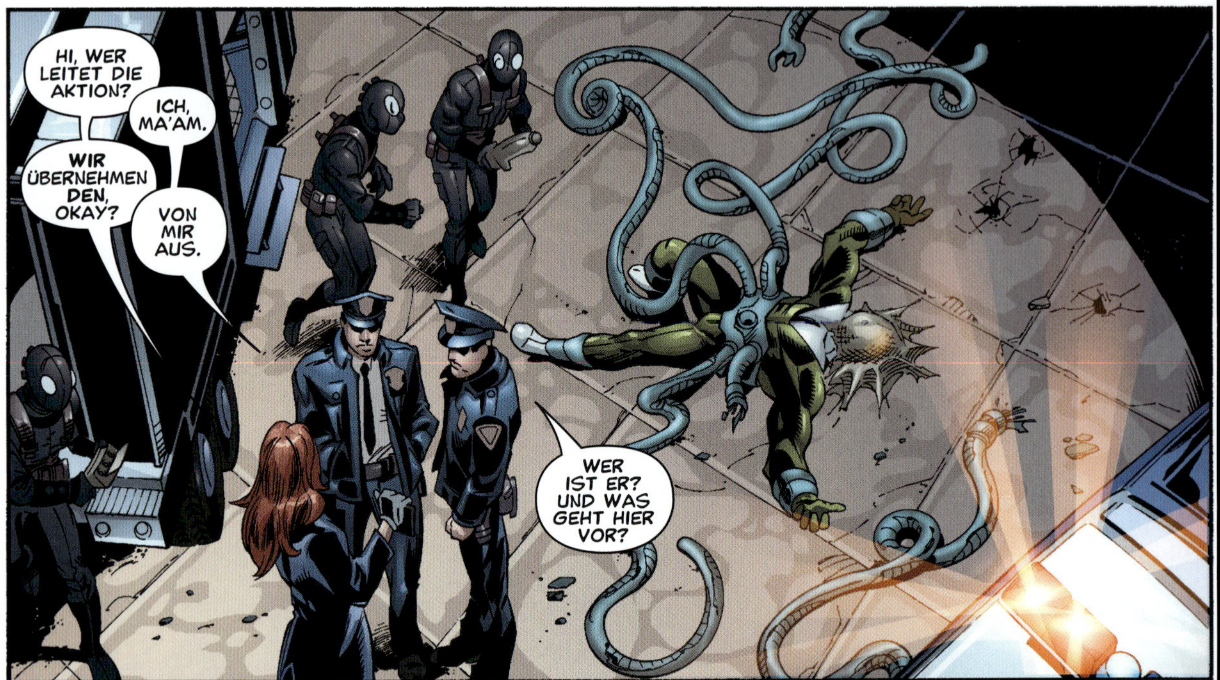
HI, WER LEITET DIE AKTION?
ICH, MA'AM.
WIR ÜBERNEHMEN DEN, OKAY?
VON MIR AUS.
WER IST ER? UND WAS GEHT HIER VOR?

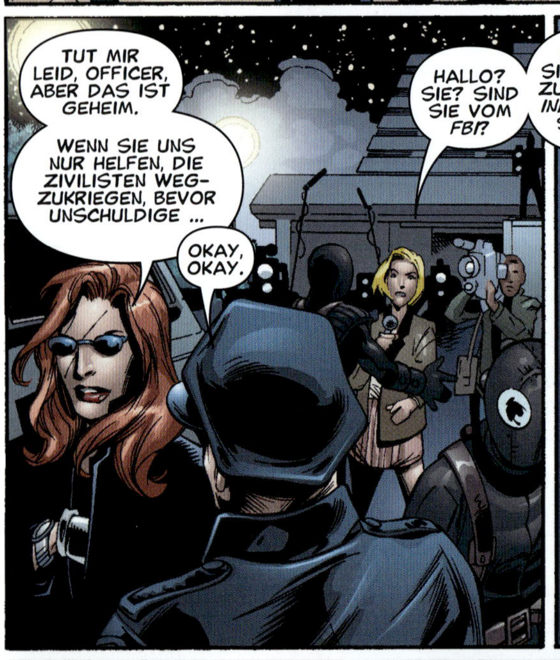
TUT MIR LEID, OFFICER, ABER DAS IST GEHEIM.
WENN SIE UNS NUR HELFEN, DIE ZIVILISTEN WEG-ZUKRIEGEN, BEVOR UNSCHULDIGE ...
OKAY, OKAY.
HALLO? SIE? SIND SIE VOM FBI?

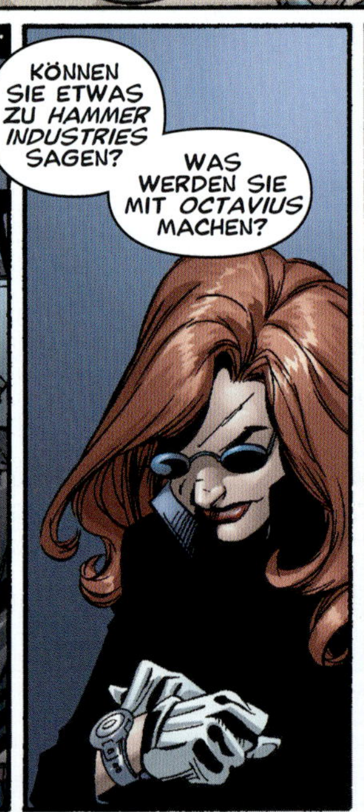
KÖNNEN SIE ETWAS ZU HAMMER INDUSTRIES SAGEN?
WAS WERDEN SIE MIT OCTAVIUS MACHEN?

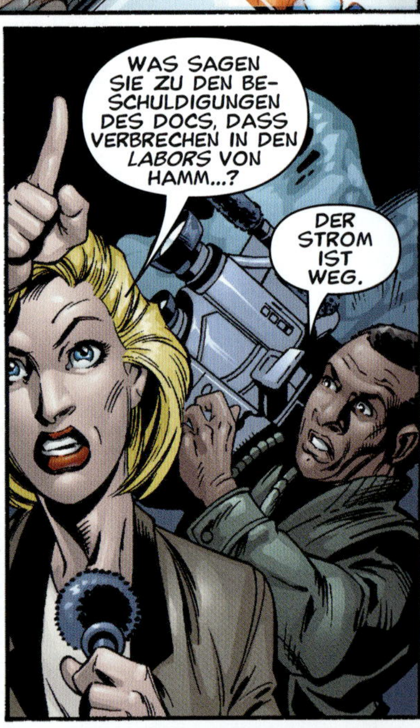
WAS SAGEN SIE ZU DEN BE-SCHULDIGUNGEN DES DOCS, DASS VERBRECHEN IN DEN LABORS VON HAMM...?
DER STROM IST WEG.

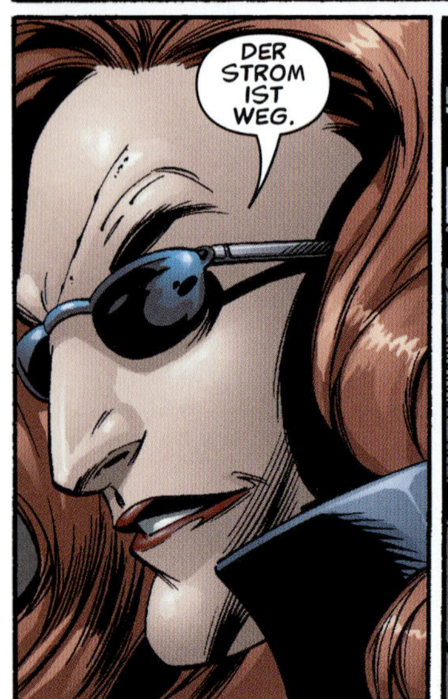
DER STROM IST WEG.

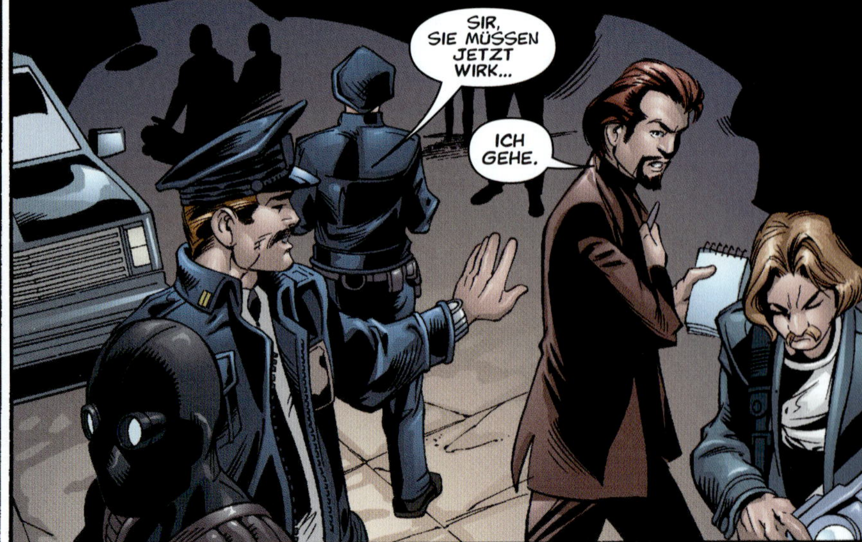
SIR, SIE MÜSSEN JETZT WIRK...
ICH GEHE.

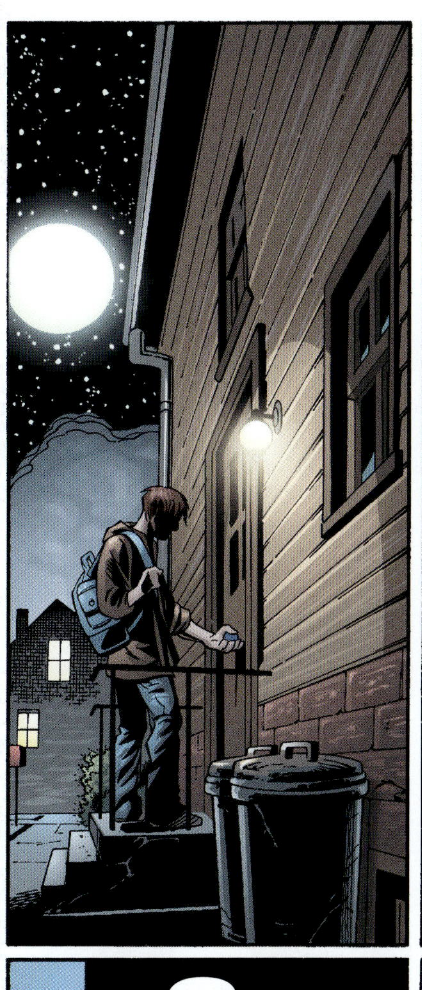
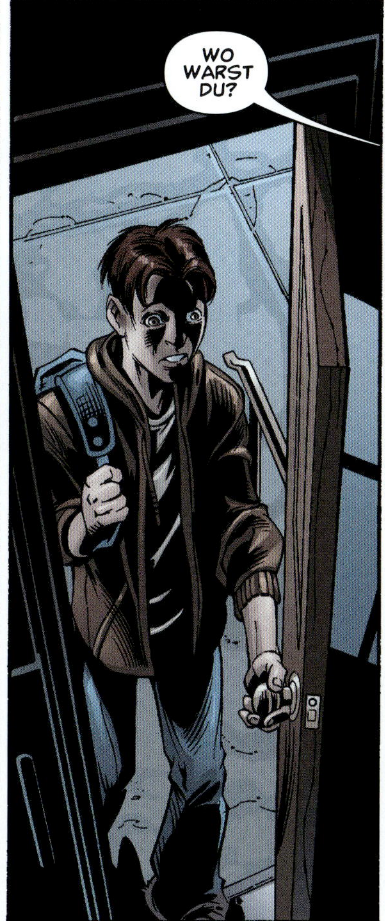
WO WARST DU?
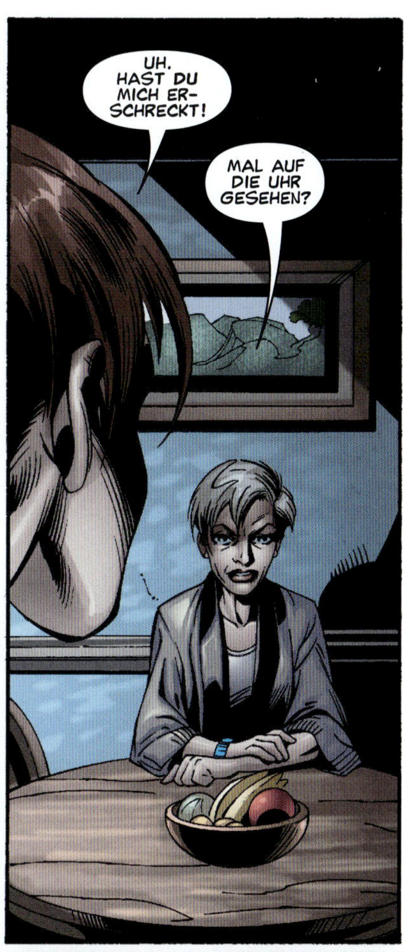
UH. HAST DU MICH ER-SCHRECKT!
MAL AUF DIE UHR GESEHEN?
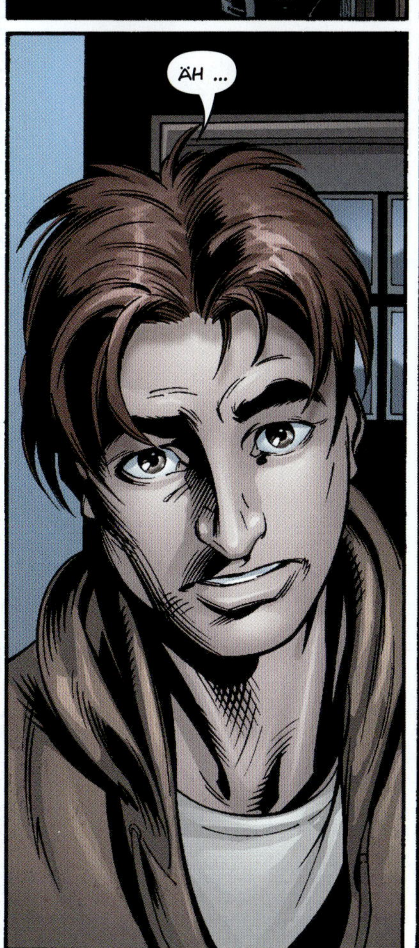
ÄH ...
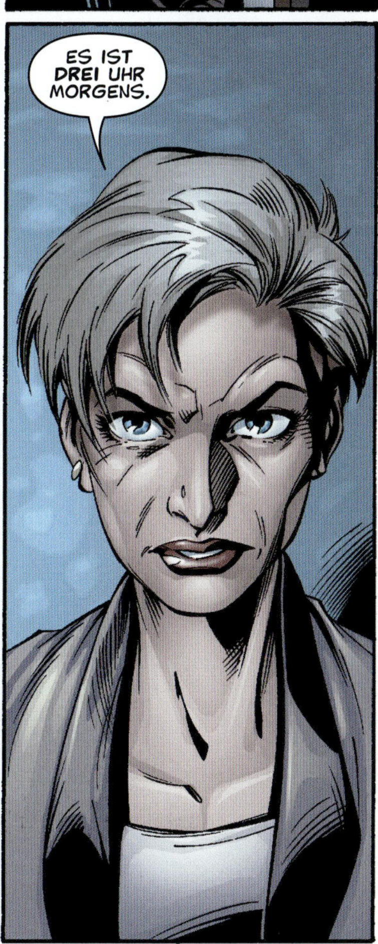
ES IST DREI UHR MORGENS.
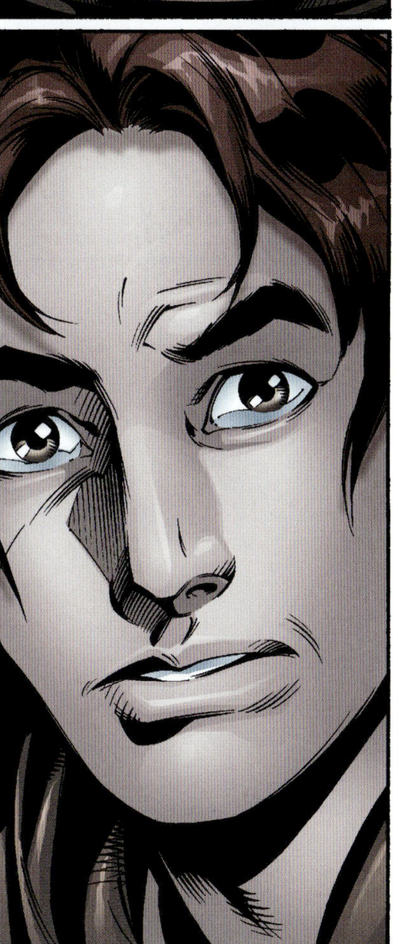

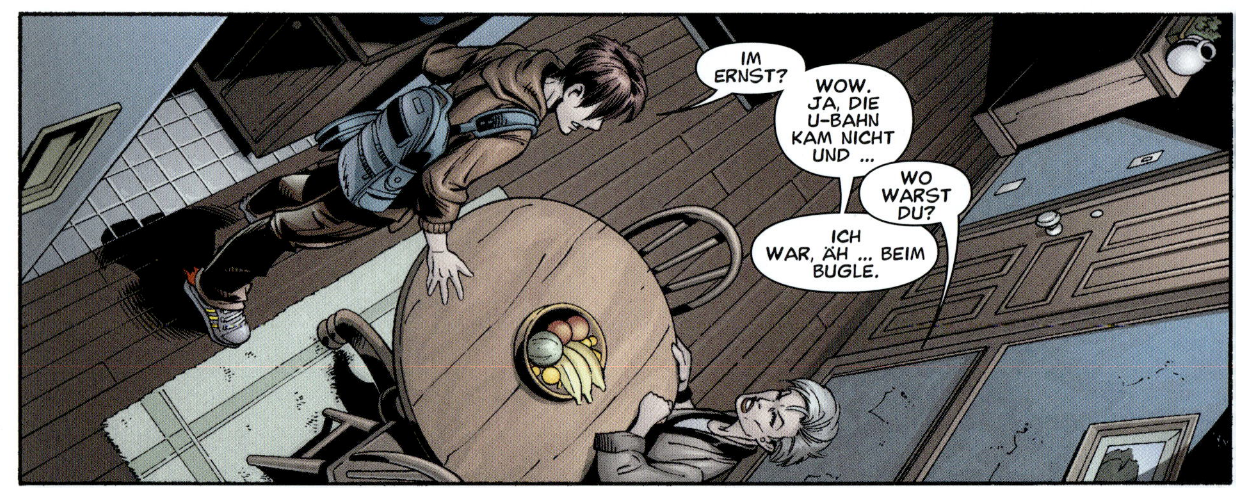
IM ERNST?
WOW. JA, DIE U-BAHN KAM NICHT UND ...
WO WARST DU?
ICH WAR, ÄH ... BEIM BUGLE.

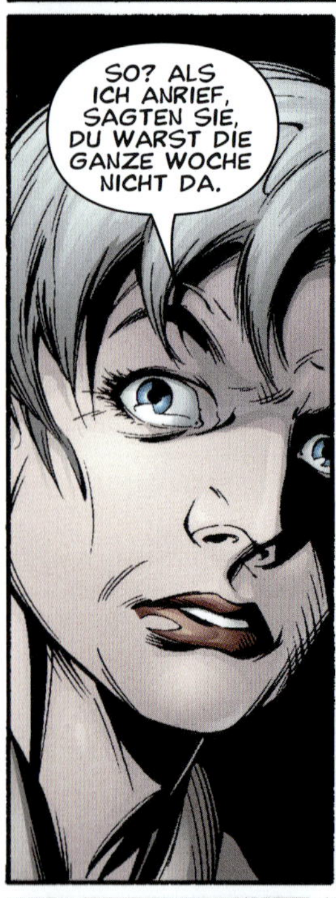
SO? ALS ICH ANRIEF, SAGTEN SIE, DU WARST DIE GANZE WOCHE NICHT DA.

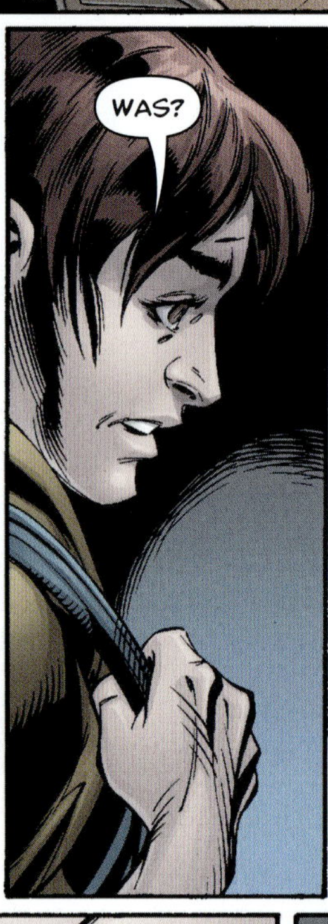
WAS?

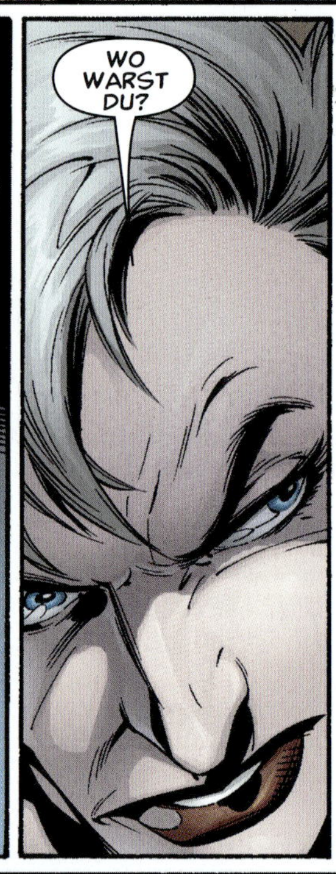
WO WARST DU?

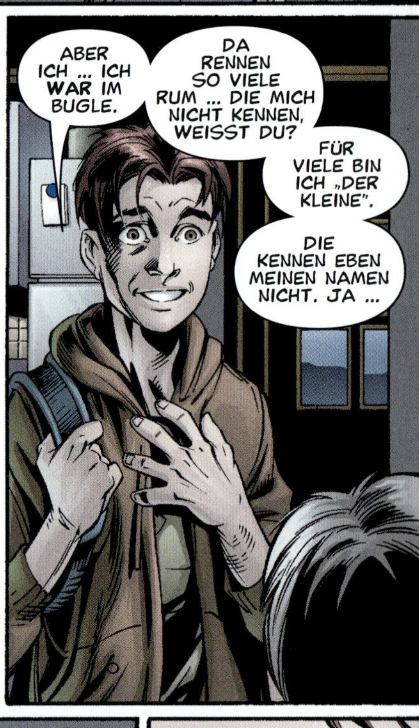
ABER ICH ... ICH WAR IM BUGLE.
DA RENNEN SO VIELE RUM ... DIE MICH NICHT KENNEN, WEISST DU?
FÜR VIELE BIN ICH „DER KLEINE".
DIE KENNEN EBEN MEINEN NAMEN NICHT. JA ...

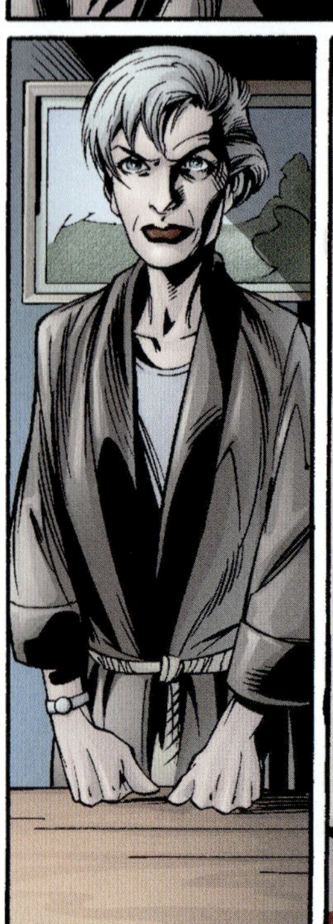

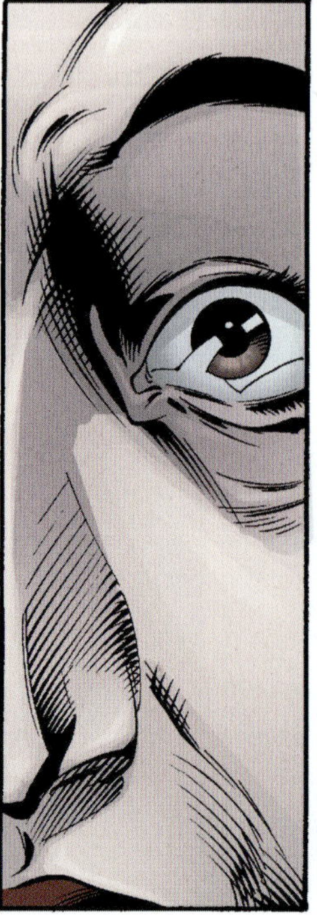

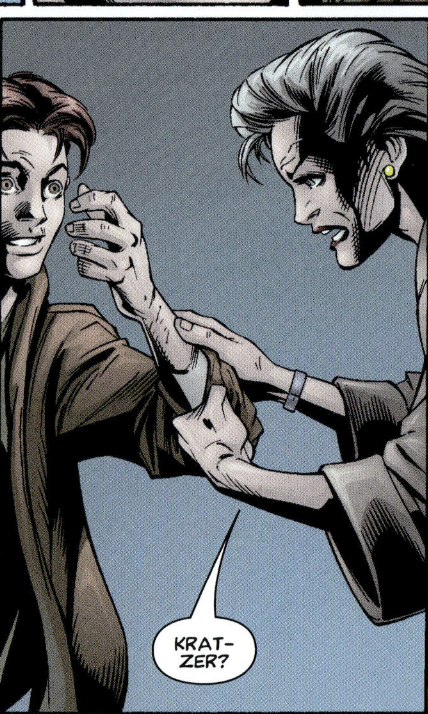
KRAT-ZER?

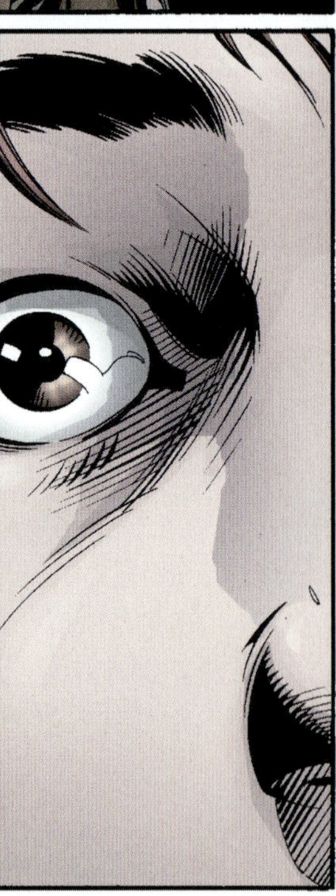

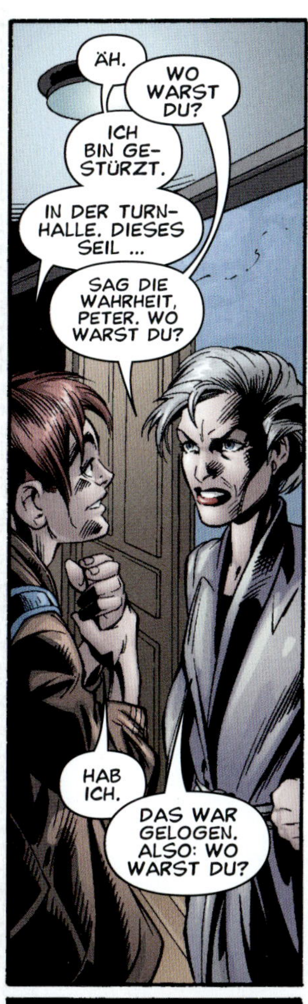
ÄH.
WO WARST DU?
ICH BIN GESTÜRZT.
IN DER TURNHALLE. DIESES SEIL ...
SAG DIE WAHRHEIT, PETER. WO WARST DU?
HAB ICH.
DAS WAR GELOGEN. ALSO: WO WARST DU?
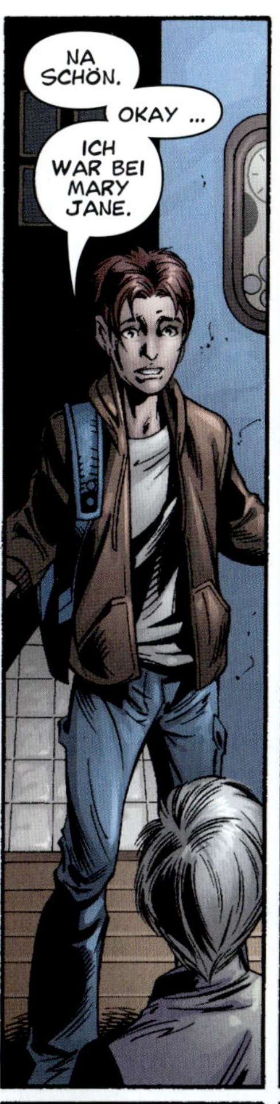
NA SCHÖN.
OKAY ...
ICH WAR BEI MARY JANE.
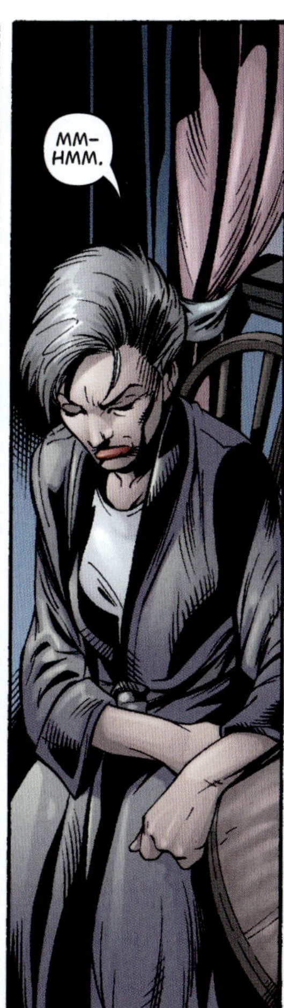
MM-HMM.
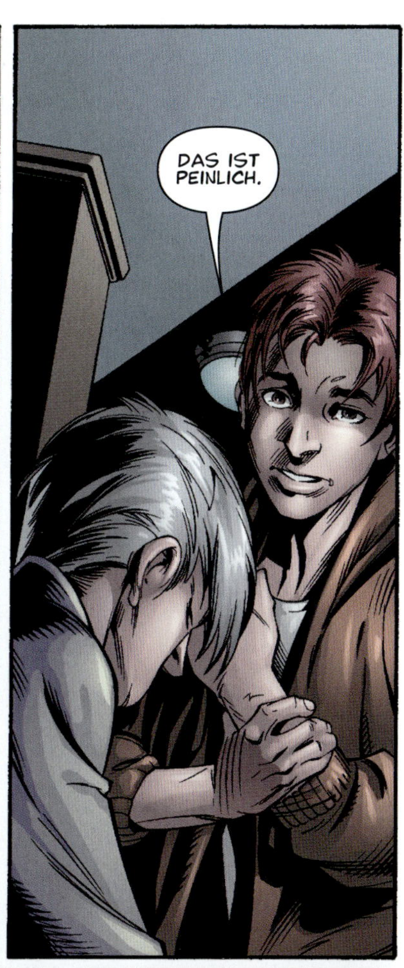
DAS IST PEINLICH.
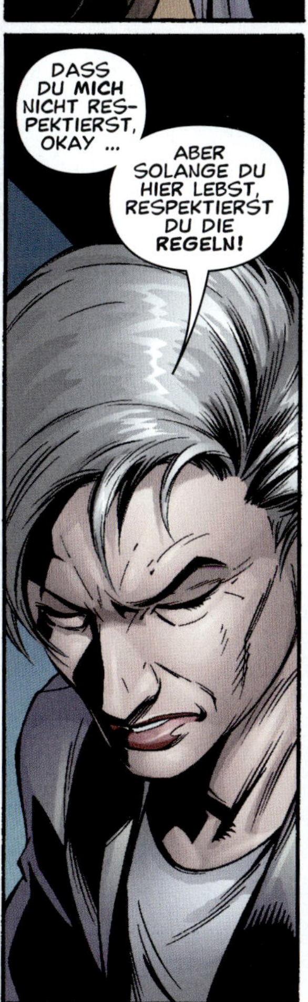
DASS DU MICH NICHT RESPEKTIERST, OKAY ...
ABER SOLANGE DU HIER LEBST, RESPEKTIERST DU DIE REGELN!
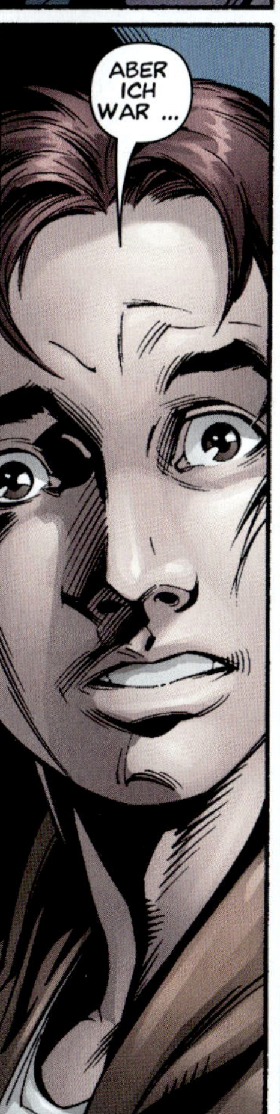
ABER ICH WAR ...
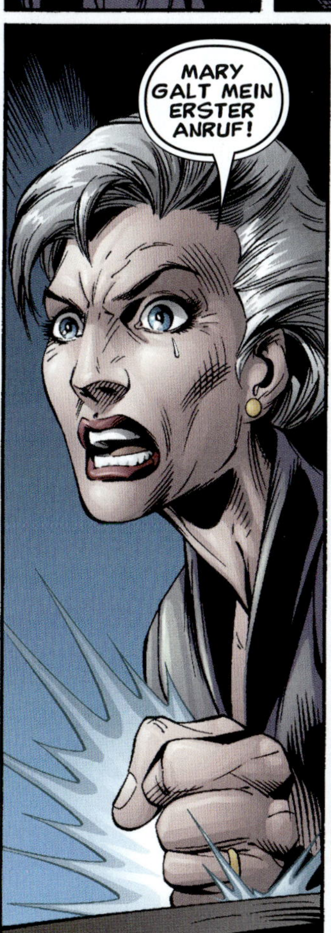
MARY GALT MEIN ERSTER ANRUF!
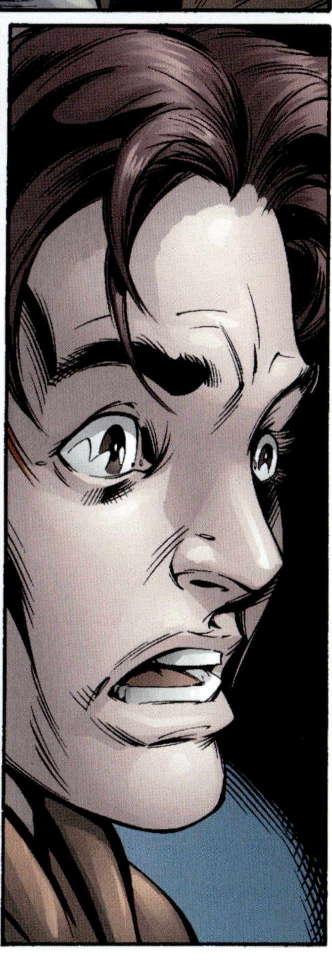

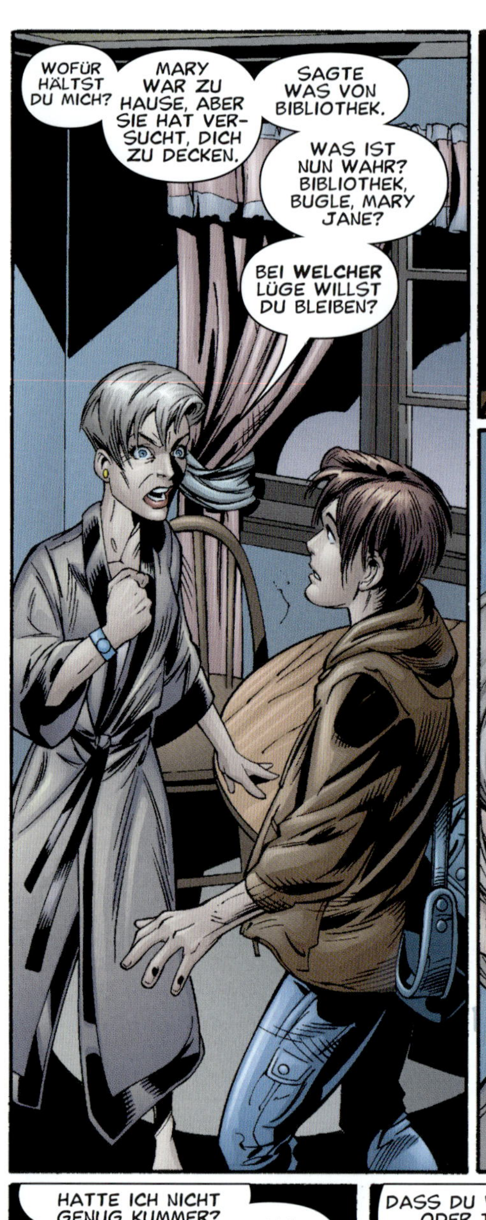
WOFÜR HÄLTST DU MICH?
MARY WAR ZU HAUSE, ABER SIE HAT VERSUCHT, DICH ZU DECKEN.
SAGTE WAS VON BIBLIOTHEK.
WAS IST NUN WAHR? BIBLIOTHEK, BUGLE, MARY JANE?
BEI **WELCHER** LÜGE WILLST DU BLEIBEN?

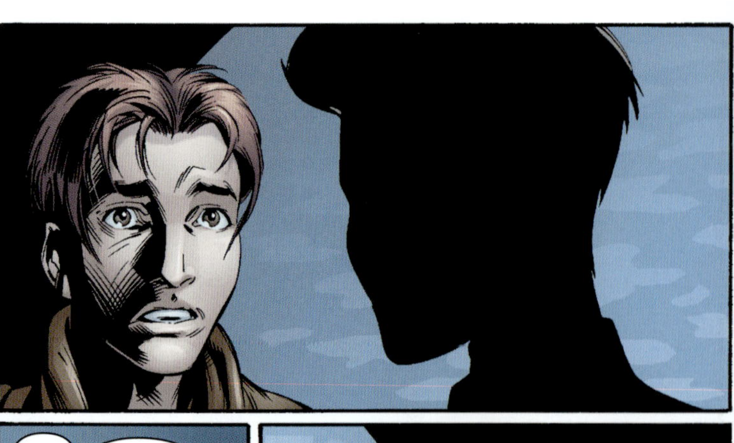

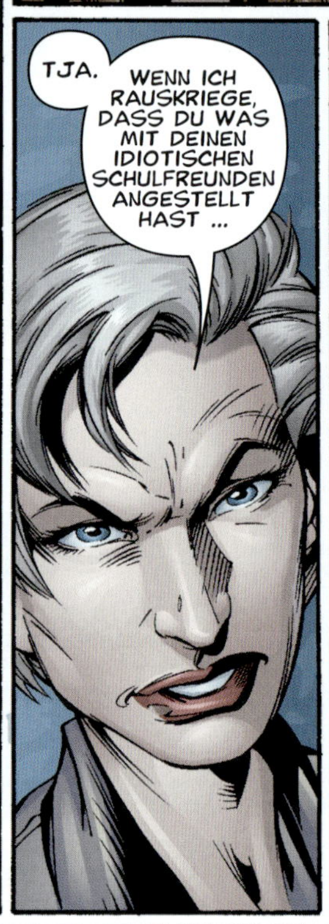
TJA.
WENN ICH RAUSKRIEGE, DASS DU WAS MIT DEINEN IDIOTISCHEN SCHULFREUNDEN ANGESTELLT HAST ...

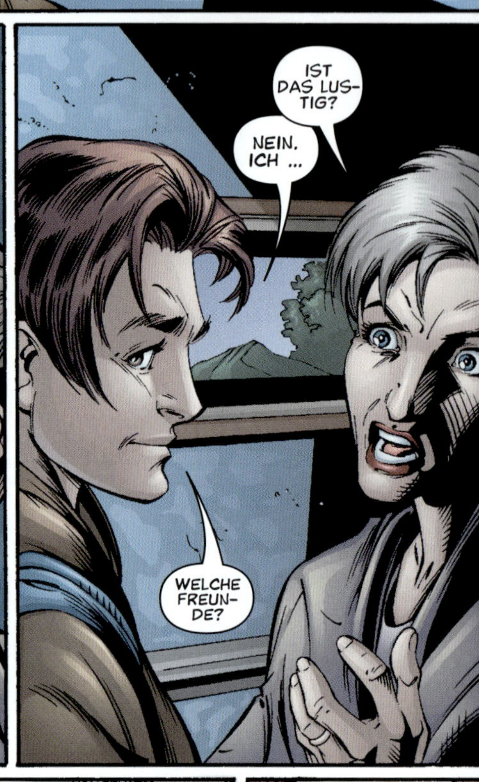
WELCHE FREUNDE?
IST DAS LUSTIG?
NEIN. ICH ...

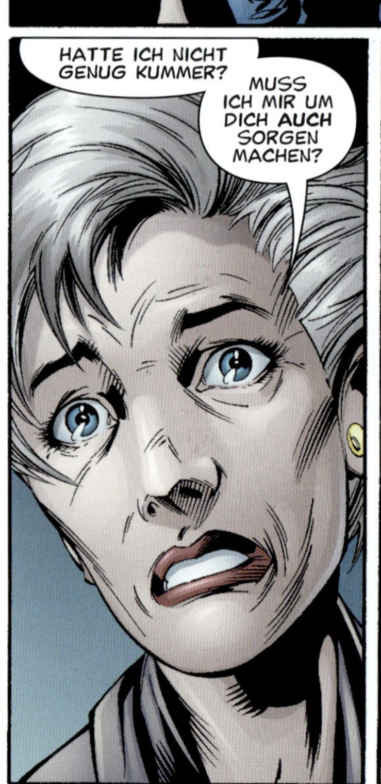
HATTE ICH NICHT GENUG KUMMER?
MUSS ICH MIR UM DICH **AUCH** SORGEN MACHEN?

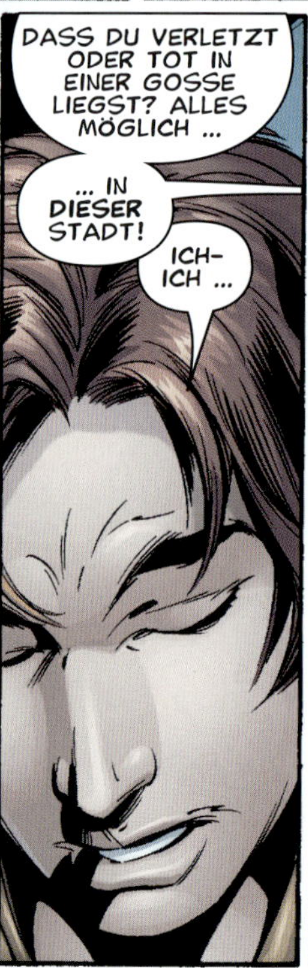
DASS DU VERLETZT ODER TOT IN EINER GOSSE LIEGST? ALLES MÖGLICH ...
... IN **DIESER** STADT!
ICH-ICH ...

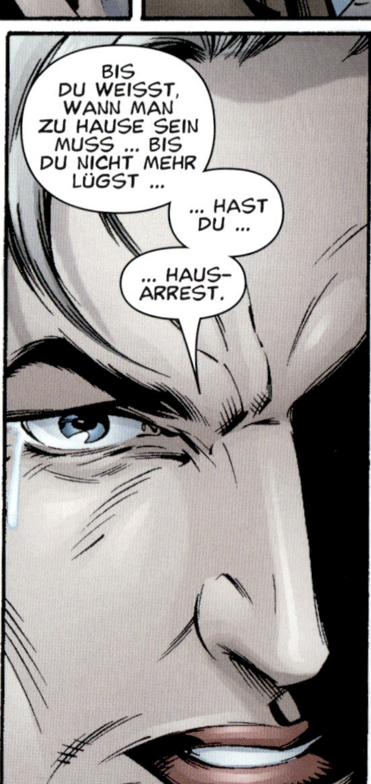
BIS DU WEISST, WANN MAN ZU HAUSE SEIN MUSS ... BIS DU NICHT MEHR LÜGST ...
... HAST DU ...
... HAUSARREST.

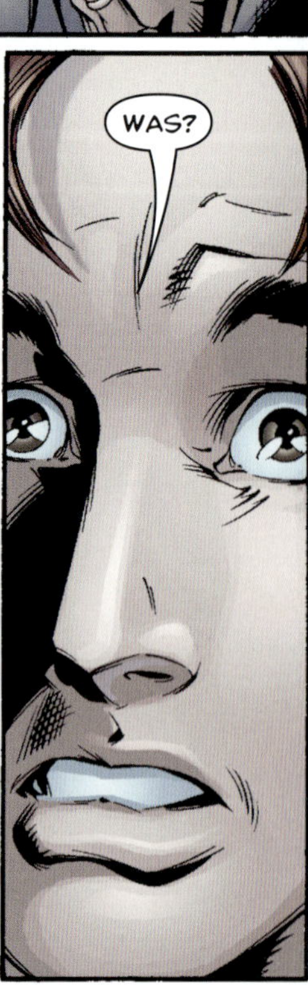
WAS?

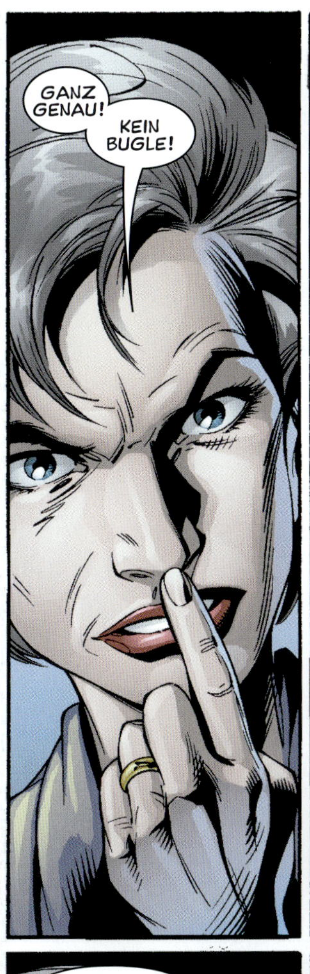
GANZ GENAU!
KEIN BUGLE!
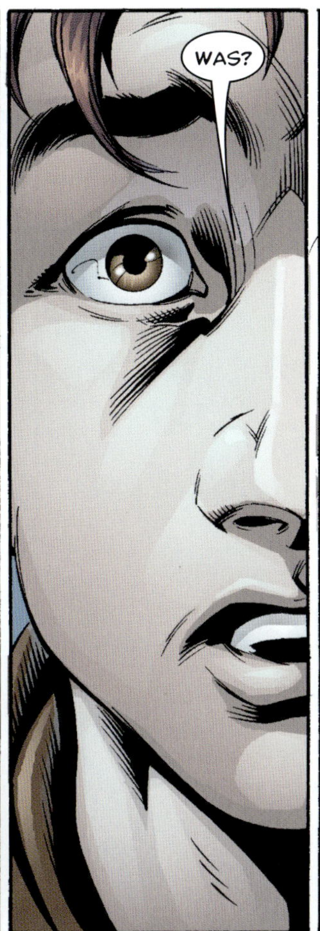
WAS?
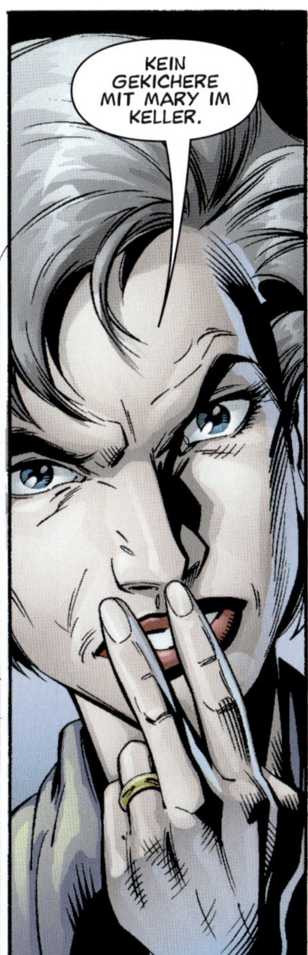
KEIN GEKICHERE MIT MARY IM KELLER.
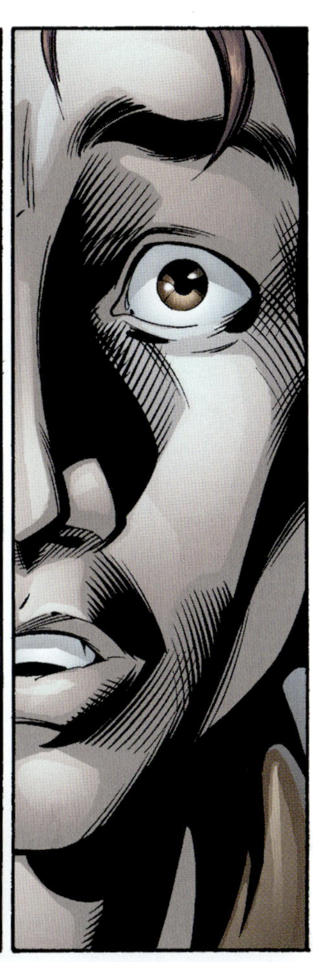
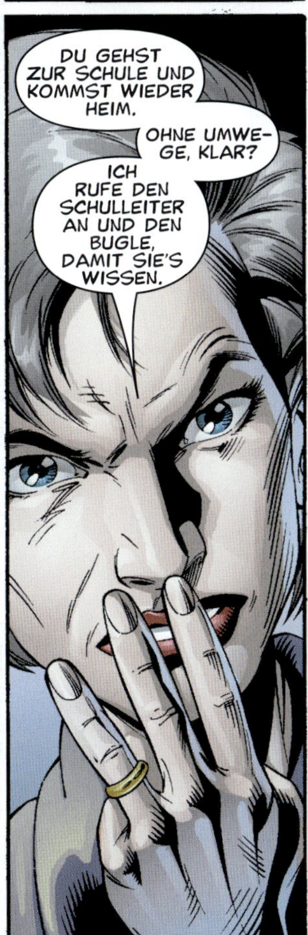
DU GEHST ZUR SCHULE UND KOMMST WIEDER HEIM.
OHNE UMWEGE, KLAR?
ICH RUFE DEN SCHULLEITER AN UND DEN BUGLE, DAMIT SIE'S WISSEN.
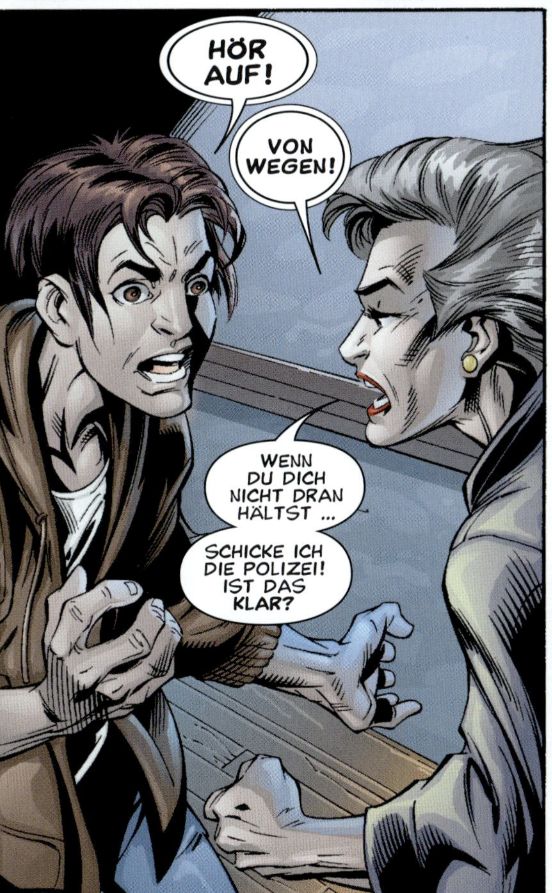
HÖR AUF!
VON WEGEN!
WENN DU DICH NICHT DRAN HÄLTST ...
SCHICKE ICH DIE POLIZEI! IST DAS KLAR?
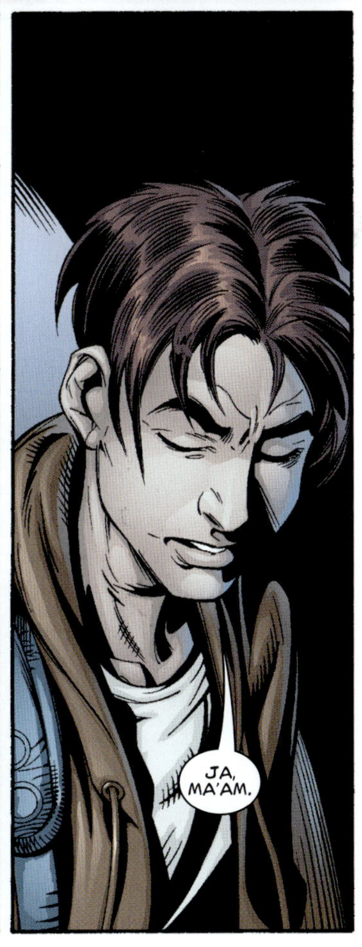
JA, MA'AM.

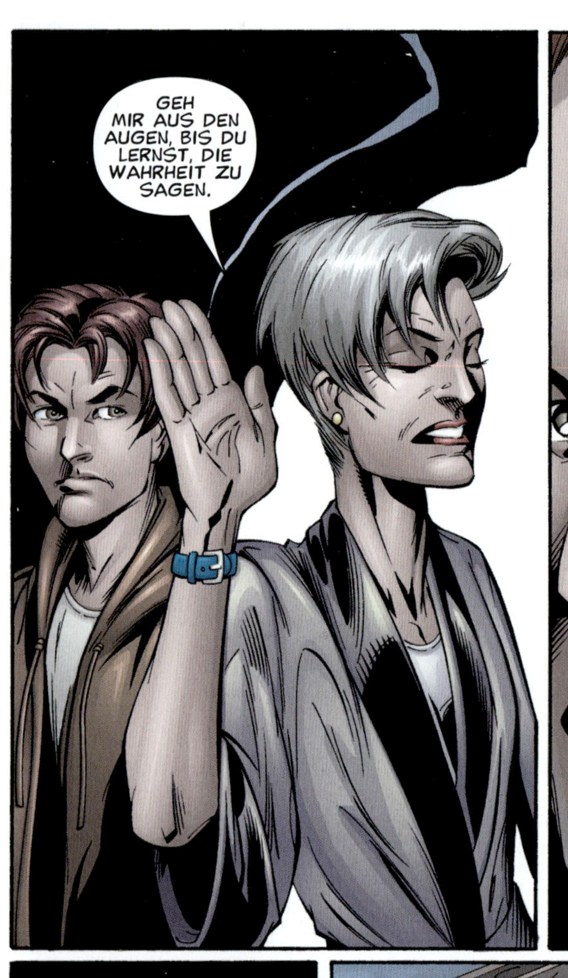
GEH MIR AUS DEN AUGEN, BIS DU LERNST, DIE WAHRHEIT ZU SAGEN.
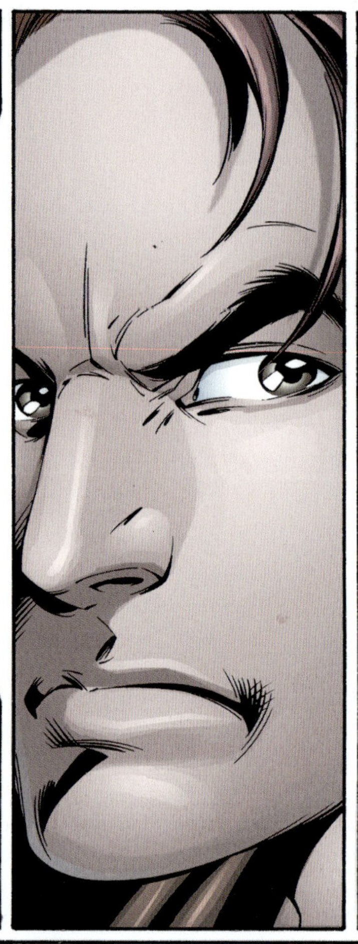
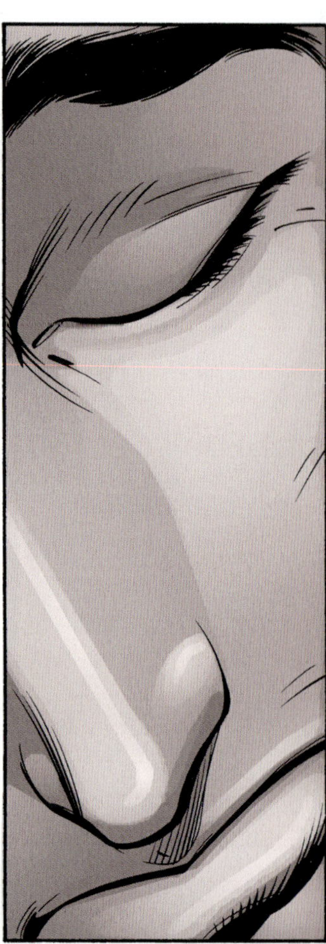
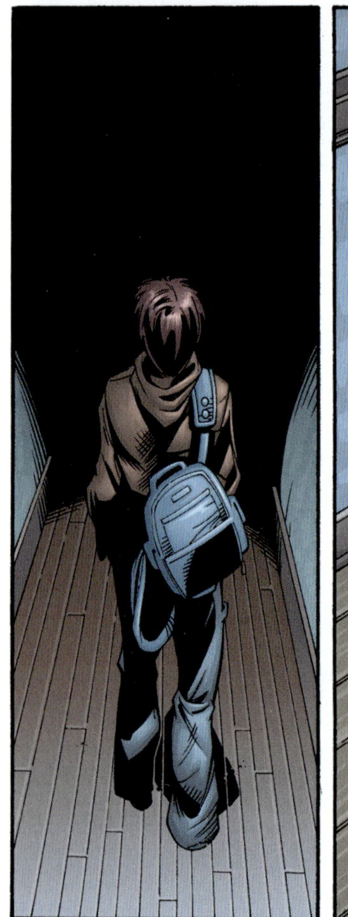
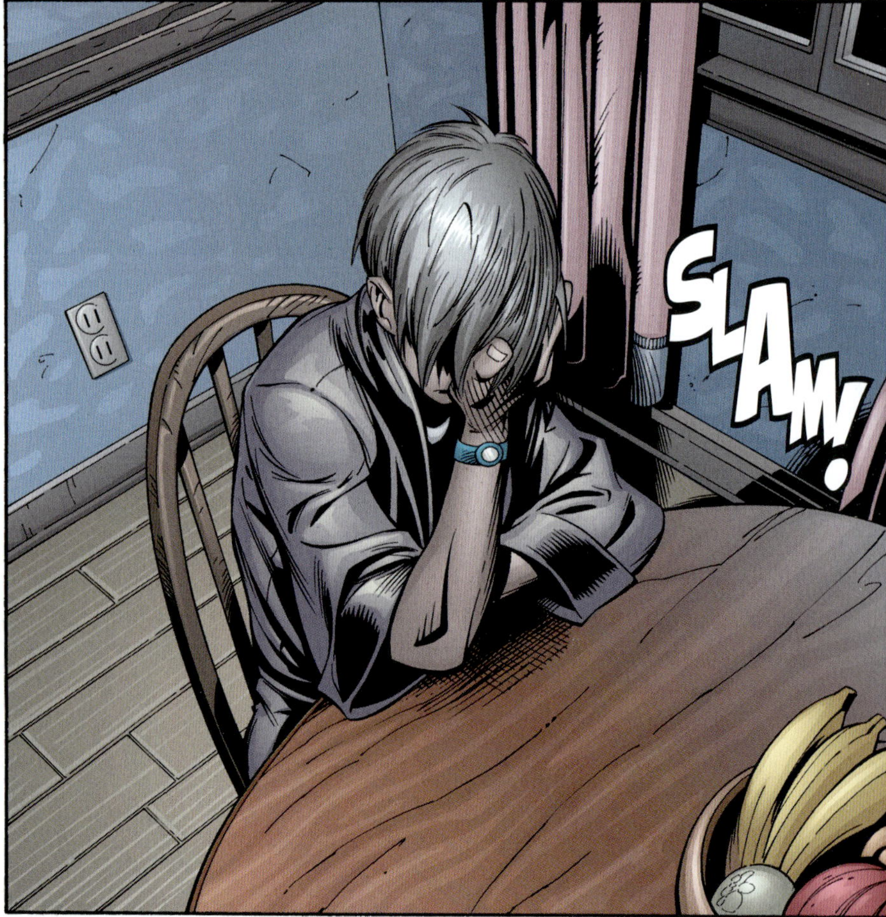
SLAM!

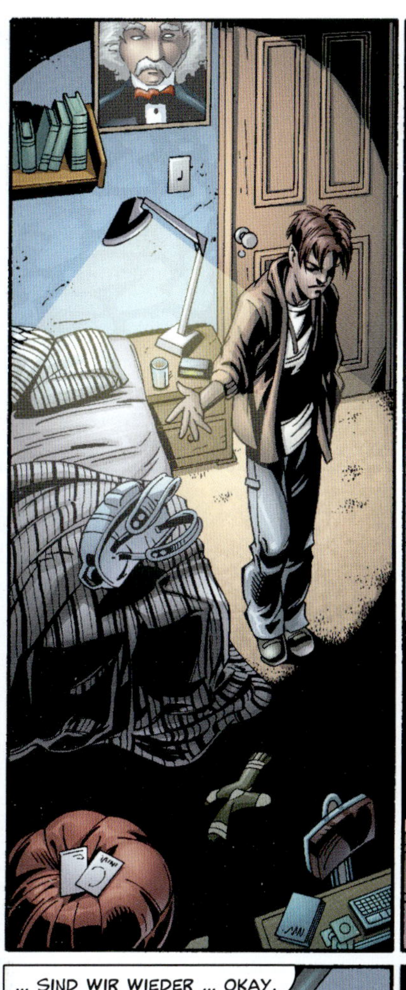
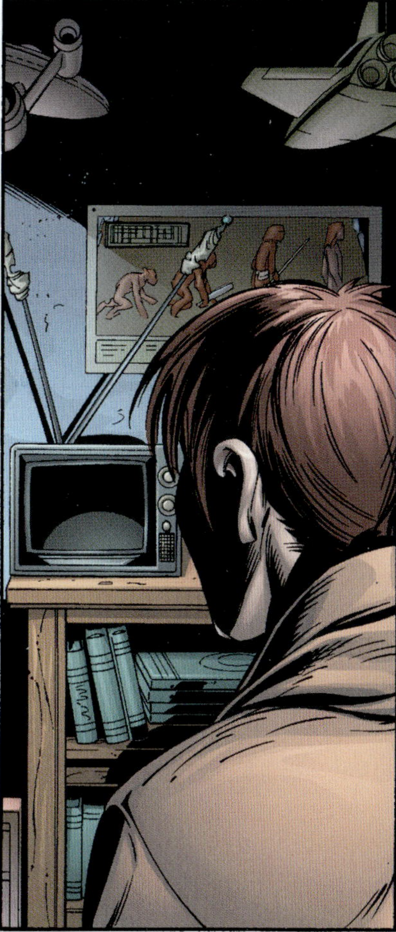
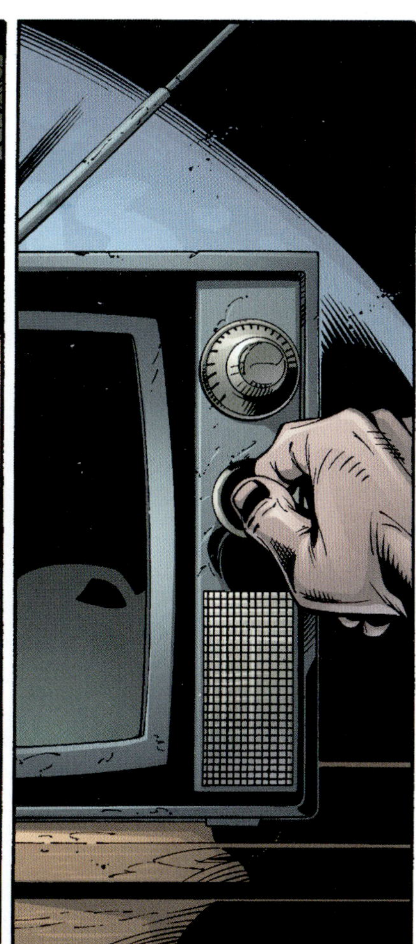
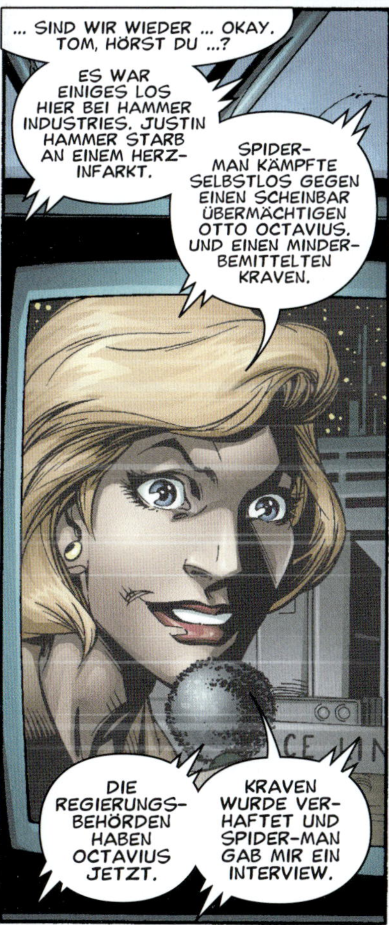
... SIND WIR WIEDER ... OKAY. TOM, HÖRST DU ...?
ES WAR EINIGES LOS HIER BEI HAMMER INDUSTRIES. JUSTIN HAMMER STARB AN EINEM HERZ-INFARKT.
SPIDER-MAN KÄMPFTE SELBSTLOS GEGEN EINEN SCHEINBAR ÜBERMÄCHTIGEN OTTO OCTAVIUS. UND EINEN MINDER-BEMITTELTEN KRAVEN.
DIE REGIERUNGS-BEHÖRDEN HABEN OCTAVIUS JETZT.
KRAVEN WURDE VER-HAFTET UND SPIDER-MAN GAB MIR EIN INTERVIEW.
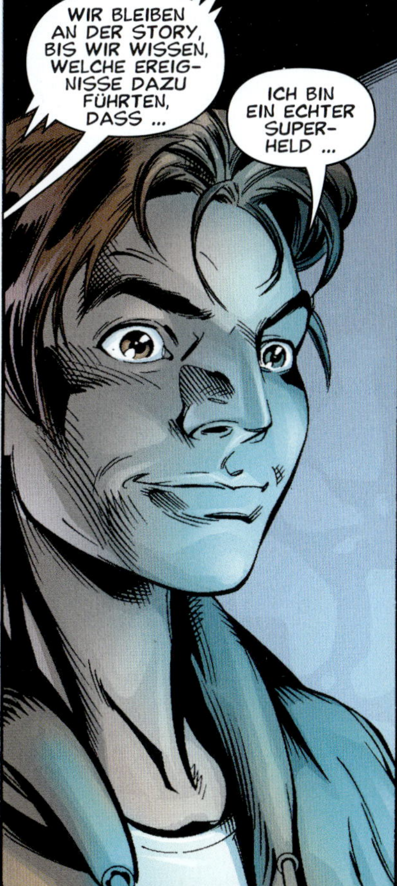
WIR BLEIBEN AN DER STORY, BIS WIR WISSEN, WELCHE EREIG-NISSE DAZU FÜHRTEN, DASS ...
ICH BIN EIN ECHTER SUPER-HELD ...
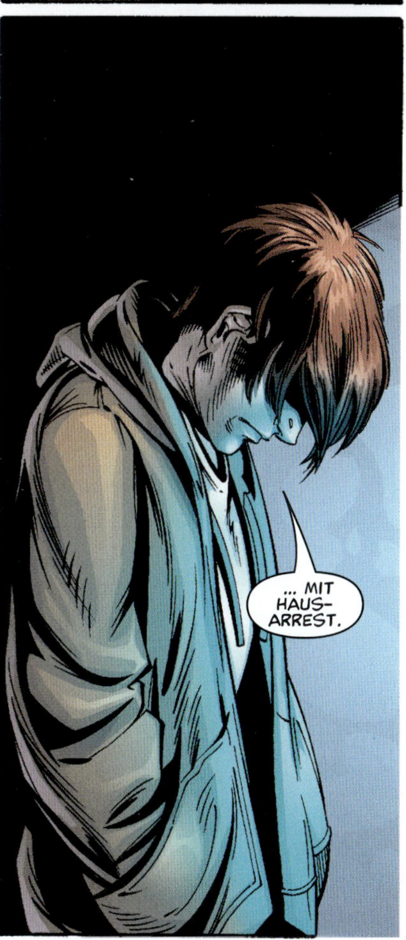
... MIT HAUS-ARREST.

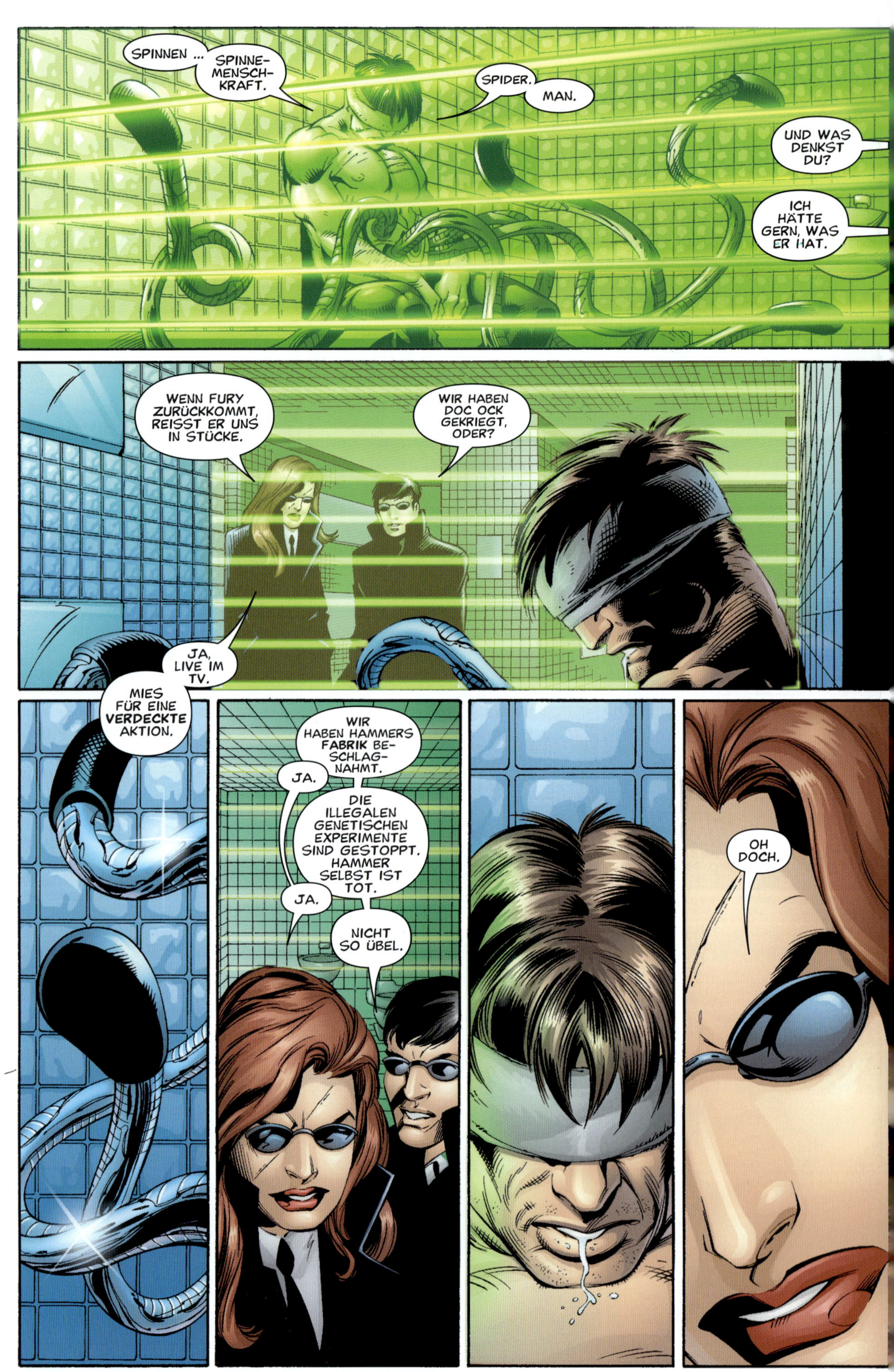
SPINNEN ...
SPINNE-MENSCH-KRAFT.
SPIDER.
MAN.
UND WAS DENKST DU?
ICH HÄTTE GERN, WAS ER HAT.
WENN FURY ZURÜCKKOMMT, REISST ER UNS IN STÜCKE.
WIR HABEN DOC OCK GEKRIEGT, ODER?
JA, LIVE IM TV.
MIES FÜR EINE **VERDECKTE** AKTION.
WIR HABEN HAMMERS **FABRIK** BESCHLAGNAHMT.
JA.
DIE ILLEGALEN GENETISCHEN EXPERIMENTE SIND GESTOPPT. HAMMER SELBST IST TOT.
JA.
NICHT SO ÜBEL.
OH DOCH.

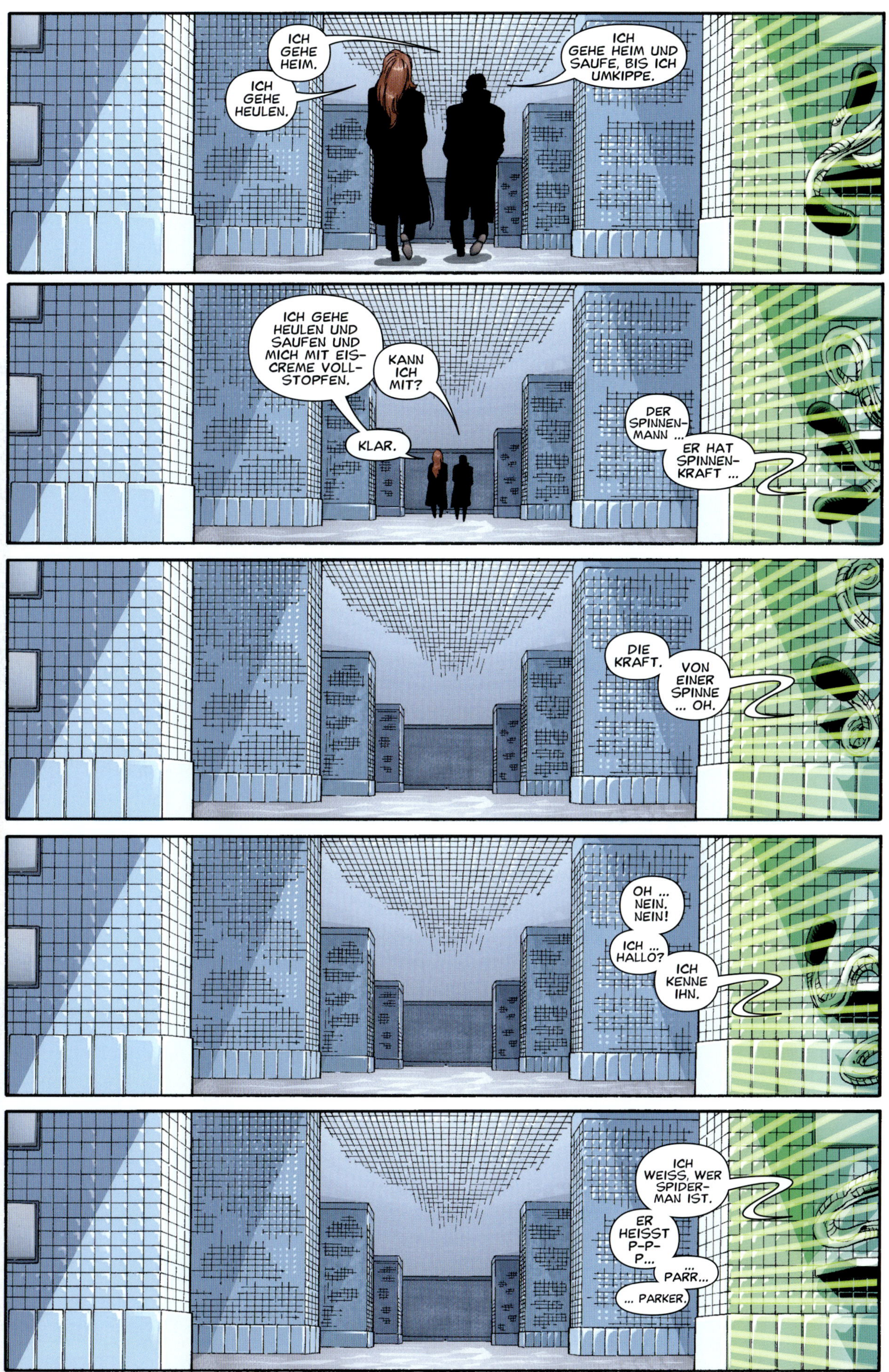
ICH GEHE HEIM.
ICH GEHE HEULEN.
ICH GEHE HEIM UND SAUFE, BIS ICH UMKIPPE.
ICH GEHE HEULEN UND SAUFEN UND MICH MIT EIS-CREME VOLL-STOPFEN.
KANN ICH MIT?
KLAR.
DER SPINNEN-MANN ...
ER HAT SPINNEN-KRAFT ...
DIE KRAFT.
VON EINER SPINNE ... OH.
OH ... NEIN. NEIN!
ICH ... HALLO?
ICH KENNE IHN.
ICH WEISS, WER SPIDER-MAN IST.
ER HEISST P-P-P...
... PARR...
... PARKER.

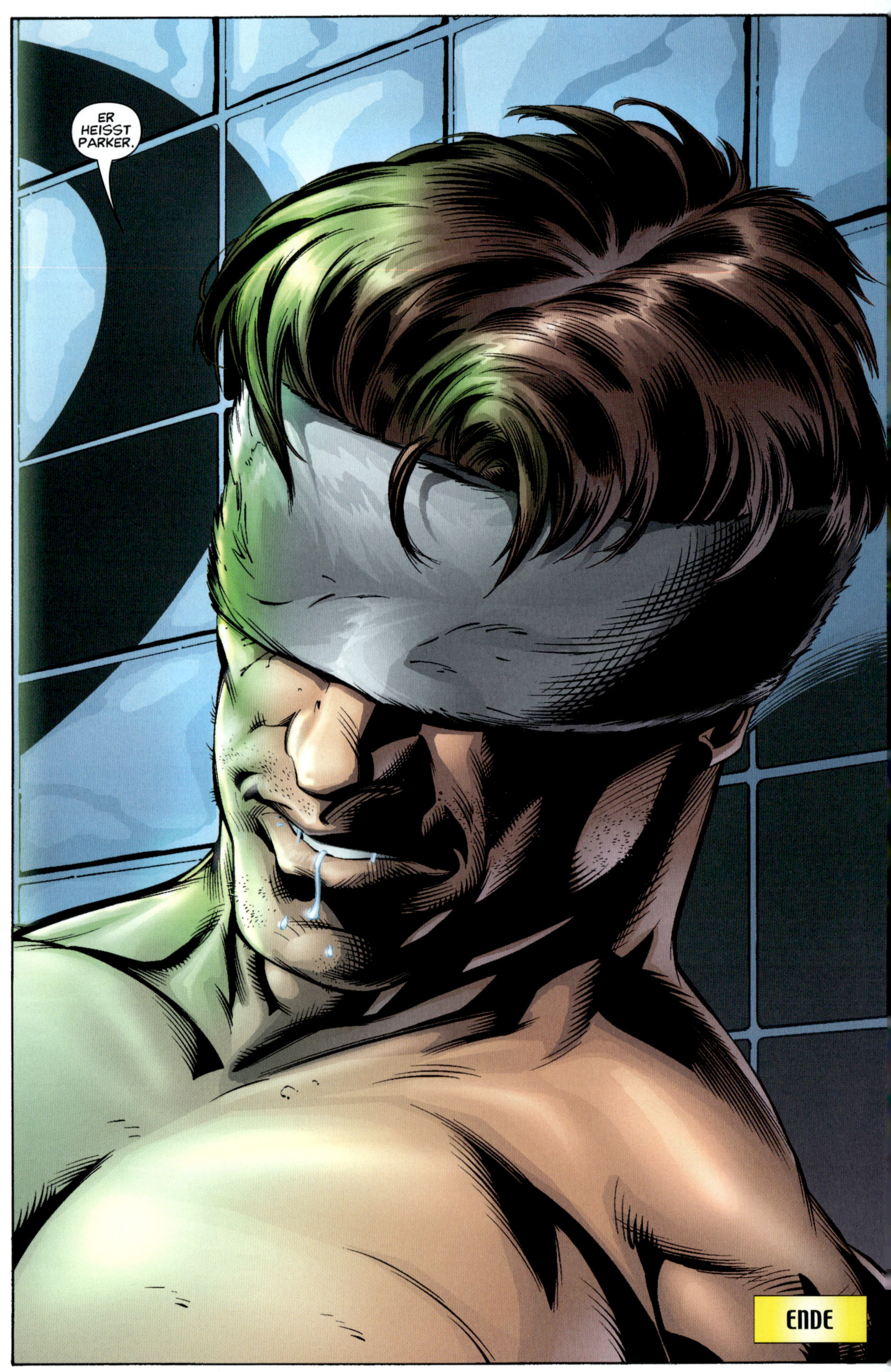
ER HEISST PARKER.
ENDE

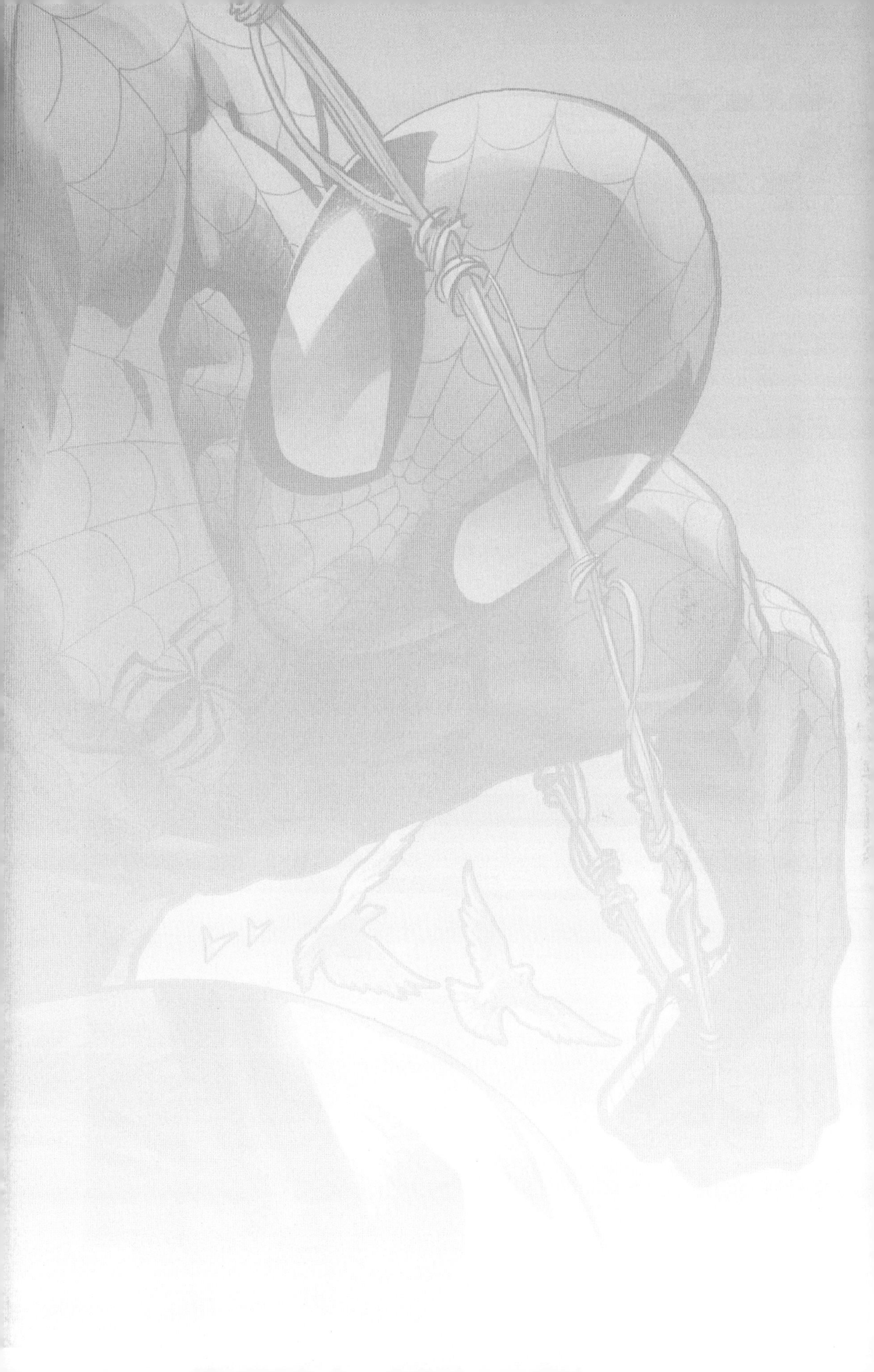

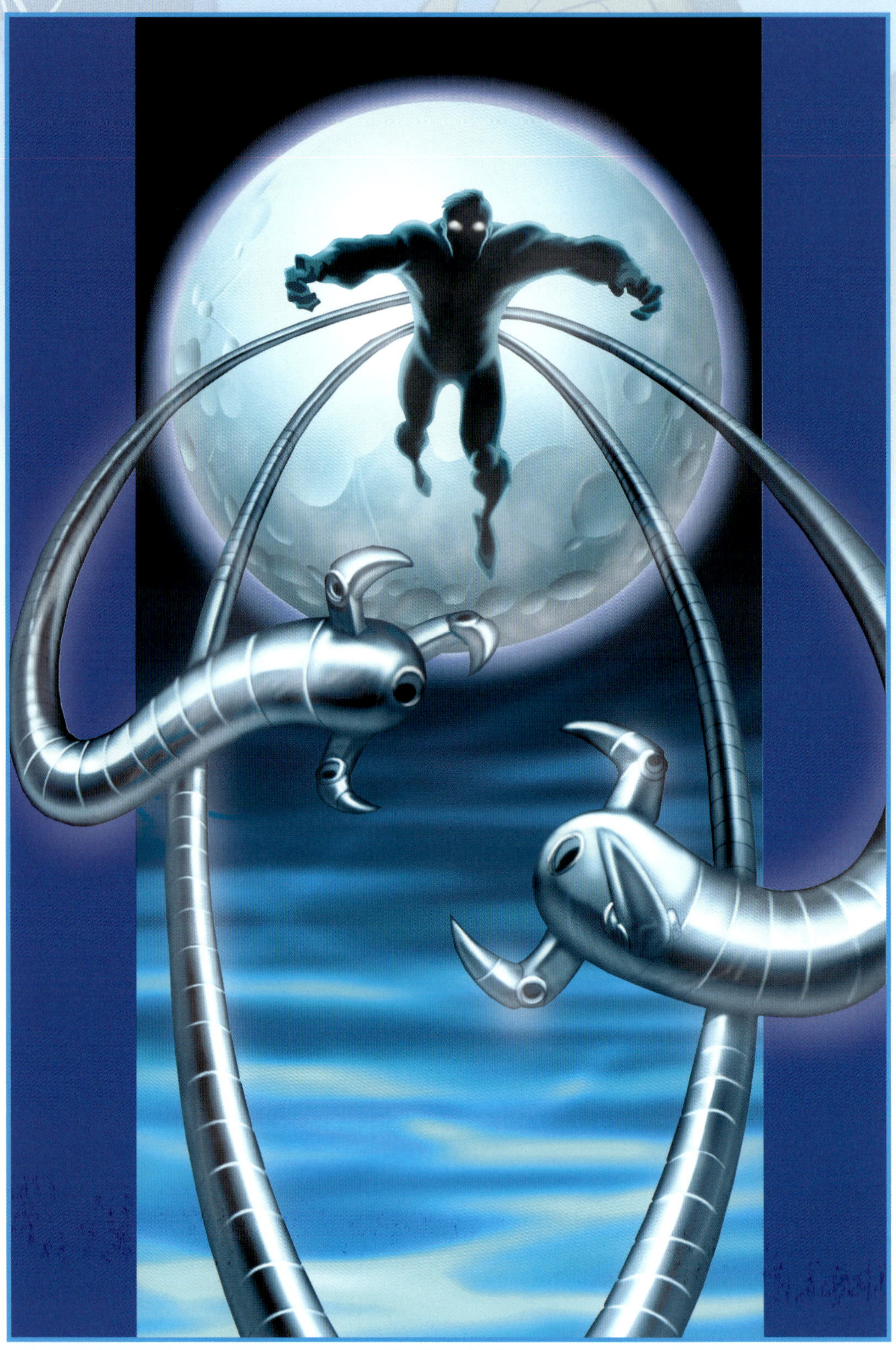

Cover von **Mark Bagley** für *Ultimate Spider-Man* #14

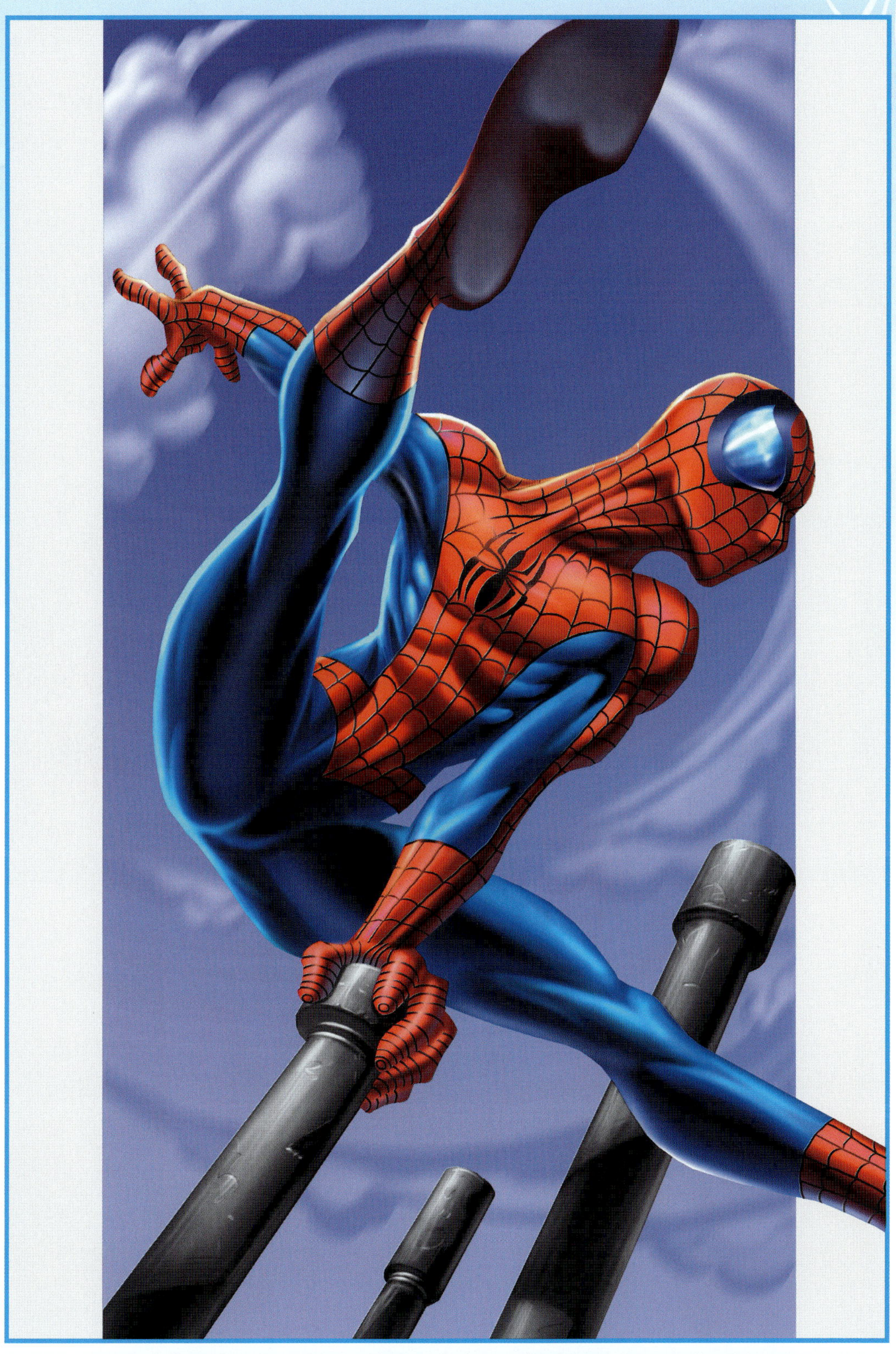

Cover von **Mark Bagley** für *Ultimate Spider-Man* #15

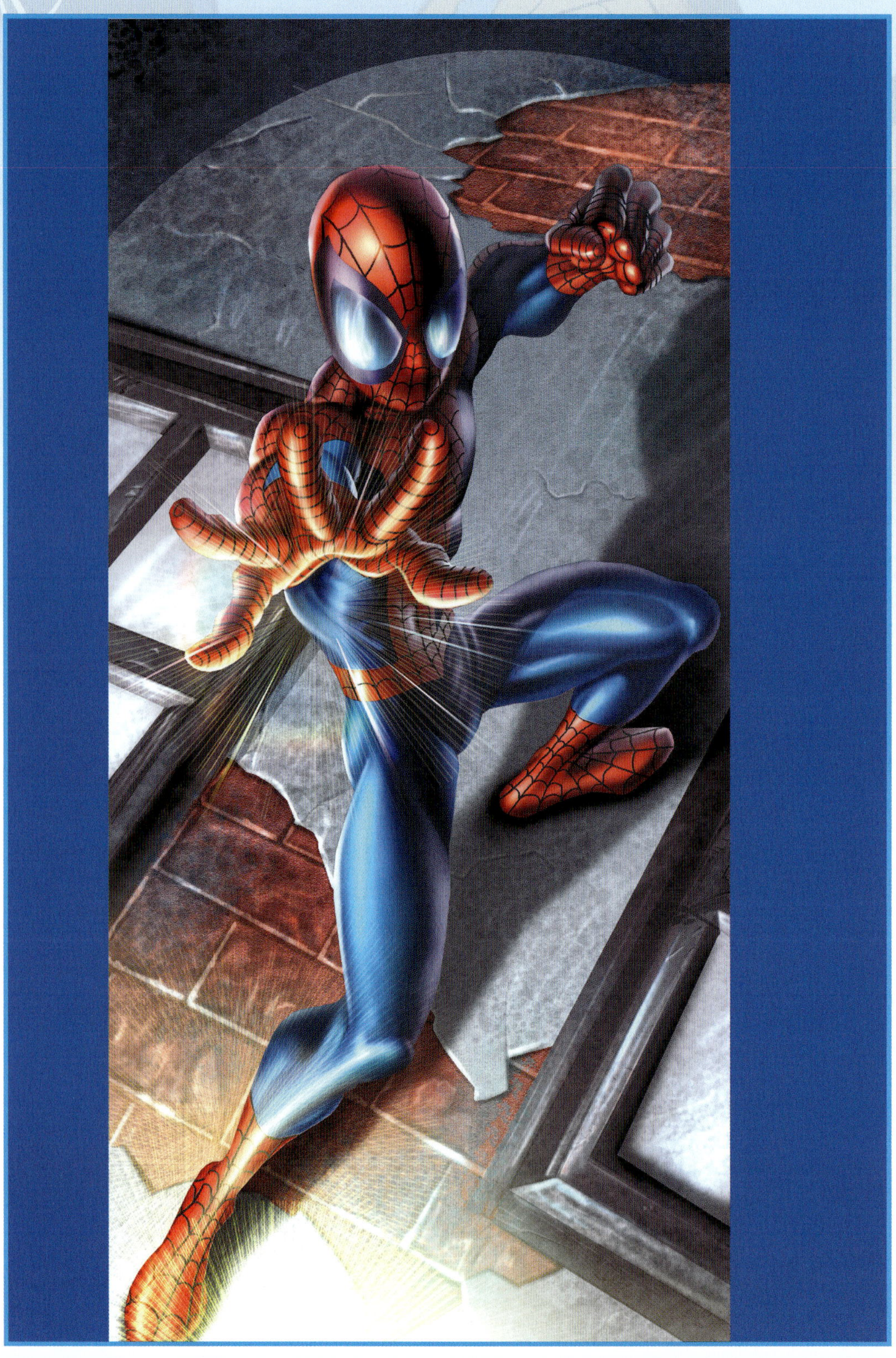

Cover von **Mark Bagley** für *Ultimate Spider-Man* #16

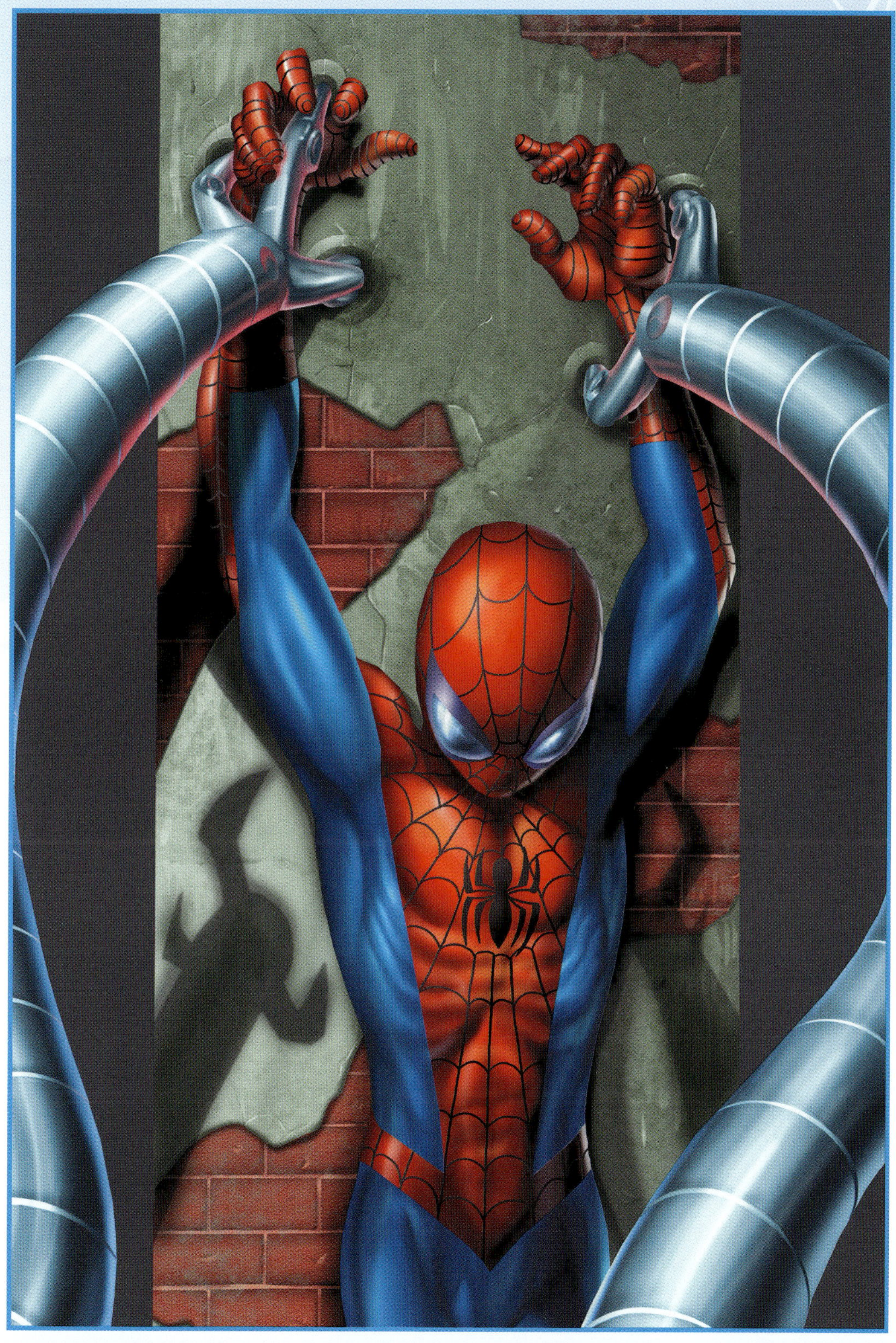

Cover von **Mark Bagley** für *Ultimate Spider-Man* #17

COVER-GALERIE

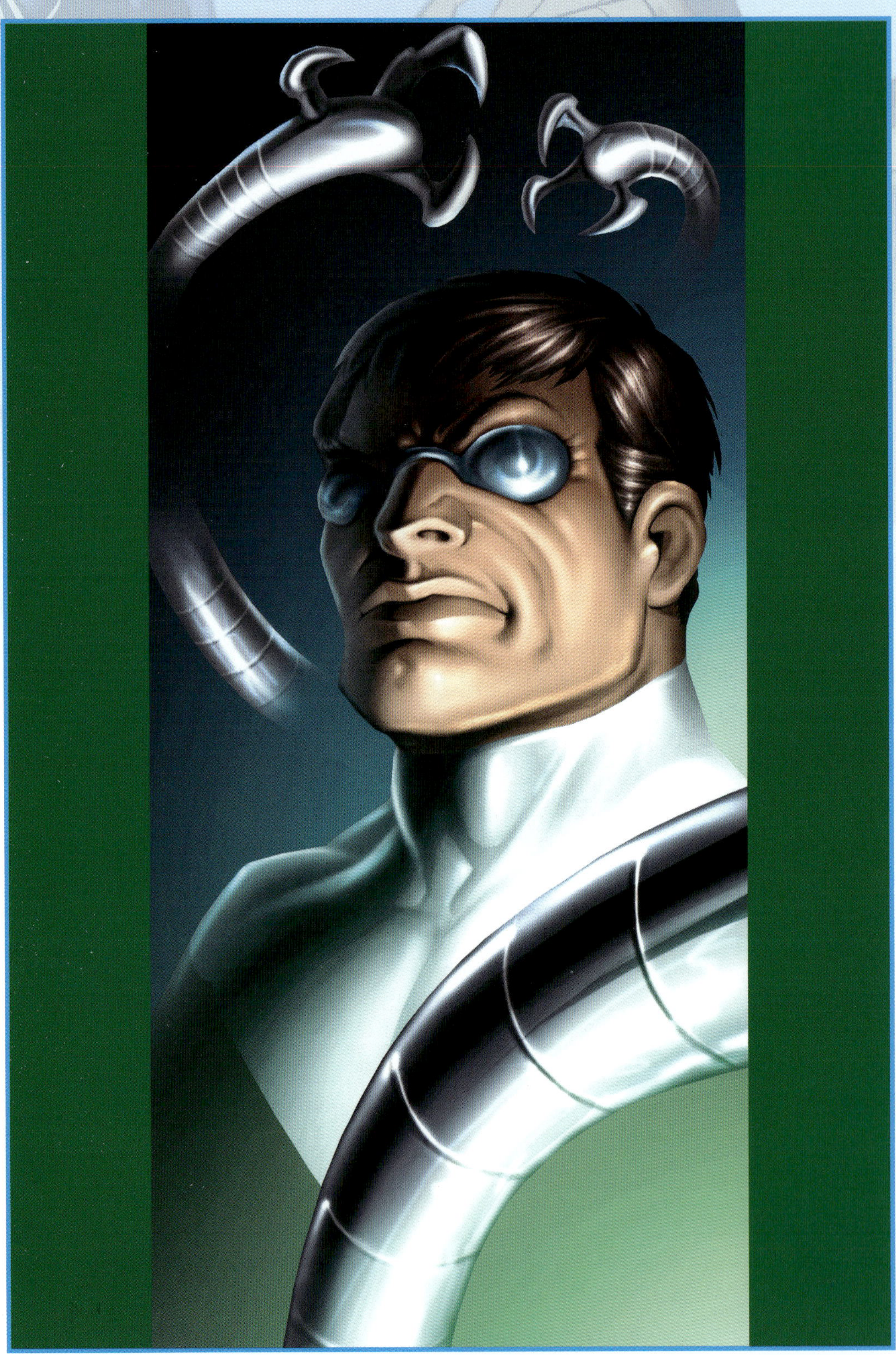

Cover von **Mark Bagley** für *Ultimate Spider-Man* #18

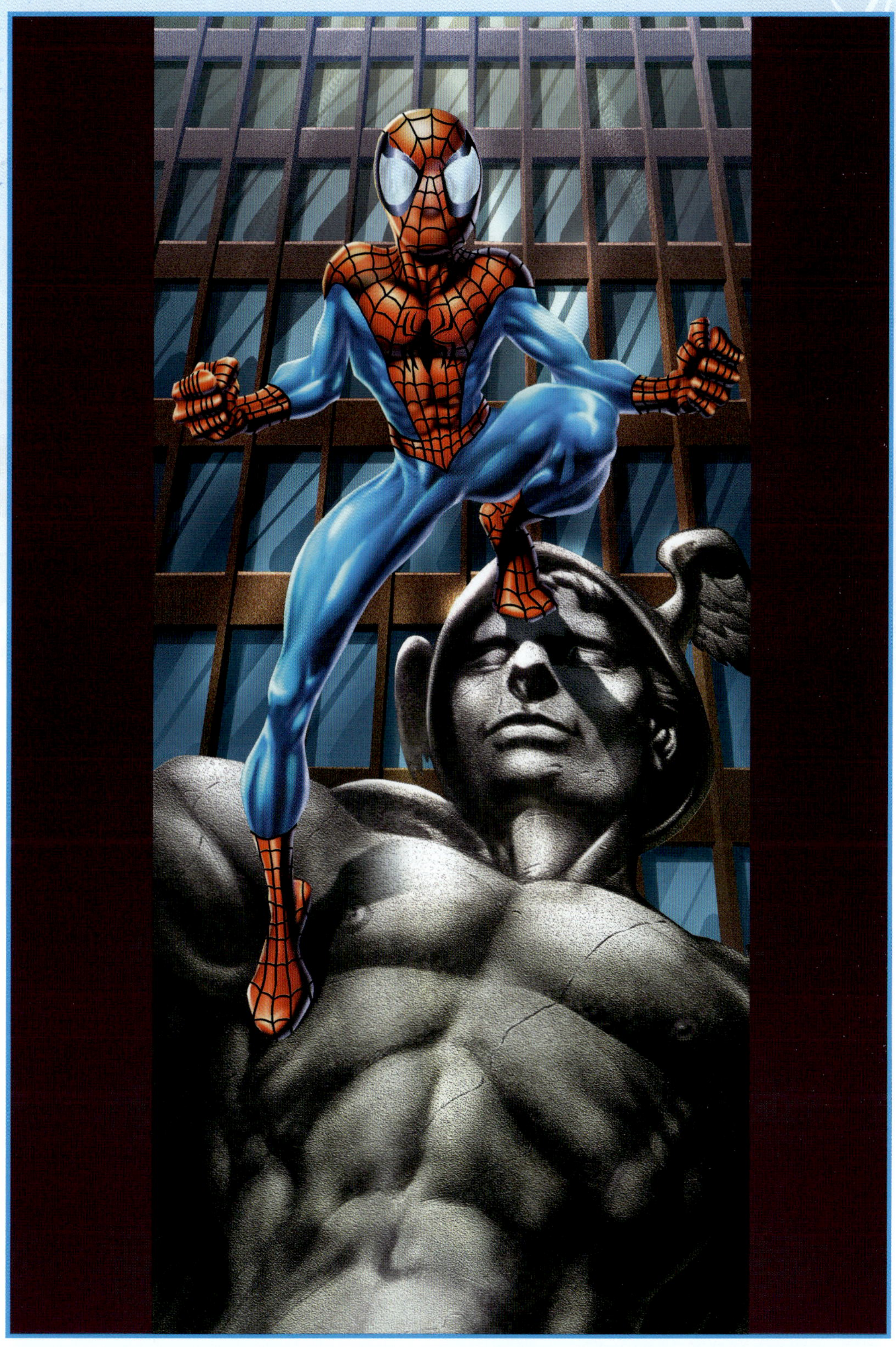

Cover von **Mark Bagley** für *Ultimate Spider-Man* #19

COVER-GALERIE

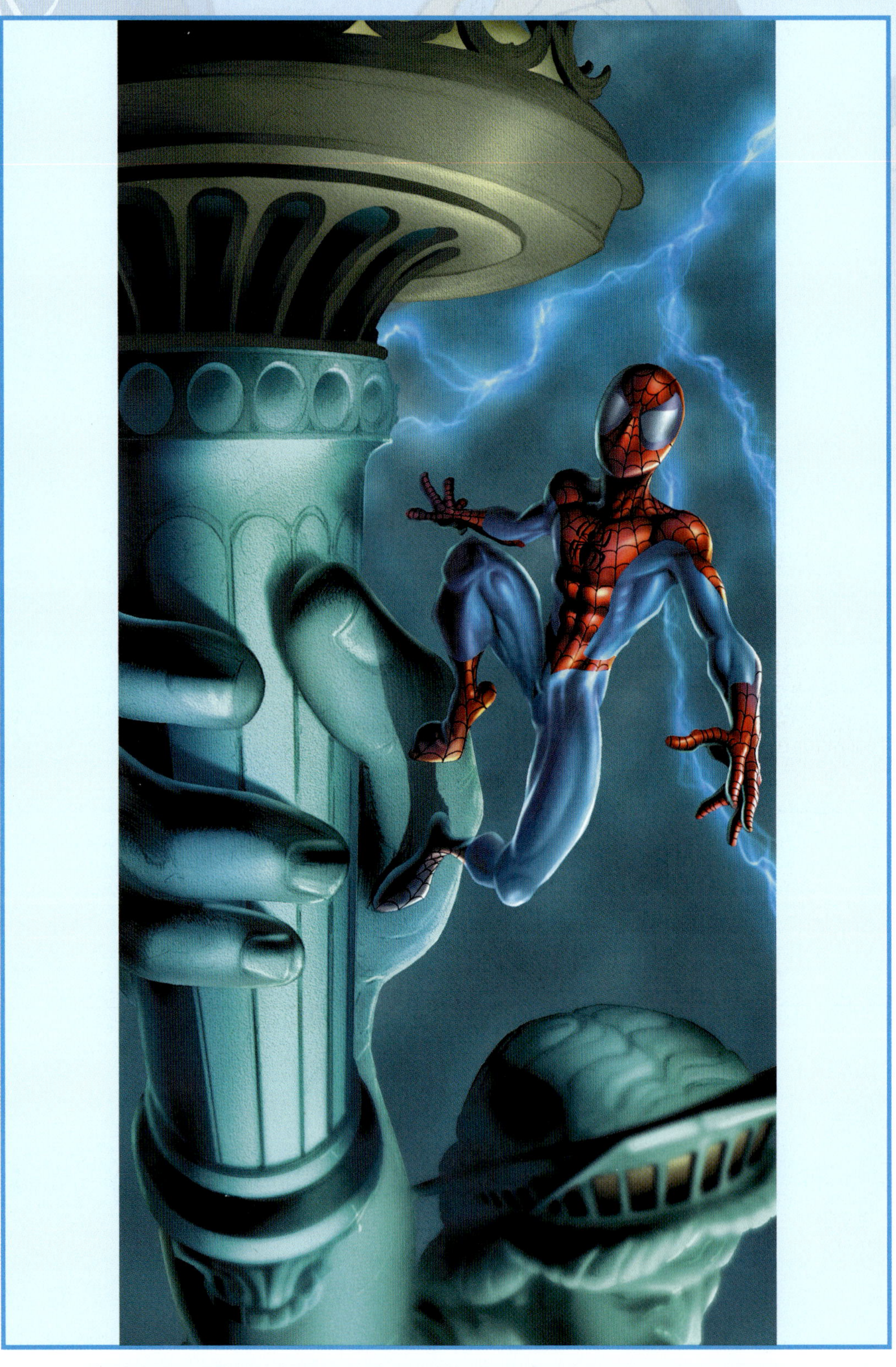

Cover von **Mark Bagley** für *Ultimate Spider-Man* #20

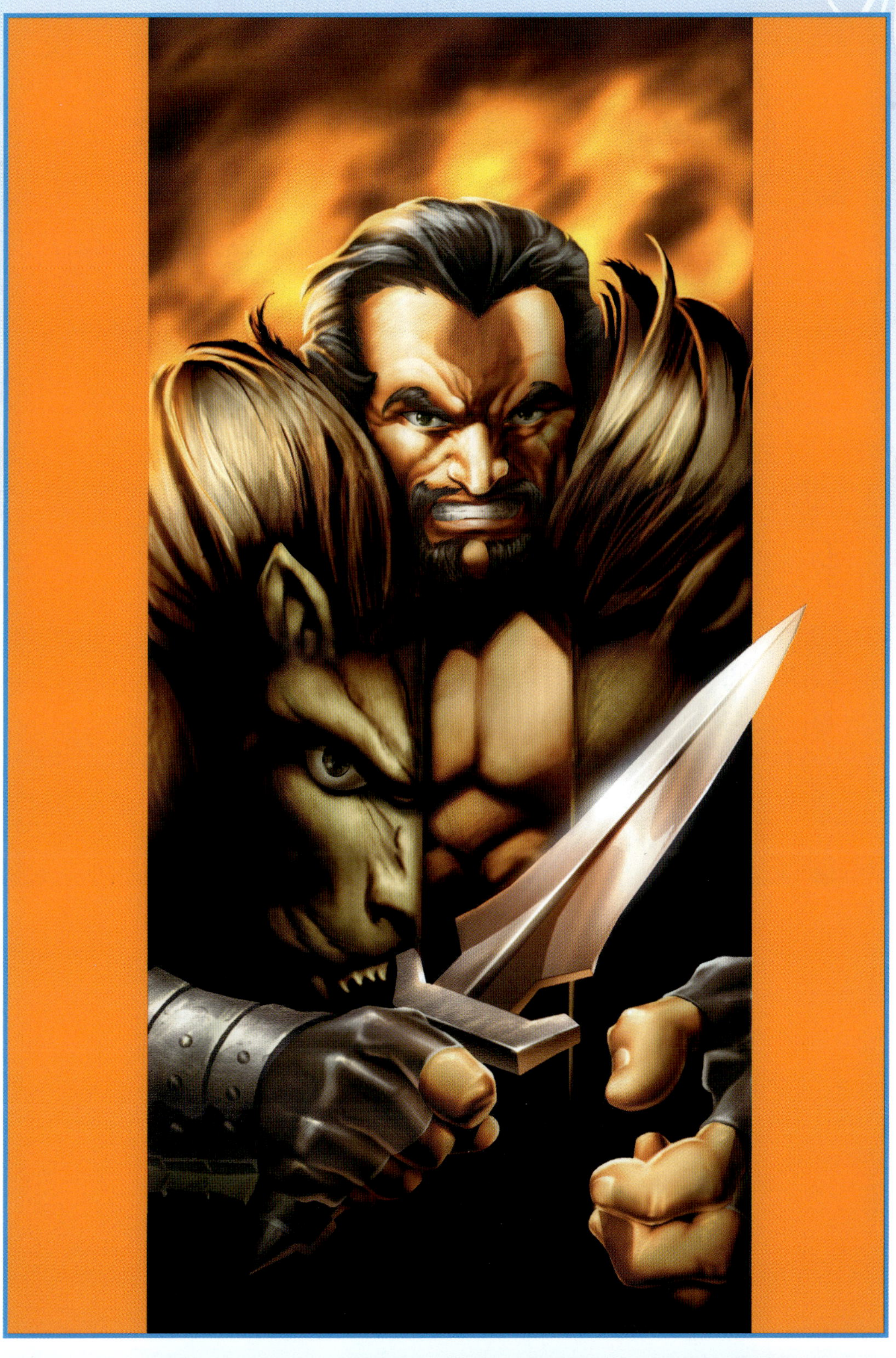

Cover von **Mark Bagley** für *Ultimate Spider-Man* #21

VORZEICHNUNG

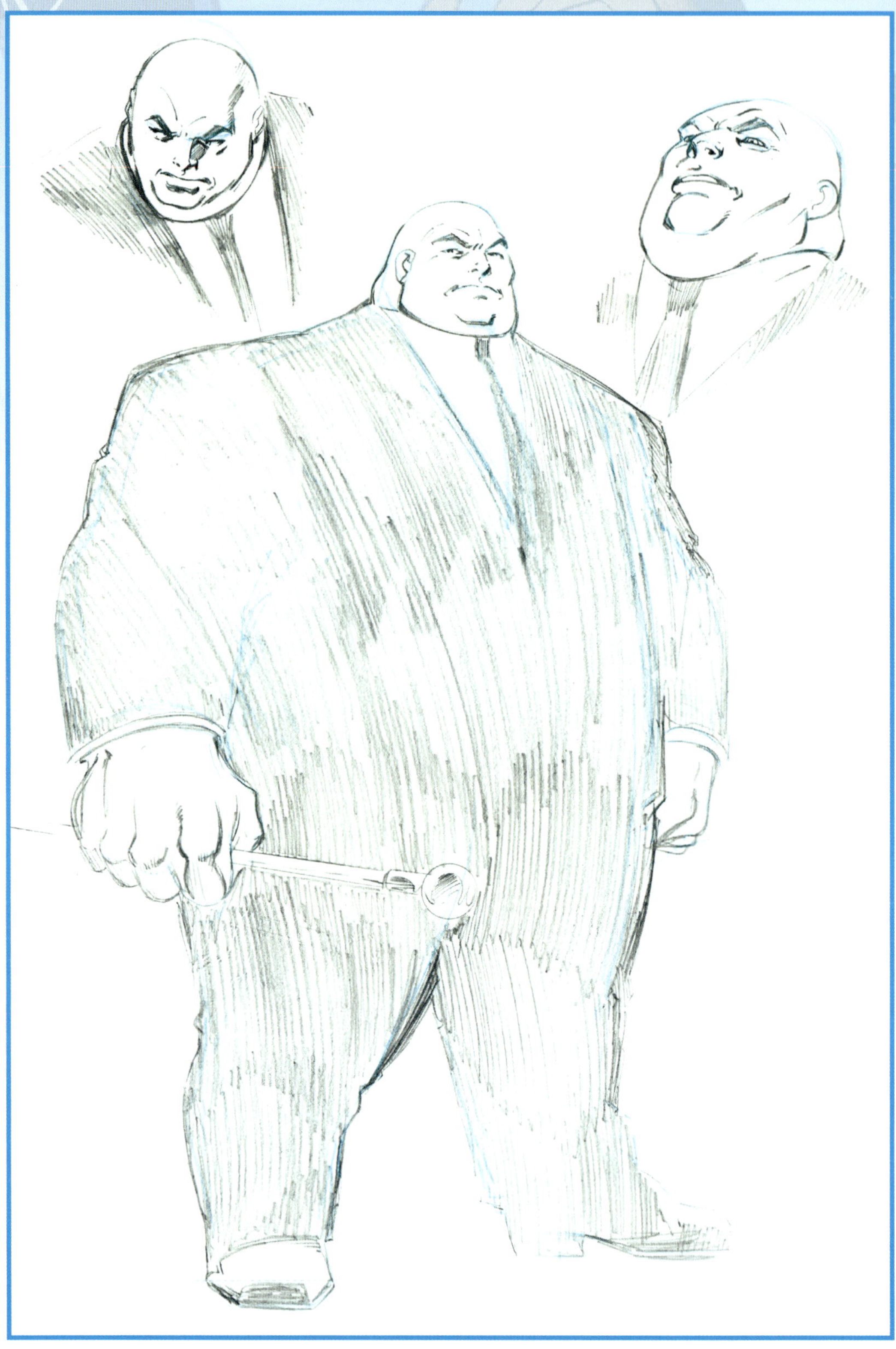

Vorzeichnung von **Mark Bagley** für die Figur Kingpin

VORZEICHNUNG

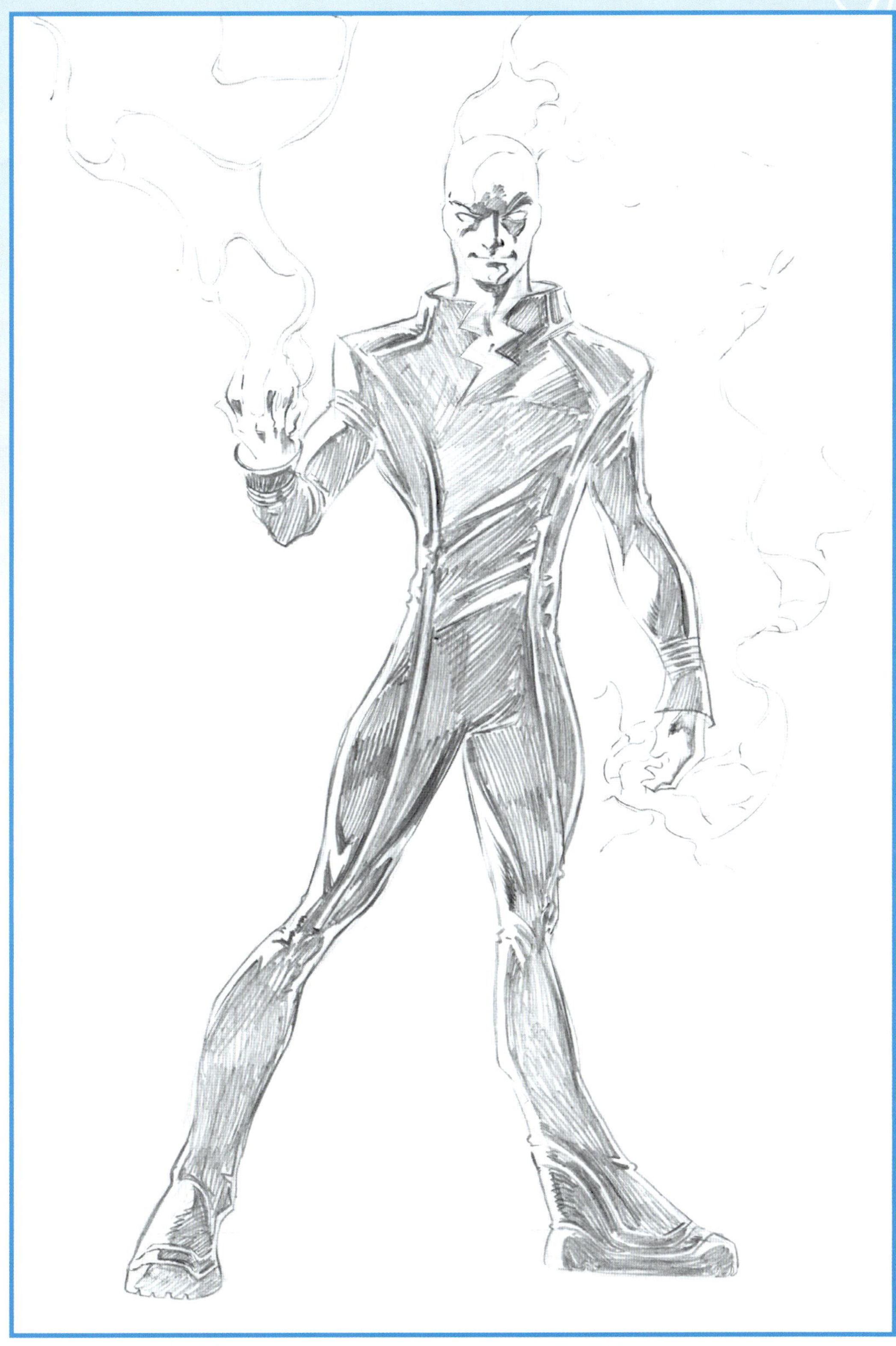

Vorzeichnung von **Mark Bagley** für die Figur Electro

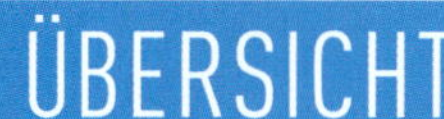

ÜBERSICHT

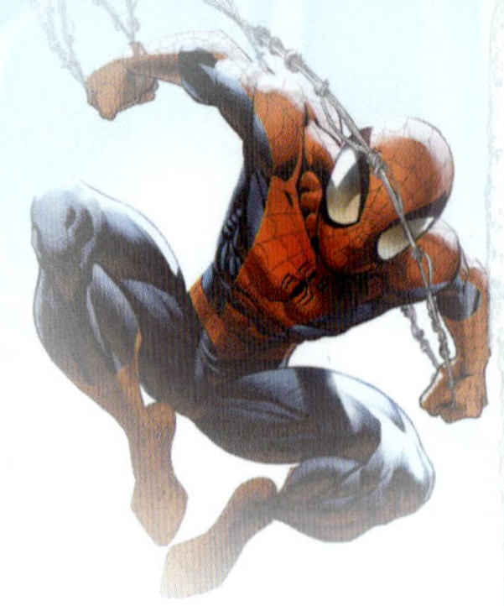

BEREITS ERSCHIENEN:

1. LEKTIONEN FÜRS LEBEN
2. KINGPIN
3. DOUBLE TROUBLE

IN KÜRZE ERHÄLTLICH:

4. DAS VERMÄCHTNIS
5. UNTER FALSCHEM VERDACHT
6. VENOM
7. OHNE VERANTWORTUNG